KB220845

바른 **해석** 바른 **신앙**

일러두기

1. 고(故) 김성수 목사의 호칭은 독자의 편의를 위해 김성수로 통일하여 표기합니다.

2. 본서에는 경우에 따라 개역한글과 개역개정 성경이 혼용되어 있습니다.

3. 김성수의 설교 녹취 본문은 고딕체로 되어 있으며, 녹취 원고는 편집부의 교정·교열을 거치지 않은 원본입니다. 구어(口語)를 문어(文語)로 옮길 때 교정·교열은 필수적이지만, 김성수의 설교를 가감 없이 독자에게 보여 주는 것이 의미 있다고 판단한 저자의 의견에 따른 것입니다.

4. 설교 녹취 본문에 삽입된 괄호와 각주는 저자가 독자의 이해를 위해 삽입한 것입니다.

바른 **해석**
바른 **신앙**

지은이 | 김곤주
펴낸이 | 원성삼
책임편집 | 김지혜
표지디자인 | 한영애
펴낸곳 | 예영커뮤니케이션
초판 1쇄 발행 | 2021년 1월 10일
등록일 | 1992년 3월 1일 제2-1349호
주소 | 04018 서울시 마포구 동교로 55 이층(망원동, 남양빌딩)
전화 | (02) 766-8931
팩스 | (02) 766-8934
홈페이지 | www.jeyoung.com
ISBN 979-11-89887-34-6 (03230)

값 21,000원

이 도서의 국립중앙도서관 출판예정도서목록(CIP)은 서지정보유통지원시스템 홈페이지 (http://seoji.nl.go.kr)와 국가자료공동목록시스템(http://www.nl.go.kr/kolis-net)에서 이용하실 수 있습니다. (CIP제어번호: CIP2020052804)

모든 인간은 하나님의 형상을 닮은 존귀한 존재입니다. 사람은 인종, 민족, 피부색, 문화, 언어에 관계없이 모두 다 존귀합니다. 예영커뮤니케이션은 이런 정신에 근거해 모든 인간이 존귀한 삶을 사는 데 필요한 지식과 문화를 예수 그리스도의 사랑으로 보급함으로써 우리가 속한 사회에 기여하고자 합니다.

성경의 이해와 해석 그리고
고(故) 김성수 목사의 설교 비평

바른 해석
바른 신앙

김곤주 지음

예영

데살로니가에 살았던 신자들의 모습이 그립습니다. 그들은 사도 바울이 그들에게 전해 준 그 말씀이 진짜 하나님 말씀인지 아닌지를 살피기 위해 날마다 성경을 상고했습니다. 그런 과정을 통해 진리를 온전히 분변하여 말씀 위에 삶의 기초를 세웠습니다.

우리 시대는 어떠합니까? 안타까운 일이지만, 외치는 자는 많지만 생명수가 말라 가고 있는 상황입니다. 강단에서 전해지는 설교가 성경에 입각한 메시지인지 구분하기도 어렵고, 그 말씀을 온전하게 알고자 하는 열정도 차갑게 식어 가고 있습니다. 이것이 우리의 서글픈 현실입니다. 이런 상황에서 김곤주 목사님께서 신자가 하나님 말씀에 어떻게 다가가고, 어떤 과정과 방법을 통해 해석해야 하는지를 보여 주는 보석 같은 책을 출간하셨습니다. 이 책은 신자가 하나님 말씀을 읽고 해석하면서 겪는 어려움을 깊이 이해하면서, 바른 해석 원리와 방법을 구체적인 본문과 사례를 통해 간결하고, 이해하기 쉬운 언어로 설명하고 있습니다. 마음을 담아 이 책을 읽고 책 내용을 체화(體化)하시는 분들은 성경을 보는 안목이 새롭게 열리게 될 것입니다. 성경을 깊이 연구하기 원하는 평신도는 물론 한평생 말씀을 붙잡고 설교해야 하는 신학생과 목회자들에게도 탁월한 지침이 되어 줄 것이라 확신하면서 이 책을 강력하게 추천합니다.

김관성 목사_행신침례교회 담임, 『본질이 이긴다』, 『살아 봐야 알게 되는 것』 저자

몇 년 전에 우리 교회 성도님 중에서 김성수의 설교를 자주 들으며 그의 설교를 극찬했던 분이 계셨다. 그분은 김성수의 설교를 듣는 분이 적지 않다는 이야기도 하고 다녔다. 그래서 나도 이분의 설교를 듣고 성경 해석은 바로 하는지 그리고 신학적으로 이단성은 없는지에 대해 알아보고 싶었다. 그러다가 페이스북을 통해서 이 일을 오래 전부터 해 오신 분을 알게 되었는데, 이 분이 이 책의 저자이신 김곤주 목사님이시다.

김곤주 목사님은 김성수의 설교를 경청하고 그의 저술을 탐독하여 그의 십자가 복음주의의 성경 해석적, 신학적 문제를 정확히 간파한 소수의 목사님 중 한 분이시다. 그는 이를 독자에게 입증하기 위해 김성수의 대표적인 설교를 소개하고, 그것을 정통 교회와 개혁주의 해석과 비교하여 제시함으로 독자로 하여금 진위를 판단하게 한다.

김곤주 목사님은 독자가 좀 더 정확한 판단을 하도록 초대교회부터 현대까지 성경 해석의 역사를 제시하고, 또한 한국 교회의 고질적인 병폐인 기복신앙과 번영신학에 대해서도 소개한다. 이를 통해서 독자가 김성수의 잘못된 가르침이 교회사 속에 이미 나타났다는 사실을, 또한 한국 교회의 왜곡된 형태의 신앙과도 관계가 있음을 알려 준다. 마지막으로 이 책 속에는 김곤주 목사 자신이 그동안 한국과 호주의 저명한 신학교에서 그리고 교회 사역을 통해서 갈고

닦은 자신만의 성경 해석 방법이 돋보인다. 독자는 이 책을 통해서 일거다득의 실속을 챙기게 될 것을 확신하며 강력하게 추천한다.

김용주 교수_안양대학교 신학대학원 겸임, 분당두레교회 담임 목사

세상에는 명품과 구분하기 힘든 가품, 진짜 같은 이미테이션, 진 폐 같은 위폐가 있다. 예수님과 사도들이 활동하던 시대에는 오직 은혜, 오직 복음, 오직 믿음이라는 핑계 아래 율법을 파기하고(마 5:17; 롬 3:31) 죄를 합리화하며 회개하지 않는(롬 6:1, 15; 요일 1:8) 가짜 가 있었다. 복음의 빛으로 중세 암흑기를 끝낸 16세기 루터의 종교 개혁기에는 아그리콜라가 나타나 "신앙만 있으면 죄를 지어도 거룩 하다." "매춘부, 불량배, 간음자도 믿음만 있으면 된다." "죄는 구원 에 아무런 영향을 끼치지 못한다."는 주장으로 종교개혁을 혼란에 빠뜨렸다. 성화의 중요성을 강조한 18세기 존 웨슬리의 부흥운동에 서는 막스필드라는 가짜가 등장해 사람이 아담이나 천사처럼 거룩 해져 다시 타락하지 않을 수 있다는 주장으로 큰 피해를 입히기도 했다. 오늘날 한국 개신교에는 많은 아그리콜라와 맥스필드가 있지 만, 그중 복음을 가장 간교하게 왜곡해 사람들의 영혼을 파멸로 이 끄는 사람은, 자살로 생을 마감한 김성수일 것이다.

바른 **해석** 바른 **신앙**

2013년, 9년간의 해외 유학을 마치고 귀국한 후 교단 목회자 SNS에서 몇몇 목사가 김성수의 설교를 끊임없이 포스팅하는 것을 보았다. 첫 느낌은 그의 설교가 매우 탁월하다는 것이었다. 그러나 들으면 들을수록 성경의 의미 왜곡과 신학적 오류가 심각함을 느꼈다. 그때부터 2년 동안 그들이 올리는 자료를 스크랩해 가며 모은 후 조직신학 주제별로 분류하고 전체를 연결하자 그들의 주장의 실체가 드러났다. 나는 그들을 교단의 이단사이비대책위원회에 고발했고, 그들은 잠시 오류를 인정하는 제스처로 징계를 피한 후 지금도 이단적 가르침을 유포하고 있다. 그들이 만들어 가는 이단적 교리의 뼈대는 다음과 같다.

하나님은 선과 악을 구분하지 않으신다. 그러나 인간이 선악과를 먹은 후부터 선악을 구분하게 되었으며, 이것이 역사 속 모든 율법 종교의 기초가 되었다. 악을 피하고 선을 행할 것을 가르치는 기독교 역시 율법 종교다. 예수는 죄 없는 존재가 아니라 우리와 같은 죄인이었으나, 선악의 구분에서 자유롭게 됨으로 그리스도가 되었다. 예수의 십자가는 인간이 만든 선악의 구분과 율법에 대해 죽었음을 의미한다. 예수가 그리스도인 것은, 우리 죄를 대신 지고 십자가에서 형벌을 받아서가 아니라 인간이 만든 선악의 기준인 율법에 대해 죽어 율법과 상관없게 되었기 때문이다. 따라서 우리는 예수의 십자

추천사

가를 기억하고 높이고 추앙해야 것이 아니라 우리도 그처럼 선악의 구분을 벗어나야 한다. 회개란 악을 뉘우치고 선으로 돌이키는 것이 아니라 선악의 구분을 철폐함으로 율법에 대해 죽는 것이다. 복음은 우리도 선악의 구분에서 자유롭게 되는 것이다. 예수를 하나님의 '독생자(모노게네스)'라고 번역하는 것은 잘못이다. 모노게네스의 바른 의미는 사람이 선과 악으로 나누어 놓은 것을 '하나로 합쳐서 본다'는 뜻이다. 예수처럼 선악의 구분을 벗어나 하나로 보는 자는 누구나 모노게네스다. 성령을 받는다는 것은 이 깨달음을 얻는다는 의미다. 선악의 구분에서 벗어나 하나로 보는 자는 누구나 독생자, 그리스도, 말씀이 육신이 된 자, 하나님과 연합된 자, 삼위일체에 연합된 사위일체다.

김성수가 정말 그런 주장을 했는지 믿기 힘들다면, 인터넷에서 '김성수 목사'라는 검색어와 함께 각각 '선악과', '율법', '모노게네스', '메타노이아(회개)', '아제아제 바라아제', '사위일체' 등을 검색해 보면 바로 사실 확인이 가능하다.

성경적 기독교는 하나님의 거룩하심에 기초해 선과 악을 구분하며, 율법이 그 구별 기준이 된다. 그리스도께서 십자가에서 대속의 피를 흘리신 것은 죄인을 용서하시기 위해서다. 그런데 만약 선악의 구분을 없애고 율법을 없앤다면 회개도, 그리스도의 대속에 대한 믿음도 필요하지 않게 된다. 루터, 칼빈, 웨슬리 같은 기독교의 주요 신학자들이 율법을 제거하면 구원자 그리스도 역시 제거하게 되므로, 결코 율법을 제거해서는 안 된다는 것을 강조한 이유다. 그런데도 김성수와 추종자들은 자신의 죄로 인한 양심의 고통과 고뇌를 피하기 위해 율법을 제거한 결과, 구원의 핵심 진리마저 혼란에 빠뜨렸다. 김성수와 추종자들은 기독교에서 율법과 회개의 필요성 뿐만 아니라 용서받아야 할 죄의 존재 자체와 죄에서 사람을 건져내시는 구원자 모두를 제거해 버린 후, 사람이 진리를 깨달아 스스로 하나님이 되는 종교를 만들어 낸 것이다.

그동안 한국 교회의 타락에 문제의식을 느끼고, 복음 없는 설교에 공허함을 느껴온 많은 신자는 김성수의 한국 교회의 타락상과 위선 지적을 공감하는 데서 시작하여, 인간은 죄인일 수밖에 없으며 율법은 아무런 도움이 안 된다는 극단적인 주장과 '자기 부인, 예수, 십자가, 은혜'라는 말에 위로와 도전을 받으면서 점점 더 그의 가르침을 환호하게 되었다. 하지만 김성수가 단지 기독교의 용어를 차용할 뿐 선과 악, 회개, 십자가, 은혜, 믿음, 그리스도, 성령 등 그가 사용하는 말의 의미가 성경의 가르침을 왜곡하고 전복(顚覆)시킨다는 사실을 아는 사람은 드물다. 상당 기간 김성수의 설교를 들은 후 그가 비성경적인 주장을 하고 있음을 알아차리는 사람은 성경적 진리에 대해 확고한 사전 지식을 지녔던 소수 뿐이다. 이런 이유로 앞으로 한국 개신교에는 한동안 김성수를 율법 종교를 타도한 복음의 사도로 칭송하면서 기존 교회와 전통적 교리를 떠나 김성수의 미혹에 빠질 사람이 더 생겨날 것으로 보인다. 목회자들이 경각심을 가지고 적절히 대처하지 못하면 김성수 파는 더 세력을 확장해 나갈 것이다. 성경에 대한 바른 이해가 없었던 사람이라면 평신도뿐 아니라 목사, 전도사, 신학생도 그의 가짜 복음의 희생양이 될 것이다. 그들은 김성수의 메시지에 빠져 결국 기존 개신교 교리와 전통 하나하나에 시비를 걸다가 결국 김성수파 교회로 옮겨갈 것이다. 그 과정에서 기존 교회의 목회자는 많은 스트레스와 불면의 밤을 경험해야 할 것이다. 그럼에도 대부분의 목회자는 그때가 오기까지는 그 메시지의 위험성을 깊이 자각하지 못할 것이다.

이 모든 상황을 깊이 우려하는 사람으로서, 김곤주 목사님에게 김성수 목사 설교를 성경적으로 비평하는 책을 저술하셨다는 말과 함께 추천서를 부탁받았을 때, 가장 먼저 매우 감사한 마음이 들었다. 김성수의 설교는 방대해 비평적 분석에는 많은 노력과 시간을 요함에도 이 막중한 작업을 감당해 주신 것은, 주님께 대한 충성과 교회에 대한 사랑 없이는 결코 할 수 없는 일임을 잘 알기 때문이다. 이 책에서 독자는 저자가 가진 한국 교회에 대한 안타까움, 신학자로서의 책임감, 교회를 바로 세우고자 하는 깊은 헌신의 열정을 느낄 수 있을 것이다.

김성수 설교는 외견상 탁월함 속에 사탄의 간교함을 깊이 감추고 있다. 저자는 성경적 균형을 지닌 훌륭한 성서학자로서 성경에 대한 바른 이해와 정확한 해석으로 김성수가 어떻게 말씀을 뒤틀고 뒤집었는지 폭로하고, 그가 사용한 잘못된 성경 해석 방법론을 하나씩 벗겨 낸다. 김성수는 성경 본문의 의미를 뒤틀어서 원어에 능숙하지 못한 독자를 속이고, 성경의 문맥을 벗어난 비유와 모형론으로 '일반 신자는 알 수 없는 비밀'을 알려 주는 듯 행세하였다. 또한 전통적 기독교와 목회자 전체를 폄하하면서 교묘한 방식으로 신자가 자신을 떠받들게 만들었다. 이런 김성수의 가르침에 속고 세뇌 당한 자들은 김성수를 구약의 예언자나 신약의 사도들과 같이 높이면서, 교만한 태도로 기존 목회자와 기독교 신학 전체를 폄하하고 경시하기도 한다.

저자 김곤주 목사님은 "성경 이해와 해석의 역사적 흐름"을 개괄하면서 성경 해석의 이론이 역사적으로 발전되어 온 과정을 추적하고, 각기 다른 해석 방법의 유익한 점과 위험성을 넓은 견지에서 볼 수 있게 한다. 이 점에 있어서 김성수의 알레고리적 성경 해석 방법이 역사적으로 처음이 아니라 오래 전부터 여러 사람에 의해 자주 오용되어 온 문제가 많은 방식임을 잘 보여 준다. 특히 성경 본문의 올바른 해석을 김성수 목사의 해석과 비교하는 대목에서 저자는 마치 위폐 감별법을 가르치는 훈련사와도 같은 모습을 보여 준다. 위폐 감별사들이 끊임없이 진폐를 보고 만지며 향기를 맡게 해 진폐에 익숙해지게 해서 위폐를 가려낼 수 있게 되는 것처럼, 저자는 성경 문맥에서 본문의 바른 의미를 드러내 독자로 하여금 김성수의 오류를 스스로 감지하게 한다. 김성수에 의해 뒤틀려버린 성경 원어의 의미와 문맥 속 본문의 참된 의도, 성경적 비유와 모형의 바른 해석이 온전히 회복된다.

한국 교회를 위한 이 책의 특별한 가치는, 이 책이 단지 김성수의 미혹을 다루는 데서 그치지 않고 더 포괄적으로 한국 개신교에 널리 퍼져 있는 편협하고 위험한 복음 이해, 소위 '십자가 복음주의'의 특징을 탁월하게 설명한 데 있다. 이 책을 읽는 독자는 비록 자신이 김성수식 가짜 복음에는 미혹 당하지 않았더라도, 개신교의 복음 이해를 매우 변질시킨 '십자가 복음주의'에서 자유롭지 못함을 고백할 수밖에 없을 것이다. 단지 김성수의 이단적 사상으로 혼란을 겪었던 사람만이 아니라 모든 신자가 주의 깊게 읽는다면, 이 책이 한국 개신교의 복음 이해를 매우 편협하고 위험하게 만든 그릇된 생각을 예방하고 바로잡는 백신과 치료제임을 깨달을 것이다. 왜곡된 '십자가 복음주의'에 대한 저자의 비판은, 한국 개신교인이 특히 어떤 거짓된 주장에 쉽게 현혹될 수 있는지를 가늠하게 하는 지표가 되기에, 신자들을 지도하는 모든 목회자와 신학생들이 반드시 숙지해야 할 내용이다.

이 책의 특별한 장점 중 하나는 신자가 속기 쉬운 어려운 신학적 문제를 다루면서도 성경에 대한 기본적인 지식이 있는 평신도라면 충분히 이해할 수 있도록 쉽게 쓰였다는 데 있다. 독자는 이 책에서 딱딱한 신학교육을 받는 것이 아니라 마치 교회의 목사님과 대화를 나누며 성경과 신앙적 질문에 대해 성경구절을 하나하나 펼쳐 가며 오해를 바로잡고 친절하게 가르쳐 주는 신앙상담을 받는 것같은 느낌을 받을 것이다. 저자는 추상적이거나 모호하지 않고 구체적이고 상세하며 정확한 방법으로, 거짓 교사인 김성수가 부정한 성경적 복의 개념, 복음의 진리와 율법의 가치, 그리스도인의 삶과 성화의 중요성에 대해 신앙의 토대를 바로잡아 줄 것이다.

추천사를 쓰면서 주님께서 하신 말씀이 계속 머리에 맴돌았다.

> 내가 이 두루마리의 예언의 말씀을 듣는 모든 사람에게 증언하노니 만일 누구든지 이것들 외에 더하면 하나님이 이 두루마리에 기록된 재앙들을 그에게 더하실 것이요 만일 누구든지 이 두루마리의 예언의 말씀에서 제하여 버리면 하나님이 이 두루마리에 기록된 생명나무와 및 거룩한 성에 참여함을 제하여 버리시리라(계 22:18-19).

주님의 계시의 말씀을 더하거나 축소하거나 변경해서는 안 된다는 엄중한 경고다. 김성수는 이 무서운 경고를 알고도 주님을 두려워하거나 전혀 개의치 않고 자기 마음대로 말씀을 비틀어 왜곡하고 그 의미를 뒤집고 완전히 반대로 해석했다. 김성수의 자살 후에는 추종자들이 그를 그리스도처럼 떠받들면서 동일한 죄악을 세상에 퍼뜨리고 있다. 그들에게 주님이 말씀하신 재앙이 뒤따르고 그들이 결국 은혜에서 배제될 것은 생각만 해도 두렵다. 김곤주 목사님의 이 책은 독자들로 그들이 맞이할 재앙과 은혜로부터의 배제를 피해 바르게 천국 길을 걸어가도록 도울 것이다. 모든 신자와 신학생, 목회자, 신학자들께 마음을 다해 이 책을 추천하는 이유다.

장기영 박사_서울신학대학교 외래 교수, 조직신학 전공

바른 **해석** 바른 **신앙**

　필자는 한국에서 신학과정을 마치고 약 10년을 한국 교회의 부교역자로 섬겼다. 이후에 호주(Australia) 시드니(Sydney)에서 교회를 개척하여 10년 이상 한인 교회에서 목회하고 있다. 이런 가운데 한국 교회와 한국 교회의 설교 그리고 한인 신자의 바른 성경 이해와 실제적인 신앙생활에 대하여 깊은 고민을 해 왔다.

　특히 이 시대는 여러 미디어 매체 및 인터넷을 통해서 수많은 설교가 넘쳐나고 있다. 이런 정보화 시대는 한 교회를 벗어나기 어려운 신자에게 무한한 배움의 기회를 제공해 주기도 한다. 하지만 신앙적 분별력이 약하고 성경에 대한 바른 이해가 부족한 신자는 건전하지 못한 잘못된 가르침과 이단적인 가르침에 너무나 쉽게 빠질 수 있는 위험성에 항상 노출되어 있다.

　이런 인터넷 설교 가운데 세계 각처에 있는 한국인 신자에게 적지 않은 영향을 끼쳐 왔던 설교자가 바로 김성수(서머나교회)다. 그의 설교는 십자가 중심 설교와 함께 자극적인 표현과 언어로 설교를 듣는 많은 신자에게 큰 매력을 느끼게 했다. 특히 한국 교회의 기복신앙과 기존 목회자들의 가르침에 대한 강도 있는 비판 때문에 기존 목회자들에게 상처를 입었거나 설교에 식상함을 느낀 신자가 순식간에 빨려 들어가는 언어의 힘을 가지고 있다. 하지만 그의 설교 안에 녹아 있는 성경 해석의 가르침은 심각하게 왜곡된 성경 해석과 잘못된 기독교 사상 등 여러 문제점을 가지고 있다. 그의 죽음 이후에도 그의 설교는 서머나교회 홈페이지와 유투브 동영상 뿐만 아니라 여전히 그를 추종하고 따르는 세계 각처의 많은 한인 신자 사이에 은밀히 퍼져 있음을 어렵지 않게 확인할 수 있다.

따라서 저자는 독자가 성경 본문을 바르게 이해할 뿐만 아니라 성경적 설교에 대한 바른 이해와 바른 기독교 신앙생활을 위한 올바른 분별력을 갖추어 성숙한 기독교인으로 살아갈 수 있도록 돕기 위하여 이 책을 쓰게 되었다.

목차

2부 성경 해석의 역사적 흐름

3부 김성수 설교 비평

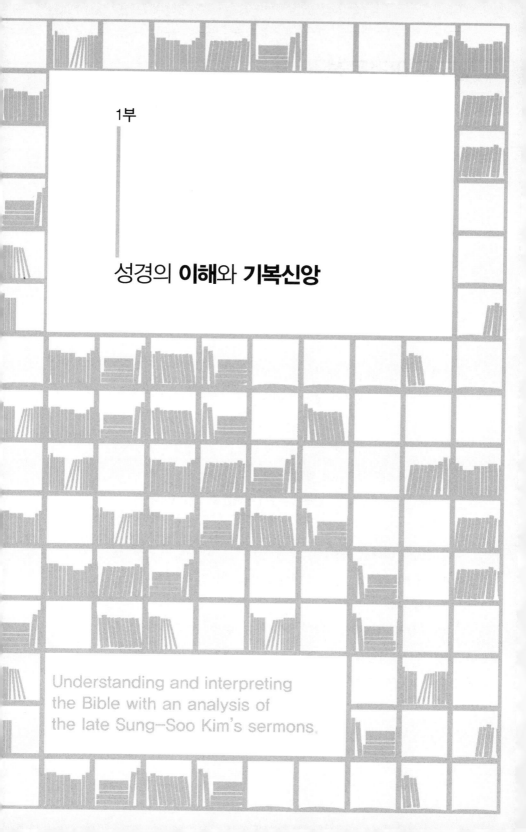

1부

성경의 **이해**와 **기복신앙**

Understanding and interpreting
the Bible with an analysis of
the late Sung—Soo Kim's sermons.

쉽고도 어려운 성경

1. 성경은 쉽다

오래전 필자가 로마서 세미나를 인도하던 중 한 집사님이 했던 말을 기억한다. 그는 다음과 같이 말했다.

> 나는 성경이 결코 어려운 책이라고 믿지 않는다. 성경은 그 당시에 누구나 이해할 수 있는 언어로 쓰여졌다. 따라서 성경은 학문적 능력이 부족한 무식한 사람들도 누구나 이해할 수 있는 책이다.

이런 주장에 대해서 독자는 어떻게 생각하는가? 우리는 흔히 "성경을 어떻게 이해할 것인가?"에 대한 질문에 대해서 두 부류의 사람들을 만나게 된다.

그 한 부류의 사람들은 성경을 이해하고 해석하는 것을 '아주 쉽다'고 생각하는 사람들이다. 그리고 다른 한쪽은 성경을 이해하고 해석하는 것은 '아주 어렵다'고 생각하는 사람들이다. 이 양쪽 주장

모두 틀린 것은 아니다. 그렇다면 성경은 쉽고도 어려운 책이다. 그리고 어느 한쪽으로 지나치게 치우칠 때 우리는 성경에 대한 바른 이해에서 멀어질 수 있음을 기억해야 한다. 그렇다면 '성경이 쉽고도 어렵다'는 이 말의 정의를 우리는 어떻게 이해해야 할까? 이 점에 대해서 조금 더 구체적으로 생각해 보기로 하자.

먼저 우리가 경계해야 하는 것은 성경이 신비한 영적인 말씀의 책이기에 영적이고 탁월한 성경해석자에 의해서만 구원의 진리를 바로 깨달을 수 있다는 극단적인 생각이다. 이런 생각을 가진 사람은 성경 해석의 역사에서 잠깐 다루게 될 초대교회에 나타난 '영지주의적 이단 사상'에 쉽게 넘어갈 위험성이 많은 사람이다. 또한 그들은 중세교회 시대에 유행했던 성경의 신비주의적 혹은 다중적 의미라는 해석의 유혹에 쉽게 빠질 수 있는 사람이다. 이런 생각을 가진 신자는 자신들이 결코 알 수 없는 성경의 신비한 영적 의미를 가르쳐 줄 영적 지도자를 찾고 또 그런 지도자를 따르고자 하는 경향이 강하다.

그들은 성경의 단순하고 명백한 문자적 의미는 유치하고 수준 낮은 의미로 치부하면서 보다 고상하고 수준 높은 영적 의미나 복음적 의미를 끌어 내는 특별한 해석자를 따르려는 경향이 강하다. 그들은 성경이 단순하고 명백하게 '행하라'고 명령하고 있는 말씀은 율법적인 지식에 속한 것이며, 세상의 도덕이나 윤리와 별 다를 바 없는 수준 낮은 말씀으로 취급하고 무시하는 경향이 있다. 결국 그들은 성경 본문의 명백한 문자적 혹은 사실적 의미는 간과하고 그 뒤에 있는 신령하고 영적인 십자가 복음의 의미를 발견하려는 극단적인 십자가 복음주의에 빠질 경향이 강하다.

사실 성경의 많은 부분이 이해하기 어려운 것은 사실이다. 그렇다고 해서 성경이 구원의 진리를 깨닫고 영생의 복음을 이해하는 데 많은 연구와 노력이 필요할 만큼 어려운 것은 결코 아니다. 우리가 바른 신앙생활하는 데 있어서 가장 필요하고도 중요한 말씀을 이해하기 어려운 암호와 수수께끼 같은 언어나 신비적인 언어로 성경을 기록하지 않았다. 우리가 마음을 열고 진리이신 성령님의 도우심을 구하면서 읽어 간다면, 구원의 진리와 신앙생활의 핵심이 되는 중요한 하나님의 말씀을 이해하는 데 크게 어려움을 느끼지 않을 것이다. 한마디로 말해서 성령의 내주하심과 인도하심을 따라 살아가는 신자라면, 성경을 읽을 때 구원의 진리를 이해하는 데 큰 어려움을 느끼지 않을 것이며, 하나님의 뜻을 실천해야 할 말씀을 이해하는 데 큰 어려움을 느끼는 일은 그리 많지 않을 것이다.

그런데 김성수의 설교에 나타난 가르침과 사상을 보면, 성경이 단순하고 명백하게 말씀하고 있는 것을 심오한 십자가 복음의 이야기로 만들고, 이리저리 비틀어 꼬아서 아무나 이해할 수 없는 신비한 하나님의 말씀으로 만들었다. 그 결과 성경은 신자 스스로 결코 이해할 수 없다는 잘못된 인식을 심어 주어 성경 이해와 해석에 있어서 큰 혼란을 가져다 주고 있다. 그는 성경의 모든 내용이 오직 구원과 영생에 관한 의미라고 주장하면서 성경 본문 의미를 바꾸어 해석하곤 한다.

그리고 이런 가르침이 복음이고 그 복음을 깨달아 가는 것이 영생이며, 그렇게 성경에 기록된 십자가와 영생을 배우고 알아가는 것이 신앙생활의 목적인 양 가르치고 강조해 왔다. 그러한 이유로 의식 있는 목회자들은 그의 가르침이 영지주의 이단적 가르침과 다를 바가 없다는 비판을 하기에 이르렀다.

이렇게 김성수가 "성경 전체의 내용은 모두 복음에 대해서만 기록한 책이고, 따라서 성경 어디를 펴도 거기에는 십자가 복음이 들어 있다."고 확신했던 잘못된 신념과 극단적인 생각은 어디에서 온 것일까?

그것은 첫째, 예수님이 하신 말씀, 즉 "구약성경이 내게 대하여 증거한다(요 6:39 cf. 눅 24:27)"는 말씀을 오해한 데서 시작된 것이다. 둘째, 성경 전체의 내용을 바르게 이해하지 못한 데서 기인된 것이다. 셋째, 그가 성경 해석의 기본 원리와 바른 성경신학을 제대로 배우지 못하여 자의적으로 성경을 해석하는 데서 비롯된 것이다. 이와 더불어 김성수의 개인적인 성향과 편협한 신학적 지식은 올바른 칼빈주의자가 아닌 극단적인 칼빈주의(Hyper-Calvinism)자가 되게 만들었다. 그 결과 그는 개신교의 모든 교단이 '오직 예수 그리스도를 믿음으로 말미암아 구원을 얻는다'는 진리를 가지고 있다는 점을 바로 인식하지 못하고, 강단에서 끊임없이 알미니안 교단에 속한 개신교의 형제자매들을 정죄하고 비난해 왔다. 한 예로 김성수는 요한복음 강해 27(요한복음 6장을 통해서 본 개혁주의 5대 강령, 요 6:36-40)에서 다음과 같이 가르쳤다.

> 알미니안주의자들은 하나님은 모든 세상을 위해 예수님을 죽인 것이고 모든 인간들에게는 하나님을 선택할 수 있는 능력과 기회가 주어져 있다고 가르칩니다. 그래서 인간들이 구원을 선택해야 구원받을 수 있는 것이고 인간들이 선택을 하지 않으면 구원에서 제외되는 것이라고 하지요. 끝까지 인간의 자존심을 포기하지 않겠다는 것입니다. 우리의 힘을 우리의 구원에 조금이라도 보태야 그 구원이 더 값지다는 발상입니다. 그들이 근거 구절로 내세우는 것이 우리가 너무 잘 아는 요한복음 3장 16절입니다.

여기서 김성수는 알미니안주의자들의 구원관을 '인간의 힘과 노력과 선행과 공로를 통하여 구원을 이룬다'는 가톨릭적 구원관과 크게 다르지 않다고 여기고 있음을 보게 된다. 다른 한 예로, 그는 사사기 설교에서 "구원은 복음을 믿기만 하면 되는데 유대교, 율법주의, 인본주의, 알미니안주의는 자존심이 상해서 이 은혜를 받아들이지 않는다."고 주장한다(김성수, 사사기 강해 1, 삿 1-10장).

그렇다면 "영접하는 자 곧 그 이름을 믿는 자는 하나님의 자녀가 된다(요 1:12, 3:16)"고 한 말씀이나, "주 예수를 믿으라 그리하면 구원을 얻으리라(행 6:31)."고 기록된 말씀을 어떻게 이해하고 받아들여야 할까? 이런 말씀은 인간의 의지적 결단을 촉구하는 말씀이다. 마찬가지로 요한복음 3장 16절에 의하면, "…이는 저를 믿는 자마다 멸망치 않고 영생을 얻게 하려 하심이니라."라고 말씀하고 있다.

물론 성경의 여러 구절은 하나님의 선택과 예정을 분명하게 말씀하고 있지만, 요한복음 3장 16절을 선택과 예정의 교리적 논리로 해석하는 것은 본문 의미와 문맥 흐름에 적절하지 않다. 따라서 구원과 관계된 성경의 모든 구절을 '제한적 속죄 교리'나 하나님의 '선택과 예정'이라는 측면으로만 바라보고 해석하려는 교리적 해석 방식에 주의해야 한다.* 왜냐하면 성경 해석은 우선적으로 본문이 말하는 그 문장의 의미와 문맥의 의미를 따라가야 하고, 이런 본문(text)

---

* 한 예로 김성수는 창세기 강해에서 "이스라엘을 택하시고 에돔을 유기시키신 것은 이스라엘이 상징적으로 담고 있던 교회의 선택과 에돔이 상징적으로 담고 있던 세상 죄인의 유기에 대한 이야기"라고 설명한다(김성수, 창세기 강해 76, 왜 야곱인가? I, 창 28:1-9). 즉 그는 성경 본문의 역사적이고 사실적인 의미에 관심을 두기 보다는 로마서 9장의 내용을 인용하여 본문의 내용을 상징이나 모형으로 바꾸어 '선택과 예정'이라는 교리적인 측면을 부각시키고 있다.
선택과 예정 그리고 인간의 선택과 의지라는 양 측면에 대한 더 깊은 이해는 필자의 저서 『원문 중심의 이야기 로마서』에서 로마서 9-11장을 참조하라.

의 의미와 부합해서 신학적 혹은 교리적 해석이 뒤따라야 하기 때문이다. 그러므로 자신이 믿는 교리에 대한 교리적 확신 때문에 성경 본문이 명확하게 밝히고 있지 않은 부분에 대한 다른 이해에 대해서 '틀렸다'고 너무 쉽게 단정하거나 정죄해서는 안 될 것이다.

그렇다면 성경이 말하는 구원을 우리는 어떻게 이해해야 하는가? 우리가 예수를 믿게 되는 것은 '전적인 하나님의 은혜'이고 그런 관점에서 우리는 하나님의 선택과 은혜를 고백하는 것이다. 그렇지만 이런 구원의 은혜를 받아들이는 문제에 있어서 인간의 의지를 완전히 배제하지 않는다. 이것이 바로 요한복음 3장 14절에서 보여 주는 놋뱀 사건이다. 김성수는 이 부분에서 "구원이라는 것은 우리 인간의 가능성에 절망하고 오로지 눈을 들어 위의 하나님을 바라볼 때 구원이 주어질 수 있다"는 의미라고 설명한다(김성수, 요한복음 강해 13, 하나님이 세상을 이처럼 사랑하사, 요 3:14-17). 그러나 이스라엘 백성은 하나님을 바라본 것이 아니라 놋뱀을 바라보았다(민 21:1-9). 또 이스라엘 백성이 "인간의 가능성에 절망"했다고 김성수는 설명하지만 사실 그들은 자신들의 불순종에 의한 형벌의 죽음 때문에 절망한 것이다. 그리고 광야의 이스라엘 백성은 하나님이 약속하시고 제시하신 그 구원의 방법과 구원의 약속을 믿는 믿음으로 놋뱀을 바라본 결과 살았다. 따라서 하나님의 약속에 근거해서 놋뱀을 바라보았듯이 하나님의 약속에 근거해서 십자가에 달리신 예수님을 믿고 영접하면 구원을 얻게 된다. 이런 측면에서 놋뱀은 예수님을 예표한다.

이런 문맥의 의미를 따라서 요한은 "예수 그리스도를 믿는 자마다 구원을 얻는다."고 3장 16절에 기록하고 있는 것이다. 그리고 계속되는 3장 17-18절을 보면, 사람이 빛되신 예수님께 나아가지 않는 것은 빛보다 어두움을 더 사랑하고 빛을 미워하기 때문에 빛으

1부 성경의 이해와 기복신앙

로 오지 않는다고 기록하고 있다. 이것은 인간의 선택적 책임을 말한다.* 이렇게 요한복음 3장의 내용만 잘 살펴보아도 인간이 영생을 얻는 구원의 문제는 하나님의 예정과 선택이라는 측면과 인간의 의지와 책임이라는 양면성을 가지고 있음을 알 수 있다.

따라서 인간이 하나님의 구원의 은혜를 받아들이는 문제에 있어서 오직 하나님의 주권과 선택과 예정만이라는 한쪽만 강조하게 되면, 결국 극단적인 칼빈주의(Hiper-Calvinism)'에 빠지게 된다. 이 점에 있어서 김성수는 요한복음 3장 16절뿐만 아니라 성경의 모든 내용을 오직 칼빈주의 5대 강령의 교리적인 틀로만 해석하려는 시도를 하면서 '극단적인 칼빈주의자'가 되고 말았다.**

즉 인간이 지옥에 갈 수밖에 없는 이유는 예수 그리스도를 영접하지 않는 자신의 책임이 따르는 선택과 결단의 문제와 관계가 있는 것이지 하나님이 그들을 지옥으로 보내려고 창세전에 미리 예정하시고 선택해 놓으신 것이 아니다. 한마디로 말해서, 성경에서 말하는 구원은 하나님 편에서 볼 때 전적으로 하나님의 주권과 선택에

---

* 예수님과 니고데모의 이야기(3:1-7)는 '하나님의 성령으로 거듭난 자가 영생을 얻는다.'는 하나님의 주권이 부각되고 있는 반면에, 광야의 놋뱀 이야기(3:14-17)와 빛 가운데로 나오지 않은 사람들의 이야기(특히 14, 16절)는 인간의 결단을 촉구하는 내용이 부각된다.

** 김성수는 창세기 강해 60-61, 아브라함의 이야기에서 '하나님의 주권과 자유의지' 문제를 구체적으로 다루고 있다. 거기서 김성수는 성경이 "분명 우리 인간 쪽에서의 행위를 배제하고 있지 않습니다."라고 말한다. 하지만 그가 말하는 인간의 행위나 순종은 모두 '하나님이 격발(충동)해서 자연스럽게 나오게 되는 행위'를 의미한다(김성수, 창세기 강해 60, 모리아 산의 여호와 이레를 통해서 본 하나님의 주권과 자유의지).
그는 요한복음 강해에서 '십자가 위로 들려 올려지는 삶을 순종의 삶'이라고 정의한다(요한복음 강해 13, 하나님이 세상을 이처럼 사랑하사). 결론에 가서 순종이란 '자기부정과 자기 비움'이라고 한다. 그러나 전통적으로 기독교가 의미하는 순종은 하나님의 말씀을 실천하기 위한 의지적 결단과 함께하는 적극적인 믿음의 행위다. 이렇게 김성수는 전통적인 성화의 의미는 배제하고, 반복적으로 '십자가 진리를 배우고 깨달아서 구원을 완성해 가야 한다'고 강조하고 있다.

바른 **해석** 바른 **신앙**

의해 이루어지는 것이고, 인간 편에서 보면 전적인 믿음의 결단과 책임을 요구한다. 이것이 성경에서 보여 주는 역설적인 진리이기에 어느 한쪽만 성경이 말하는 진리라고 주장해서는 안 된다.

이 점에 있어서 김성수는 강단의 설교 중에 알미니안 신학과 그들의 신앙을 강하게 비판해 왔다. 개신교 안에는 칼빈주의 교리를 따르는 장로교단 외에 다양한 교단이 있다. 즉 침례교단, 감리교단, 구세군교단, 순복음교단, 루터교, 성공회 등의 다양한 교파가 있고 또 그들이 알미니안적 색깔이 있다는 것은 분명하다. 그러나 개신교의 알미니안주의자들 역시 하나님의 절대 주권이나 예정과 선택을 믿고 있으며, 그런 면에서 다양한 스펙트럼의 칼빈주의적 색깔을 동시에 가지고 있다. 한마디로 개신교의 교파가 모두 '예수 그리스도를 믿는 믿음 외에 인간의 의지와 노력과 선행으로 구원을 얻을 수 있다'고 가르치고 있지 않다. 구원론에서 가장 큰 차이가 있다면, 예수를 믿고 구원받은 이후에 '구원에서 탈락될 수 있는가?' 하는 교리의 차이에 있다. 즉 구원에 관한 알미니안 교리와 칼빈주의 교리의 가장 두드러진 차이는 '신자가 구원받은 이후에 타락하여 구원을 잃을 수 있는가?' 하는 점에 있다. 이 지점에서 칼빈주의는 알미니안주의에 반대해서 신자의 구원은 '절대로 탈락될 수 없다.'는 견인교리를 따른다.***

그러나 이 부분에 있어서도, 성경은 모순처럼 보이는 긴장관계를 보여 준다. 바꾸어 말하면, 성경은 '한 번 받은 구원은 영원한 구원'이라고 분명하게 가르친다. 하지만 이런 가르침을 오해하면 자칫 어

*** 물론 신학적 논쟁에 더 깊이 들어가면 '제한 속죄'와 같은 속죄 범위 등에 대한 다양한 이슈가 있으나, 이런 신학적 논쟁이 개신교인 사이에 서로의 신앙을 정죄하거나 이단시할 위험 요소가 되는 것은 아니다.

1부 성경의 이해와 기복신앙

떤 죄를 짓고 살아도 상관없다는 '구원파 이단'과 다를 바 없는 잘못된 구원론으로 기울어질 수도 있다. 그런 면에서 구원은 전적인 하나님의 선택과 예정에 의한 것이고, 동시에 전적인 인간의 선택적 책임에 달려 있는 것이다.*

그러므로 구원에 대한 이해는 이런 신앙의 긴장관계 안에서 궁극적인 하나님의 주권에 속한 신비로 남겨 두는 것이 바람직해 보인다. 이런 측면에서, 구원은 '예정과 선택, 믿음 그리고 신비'다.** 더 중요한 사실은 구원은 실제로 이런 깊은 신학적 이해를 요구하지 않는다는 점이다. 예수 그리스도를 믿는 자, 즉 그를 인격적으로 영접하는 자에게 주어지는 것이 구원의 선물이다(요 1:12).*** 성경은 그 믿음의 단순성을 요구하고 있다. 성경에서 이런 구원의 길을 찾는 것은 쉽다. 다시 말해서 명백한 구원에 관한 진리는 쉽지만 보다 논리적으로 이성적으로 이해하려는 우리의 시도에 제약이 따르고 어려움이 따르는 것 뿐이다. 여기서 우리는 '성경이 어렵다'는 주제를 좀 더 생각해 보지 않을 수 없다.

---

* 구원 문제에 있어서 하나님의 주권과 인간의 자유의지를 균형 있게 말하는 성경의 예를 들면, 요한복음 1장 12–13절과 3장의 니고데모의 거듭남과 놋뱀 사건 그리고 3장 16–18절이고, 로마서 9–11장도 마찬가지다. 이런 이유로 성경을 연구하는 한 분야인 성경신학과 조직신학은 서로 보완해 주는 관계이면서도 때로는 긴장관계 속에 있다. 성경은 이성과 논리의 신학으로 다 담을 수 없는 진리를 담고 있기 때문이다.

** 이와 관계된 신학적 토론은 "미래교회포럼"에서 한국의 대표적인 신학자들이 양방 토론(김세윤·최갑종 vs. 박영돈·박형용·심상법)을 했던 인터넷 기사에서 볼 수 있다(뉴스앤넷, "칭의론 논쟁, 결국은 '구원 탈락 가능' 여부의 문제", 2016.12.07.).

*** 요한복음 1장 12절은 '인간의 의지적 영접'이 강조되지만 그 다음 13절은 '하나님의 주권적 사역'이 강조된다. 이처럼 요한복음의 내용만 살펴보아도 인간의 결단과 하나님의 주권(예정과 선택)이라는 양면성을 동시에 볼 수 있다.

바른 **해석** 바른 **신앙**

2. 성경은 어렵다

성경이 쓰여진 '그 당시'의 사람들은 자신의 글(모국어)만 안다면 그 성경을 읽고 이해하기에 결코 어려운 책이 아니었다. 그렇다면 지금 이 시대의 사람들도 동일하게 '성경은 이해하기에 결코 어려운 책이 아니다'라고 말할 수 있는가? 우리는 그 당시의 사람이 아니다. 다시 말해서 구약성경은 지금으로부터 약 3,500년의 시간 간격이 있고, 신약성경은 약 2,000년의 시간 간격이 있다. 이런 시간의 흐름과 함께 달라진 언어와 문화의 간격 그리고 가치관과 세계관 등의 차이는 당시의 언어를 이해하는 데 엄청나게 큰 간격(gaps)을 만들었다. 이렇게 언어와 문화가 다르고, 가치관과 세계관이 다른 고대 중동의 이스라엘 나라를 배경으로 기록된 하나님의 말씀이 우리가 가지고 있는 성경이다.

따라서 고대 중동의 이스라엘 사람이 사용했던 언어와 그들의 문화 및 역사를 모르고 성경을 제대로 이해한다는 것은 사실상 불가능하다. 이스라엘 민족이 로마의 통치 아래 있었을 당시에 기록된 신약성경을 제대로 이해하기 위해서는 이스라엘의 문화와 헬라와 로마의 문화 및 정치적 배경에 대한 이해가 필요하다. 여기에서 독자에게 고대 헬라어를 반드시 알아야 한다고 말하지는 않겠다. 물론 그것이 필요하고 유익하기는 하지만 사실상 성경학자가 아니라면 적어도 번역 성경을 통해서 이 점은 어느 정도 극복될 수 있기 때문이다.

한마디로 말해서, 성경의 내용은 성경 저자들이 기록했던 '그 당시'의 사람이 이해하는 데 별 어려움이 없었지만, 지금 우리에게는 큰 어려움이 따를 수밖에 없다는 것이다. 이것은 어떤 고대문서를 이해하든지 간에 그 내용을 해독하고 파악하는 데 어려움이 따르는 것과 마찬가지다.

그런데 일부 그리스도인들은 '성경이 하나님의 성령의 감동으로 쓰여졌기 때문에, 열심히 기도하고 부지런히 성경을 읽으면 이해하지 못할 내용이 없다.'는 지나친 확신과 자만심을 가지고 있는 경우를 보게 된다. 우리는 성경을 기록한 저자들이 하나님의 말씀이 들려질 때마다 그 말씀을 즉시로 받아 적어서 기록한 것이 아님을 기억해야 한다. 성경의 기록자들은 그 당시에 자신들이 배우고 알고 사용했던 다양한 언어적 혹은 문학적 표현을 사용해서 하나님의 뜻을 알리고자 성경을 기록했다. 이런 성경의 내용은 단지 기도하면서 열심히 읽기만 한다고 성령의 계시에 의해서 다 깨달아지고 이해되는 것은 아니다.

그러므로 성경 공부와 성경 연구를 기도로 대체할 수 있다는 착각에 빠지지 말라. 다시 말하거니와 기도하면 우리의 지적인 게으름을 하나님(성령님)이 도와주실 것이라는 잘못된 기대와 착각을 가져서는 안 된다. 성령이 교회 역사와 성경 원어와 다양한 성경의 문화적 배경을 가르쳐 준 적이 있었는가? 교회 지도자들이 그런 우스꽝스런 생각을 지금도 가지고 있으면서, 소경이 소경을 인도하는 일이 여전히 우리 주위에서 계속되고 있다. 즉 일부 교회 지도자나 신자 중에는 특별한 '성령의 기름부음' 혹은 '성령의 계시'에 의해서 성경 본문의 어려운 의미를 다 깨달을 수 있다는 확신을 갖고 있는 이들이 있다.

그들은 이런 근거로 "너희는 거룩하신 자에게서 기름부음을 받고 모든 것을 아느니라(요일 2:20, cf. 2:27)."는 성경구절을 종종 인용하곤 한다. 그러나 다음에 소개한 구절을 중심으로 요한일서의 문맥을 잘 살펴보면 성경에 대한 오해와 무지에서 이런 생각과 이해가 나오고 있는지 스스로 깨달을 수 있다.

> 나의 자녀들아 내가 이것을 너희에게 씀은 너희로 죄를 범하지 않게 하려 함이라(요일 2:1).
> 아이들아 지금은 마지막 때라 적그리스도가 오리라는 말을 너희가 들은 것과 같이 지금도 많은 적그리스도가 일어났으니 그러므로 우리가 마지막 때인 줄 아노라(요일 2:18).
> 너희는 거룩하신 자에게서 기름부음을 받고 모든 것을 아느니라 (요일 2:20).
> 내가 너희에게 쓰는 것은 너희가 진리를 알지 못하기 때문이 아니라 알기 때문이요 또 모든 거짓은 진리에서 나지 않기 때문이라 (요일 2:21).
> 너희는 주께 받은 바 기름부음이 너희 안에 거하나니 아무도 너희를 가르칠 필요가 없고 오직 그의 기름부음이 모든 것을 너희에게 가르치며 또 참되고 거짓이 없으니 너희를 가르치신 그대로 주 안에 거하라(요일 2:27).

위에 소개한 구절을 주목하면서 요한일서 2장의 맥락을 잘 살펴보면, 사도 요한이 서신서에서 말한 '신자가 기름부음을 받았다'는 말의 의미가 무엇인지 파악할 수 있다. 사도 요한에 의하면 이 말의 의미는 "모든 신자가 성령의 내주하심과 인도하심을 받는 자들이고, 사도적 가르침을 따라 진리에 속한 자들이다."라는 뜻이다(Yarbrough, Robert W, *1-3 John:BECNT*, 149). 다른 말로 하면, '적그리스도의 거짓 영에 의한 거짓된 진리에 미혹되지 말고 하나님의 성령의 인도하심을 따라 진리 안에 거하라'는 사도 요한의 당부의 말이다. 이처럼 요한일서 2장에서 말하는 '기름부음을 받는다'는 말은 일부 신자에게 '특별한 성령의 은혜나 능력을 덧입는다'는 뜻이 결코 아니다.

그럼에도 '기름부음'에 대하여 특별한 해석을 시도하려는 사람들은 사도 베드로가 고넬료의 집에서 복음을 전하면서 '하나님이 예수님에게 성령을 기름붓듯 하셨다'고 기록된 말씀과 관련이 있다고 주장한다(행 10:38).* 하지만 '하나님이 나사렛 예수에게 성령과 능력을 기름붓듯 하셨다(행 10:38)'는 이 말씀은 '나사렛 예수가 구약에 예언된 메시아의 공생애를 시작하셨으며(cf. 사 11:1-3, 42:1, 61:1), 그 증거로 성령의 능력을 받아서 기적을 행했다'는 것을 의미한다(Peterson, *The Acts of the Apostles*, 337).

그래서 베드로는 이방인 고넬료에게 복음을 전하면서 예수 그리스도를 소개하는 과정에서 '성령의 기름부음'이라는 표현을 사용하였다(cf. 사 11:1-3, 42:1, 61:1; 눅 4:17-21). 더 구체적으로 말하면, 구약에서는 '왕, 선지자, 제사장'의 직분을 받을 때 기름부음 받았다(출 40:15; 삼상 16:13; 왕상 19:16하; 대상 16:22). 마찬가지로 신약에서 예수님이 기름부음을 받은 것은 '왕-선지자-제사장'의 삼중직을 포함한 메시아로서 직임을 수행하게 된 것을 의미한다(벧전 2:9; 계 1:6).**

---

* 개신교 안에서 오순절주의 신사도 운동의 흐름을 따라가는 교회 지도자 가운데 기름부음 사역이라는 은사운동이 유행하면서, 성령의 은사와 능력의 기름부음을 전수한다(임파테이션)는 생각을 가진 사역자들이 생겨났다. 그러나 성령은 우리가 누구에게 전수해 줄 수 있는 분이 아니라 인격을 가진 거룩하신 삼위 하나님이시다.

** 그러나 너희는 택하신 족속이요 왕 같은 제사장들이요 거룩한 나라요 그의 소유가 된 백성이니 이는 너희를 어두운 데서 불러내어 그의 기이한 빛에 들어가게 하신 이의 아름다운 덕을 선포하게 하려 하심이라(벧전 2:9).
그의 아버지 하나님을 위하여 우리를 나라와 제사장으로 삼으신 그에게 영광과 능력이 세세토록 있기를 원하노라 아멘(계 1:6).

바른 **해석** 바른 **신앙**

더 나아가서 이런 기름부음이 신자에게 성령의 기름부음으로 적용될 때에는 두 가지 의미를 함축한다고 볼 수 있다. 첫째, 성령의 기름부음은 모든 신자가 성령의 인도하심을 받아서 진리와 생명되신 그리스도께 나아가는 성령의 내적 구원 사역을 표현한다. 둘째, 구약에서 말한 기름부음의 직분은 신약에 와서 모든 신자가 영적인 제사장들이요, 왕같은 제사장으로 기름부음을 받은 거룩한 직임을 갖고 있다는 것을 의미한다(벧전 2:9; 계 1:6).

이와 같은 차원에서 사도 요한이 그의 서신서를 통하여 성령의 기름부음을 말할 때, 그것은 '모든 신자가 진리의 영이신 성령의 기름부음(성령세례)을 받은 자들이며, 따라서 적그리스도와 거짓 선지자들의 가르침에 미혹되지 말라.'고 한 말씀인 것이다. 한마디로 사도 요한은 요한일서 2장에서 '일부 특정한 신자가 특별한 기름부음을 받는다'고 결코 말한 적이 없다.

그런데 지금도 예언과 계시를 좋아하는 극단적인 오순절 계통의 일부 신자, 특히 신사도 운동의 흐름을 따르는 교회 지도자들과 신자는 성경을 이런 식으로 잘못 이해하고 잘못 해석하고 잘못 가르치고 있다. 그러면서 이들은 '기름부음을 받은 우월한 신자와 지도자' 그리고 '기름부음 받지 못한 신자와 지도자'를 구분지어서, 교회와 신자를 판단하는 바람직하지 못한 모습을 종종 보게 된다. 이런 영적 우월주의자들의 미혹에 빠지지 않도록 성경을 바르게 이해하고 해석할 필요가 있다.

내가 예수 믿고 성령으로 거듭났던 중학교 1학년 시절부터 나의 가장 큰 기쁨은 성경을 읽고 기도하는 것이었다. 심지어 학교 수업 시간에도 책상 속에 성경책을 펴 놓고 읽었던 것, 고등학교 1-2학년 시절에는 거의 매일 밤을 교회에서 성경을 읽고 기도했던 기억이 생생하다. 하지만 내가 이해하지 못하는 성경 본문의 내용을 성령님이 설명해 주시고 가르쳐 주신 적은 거의 없다. 물론 성령님의 은혜로 말씀이 기억나고 그 결과 깨닫게 되는 경우는 많았다. 그러나 기억하고 깨닫게 해 주는 것과 초자연적인 방식으로 가르쳐 주거나 설명해 주는 것은 근본적으로 다르다. 사람이 기억하고 깨닫는 경험은 이미 알고 있는 지식과 이해를 바탕으로 이루어지기 때문이다.

그런데 종종 어떤 이들은 하나님이 초자연적 계시로 가르쳐 주거나 직접적인 음성으로 성경의 비밀, 특히 요한계시록의 비밀을 알게 되었다고 주장한다. 그렇게 하나님의 계시를 받아서 요한계시록의 비밀을 풀어서 책을 출판하였다고 선전하는 것도 보았다. 그런 책을 일부 읽어 보면 요한계시록을 엉터리로 해석하고 있는 이단적인 가르침이었다. 그런 이상한 가르침의 영, 즉 미혹의 영을 받지 않도록 주의하라. 성령님은 그렇게 성경 말씀을 한 절, 한 절 우리에게 직접 가르쳐 주시는 분이 결코 아니다.

성령의 역할은 예수 그리스도가 내 구주인 것을 확신하게 하고, 하나님의 자녀인 것을 확신하게 하고, 아버지라 부르게 하시는 분이다(롬 8:15-16). 성령은 우리의 연약함을 대신하여 기도하시는 영이시고(롬 8:26), 하나님의 말씀인 성경이 성령의 감동으로 기록된 진리임을 깨닫게 해 주시는 분이다(딤후 3:16). 또 성령은 내가 죄인임을 깨닫게 해 주고 말씀의 진리를 생각나게 하고, 더 깊이 깨달아서 삶 가운데 적용하도록 안내해 주시는 분이다(요 14:26, 16:8. cf. 롬 3:23). 고린도전서 12장에 나오는 성령이 주시는 지혜의 은사와 지식의 은사 또한 성경 한 구절, 한 구절을 가르쳐 준다는 의미가 아니다.* 그렇

---

* 개신교 보수주의 신학자들은 은사 지속론과 은사 중지론이라는 상반된 견해를 가지

게 성령이 가르쳐 주신다면, 평생 성경을 공부하고 연구할 필요가 있겠는가?

더 중요한 사실은, 성령은 하나님의 말씀을 깨닫게 해 주는 데 그치는 것이 아니라 하나님의 말씀을 행하고 지키도록 은혜와 힘과 능력을 공급해 주신다(요 14:21; 롬 8:4; 딤후 3:17). 그러므로 성경을 바르게 공부하고 연구하고 배운 지도자로부터 성경을 바르게 배울 뿐만 아니라, 그것을 실천에 옮기는 삶을 살아가는 것이 모든 하나님의 자녀가 힘써야 할 평생의 신앙생활임을 기억해야 한다. 이것이 성경은 쉽고도 어렵다고 말할 수밖에 없는 이유다.

고 있다. 필자는 은사 지속론을 지지하며, 여기에 대한 나의 좀 더 구체적인 설명은 『원문 중심의 이야기 로마서』(343-346, 356-358)를 참조하라.

　　　　　　　　　　　　　　　　　　　1부 **성경의 이해와 기복신앙**

성경의 통일성과 다양성

1. 성경의 통일성

성경은 다양한 시대에 여러 저자에 의하여 기록되었다. 하지만 성령의 영감에 의하여 기록된 하나님의 말씀이라는 점에 있어서 성경은 일관성과 통일성을 갖는다.

이 점에 있어서 성경은 '창조–타락–구속–완성'이라는 하나님의 거대한 구속사적인 이야기로 읽을 수 있다. 하지만 이런 성경의 권위에 도전하면서 성경의 통일성과 일관성을 부정하는 사람들은 다양한 방법으로 성경의 모순과 오류를 주장해 왔다. 그들은 성경 본문을 연구할 때 한 권의 책도 한 저자에 의해서 기록된 것이 아니라 오랜 세월을 거쳐서 정정되고 수정되고 편집되는 과정을 거쳐서 작성되었다고 주장한다(오르드·쿠트 공저, 『새로운 눈으로 보는 성서』, 97).

그 대표적인 한 예가 오경 편집설이다. 즉 창세기는 모세라는 한 저자에 의해 기록된 것이 아니라 다양한 편집자들이 오랜 시간에 걸쳐 자료를 모아 편집한 한 권의 책이라는 주장이다. 이런 주장의 근

바른 **해석** 바른 **신앙**

거로, 창세기 1-3장 안에는 두 가지 다른 창조 이야기가 모순되게 나타난다고 주장한다. 다시 말해서 창세기 1장에서 2장 3절까지의 내용에서 하나님의 명칭이 복수 명사인 엘로힘(Elohim)으로 나와 있고, 창세기 2장 4절부터 하나님은 자신을 여호와(Jehovah)라 부르고 있기 때문에 서로 다른 문서로 편집된 이야기이며 그 내용도 모순이 있다고 주장한다. 그래서 창세기 1장에서 2장 앞부분(1:1-2:3)까지의 기록은 이스라엘인이 바벨론의 포로가 된 후에 나타난 사제(제사장) 학파에 의하여 쓰여진 문헌(P문서)이고, 2장 4절에서 3장 끝까지의 내용은 야훼 문서(J문서)로 기록된 것으로서 서로 다른 문서들이 편집, 구성되어 있다고 말한다(오르드·쿠트 공저, ibdi, 98-102). 이런 주장 (J, E, D, P 문서설)이 한때 성경학자 사이에 큰 반향을 일으켰고, 한편의 지지자들에 의해서 여전히 지지를 받고 있지만, 다른 한편에서는 이미 큰 설득력을 잃고 있다. 과연 우리는 창세기 1장과 2장의 창조 기사의 내용이 서로 상충되고 모순된 내용으로 보아야 할까?

창세기 1장과 다르게, 2장에 나오는 창조 순서를 보면 아담이 창조되고(2:7),* 그 이후에 동물이 창조된(2:19)** 것처럼 보인다. 그래서 편집설을 주장하는 학자들은 '천지창조 이야기와 노아 홍수의 이야기는 고대 근동 아시아의 왕실 문헌에 전해지던 이야기를 모방하여 꾸며진 이야기'라고 주장한다(오르드·쿠트 공저, ibid, 112).

창세기 1장이 하나님의 창조에 대한 개관(overview)이라면 2장의

---

*　여호와 하나님이 땅의 흙으로 사람을 지으시고 생기를 그 코에 불어넣으시니 사람이 생령이 되니라(창 2:7).

**　여호와 하나님이 흙으로 각종 들짐승과 공중의 각종 새를 지으시고 아담이 무엇이라고 부르나 보시려고 그것들을 그에게로 이끌어 가시니 아담이 각 생물을 부르는 것이 곧 그 이름이 되었더라(창 2:19).

1부 성경의 이해와 기복신앙

내용은 저자가 강조하고자 하는 인간의 창조기사에 특별히 강조점을 둔 더 자세한(혹은 부차적인) 설명으로 이해할 필요가 있다. 다시 말해서 창세기 1장은 창조의 순서에 관심을 둔 창조의 역사적 사건에 대한 순서적인 기록이라면, 2장에서는 창조 순서에 관심을 두지 않고 인간 창조에 초점을 맞추어 기술한 내용이다. 따라서 창세기 2장에서 동물들이 아담의 창조 후에(2:19) 언급되었다는 것 때문에 모순된 서로 다른 문서의 편집이라는 주장은 성경의 저자가 강조하고자 하는 바를 제대로 이해하지 못한 결과다.

한마디로 요약하면, 창세기 1장과 2장의 내용은 서로 다른 저자들에 의해서 상충되고 모순된 창조기사의 단편을 종합해 놓은 기록이 아니라 한 저자가 1장의 개괄적인 요약에 이어서 아담과 하와의 창조와 관련된 여섯째 날에 대하여 보다 구체적인 설명을 2장에서 하고 있는 통일성을 가진 내용이다. 저자의 이런 기록 방식은 단지 성경의 저자에게만 해당되는 이야기가 아니라 글의 기술 방식에 있어서 일반 저자의 글에서도 종종 볼 수 있는 기록 방식이다.

더 나아가서 창세기 1-3장의 기록이 모순되지 않은 한 저자의 작품이라는 또 다른 증거는 창조기사와 관련하여 예수님께서 언급하신 말씀이다. 마태복음 19장 4-5절을 보면 예수님은 다음과 같이 말씀하셨다.

> 예수께서 대답하여 이르시되 사람을 지으신 이가 본래 그들을 남자와 여자로 지으시고 말씀하시기를 그러므로 사람이 그 부모를 떠나서 아내에게 합하여 그 둘이 한 몸이 될지니라 하신 것을 읽지 못하였느냐.

예수님은 창세기 1장 27절(남자와 여자를 창조하시고)과 창세기 2장 24절(이러므로 남자가 부모를 떠나 그의 아내와 합하여 둘이 한 몸을 이룰지로다)을 하나의 통일된 말씀으로 인용하셨다. 즉 예수님은 창세기 1장과 2장의 내용이 서로 상충되고 모순된 것이 아니라 일관성 있게 기록된 하나님의 말씀임을 선언하신 것이다.

성경의 통일성을 인정하지 않은 결과 성경의 오류성을 주장하는 많은 주장과 논쟁 가운데 신약성경의 예를 살펴보자.

신약성경의 전형적인 예는 마태복음 13장에 나오는 겨자씨 비유다. 예수님이 천국 비유로 사용하신 이 겨자씨 비유는 성경의 오류를 주장하는 해석자들에 의해서 예수님의 겨자씨 이야기가 사실과 동떨어진 진술이라고 주장한다. 왜냐하면 예수님이 "이는 모든 씨보다 작은 것이로되(13:32)."라고 하신 말씀은 곧 '겨자씨가 세상의 모든 씨보다 가장 작다'는 의미인데, 실제로는 겨자씨보다 더 작은 씨앗이 있기에 예수님의 말씀은 오류가 있다는 것이다.

하지만 예수님이 겨자씨가 가장 작은 것이라고 하신 말씀은 당시의 상황을 이해해서 고려해야 한다(Andrew, "Biblical Inerrancy", 6-7). 다시 말해서 예수님이 말씀하신 이 내용을 마태가 기록했던 고대 팔레스타인 농부의 관점에서 생각해 볼 때 겨자씨는 분명 가장 작은 씨앗의 대명사였다. 더 나아가서 이 말씀의 초점은 예수님이 식물학적 관점에서 겨자씨를 말씀한 것이 아니라 '하나님 나라의 속성(the nature of kingdom of God)'에 관하여 말씀하기 위한 의도로 하신 말씀이다(Davis, *The debate about the Bible*, 26). 이런 표현은 하나의 관용적인 표현이며 문학적인 표현이기도 하다. 마치 우리나라 농부들이 과거에 가장 작은 것을 표현할 때에 흔히 '좁쌀만 하다' 혹은 '깨알만 하다'라고 표현한 것과 조금도 다를 바 없는 표현이다. 다시 말해서 이것은 과학으로 증명해야 할 말이 아니라 일종의 관용적 표현이고 당시의 문화를 반영한 일종의 문학적 표현이다.

성경의 내용이 일관성 없이 서로 상충되어 보이는 또 다른 예를 살펴보자. 종종 '복음서 간의 기록이 상충되고 모순된다'고 주장하는 사람들은 예수님의 산상수훈과 예수님의 평지 설교에 나타난 내용의 차이를 지적한다. 다시 말해서 마태복음 5장의 말씀은 "산상수훈"으로 그리고 누가복음 6장 17-23절의 말씀은 "평지 설교"라고 흔히 불린려진다.* 그 가운데 누가는 "너희 가난한 자는 복이 있나니 하나님의 나라가 너희 것임이요(눅 6:20)."라고 한 예수님의 말씀이 기록되어 있다. 그런데 마태는 "심령이 가난한 자는 복이 있나니 천국이 그들의 것임이요(마 5:3)."라고 기록하고 있기 때문에 차이가 있어 보인다.

누가의 기록대로, 경제적으로 가난한 사람이 복이 있으며, 그들이 하나님 나라에 들어갈 수 있다고 예수님은 가르치고 있는가? 아니면 마태의 기록대로 경제적인 가난과는 차원이 다른 심령(영혼)이 가난한 자가 하나님 나라에 들어갈 수 있다는 것인가? 아니면 둘 다인가? 이렇게 모순되고 상충되는 내용을 볼 때 우리에게는 보다 주의 깊은 관찰과 이해가 필요하다. 구약의 배경을 보면 '가난하다'는 것은 일차적으로 경제적인 어려움의 상태를 의미한다. 그러나 동시에 비유적인 의미로 영적인 상태를 묘사하는 데에도 사용되고 있다

---

* 마태는 '예수님이 산 위로 올라가서 설교하셨다'고 기록하고 있고, 누가는 '예수님이 산 위에서 내려와서 평지에서 설교했다(마 5:1; 눅 6:17)'고 기록하고 있다. 따라서 서로 다른 장소로 볼 수도 있으나, 같은 산 언덕의 어느 한 평평한 지점을 말하고 있다고 볼 수 있다. 즉 마태는 모세가 율법을 받았던 시내산이라는 지형에 의미를 부여하면서 기록했다면, 누가는 삶의 현장에 더 의미를 두고 평지(장소)에 초점을 맞추어 기록한 것으로 이해할 수 있다.

바른 **해석** 바른 **신앙**

(Bock, *Luke 1:1-9:50*, 552). 예를 들어, 시편 기자는 "여호와여 나는 가난하고 궁핍하오니 주의 귀를 기울여 내게 응답하소서(시 86:1)"라고 하나님을 향한 간절한 기도를 하고 있다. 이어서 "나는 경건하오니 내 영혼을 보존하소서(시 86:2)."라는 간구가 나온다. 여기서의 '가난'과 '궁핍'은 경제적인 측면이 아닌 자신의 영적인 능력의 고갈을 의미한다. 즉 하나님의 도우심이 없이는 전적으로 무력한 자신의 상태와 하나님을 향한 신뢰의 표현인 것을 알 수가 있다.** 이와 유사한 용례는 구약성경의 다른 곳에서도 종종 찾을 수 있다.

그렇다면 마태와 누가가 실제 가난을 말하는가 아니면 비유적인 의미로 영혼의 가난을 말하는가? 누가의 기록이 예수님께서 말씀하신 내용을 그대로 전해 주고 있다면, 마태는 주님께서 하신 말씀의 의도가 "심령이 가난한 자", 즉 하나님 앞에서 자신의 영혼이 가난한 상태에 놓여 있음을 고백하는 겸손의 마음이 하나님의 은혜를 경험할 수 있게 해 준다는 점을 말하고 있다. 따라서 마태와 누가는 서로 모순되거나 상충되는 내용의 기록이 아니라 같은 의미를 다른 관점에서 기록한 것이다.

또 마태복음의 산상수훈에 나오는 예수님의 팔복 설교와 누가복음의 평지 설교에 나오는 복의 개념에는 큰 차이가 있어 보인다. 다시 말해서 마태는 '심령이 가난한 자'가 복이 있고, '의로움에 주리고 목마른 자'가 복이 있다고 기록하고 있지만(마 5:3, 6), 누가는 "지금

** 시편 86편 1-17절에서 하나님을 철저히 의존하며 도우심을 간구하는 시편 기자는 신앙의 태도를 볼 수 있다. 즉 86편 1-7절은 기도에 응답을 간청하는 기도가 나오고, 8-13절에는 찬양과 감사의 고백이 나오고, 마지막 14-17절에는 하나님의 은혜를 구하는 기도가 나온다. deClaisse-Walford, et al, *The Book of Psalms: The New International Commentary on the Old Testament*, Grand Rapids:William B. Eerdmans Publishing Compnay, 2014, 659.

주린 자"는 복이 있고 지금 우는 자는 복이 있다고 말씀하고 있다(눅 6:21). 이 점도 마태는 제자들과 무리의 영적인 상태에 초점을 두어 기록하고 있지만, 누가는 제자들과 무리들이 지금 배고프고 지금 울고 있는 경제적인 현실과 아픔 속에 있다는 점에 초점을 맞추어 기록하고 있는 것이다. 뿐만 아니라 누가는 자신이 기록한 복음서에서 가난한 자와 관련된 목록을 다섯 번 언급하고 있고, 그때마다 가난한 자들은 실제로 당시 사회에서 고통을 받고 가난하고 소외된 연약한 사람들을 가리키고 있다(4:18, 6:20-22, 7:22, 14:13, 21).

따라서 마태가 제자들과 무리의 영적이고 내면적인 면에 초점을 두고 기록한 반면, 누가는 제자들의 외부적이고 사회적인 현실을 반영하면서 기록했음을 알 수 있다(France, *The Gospel of Matthew*, 162).* 이 점에 있어서, 누가는 마태복음 5장에 나오는 여덟 가지 복을 네 가지 복으로 압축해서 기록했다고 볼 수 있다. 즉 네 가지의 복(happiness) 대신 4가지 화(재앙)를 넣어서 현재적 상황에서 더욱 강화하고 있다. 그 네 가지 복(happiness)은 '지금 가난한 자', '지금 주린 자', '지금 우는 자' 그리고 인자이신 예수님으로 말미암아 사람들로부터 '지금 외면 당한 자'들이다(눅 6:20-22). 그 다음에 나오는 네 가지 화는 이런 가난과 주림과 우는 것과는 정반대의 상황을 보여 준다(눅 6:24-25).

한마디로 마태는 예수님을 따르는 온전한 제자의 삶을 살아가도록 예수님이 말씀하신 교훈에 초점을 맞추어 기록하고 있고(France,

***

* 뿐만 아니라 마태복음의 산상수훈은 저주 선언이 없는 반면에 누가복음의 평지 설교에는 축복과 저주가 함께 포함되어 있다. 이런 차이는 마태가 구약의 축복 선언문을 신약의 의미로 더욱 확대시킨 반면에(신 28:1-14), 누가는 구약의 축복 선언과 저주선언을 함께 다루었다는 점을 이해할 필요가 있다(신 28:1-19).

바른 **해석** 바른 **신앙**

ibid, 153)** 반면에 누가는 예수님을 믿고 따르는 자들의 현실적인 상황에 더 깊은 관심과 초점을 맞추어 기록하고 있다.***

이런 예를 통하여 몇 가지 교훈을 얻을 수 있다.

첫째, 성경 자체의 오류에 의한 통일성과 일관성의 문제가 있는 것보다는 해석자의 이해와 해석의 오류에 문제가 있다는 것이다. 그러므로 쉽게 이해되지 않으며 때로는 모순되어 보이는 성경 내용에 대해서 단순히 모순과 오류라는 속단을 내리지 않도록 주의할 필요가 있다. 오히려 인간 이성의 한계와 이로 인한 해석의 어려움을 먼저 겸허히 인정할 필요가 있다. 이런 태도는 고고학의 발전과 성경 시대의 역사와 문화의 이해 그리고 해석학의 발전을 통하여 더 많은 성경의 비밀이 풀려 왔던 점에서 충분히 지지를 받게 된다.

둘째, 성경은 역사와 과학적인 사실을 포함하고 있으나, 그렇다고 해서 역사책이나 과학책과 같이 정확하고 정밀하게 사실을 기록한 것은 아니다(Bush, "Understanding Biblical Inerrancy", 22-24). 따라서 성경을 기록한 저자의 기록 의도와 강조점에 따라서 종종 숫자나 연대기를 대략적인 숫자로 언급하고 있다는 점을 기억할 필요가 있다. 성경은 역사와 과학을 가르치기 위한 책이 아니라 하나님의 뜻을 알

** 이 점에 대하여 프랜스(France)는 마태복음 5-6장이 하나의 큰 흐름과 주제로 연결되어 있음을 주장하면서 다음과 같이 구분한다. ① 제자들의 구별된 삶의 특징(5:3-16), ② 율법의 완성(5:17-48), ③ 참된 경건, 진리와 거짓(6:1-18), ④ 물질을 통한 삶의 안전을 넘어서 하나님을 신뢰하는 삶에 대한 우선순위(6:19-34). France, *The Gospel of Matthew*, 155.

*** 이런 사실은 예수님이 말씀하신 '지금'이라는 표현에 강조점을 두고 있는 누가의 기록에 잘 나타난다.
"너희 가난한 자는 복이 있나니 하나님의 나라가 너희 것임이요 지금 주린 자는 복이 있나니 너희가 배부름을 얻을 것임이요 지금 우는 자는 복이 있나니 너희가 웃을 것임이요 (눅 6:20-21)."

려 주는 하나님의 계시의 수단으로 성령의 감동으로 기록된 하나님의 말씀이기 때문이다.* 그러므로 우리는 성경이 오류가 없도록 성령의 감동에 의하여 성경 저자들이 기록한 하나님의 말씀이라는 사실을 부인하는 가르침을 경계해야 할 것이다.

웨스트민스터 신앙고백서(1.4., 1.5.)는 이렇게 선언하고 있다.

> 1.4. 성경의 권위는 어떤 사람이나 교회의 증언에 달려 있는 것이 아니라 책의 저자이신 하나님에게 전적으로 달려 있다. 그러므로 성경이 받아들여져야 하는 이유는 바로 그것이 하나님의 말씀이기 때문이다(살전 2:13; 벤후 1:19, 21; 딤후 3:16; 요일 5:9).
>
> 1.5. 이런 성경의 무오한 진리성과 신적 권위에 대한 우리의 완전한 설득과 확신은 우리 마음속에서 그 말씀에 의해 그리고 그 말씀과 함께 증거하시는 성령의 내적 사역으로부터 온다(사 59:2; 요 16:13, 14; 고전 2:10, 11, 12; 요일 2:20, 27).

사도 바울은 디모데후서에서 "모든 성경은 하나님의 감동으로 된 것으로 교훈과 책망과 바르게 함과 의로 교육하기에 유익하니(딤후 3:16)"라고 선언하고 있다. 마찬가지로 사도 베드로는 "예언은 언제든지 사람의 뜻으로 낸 것이 아니요 오직 성령의 감동하심을 받은 사람들이 하나님께 받아 말한 것임이라(벤후 1:21)."고 증언한다. 즉 성경을 기록한 저자들은 하나님의 성령이 감동을 받아서 하나님

---

* 물론 창조과학은 진화론을 반박할 수 있는 과학적인 근거와 논리를 제공해 주었고, 노아 방주의 과학적 실험을 통해서 그것이 얼마나 정밀하게 설계된 안전한 배였는지를 과학적으로 증명하는 데 공헌하였다. 그 외에도 창조과학자들이 주장하듯이 수많은 과학적 사실이 성경의 내용을 뒷받침하고 있다. 그렇다고 해서 성경의 모든 내용이 과학적으로 증명되어야 하는 것은 결코 아니다.

바른 해석 바른 신앙

으로부터 받은 말씀을 기록하였으며, 따라서 우리는 성경을 '성령의 영감(Inspiration of Scripture)'에 의하여 기록된 오류가 없는 하나님의 말씀으로 믿는다. 이 성경은 구원에 이르는 지혜를 얻게 하는데 충분한 말씀이며(요 20:31), "하나님의 사람으로 온전하게 하며 모든 선한 일을 행할 능력을 갖추게 하려"는 하나님의 말씀이다(딤후 3:17). 이 점에 있어서 성경은 일관성과 통일성을 갖는다.

2. 성경의 다양성

성경은 다양한 주제의 진리를 포함하고 있다는 사실을 어렵지 않게 알 수 있다. 예를 들어, 모세오경에는 우리에게 적용될 수 없는 이스라엘 백성을 위한 독특한 사회법도 있고, 인간의 고난을 주제로 다루는 욥기서도 있다. 잠언서는 하나님의 백성이 어떻게 살아가는 것이 가장 지혜로운 인생인지를 보여 준다.**

또 열왕기와 역대기는 모두 이스라엘의 역사를 기록하고 있는 역사서다. 열왕기는 말 그대로 이스라엘 남북의 왕들을 중심으로 기록한 역사서이고, 역대기는 다윗 왕조를 통한 남유다의 정통성을 보여 주는 이야기다. 이런 역사서를 통하여 우리는 하나님의 구원의 큰 물줄기가 다윗 왕조를 통하여 이어 가고 있음을 배울 수 있으며, 동시에 하나님을 경외하는 왕들과 그렇지 않은 왕들을 통하여 역사의 교훈을 배울 수 있다. 다시 말해서 구속사의 물줄기를 보는 하나의

** 물론 잠언의 '지혜'가 예수라고 가르치는 일부 해석자가 있지만 그것은 사실상 다소 극단적인 상징적(혹은 알레고리적) 해석이다.

1부 **성경의 이해와 기복신앙**

통일성과 각 사건 속에 나타난 다양한 실제적 교훈을 우리는 함께 읽을 수 있다. 과연 김성수가 자살하지 않고 지금도 생존해 있었다면, 이런 성경의 내용을 다 '십자가와 복음'을 가르치는 의미라는 그의 일관된 가르침의 방식대로 풀어 낼 수 있을까? 이것은 성경의 내용이 통일성 뿐만 아니라 다양성을 가지고 있다는 기본적인 이해의 원리마저 인식하지 못한 위험하고도 극단적인 생각이다.

더 나아가서 성경의 통일성을 말할 때 그 안에도 다양한 주제가 있다. 도널드 거스리(Dornald Guthrie, 1915-1992)는 "신약성경에 상당히 다양한 내용의 표현이 나오고 있으며, 그 가운데 속죄와 은혜의 교리는 신약의 통일성을 이해하는 데 가장 근본적인 요소"라고 말했다(Guthrie, *New Testament theology*, 55). 즉 십자가 복음을 말하는 속죄와 은혜의 교리가 신약성경의 가장 근본적인 요소이기는 하지만 신구약성경의 모든 내용이 한 가지 통일성만 가지고 있는 것은 아니다.

'하나님 나라, 하나님의 거룩함, 언약신학, 성전신학, 창조신학' 등의 다양한 주제가 신구약성경 안에 일관성 있게 흐르는 성경신학의 중심 주제다. 그 외에도 성경에는 보다 다양한 내용의 주제가 있다. 이렇게 성경에 있는 다양하고 풍부한 진리를 간과하거나 무시하고, 성경의 내용이 오직 복음 혹은 '죄-구원=영생'이라는 하나의 통일성으로만 이해하고 강조하려는 왜곡된 자세는 성경 전체에 대한 바른 이해의 결핍과 관계가 있다.

이런 성경의 다양성과 통일성을 이해하고 해석하는 데 있어 주요 장애물이 있다. 다음과 같은 다섯 가지로 요약할 수 있다.

① **언어적 차이**(Linguistic Barrier): 성경 저자가 사용한 고대 히브리어와 고대 헬라어는 한국어와 완전히 다르다. 그런데다 대부분의 그

리스도인들은 이러한 고대 히브리어와 헬라어를 알지 못하기에 번역 성경인 한국어 성경이나 영어 성경에 의존해서 성경을 이해한다.

② **역사적–문화적 차이**(Historical–Cultural Barrier): 앞에서도 언급한 바와 같이 우리는 최소한 2천 년에서 약 3,500년에 이르는 역사적 간격과 함께 우리와 전혀 다른 문화적 차이를 가지고 성경을 읽고 해석한다. 따라서 이런 당시의 역사적 배경이나 문화적 배경을 모르고 성경 이야기를 제대로 이해하기란 때때로 거의 불가능한 경우가 있다.

③ **세계관의 차이**(Philosophical Barrier): 우리가 가지고 있는 세계관과 고대 근동의 유대인들이나 1세기의 이방인 신자가 가진 세계관은 각각 너무 다르다. 따라서 유대인들이 예수를 믿고 기독교인이 되었을 때 그리고 이방인들이 예수 믿고 기독교인이 되었을 때, 이 두 다른 세계관 속에 살았던 기독교인 사이에서도 적지 않은 갈등과 오해가 나타났다. 하물며 우리와 그 당시의 사람들은 얼마나 그 세계관이 다르겠는가? 이런 이유 때문에 성경에 나타나는 하나의 언어적 표현이나 행동에 대해서도 서로 다른 이해와 해석을 하게 되는 경우가 종종 생겨난다.

④ **개인적인 차이**(Individual Barrier): 사람들은 누구나 자신이 어려서부터 배운 학습이나 문화 혹은 전통을 통하여 사물을 바라보고 판단하는 기준이 있기 마련이다. 이것을 흔히 선(先)이해(preunderstanding)라고 말한다. 뿐만 아니라 어떤 사물을 바라보거나, 다른 사람의 말과 행동을 보거나 혹은 그의 외모를 보고 미리 판단하고 결론을 내리는 선입관(preconception)이 있다. 이런 선이해와 선입관 등으로 인하여, 우리는 같은 시대의 문화 속에서 자라온 교회 공동체나 사회 공동체 안에서 서로의 말과 행동에 대해서 오해하거나 갈등과 분쟁

1부 성경의 이해와 기복신앙

에 빠지는 경우가 있다. 하물며 성경 속의 사물과 인물에 대해서 우리가 가지고 있는 선이해와 선입관들은 얼마나 더 많겠는가?

⑤ **본문 자체의 어려움**(Textual Barrier): 성경을 이해하고 해석하는데 느끼는 대부분의 어려움은 사실상 여기에 속한다고 말할 수 있다. 여기서 말하는 '본문 그 자체의 이해'는 곧 성경 본문 안에 나타나는 다양한 형태의 장르와 형식 그리고 표현에 대한 것이다. 예를 들면, 비유, 상징, 속담, 예언 그리고 겉과 속이 다른 표현을 하는 일종의 언어유희(word plays) 등 여러 다른 형태의 문장 표현과 문장 구조 등 많은 요소가 본문 그 자체를 바로 이해하는 데 어려움을 느끼게 만든다.

본문 자체의 어려움은 문맥의 의미를 충실히 따라가면 보다 명확하고 쉽게 이해되는 경우도 상당히 많다. 반대로 말하면 성경 이야기의 흐름, 즉 문맥의 의미를 놓치면 온갖 다양한 엉뚱한 오해와 잘못된 해석에 쉽게 빠질 수 있다. 따라서 오직 문맥 안의 문자적 의미뿐만 아니라 성경 전체에 흐르는 일관성과 통일성을 함께 고려하면서 해석하는 것이 중요하다.

이 점에 있어서, 성경 본문의 말씀이 모두 지금의 나에게 주시는 영생의 말씀이라는 단순한 자기 중심적 생각의 틀을 벗어나서, 성경을 기록한 저자가 1차적으로 그 당시의 독자에게 한 말씀의 의도와 의미를 바로 파악하는 것이 중요하다. 그리고 당시의 독자와 그들이 처한 시대적 환경과 상황을 이해함으로써 성경의 풍부한 진리의 내용을 우리가 처한 다양한 현실의 상황에 바르게 적용하는 데 매우 적절한 도움을 얻게 될 것이다(Klein, et al., *Introduction to Biblical interpretation*, 461). 따라서 성경 본문의 바른 이해와 해석을 위해서 우리는 다음과 같은 성경 해석의 기본 원리를 충실하게 따라갈 필요가 있다.

바른 **해석** 바른 **신앙**

첫째, 본문 자체에서 그 내용의 의미를 결정하는 사실적 근거를 확인해야 한다. 바꾸어 말하면, 본문의 내용을 해석할 때 해석자의 추측(가정)에 근거한 해석인지 본문에 분명하게 나타난 사실을 근거로 한 해석인지 먼저 구분해야 한다. 선한 사마리아인 비유를 예로 들어 보자. '사마리아인은 예수님, 강도 만난 자는 율법사와 우리, 주막은 교회, 두 렙돈은 은혜와 진리' 등 이런 식의 해석은 단순한 추측(가정)에 의한 것이지 사실이 아니다. 반면에 이 비유의 결론에서 예수님이 "너희도 이렇게 하라."고 말씀하신 명령은 너무나 분명한 사실적인 내용이다.

둘째, 본문 자체에서 분명한 의미를 발견하기 어렵다면 그 앞뒤의 흐름과 각 권의 전체적인 흐름의 맥락에서 본문의 의미를 해석할 수 있는 사실적 근거를 찾아야 한다. 예수님이 말씀하신 '양과 염소의 비유(마 25:31-46)'를 생각해 보자. 이 내용은 옥에 갇힌 자나 굶주린 자를 돌보는 선행을 베푼 자에게는 영생이 주어지고 그렇지 않은 자는 영원한 형벌을 받는다는 의미의 내용으로 오해할 수도 있다. 즉 이 본문 내용 자체만 보면 마치 선행과 노력이 구원과 관계된다는 식으로 오해할 수 있다. 하지만 그 앞의 흐름과 마태복음의 전체적인 흐름을 살펴보면, 이 내용이 제자도(구원 이후의 삶)를 말하고 있다는 근거를 충분히 찾을 수 있다. 이것은 산상수훈의 말씀에서 시작해서 마태가 기록한 내용의 전반적인 한 흐름이다.

바꾸어 말하면 본문 앞뒤의 문맥에서 사실적 근거를 찾을 수 없다면 그 책을 쓴 저자의 책 한 권 전체의 내용 안에서 사실적 근거를 찾아야 한다. 한 권의 책에는 저자의 사상과 의도가 담겨 있기 때문이다.

셋째, 한 본문의 의미를 결정하는 데 있어서 한 저자의 사상이 담긴 여러 책을 함께 검토해서 그 의미를 찾는 것도 중요하다. 예를 들어서, 사도 바울이 쓴 13권은 사도 바울의 사상과 신학이 함축되어 있는 서신이다. 따라서 바울이 말하는 율법이라는 개념이 무엇을 말하는가에 대해서 바르게 이해하고자 한다면, 바울이 쓴 13권의 서신에 나온 율법에 대한 개념을 주의 깊게 관찰하고 연구해야 할 것이다. 또 다른 예로, 사도 바울이 말하는 '그리스도 안에서'라는 의미를 제대로 이해하기를 원한다면, 사도 바울이 쓴 13권의 서신 안에서 그 의미를 찾아보고 생각해 볼 필요가 있다. 이렇게 본문의 의미를 바로 파악하기 위해서는 먼저 본문이 주어진 문장과 문맥을 살펴보고, 그 앞 뒤의 흐름 그리고 그 한 권의 책의 전체적인 사상을 생각해야 한다. 그리고 한 저자가 쓴 여러 권의 책을 비교 분석하는 방식으로 그 의미를 찾아가야 한다. 이렇게 가까운데서부터 조금씩 멀리 넓혀 가면서 본문의 사실적인 의미를 바로 이해하려는 노력이 바른 성경 해석의 원리다. 김성수는 이런 해석의 원리와 순서를 무시하고 성경 66권 아무데서나 성경구절을 끌어와서 본문에 '갖다붙이기'식으로 성경 해석하는 잘못을 범했다.

넷째, 한 저자가 쓴 성경 안에서 그 의미를 직접적으로 찾을 수 없고, 따라서 성경 본문의 의미를 결정하는 데 어려움이 따른다면, 다른 성경 저자의 글을 같은 범주(category)를 따라서 그 의미를 비교하며 살펴볼 필요가 있다. 마가복음에서 예수님이 하신 말씀을 이해하는 데 어려움이 있다면, 마태복음과 누가복음, 혹은 같은 내용이 나오는 요한복음 등의 복음서의 내용을 충실하게 종합 비교하여 이해할 필요가 있다. 뿐만 아니라 필자가 사용한 '같은 범주'라는 말을 독자는 눈여겨 주목할 필요가 있다. 구약의 아가서와 시편 등의 시문학서들은 같은 범주이고, 열왕기서나 사도행전 같은 역사서들은 같은 범주 안에 있는 책이다. 또 다니엘서와 요한계시록과 같은 예언서들은 같은 범주 안에 있는 책이다. 이런 성경의 다른 속성들과 문학적 특징이 본문의 의미를 이해하는 데 있어서 보다 좋은 관점을 제공할 수 있다.

역사서는 사실적인 언어를 사용하지만 시문학은 상징적이고 문학적인 표현을 주로 사용하고 있기 때문에 같은 단어라도 명백하게 다른 의미로 사용되는 경우가 많다. 그런데 김성수는 이런 성경의 특성을 무시하고 단어를 중심으로 성경을 연결해서 해석함으로써 성경 해석에 있어서 수많은 왜곡된 가르침을 행했다. 특별히 그는 요한계시록에 나오는 상징적 단어와 복음서에 나오는 사실적 의미의 단어를 '같은 단어니까 같은 의미'라는 식의 단순한 논리로 성경을 해석해 왔다.

다섯째, 성경 전체의 내용을 일관성 있게 바라보는 신학적 해석이다. 이것은 창세기부터 요한계시록까지 '언약신학'이나 '성전신학' 혹은 '하나님 나라'라는 하나의 주제로 일관성 있게 이해하는 중요한 성경 해석의 틀을 제공한다. 이러한 거시적인 흐름을 보여 주는 신학적 해석이 앞에서 설명한 1-4번의 원리를 무시하면서 할 수 있는 해석은 아니다. 이렇게 성경은 종과 횡으로 그리고 근거리에서 원거리로 넓혀 가면서 관찰하고 해석해야 한다. 여기서 우리가 잊지 말아야 할 사실이 있다. 그것은 성경을 보여 주는 통일성과 다양성은 성경 전체를 이해하는 두 기둥과 같다는 점이다. 성경은 예수 그리스도를 보여 주는 구속사적인 통일성만을 갖는 것이 아니라 신자의 실제적인 신앙생활과 성화에 관련된 실제적이고도 다양한 삶의 지침이 되는 하나님의 말씀이라는 점을 놓치지 않고 실천적인 마음을 가지고 읽어 가야 한다.

성경은 모든 사람이 구원받는 데 있어서 너무 어려워서 구원받지 못할 만큼 어려운 책이 아니다. 성경은 하나님의 근본적인 뜻과 중요한 뜻을 알지 못해서 행하지 못하는 일이 없도록 명백하게 말씀하고 있다. 그런 면에서 성경은 쉬운 책이다. 그러나 여전히 성경에 기록된 다양한 내용의 말씀 그리고 신앙의 기초를 넘어선 더 깊은 하나님의 말씀을 이해하기에는 어려움이 많이 있다.

그러한 어려움을 어떻게 해결하는지에 대해서 알고자 한다면, 우리는 성경이 어떤 책인지에 대한 기본적인 이해와 이에 따른 성경 해석의 기본 원리를 이해할 필요가 있다.

이 점에 있어서 성경의 통일성과 다양성은 성경을 이해하는 데 있어 가장 근본이 되는 성경 이해의 두 기둥이다. 성경 내용의 다양성을 부정하고 통일성만 확신하고 따라가면 성경이 오직 '구원에 이르는 복음'만 가르치고 있다는 착각에 빠질 수 있다. 성경은 이미 구원받은 하나님의 자녀가 어떻게 살아가야 하는지에 대한 많은 가르침도 포함되어 있다. 다시 말해서 성경은 구원받은 하나님의 자녀가 세상의 빛과 소금이 되어 어떻게 하나님의 뜻을 이루는 거룩한 삶을 살아가야 하는지에 대한 구체적인 명령과 행동 지침의 내용이 더 많다. 이보다 더 다양한 주제의 내용도 있다. 이런 성경이 보여 주는 다양한 진리의 내용은 모두 다 우리에게 필요한 것이기에 하나님이 우리에게 주신 것이며, 따라서 이런 성경의 다양한 진리를 쉽게 간과해서는 안 된다. 바른 신앙생활의 길은 이런 성경의 '통일성'과 '다양성'에 대한 균형 있는 이해에서 시작됨을 기억해야 한다.

기복신앙과 십자가 복음주의

'기복신앙과 십자가 복음주의'는 한국 교회에서 자라온 기독교인에게 있어서 깊이 생각해 보아야 할 주요 주제 가운데 하나다. 특별히 기복신앙은 번영신학과 기독교인의 물질관 등과 관련하여 함께 다룰 필요가 있다. 반대로 우리는 성경적 의미의 십자가 복음주의와 극단적 의미의 십자가 복음주의의 차이가 무엇인지를 분별할 필요가 있다. 그렇지 않으면 이 세상은 악한 세상이기에 오직 저 세상(천국)에 가는 것이 신자의 유일한 삶의 목표요 삶의 의미라는 극단적인 십자가 복음주의에 빠질 수 있기 때문이다. 이런 기복신앙과 십자가 복음주의는 우리의 신앙생활과 대단히 실제적인 관계가 있다. 뿐만 아니라 3부에서 다루게 될 김성수의 설교 비평과 실제적인 연관이 있다는 점을 인식하면서 이 주제를 생각해 보고자 한다.

1. 기복주의 신앙과 번영신학

1-1 기복주의 신앙

한국 개신교의 기복신앙은 전통적인 무속신앙, 즉 샤머니즘 (Shamanism)과 관련이 깊다. 샤머니즘은 신의 힘을 입어서 인간의 소원을 성취하려는 원시종교 현상의 하나이며, 그것은 소원 성취를 통한 현실의 행복으로 집약된다(지병구, 『샤머니즘과 한국 교회』, 23). 이런 샤머니즘에 의하면, 인간의 소원 성취와 욕구 충족을 위한 중매자로 무당이 등장하게 되고, 그 무당은 기도와 춤과 굿을 통하여 복을 주는 신의 대리자 역할을 수행해 왔다(유동식, 『한국 종교와 기독교』, 15). 이런 샤머니즘적 종교문화 가운데 살았던 한국인의 종교 의식은 자연스럽게 샤머니즘과의 혼합주의적 기독교 신앙에 젖게 만들었다(장민수, "샤머니즘이 한국 교회에 끼친 영향", 25).

이와 더불어 하나님의 말씀으로 바른 교육을 받지 못한 개신교의 교인은, 세속적인 성공과 번영이 곧 하나님이 주신 복이라는 비성경적인 기복신앙으로 기울어져 갔다. 이런 무속적 기복신앙의 현상은 한국 교회 안에 목회자의 무분별한 축복기도와 기도원에서 행해지는 축복의 안찰기도, 신년 초에 성도들에게 '신년 소원 헌금'을 바치고 축복기도를 받게 하는 식의 다양한 현상으로 교회 안팎에 나타났다. 물론 지금은 이런 일이 많이 사라졌지만, 한때 크게 유행했던 것이 사실이다.

이런 샤머니즘적 기복신앙은 서구의 왜곡된 자본주의 정신과 물질만능주의 사상과 함께 어우러져 교회 안에 나타났다. 이에 부응하여 교회 지도자들의 현세적인 축복의 비결을 가르치고 강조하는 설교가 유행하게 되었다. 이런 환경에서 자연스럽게 비성경적인 축복관이 형성되어, '축복 받았다'는 의미는 흔히 '돈 많이 벌고, 병 낫고, 출세했다'는 의미로 받아들여져 왔다.

또 왜곡된 축복관은 목회자들 사이에 성공적인(축복 받은) 목회가 큰 교회당의 건축, 교인들의 숫자, 고급 승용차와 고액의 사례금을 받는 것 등으로 평가되는 목회 풍토로 나타났다.

이런 무속적이고 물질주의적인 기복신앙의 문제점은 무엇인가? 그것은 신자에게 성경적 세계관과 가치관에 대한 인식을 갖지 못하게 하고, 존재(인격)적 변화를 바탕으로 한 성숙한 신앙의 삶을 추구하지 못하게 하는 데 있다. 또한 이렇게 왜곡된 기복신앙의 문제점은 오직 개인의 축복과 개인 구원을 강조하는 설교와 맞물려서 이웃과 사회에 대한 관심을 멀리하고 개인주의와 이기주의를 합리화시키는 신앙인이 되게 하는 결과를 초래하는 것이다.

이사야 58장 6-8절은 금식기도가 곧 병을 치료하고 기도 응답을 받는 축복의 통로라는 가르침으로 둔갑하여 자주 왜곡되었다.

> 내가 기뻐하는 금식은 흉악의 결박을 풀어 주며 멍에의 줄을 끌러 주며 압제 당하는 자를 자유하게 하며 모든 멍에를 꺾는 것이 아니겠느냐 또 주린 자에게 네 양식을 나누어 주며 유리하는 빈민을 집에 들이며 헐벗은 자를 보면 입히며 또 네 골육을 피하여 스스로 숨지 아니하는 것이 아니겠느냐 그리하면 네 빛이 새벽 같이 비칠 것이며 네 치유가 급속할 것이며 네 공의가 네 앞에 행하고 여호와의 영광이 네 뒤에 호위하리니(사 58:6-8).

그러나 이사야 58장은 명백하게 기도의 행위에 앞서 삶의 행위를 바르게 해야 하나님이 그 기도에 응답하실 것이라는 회개를 촉구하는 말씀이다. 이사야 선지자는 58장에서 "주린 자에게 양식을 주고 빈민을 돌보고 헐벗은 자를 입혀 주라."는 말씀을 반복적으로 강조하면서, 이것이 하나님이 기뻐하는 금식이고 하나님의 응답을 받는 금식기도라는 점을 외치고 있다.* 그런데 이런 교훈과 책망의 말씀이 '금식기도만 하면 은혜가 임한다'는 의미의 말씀으로 둔갑해서 교회 안팎에 널리 유행하기도 하였다.

더 나아가서 구약의 선지자들은, 이스라엘의 지도자들과 백성이 사람들과 하나님 앞에서 의로운(바른) 행위를 하도록 그들의 죄와 악을 책망하였다.** 즉 선지자들은 신명기적 언약과 하나님의 율법(십계명)에 근거한 예언적 말씀을 선포한 것이다. 신명기 10장 16-20절은 이렇게 말씀하고 있다.

> 그러므로 너희는 마음에 할례를 행하고 다시는 목을 곧게 하지 말라 너희의 하나님 여호와는 신 가운데 신이시며 주 가운데 주시요 크고 능하시며 두려우신 하나님이시라 사람을 외모로 보지 아니하시며 뇌물을 받지 아니하시고 고아와 과부를 위하여 정의를 행하시며 나그네를 사랑하여 그에게 떡과 옷을 주시나니 너희는 나그네를 사랑하라 전에 너희도 애굽 땅에서 나그네 되었음이니라 네 하나님 여호와

---

* 이사야 58-59장은 하나의 문맥을 이루고 있는데, 그 구조를 보면 다음과 같다.
①이스라엘 백성의 죄악되고 가식적인 신앙적 행위를 하나님은 받지 않으신다(58:1-4).
② 하나님은 그들의 죄를 회개하는 자들을 받으신다(59:1-15a). ③ 하나님이 정의와 구원을 베푸실 것이다(59:15b-21). Smith, *Isaiah 40-66*, 569.

** 아모스 선지자는 다음과 같이 선포했다.
"너희가 힘없는 자를 밟고 그에게서 밀의 부당한 세를 거두었은즉 너희가 비록 다듬은 돌로 집을 건축하였으나 거기 거주하지 못할 것이요 아름다운 포도원을 가꾸었으나 그 포도주를 마시지 못하리라(암 5:14)."

를 경외하여 그를 섬기며 그에게 의지하고 그의 이름으로 맹세하라
(신 18:16-20).

이처럼 하나님은 모세를 통하여 이스라엘 백성에게 "고아와 과부를 공정하게 대하고 뇌물을 받지 말고 나그네를 사랑하면서 여호와를 의지하고 경외하라."고 가르치셨다. 그러나 이스라엘 백성의 삶은 이와 정반대의 길을 걸어갔다. 우리는 흔히 하나님에 대한 사람의 도리를 종교라고 말하고 사람들 간의 도리를 윤리라고 말한다. 그러나 성경은 이 둘의 관계가 분리된 것이 아니라 뗄 수 없는 관계라는 측면에서 하나임을 말씀하고 있다("한국 기독교와 윤리", 『한국 기독교 연구논총』 5집, 214). 이 점은 율법의 핵심이라고 말할 수 있는 십계명에 잘 나타나 있다. 십계명의 처음 네 가지는 하나님을 향한 내용이고, 나머지는 가정과 이웃 등 인간 사회를 향한 내용으로 구성되어 있다. 하지만 이 둘은 분리될 수 없는 하나님의 법이고 하나님의 말씀이다.

따라서 선지자들은 '이웃을 돌아보지 않고 정직하게 살지 않으면서 자신의 안녕과 유익만을 추구하면서 성전에 드리는 모든 종류의 예배 행위와 종교 절기를 하나님은 결코 받지 않을 것'이라고 강조하였다(사 1:1-10; 렘 7:2-25; 암 5:21-23). 이런 측면에서 이사야 선지자는 사회적 관계 안에서 발생한 일련의 죄악된 행동을 정죄하였다.

고아와 과부들을 학대함(1:17, 21-23, 3:14), 도둑질(1:21), 살인(1:21), 뇌물을 받고 한 불공정한 판결(1:23, 3:9, 5:23, 10:1-2, 29:21), 가난한 자들에게 속한 땅의 착취(5:8-10, Barton, *Understanding Old Testament Ethics*, 134).

마찬가지로 아모스 선지자는 다음과 같이 책망했다.

> 너희가 힘없는 자를 밟고 그에게서 밀의 부당한 세를 거두었은즉 너
> 희가 비록 다듬은 돌로 집을 건축하였으나 거기 거주하지 못할 것
> 이요 아름다운 포도원을 가꾸었으나 그 포도주를 마시지 못하리라
> (암 5:11).

그리고 아모스 선지자는 계속해서 다음과 같이 선포하고 있다.

> 내가 너희 절기들을 미워하여 멸시하며 너희 성회들을 기뻐하지 아
> 니하나니 너희가 내게 번제나 소제를 드릴지라도 내가 받지 아니할
> 것이요 너희의 살진 희생의 화목제도 내가 돌아보지 아니하리라 네
> 노랫소리를 내 앞에서 그칠지어다 네 비파 소리도 내가 듣지 아니하
> 리라 오직 정의를 물 같이, 공의를 마르지 않는 강 같이 흐르게 할지
> 어다(암 5:22-24, cf. 사 1:11-15).

이같은 구약의 가르침은 신약에 와서 예수님의 가르침과 사도들
의 서신서에도 면면히 흐르고 있다. 선지자적 사명을 가지고 오신
예수님은 "율법의 더 중한 바 정의와 긍휼과 믿음"을 너희가 버렸다
고 책망하셨다(마 23:23). 또 히브리서 기자는 '선을 행하고 나누어 주
고 베풀어 주는 삶이 곧 하나님께 드리는 제사이며, 하나님은 이같
은 제사를 기뻐하신다.'고 말씀했다. 마찬가지로 야고보는 하나님
아버지 앞에서 참된 경건은 약하고 가난한 자들(고아와 과부)을 돌보
면서 자기를 지켜 세속에 물들지 않는 것이라고 말씀했다(약 1:27).
사도 바울은 '남을 사랑하는 자는 율법을 다 이루었다'고 선언했다(

롬 13:8). 따라서 한국 교회의 왜곡된 기복신앙은 기독교인의 성공과 복과 번영이 하나님의 뜻임을 지나치게 강조함으로써, 섬김과 자기희생으로 하나님의 뜻을 펼쳐야 할 이웃과 사회를 외면하게 한 점에 대하여 책임이 크다고 말할 수 있다.

특별히 이런 잘못된 기복신앙을 가장 신랄하게 비판했던 사람이 김성수(서머나교회)이다. 따라서 그의 기복신앙에 대한 비판은 분명 새겨 들어야 할 교훈이 있다. 그러나 그의 기복신앙 비판은 바른 성경적 개념의 기복신앙이 무엇인지를 간과하고 지나치게 극단적인 비판으로 기울어지고 말았다. 또한 김성수는 강단에서 전파되는 기독교인의 윤리와 도덕적 책임에 관한 성경의 가르침은 은혜에 반대되는 율법적인 행위에 속한 것으로 규정하고 철저히 거부하는 모순을 가지고 있다.

다시 말해서 그는 성경의 모든 내용이 예수 그리스도만 말하고 있다고 주장하면서 성경에 기록된 윤리와 도덕적 명령을 철저히 부정한다. 그 결과 기존의 왜곡된 기복신앙이 현세의 복만을 강조하면서 그리스도인의 윤리와 도덕적 책임을 무시한 것처럼, 김성수는 내세의 복(천국)만을 강조하면서 그리스도인의 윤리와 도덕적 책임을 무시한 것이다. 이런 김성수의 가르침은 성경 이해와 해석에 대한 오해와 의도적인 왜곡과도 관계가 있어 보인다.

2. 번영신학(Prosperity Theology)

한국 개신교의 왜곡된 기복신앙은 번영신학(Prosperity Theology)과 깊은 관계를 가지고 있다. 번영신학은 인간이 하나님을 잘 믿고 살아가면 이 세상에서의 안전과 부와 성공과 번영이 보장된다는 믿음을 강조하는 가르침을 말한다. 따라서 번영신학을 따르면 '예수 믿으면 자동적으로 잘살고 성공하고 건강하게 장수한다.'는 확신과 기대에 사로잡혀서 신앙생활을 하게 된다. 반대로 가난과 질병과 실패와 저주는 죄의 결과 혹은 사탄의 방해로 인한 것으로 규정하고, 성령의 권능을 통해서 쫓아내야 한다는 극단적인 생각으로 기울어지기 쉽다. 이런 번영신학은 서양의 자본주의와 미국적 실용주의가 합세하여 미국을 중심으로 크게 확산되었다.

번영신학은 크게 실용주의적 번영신학과 은사주의적 번영신학으로 구분될 수 있다. 실용주의적 번영신학의 대표자로는 노만 빈센트 필(Norman Vincent Peale, 1898-1993)과 로버트 슐러(Robert Schuller, 1926-2015)를 들 수 있다. 필(Peale)은 "진리란 실제적이고 효율적이어야 한다."고 주장했던 제임스(Willam James, 1842-1910)의 사상을 인용하고 적용하면서, 실용주의적 기독교를 대중화시켰다. 또한 필의 제자인 로버트 슐러는 믿음과 더불어 적극적 사고를 대중화 시키면서 그 영향력을 더욱 확대하였다. 그들은 성경구절을 인용하여 적극적(혹은 긍정적) 사고로 생각과 언어를 바꾸면 자신이 원하는 성공과 번영의 삶을 살 수 있다고 강조했다. 그러나 이런 적극적인 사고와 신념은 하나님을 의지하고 하나님의 뜻을 따르고자 하는 '바른 성경적 믿음'과는 전혀 다른 일종의 '신념적 신앙'에 속한 것이다.

번영신학의 또 다른 흐름은 오순절/은사주의로 분류되는 케네스 하긴(Kenneth Hagin, 1917-2003)과 오럴 로버츠(Oral Roberts, 1918-2009)와 같은 길을 가는 사람들을 통해서 나타났다.* 실용주의적 번영신

---

* 번영신학의 지도자적 인물로는 침례교 케년(E. W. Kenyon, 1867-1948)의 Higher

학이 다소 세속적이고 자유주의적인 그룹을 대표하고 있다면, 오순절/은사주의적 그룹은 보수적이고 은사적인 그룹을 대표하고 있다고 말할 수 있다(김상복, 『성경과 신학』, 11). 그들은 신자가 이 세상에서 번영하고 장수의 축복을 받아서 살아가는 것이 하나님의 약속이라는 구약성경의 말씀을 전적으로 의지하고 신뢰했다.

이런 번영신학적 '복'에 대한 이해는 성경이 말하는 '복'에 관한 바른 이해의 결핍과 구약성경에 약속된 복에 치중된 문자적 해석과 깊은 관계가 있다(cf. 신 28장). 또한 오순절/은사주의적 번영신학은 성령의 능력이 질병의 치유와 문제 해결을 위한 수단으로 강조되고, 헌금은 물질의 복을 받기 위한 하나의 수단으로 강조되는 경향이 강하다.

이렇게 한국의 개신 교회 강단은 샤머니즘적 기복신앙과 번영신학을 전파하는 외국의 출판 서적을 통하여 '번영과 성공 그리고 축복' 중심의 설교로 더욱 물들어 가게 되었다. 이런 번영신학을 전파하는 데 큰 영향을 끼친 대표적인 한국 교회의 지도자는 여의도순복음교회 1대 담임목사였던 조용기 목사라고 오늘날의 신학자들은 평가하고 있다. 이런 순복음(하나님의 성회) 교단의 모토는 요한삼서 1장 2절의 말씀을 근거로 한 삼중축복의 가르침에 잘 나타나 있다(조용기, 『오중 복음과 삼중 축복』, 251).** 여의도순복음교회는 이런 삼박자 축

Life movement를 비롯하여 케넷 하긴(Kennet Hagin)과 오럴 로버츠(Oral Roberts, 1918– 2009)를 포함시킬 수 있으며, 그 외에도 A. A. Allen, Robert Tilton, T. L. Osborn, 조엘 오스틴(Joel Osteen), 크레플로 달러(Creflo Dollar), 케네스 코플랜드(Kenneth Copeland) 등 여러 인물이 거론될 수 있다(류장현, "번영신학에 대한 신학적 비판", 8).

** "사랑하는 자여! 네 영혼이 잘됨같이 네가 범사에 잘되고 강건하기를 내가 간구하노라."라고 기록된 요한삼서 1장 2절 말씀은 삼박자 구원을 지지하지 않는다. 이 구절은 장로 가이오에 대한 간구의 기도 혹은 축복 기도 형식의 편지 인사말이다. 가이오는 나그네 된 형제들을 잘 섬기고 접대해 주었을 뿐만 아니라 그들의 필요를 채워 주었고, 진리 안에

복(혹은 삼박자 구원)의 원리를 목회 신념으로 삼은 조용기 목사의 강력한 리더쉽으로 성장을 이루게 되었다(cf. 김영재, 『한국교회사』, 279-280). 그는 70-80년대에 가난한 서민들의 현실적 문제와 그들의 욕구에 부응한 번영과 축복의 메시지 그리고 치유의 은사를 중심으로 한 사역과 힘있는 메시지로 큰 영향을 끼쳤다. 더불어서 경제성장과 도시개발에 부응하여 대도시로 몰려든 수많은 인구 이동과 맞물려서 여의도순복음교회는 짧은 기간에 급속한 성장을 이루었다. 우리는 이런 번영신학이 끼친 긍정적인 영향을 아주 간과할 수는 없다. 번영신학은 그리스도인들로 하여금 긍정적이고 적극적인 신앙생활을 하도록 격려하였다(김곤주, "한국 교회의 문제점에 관한 고찰", 27-28). 또한 믿음이 약한 신자가 일시적으로나마 고난과 실패의식에서 헤쳐 나올 수 있는 힘을 불어 넣어 주었다. 이런 긍정적인 면에 대하여 김동수는 "영산의 외침은 시의적절했던 것"이라고 평가한다(김동수, "영산 축복론의 확장", 199). 동시에 김동수는 이런 긍정적인 평가와 함께, "영산의 축복론이 당시 주창되었을 1950년대 말에는 한국 사회와 교회에 적합한 신학이었으나, 정치·경제·문화가 완전히 바뀐 21세기에는 그 신학의 유용성에 있어서 제한성이 있다."고 인정하고 있다(김동수, ibid, 185).*

서 하나님의 뜻을 따라 살았다(요일 1:3-5).
따라서 사도 바울은 장로 가이오의 헌신과 충성을 잘 알고 있었고, 그에 대한 화답으로 편지 형식의 축복의 인사(혹은 축복의 기도)를 한 것이다. 따라서 '-하게 되기를 바란다'는 간구의 기도나 축복의 말이 '반드시 그렇게 된다'는 약속의 말씀으로 이해하는 것은 타당하지 않다.

* 또한 임형근은 영산 조용기의 사상에 '목회적 현장에서 바라보고 이해해야 한다.'는 점을 강조한다(임형근, "목회적 관점에서 본 영산의 오중복음 이해", 74-75). 이 점은 충분히 일리가 있다. 그러나 임형근의 주장은 목회와 신학을 분리시켜서 신앙과 신학의 이원화를 주장하는 근본적인 오류를 범하고 있는 것으로 평가된다.

바른 **해석** 바른 **신앙**

하지만 우리가 이런 신학의 유용성을 따지기 이전에, 근본적으로 바른 성경적인 이해와 해석에 기인한 설교인가에 대해서 냉정히 생각해 볼 필요가 있다. 이와 관련하여 조지훈은 "영산 설교의 내러티브성 연구"라는 글에서 조용기 목사의 설교를 다음과 같이 분석하고 있다.

> 설교에는 '창조-타락-구원' 또는 '타락-구원-축복'이라는 내재적인 플롯(hidden plot)이 존재하고, 그 플롯에 따라 결론을 향해 점진적으로 움직여 간다. 둘째, 영산 설교의 플롯은 "질병(폐병)-복음을 통한 구원-축복"이라는 그의 회심 경험으로부터 싹이 텄고, 성도들이 지금 이곳에서 하나님을 경험하고 변화를 경험해야 한다는 그의 신학에 근거하고 있다. 마지막으로 그와 같은 회심 경험과 신학을 통해 형성된 영산의 개인적인 내러티브는 성도들을 변화시키고 그들이 하나님을 만나는 공동체의 내러티브를 형성하게 했다 (조지훈, "영산 설교의 내러티브성 연구", 50).

필자는 영산 조용기 목사의 설교가 내러티브적 설교에 있어서 복음적인 내용이 충실히 담겨 있다는 점에 긍정적 평가를 내릴 수 있다. 하지만 그의 설교는 성경해석학적 측면에서 적지 않은 오류를 안고 있음을 보게 된다는 점에서 커다란 아쉬움도 가지고 있다. 위에 언급한 내용을 근거로 그 구체적인 한 예를 들면 다음과 같다. 조지훈이 인용한 영산 조용기 목사의 "보혈의 신비(히 12:22-24)"라는 설교는 '죄인의 보혈, 마귀와 보혈, 하나님의 보혈 그리고 보혈의 외침'이라는 4대지 설교로 구성되어 있다고 소개한다.

이런 4대지 설교 안에 예수님의 대속의 은혜와 용서 뿐만 아니라

1부 성경의 이해와 기복신앙

'사망의 장자 마귀, 성령을 부어 주심, 치료, 저주에서 해방, 영생 및 부활' 등의 다양한 설명이 있음을 소개한다. 그러면서 조지훈은 "구성면에서 조금은 복잡한 4대지 설교이지만, 이 설교 역시 전체적으로 타락—구원—축복이라는 틀 속에서 진행되고 있다."고 주장한다(조지훈, ibid, 72-73; cf. 조용기, 『보혈의 신비』, 47-57). 그러나 히브리서 12장 22-24절을 보혈의 신비라는 주제로 이렇게 해석하는 것은 본문의 의미와 거리가 멀다. 본문은 보혈의 축복을 말하는 내용이 아니라 히브리서 기자가 '하나님의 은혜를 거역한 자들에게 주는 경고'의 말씀이기 때문이다.*

설교자는 성경 본문의 의미를 먼저 올바로 이해하고 정직하게 전달하는 것이 가장 중요한 그 본연의 사명임을 잊어서는 안될 것이다. 결국 번영신학은 축복과 성공과 번영에 대한 성경의 바른 가르침을 바로 이해하지 못한 결과로 널리 전파되었으며, 동시에 신자가 바라는 성공과 복과 번영의 욕구에 적극 부응하여 지금도 유행하고 있다. 그 결과 번영신학을 주도하는 일부 설교자들이 전세계적으로 대형 교회를 이루고 있는 것은 그리 이상한 일이 아니다.

그렇다면 번영신학의 심각한 문제는 무엇일까? 번영신학은 개인의 번영과 성공만을 추구하는 왜곡된 기복신앙으로 기울어지게 함으로서 그리스도인들의 도덕성과 사회윤리의 약화를 초래했다. 번

---

* 히브리서 12장 22-24절은 다음과 같이 기록하고 있다.
"그러나 너희가 이른 곳은 시온 산과 살아 계신 하나님의 도성인 하늘의 예루살렘과 천만 천사와 하늘에 기록된 장자들의 모임과 교회와 만민의 심판자이신 하나님과 및 온전하게 된 의인의 영들과 새 언약의 중보자이신 예수와 및 아벨의 피보다 더 나은 것을 말하는 뿌린 피니라."
그리고 다음과 같은 경고의 말씀이 이어지고 있음을 간과해서는 안 된다.
"너희는 삼가 말씀하신 이를 거역하지 말라 땅에서 경고하신 이를 거역한 그들이 피하지 못하였거든 하물며 하늘로부터 경고하신 이를 배반하는 우리일까보냐(히 12:25)."

바른 **해석** 바른 **신앙**

영신학은 한국 개신 교회의 영성과 도덕성이 타락하게 된 주된 요인 가운데 하나다. 이런 왜곡된 번영신학과 기복신앙은 교회 안에서 타인의 신앙이나 믿음의 크기를 눈에 보이는 성공과 실패로 평가하는 기준이 되기도 하였다. 그 결과 실패하거나 가난하고 병든 기독교인은 모두 하나님과 관계가 잘못되어 있거나 믿음이 부족해서 하나님이 주신 복을 누리지 못하는 삶을 살고 있다는 오해를 불러 일으키기도 했다. 따라서 교회 안에서 보살핌을 받고 섬김을 받아야 할 약자가 오히려 외면 당하거나 무시를 당하면서, 그들이 열등감과 좌절감 혹은 정죄감에 빠질 수밖에 없는 교회 환경이 되는 것도 번영신학과 기복신앙이 가진 심각한 문제 가운데 하나다.

이렇게 왜곡된 기복신앙과 번영신학이 구약성경을 지나치게 문자적인 의미의 복에 치중하여 현세적인 복을 그리스도인의 삶의 목표로 삼고 있다면, 김성수는 이를 비판하면서 복음이라는 미명 하에 정반대의 극단적 가르침을 펼치고 있다. 예를 들면, 시가서 강해 1 개론에서 시편 전체를 어떻게 가르치고 있는지 살펴보면 이 점을 분명하게 알 수 있다. 시편의 모든 내용이 메시아되신 예수 그리스도에 관한 것이고 천국을 소망하고 기다리는 내용이라고 주장한다(시가서 강해 1 참조). 그러면서 시편 1편 1절의 "복 있는 자"는 '예수 그리스도'라고 해석하고, "다윗이 사울에게 쫓기면서 고난을 당하고 핍박을 받는 장면은 예수 그리스도의 고난과 비교되어 시편에 등장한다."고 설명한다.

이런 식의 설명은 시편에 등장하는 시편 기자의 다양하고도 실제적인 신앙고백적 내용을 간과한 것이다. 시편 기자는 시편 1편에서 '하나님의 말씀을 주야로 묵상하면서 그 말씀을 지키는 자가 복 있는 자'라고 소개하고 있지만, 김성수는 이런 명백한 문자적이고 문맥적인 의미를 왜곡해서 '복 있는 자'는 '예수 그리스도'를 의미한다고 주장하였다.* 시편 1편의 내용은 하나님의 백성이 하나님의 말씀을 좇아 살아가는 축복의 길과 그렇지 않고 악인이 살아가는 저주의 길이 있음을 대조적으로 소개하고 있다. 그래서 악인의 꾀를 따르지 아니하며 죄인의 길에 서지 아니하며 오만한 자의 자리에 앉지 아니한 사람이 '행복한 자(복 있는 자)'라고 시편 기자는 기록하고 있다.** 김성수는 이런 명백한 시편의 의미를 그럴듯 하게 바꾸어서 예수로 연결하는 이상한 영적 해석을 계속하였다.

특별히 김성수는 '복과 번영'을 설교하는 개신교 목사들을 향하여 '양복 입은 무당'이라는 강한 비난도 서슴치 않았다. 그러면서 그의 거의 모든 설교 내용에서 기복신앙을 비난하는 강한 집착을 보여 주었다. 그 결과 많은 한국 교회 신자는 이런 김성수의 기복신앙 비판과 오직 '죄'와 '십자가의 은혜' 그리고 '영생'만을 강조하는 그의 자극적인 설교에 통쾌함과 시원함을 느끼면서 그의 설교에 깊이 매료되었다.

그러나 기복신앙과 번영신학에 대한 김성수의 비판은 그 도를 넘어서 한국 교회 전체를 매도하는 비난으로 바뀌어 갔고, '한국의 기존 교회는 모두 타락했다'는 심각할 정도로 부정적인 생각과 인상

---

* 김성수는 시편 1-2편을 연결해서 설명하면서, 시편 전체의 내용이 예수에 관한 내용이고 성경이 말하는 '복'은 곧 '예수'라는 식의 해석을 반복한다. 물론 시편 1-2편을 연결해서 하나의 서론으로 이해하는 것은 학자들이 이미 주장했던 바이다(Jacobson, *The Book of Psalms*, 56-57). 그러나 김성수의 해석과 같이 시편 전체가 오직 예수 그리스도(메시아)를 전하기 위한 내용이라고 하는 것은 지나치게 극단적인 해석이다.'

** '축복'으로 번역한 히브리어 '에쉐르(אשר)'는 성경에서 '행복(happiness)' 또는 '축복(blessedness)'이라는 의미로 사용되는 단어다. 따라서 문맥에 따라서 행복 또는 축복이라고 번역될 수 있다. 따라서 시편 1편 1절은 '행복한 자(Happy is the one…'라고 번역하는 것이 더 바람직하다(Jacobson, *The Book of Psalms*, 59).

을 신자에게 심어 주었다. 결국 그의 설교를 듣는 신자는 '그러한 교회를 떠나야 한다'는 의식을 갖기에 충분했고 실제로 적지 않은 기존 교회 교인들이 자신이 몸담고 있는 교회 내에서 복음에 대한 다른 견해와 교회 지도자에 대한 부정적인 시각으로 갈등을 일으키거나 교회를 떠나는 사건들이 발생했다. 그렇게 생겨난 여러 서머나교회는 김성수 목사가 자살로 생을 마감한 지금도 그의 가르침을 따라 독립적인 교회로 남아 있다.

김성수의 기복신앙과 번영신학에 대한 그의 강박적인 집착은 '성경적 복'에 대한 그의 왜곡된 이해와도 깊은 관계가 있다. 기복신앙과 번영신학이 말하고 있는 이 땅의 복은 성경적으로 모두 잘못된 것이 아니다. 기독교는 분명 복의 종교이며, 성경은 그 복을 내세적인 복, 영생의 복으로만 한정하고 있지 않다. 성경은 신자가 영생의 복과 함께 말씀에 대한 순종을 통하여 하나님과 온전한 관계성이 회복될 때 나타나게 되는 도덕성과 윤리성 그리고 공동체성의 회복이 곧 현세적인 복과 행복의 기초가 된다는 점을 말하고 있다. 그리스도인들이 하나님의 사랑과 공의를 실천함으로써 세상 속에서 복의 근원이 되는 것이다. 따라서 그리스도인들은 복의 근원이신 하나님의 뜻을 간과하고 잘못된 기복신앙과 번영신학으로 기울어지지 않도록 경계해야 한다. 또한 우리는 물질적이고 현세적인 복의 개념에 있어서 하나님의 말씀에 대한 순종을 통한 하나님과의 관계성 회복, 신자의 도덕성과 윤리성의 회복을 통한 공동체의 회복이 이루어질 때 성경이 말하는 진정한 의미의 현세적인 복과 번영이 가능함을 기억해야 한다. 그렇지 않은 신자 개인의 성공과 부와 번영은 언제든지 영적 타락을 부추기는 사탄의 도구로 전락할 수 있다.

한마디로 신자 개인의 성공과 부와 번영은 그 자체가 하나님의 복이 될 수도 있고 저주도 될 수 있다. 신자는 자신에게 주어진 은혜와 복의 분량에 대한 감사와 함께 겸손함으로 하나님의 뜻에 합당하게 주어진 축복을 사용해야 한다. 그렇지 않을 때, 하나님이 허락하신 그 모든 것은 더 이상 하나님이 주신 복이나 은총이 될 수 없다. 이제 성경적 복에 대하여 좀 더 구체적으로 살펴보도록 하겠다.

성경에 나타난 '복'과 재물관

　성경이 말하는 '복'과 기독교적 재물관에 대한 이해의 결핍은 극단적인 기복신앙으로 기울어지거나, 그 반대로 김성수와 같이 극단적인 십자가 복음주의로 기울어지기 쉽다. 따라서 성경적인 복과 재물관에 관하여 살펴보면서, 김성수가 기복신앙을 어떻게 오해하고 있는지 함께 살펴보고자 한다. 그러므로 기독교와 성경에 대한 바른 이해와 함께 성경을 어떻게 해석할 것인가에 대한 교훈을 얻게 될 것이다.

1. 구약성경이 말하는 '복'

　이스라엘 사람들은 생물이 존재하기 위해 필요한 활력을 히브리어 명사로 '베라카(בְּרָכָה)'라고 불렀으며, 그런 의미에서 창세기 1장 22절과 28절에 기록된 '생육하고 번성하라'는 말씀은 곧 하나님의 복을 의미한다(9:1, 7, 17:6, 20, 28:3, 41:52, 48:4).* 따라서 복을 소유한 사람은 활력이 충만한 사람이며, 이런 복은 하나님으로부터 기인한다(베스터만, 『성서와 축복』, 39-40). 이렇게 창세기 원역사(창 1-11장)에서는 하나님의 복이 창조의 세계에 미치고 있으며, 족장들의 이야기(창 12-50장)에서는 복이 가족이나 집단을 통해서 생육하고 번성하는 형태로 나타난다.

그 가운데서도 창세기 12장에 나오는 아브라함의 '복(blessing)'은 구약에서 가리키는 자손의 번영과 땅의 소유 그리고 모든 민족에게까지 복의 근원이 되는 총체적 의미의 '복'을 포함한다(창 12:1-3). 특별히 하나님께서 아브라함에게 "땅의 모든 족속이 너로 인하여 복을 얻을 것이라."는 약속은 가장 크고 위대한 복이라 말할 수 있다. 그리고 이 약속의 복은 그리스도께서 아브라함으로 후손으로 오심으로 성취되었다(행 3:25-26; 갈 3:8-9, 13-14; 엡 1:3-5).

뿐만 아니라 아브라함의 아들 이삭이 받은 복을 성경은 이렇게 기록하고 있다.

> 이삭이 그 땅에서 농사하여 그 해에 백 배나 얻었고 여호와께서 복을 주시므로 그 사람이 창대하고 왕성하여 마침내 거부가 되어 양과 소가 떼를 이루고 종이 심히 많으므로 블레셋 사람이 그를 시기하여 (창 26:12-14).

이 내용은 하나님이 이삭에게 물질의 복을 허락하셨음을 분명하

---

* 히브리어 명사 베라카(ברכה)는 복(blessing), 선물(gift), 평화(peace), 찬양(praise of God) 등의 의미를 가진 단어다.

게 보여 준다. 이삭의 아들 야곱의 경우, 아브라함에게 약속하신 땅의 복을 다시 약속하셨다(창 28:3-4). 당시에 정처없는 유목민 생활을 하던 아브라함과 이삭과 야곱에게 허락하신 이 세상의 복은 장차 후손이 살아갈 땅의 복이었다.

신명기에서는 복과 저주를 대비시켜서 언급하고 있다. 특별히 신명기 28장을 보면, '자녀의 번성, 풍성한 수확, 전쟁에서의 승리' 등 다양한 형태의 약속이 복으로 주어진다. 신명기에 약속된 이런 여러 복의 약속은 하나님의 말씀에 대한 순종으로 주어지는 조건부적인 것이다(신 7:12-13; cf. 신 6:1, 8:10, 12, 11:15, 14:25, 26:12, 31:30). 동시에 신명기에서는 하나님의 구원과 심판을 보여 주면서 하나님이 자기 백성에게 약속하신 땅, 가나안에서 누릴 하나님의 복을 이야기하고 있다. 그런 면에서 이스라엘 백성이 실제적으로 누리게 될 땅의 축복은 하나님의 돌보심과 구원 행위가 복을 내려주시는 것과 관련되어 있음을 알 수 있다(베스터만, ibid, 55). 성경을 오직 영생에 관한 이야기로만 믿는 이들은 신명기적 약속을 가나안(천국)에 들어가는 하나의 '모형' 혹은 '상징적 의미'로 보려는 경향이 있다. 이런 이해는 구약성경을 지나치게 단순화시키고 영적 의미로 환원시키는 해석상의 문제점을 안고 있다. 성경은 저자가 기록한 당시의 역사적 의미를 간과해서는 안 되며 동시에 저자가 그 당시 독자(청중)에게 전달하고자 하는 본문의 1차적 의미를 바로 파악하고 이해하는 것이 중요하다. 그리고 2차적인(혹은 부차적인) 의미로 '모형'이니 '상징'이니 혹은 '영적'인 의미를 부여해야 한다. 그렇지 않을 경우 구약성경은 본문의 의미가 해석자에 따라 쉽게 바뀔 수 있다.

시편과 지혜서에서도 다양한 복에 관한 말씀을 발견할 수 있다. 예배의식과 기도 형식으로 주로 사용된 시편을 보면, 시편 기자들은 하나님을 복의 근원으로 인정하면서 복을 내려 달라고 구하는 일을 가볍게 여기지 않았다. 시편에 나타난 이런 복을 구체적으로 살펴보면, '물질의 복(시 65:9, 13, 67:6, 68:9, 72:16, 85:12, 107:33, 41, 144:13, 15)', '육신의 평안(시 3:5, 4:8)', '자손의 번영(시 25:13, 37:25, 26, 102:8, 112:2, 115:14, 127:3-4, 128:13, 144:12)' 등을 노래하는 부분이 있다.

반면 시편 1편 1-2절을 비롯해서 회개의 시(6, 32, 38, 51, 102, 130, 143편)와 성지순례의 시(120-134편)와 119편 등은 정신적 혹은 영적인 축복의 한 형태로써 하나님을 섬기고 하나님의 얼굴을 보는 것을 참된 복으로 여기고 있다. 또 성지순례 시에서 성지순례자들의 행렬이 성전으로 향하는 것은 그들 자신과 그들의 가족, 그들의 가축과 토지에 복을 받기 위함으로 이해될 수 있다(베스터만, ibid, 63).

성문서 중 지혜문학으로 분류되는 잠언에 의하면, 하나님을 경외함이 복의 근원이다. 따라서 하나님을 아는 지혜와 그러한 지혜 가운데 성숙한 인격으로 말미암아 나오는 말이 복의 열매임을 알 수 있다. 또한 지혜문학 중의 하나인 욥기도 하나님이 복을 내려주시는 것과 관련이 있다. 한편으로 욥기의 내용은 '하나님은 이 세상에서 경건한 자에게 복 주시고 악한 자는 벌준다'는 원칙이 항상 적용되지 않을 수 있음을 교훈한다. 그러나 다른 한편으로는 욥에게 허락하신 자손과 물질의 번영(욥 1:1, 5, 5:25, 42:10-15) 그리고 장수와 생명의 복(욥 5:26, 42:16-17)을 부정하지 않는다. 따라서 욥기는 신명기의 언약과 같이 하나님께 복종하고 그 율법을 경외하는 것이 복의 근본임을 인정하고 있다.

마찬가지로 구약의 선지자들은 신명기적 언약에 근거해서 백성에게 복과 저주를 예언했다. 그 복의 예언은 하나님이 복의 근원이된 물질적이며 현세적인 복 뿐만 아니라 정신적인 행복을 포함한다.

이런 사역은 초기 예언자들이었던 엘리야와 엘리사 그리고 말기 예언자였던 학개 선지자의 예언 활동을 통하여 잘 드러난다. 또 예레미야는 하나님의 심판이 임한 다음에도 하나님의 복이 임할 것이라는 회복의 예언을 하였다(렘 32:15).

미가 선지자는 이스라엘의 포로생활에서 회복과 예루살렘 재건을 바라보았고, 이사야 선지자는 이스라엘 회복의 환상을 구체적으로 묘사했다. 이런 회복과 복은 메시아 왕국(사 11장)과 종말론적인 복으로 나타난다(사 65장). 한마디로 예언서에서의 복은 이스라엘의 회복과 함께 이루어질 현세의 축복 뿐만 아니라 메시아적 예언과 종말론적 회복에 관한 예언이 중심을 이루고 있다.

이렇게 구약성경은 현세의 복에 대한 신명기적 언약에 근거한 다양한 복의 사례를 구체적으로 소개하고 있다. 그리고 이런 복은 하나님 자신의 사랑을 보여 주시는 한 가지 방편으로 허락하셨음을 알 수 있다. 동시에 구약성경은 메시아적 예언과 종말론적인 복의 약속이 하나님의 원대한 계획 속에 있음을 보여 준다. 따라서 우리는 구약성경에서 말하는 현세적인 복과 함께 메시아 시대에 장차 도래할 미래적인 복에 대한 개념, 이런 양면성의 성경적 '복' 개념을 바로 이해할 필요가 있다. 그러므로 구약 시대의 물질적인 복이 신약 시대의 영적인 복으로 바뀐 것이 아니라 그 강조점이 다르다. 이제 신약성경이 말하는 복의 개념에 대하여 생각해 보자.

2. 신약성경이 말하는 '복'

신약성경에 나오는 복의 개념은 구약 시대의 복이 예수 그리스도 안으로 병합된 것이다. 즉 구약에 나타난 이스라엘에 국한된 하나님의 복이 전 인류를 향한 그리스도 안에 있는 복으로 확대되었음을 보여 준다. 따라서 신약성경에서 '복(blessing)'이라는 단어의 개념은 그리스도 안에서 나타난 하나님의 구원 행위와 깊은 관계가 있다(베스터만, Ibid, 104). 이런 차원에서 예수님은 하나님 나라(천국)가 임박했음을 선포하셨고(마 4:17) 그 하나님 나라를 가르쳤다(마 13:1-52).

또한 제자들에게 그 하나님 나라를 전파하라고 명령하셨고(마 10:7), 이것을 복된 소식(마 4:23, 9:35)이라고 말씀하셨다. 이것은 하나님 나라가 예수 그리스도의 오심과 함께 이 땅에서 이미 시작되었다는 차원에서 '하나님 나라'를 가리키는 것이다(전경연 외, 『신약성서신학』, 80). 이런 예수님의 하나님 나라(천국)는 마지막 날에 주어질 영원한 나라(새 하늘과 새 땅)에서 누리게 될 영생의 복과 하나가 될 것이다. 따라서 신약에서는 영적인 구원의 복이 그 중심을 이루고 있으며, 이것은 예수님의 산상수훈에서 뚜렷하게 나타난다.

다시 말해서 심령이 가난한 자의 복(마 5:3), 애통하는 자의 복(마 5:4) 등, 산상수훈에 나타난 복은 모두 영적이고 내세적인 복과 깊은 관계가 있다.* 따라서 신약성경에 나타난 하나님의 복은 예수 그리스도를 통한 구속과 영생을 의미하는 영적인 의미에 그 강조점을 두고 있다. 이런 측면에서 오순절날 베드로는 설교를 통해 아브라함에

---

* 복(blessed)에 대한 예수님의 가르침은 마태복음과 누가복음에서 서로 차이를 보인다. 마태복음은 "마음이 가난한 자가 복이 있다"고 말씀하고 있고, 누가복음은 "가난한 자는 복이 있나니 하나님의 나라가 너희 것이요 지금 주린 자는 복이 있나니 너희가 배부름을 얻을 것이요(눅 6:20-21)."라고 말씀하고 있기 때문이다. 하지만 누가는 금욕주의적인 동기에서 가난을 예찬하는 것이 아니라 그 가난이 겸손한 마음을 갖게 하여 그리스도를 받아들이는 영적인 복을 얻게 될 것을 의미한다는 점에서 본질적으로 그 의미가 동일하다(Bock, *Luke I:BECNT*, 552, 김의환, 『성경적 축복관』, 57).

게 주어진 복에 대한 약속(창 12:1-3)이 그리스도 안에서 성취된 것을 강조하고 있다(행 3:25-26 cf. 롬 15:29).

그렇다면 구약성경에 나타난 이 세상의 복에 관한 약속이 신약에 나타난 영적인 복으로 대체되었는가? 그렇다고 보기는 어렵다. 혹자가 말하듯이 구약성경에 나타난 다양한 현세적 복과 그러한 복에 대한 약속이 오직 예수 그리스도와 영생을 계시하기 위한 하나의 모형으로 주어진 것이 아니다. 신약에서의 복음은, 영적이며 내세적인 복을 강조하고 있는 것이 사실이지만, 신자가 경험하는 다양한 측면의 현세적인 복을 부정하지 않는다.

신약성경에 나타난 예를 살펴보자. 야고보는 병든 자는 병의 치유를 위해서 기도하라고 하면서, 믿음의 기도를 통하여 병든 자가 치유될 수 있음을 말씀하고 있다(약 5:13-15). 그러나 김성수는 병을 낫기 위해 하는 모든 기도를 잘못된 기복신앙으로, 아주 유치한 수준의 신앙으로 규정하였다. 하나님의 뜻과는 전혀 상관없는 이기적이고 믿음없는 기도, 자기 욕망을 위해 하는 우상숭배적인 기도라고 비난해 왔다.

사도 바울은 자신을 도왔던 에바브로디도가 병들어서 죽을 위기에 처했을 때, 하나님이 살려 주셨다는 간증을 하고 있다(빌 2:27). 뿐만 아니라 사도 요한도 요한삼서 2절에서 "네 영혼이 잘됨 같이 네가 범사에 잘되고 강건하기를 네가 간구하노라."고 서신서에서 공개적으로 복을 선포하고 있다. 앞에서 설명한 바와 같이 이 구절은 하나님이 복을 약속하고 보장해 주는 말씀은 아니다. 그러나 하나님을 신실하게 잘 섬기고 복음 전하는 자들과 이웃을 섬기고 돌보는 신자가 영혼뿐만 아니라 육신의 강건함과 범사가 잘되는 복이 임하기를 바라는 축복의 기도이다. 그것은 반드시 보장되어 있는 복은 아니지만 신실한 하나님의 자녀가 누릴 수 있는 복이 분명히 있음을 상기시켜 준다. 다시 말해서 내세적인 영혼의 복 뿐만 아니라 현세적이고 육신적인 복도 하나님의 자녀가 누릴 하나님의 복이라는 기대와 소망을 주는 긍정적인 차원의 말씀이 분명하다. 따라서 우리는 '복'에 대하여 성경이 말하는 양면성과 균형을 놓치고 한쪽만 극단적으로 강조해서는 안 된다.

이처럼 구약성경 뿐만 아니라 신약성경도 하나님의 신실한 자녀들에게 주어질 수 있는 이 세상의 은총과 복을 부정하지 않고 있다. 다만 구약이 현세의 복을 강조하고 있다면, 신약은 영생의 복을 강조하고 있다. 그러나 구약과 신약 모두 통일성 있게 영적인 복을 말하고 있으며 동시에 현세적인 복 또한 이야기하고 있는 것이다. 다만 이 세상의 복은 영원한 복과 비교될 수 없으며, 또한 이 세상의 복은 영생의 복과 같이 모든 그리스도인들에게 똑같이 주어지는 복도 아니고 보장된 복도 아니다. 따라서 진정한 그리스도인들은 이 복만을 추구하는 삶을 살아가서는 안 된다. 김성수는 그리스도인들에게 있어서 "성경이 말하는 현세적인 복은 없다."고 주장한다. 그 결과 하나님이 신자에게 누리도록 허락해 주신 이 땅의 복과 일반은총마저도 부정하고 "오직 우리 욕망이 죽어야 한다."는 식의 극단적이고 비성경적인 가르침을 계속해 왔다.

이 세상에서 경험하는 그리스도인의 삶은 다양하며, 그런 면에서 각자가 받아 누리는 현세의 '복'도 다양하다. 복지국가나 민주주의 사회에서 신앙생활하는 신자가 핍박 시대에 살았던 초대교회 신자나, 지금 모슬렘 국가나 공산국가에서 신앙생활하는 크리스천들과 같은 고난을 겪을 수는 없다. 모두가 영생의 복을 받는다는 면에서 같지만 이 세상에서 누리는 현세적 복에 있어서는 각기 분량이 다른

바른 **해석** 바른 **신앙**

것이다.

또 신자가 이 세상에서 자신이 바라는 어떤 것(소원 성취, 질병 치유, 사업 성공)을 위해서 기도하고 그것을 추구하는 것은 결코 잘못된 것이 아니다. 바꾸어 말하면 세상의 필요나 소망 혹은 소원 성취를 위한 기도가 모두 비성경적인 기복신앙이라고 쉽게 판단하고 정죄하면서 비판해서는 안 된다. 시편 기자는 다음과 같이 고백했다.

이에 그들이 그들의 고통 때문에 여호와께 부르짖으매 그가 그들의 고통에서 그들을 인도하여 내시고 광풍을 고요하게 하사 물결도 잔잔하게 하시는도다 그들이 평온함으로 말미암아 기뻐하는 중에 여호와께서 그들이 바라는 항구로 인도하시는도다(시 107:28-30).

또 다윗은 시편에서 다음과 같이 고백하고 있다.

여호와를 기뻐하라 그가 네 마음의 소원을 네게 이루어 주시리로다 (시 37:4).

뿐만 아니라 하나님을 높이고 송축하는 시편 145편에서 다윗은 다음과 같이 고백했다.

모든 사람의 눈이 주를 앙망하오니 주는 때를 따라 그들에게 먹을 것을 주시며 손을 펴사 모든 생물의 소원을 만족하게 하시나이다 (시 145:15-16).

이처럼 메시아 예언의 시(영적인 복)를 썼던 다윗은 다른 한편으로는 육신적 필요와 소원을 채우시는 하나님(현세적 복)을 동시에 언급하고 있다. 즉 영적인 복과 이 세상의 복을 둘 다 고백하고 있는 것이다. 그러므로 구약에서 말하는 복(blessing)의 개념과 신약에서 말하는 복(blessing)의 개념을 이분화해서 구약의 복은 신약의 복으로 대체되었다고 생각하는 것은 바람직하지 못하다. 하나님은 우리의 영혼에만 관심이 있는 것이 아니라 우리의 현실적인 삶에도 관심을 가지고 계신 분이기 때문이다.

그러므로 신자가 자신들의 삶의 현실에 부딪힌 문제의 해결과 어떤 일의 성취를 위한 소망을 하나님께 기도하면서 최선의 노력을 다하는 것은 지극히 정상적인 신앙생활의 일부분이다. 다만 그러한 바람과 성취를 위해서 기도할 때, 하나님과의 바른 관계 속에서 하나님의 뜻을 찾으면서 기도하는 자세가 필요한 것이다. 그러나 김성수의 가르침은 신자가 하나님께 달라고 요구하는 모든 종류의 기도를 비판받아야 할 기복신앙으로 규정하고, 그것을 우상숭배적 행위 혹은 불신앙의 행위로 규정한다.

그러다 보니 김성수는 주기도문의 "오늘날 우리에게 일용할 양식을 주시고"라는 의미도 이 세상을 살아가는 데 필요한 양식(육신적 필요)을 구하는 기도가 아니라고 주장한다. 다시 말해서 그는 마태복음 6장에 있는 주기도문에서 예수님이 말씀하신 '일용할 양식'은 문자적으로 일용할 양식으로 해석하면 안 된다고 하면서, 그 이유는 "이런 것은 다 이방인들이 구하는 기도이고 너희 하늘 아버지께서 이 모든 것이 너희에게 있어야 할 줄을 아신다(마 6:32)."고 하신 예수님의 말씀과 모순된다고 주장한다. 마태복음 6장 32절은 무엇을 먹을까, 마실까 하는 것이 '이방인들의 기도'라고 하신 말이 아니라 이방인이 추구하는 삶의 방식이라고 말씀하신 것이다. 예수님은 '염려하

바른 **해석** 바른 **신앙**

지 말고 하나님을 신뢰하라'는 점을 그렇지 못한 삶을 살아가는 이방인들의 삶과 대조해서 말씀하신 것이다. 김성수가 위 본문을 "무엇을 먹을까, 마실까 하는 육신에 속한 것을 기도하지 말라."고 해석하는 것은 근본적으로 잘못된 해석이다.

그러면서 김성수는 주기도문에 나오는 일용할 '양식'이 곧 '신령한 만나'인 예수를 의미한다고 가르친다(마 6:11; cf. 요 6:31-35). 그래서 일용할 양식은 '광야의 만나'이며, 그것이 '생명의 떡'이고 그 떡이 바로 '예수'라고 해석한다(광야의 만나=생명의 떡=예수님). 한걸음 더 나아가서 누가복음에 나오는 주기도문을 강해할 때는 '예수=진리=말씀'이라는 식으로 설명한다.*

그러나 주기도문에서 말하는 '양식(bread)'은 실제로 매일 먹는 음식을 의미한다는 것은 너무나 자명한 사실이다. 이스라엘 백성이 광야에서 먹었던 만나도 하나님이 만나로 음식을 해결해 주지 않았으면 죽을 수밖에 없었던 실제적인 양식이었다. 마찬가지로 예수님 당시에 로마의 압제 아래 무거운 세금으로 착취 당하던 유대인들은 하루하루 먹을 양식을 해결하는 일이 너무나 중요한 일이었다.** 이처럼 우리는 삶의 의식주 문제 혹은 단순한 양식의 문제를 넘어서 그와 같이 필요한 문제 때문에 때로는 우리가 시험에 빠지거나 유혹에

---

* 김성수는 일용할 양식은 내일의 양식인 종말론적 양식이요, 이 '양식'이 '예수=진리=진리의 말씀'이라고 설명하기도 한다. 이런 그의 가르침이 나오는 설교를 소개하면 다음과 같다.
주기도문 강해 4(그런 기독교는 없습니다, 마 6:9-13), 비유 강해 3(기도를 가르치는 비유, 눅 11:1-13), 산상수훈 강해 40(그 양식에 배고픈 자, 세상에서 굶어 죽다, 마 6:11), 김준남, 중부 뉴저지 서머나교회, 원어풀이 게시판, 알토스(ἄρτος), 2015. 2. 28.

** 따라서 김성수와 같이 요한복음 6장의 '만나'와 마태복음 6장의 주기도문에 나오는 '일용할 양식'을 연결해서 '예수'를 상징한다고 이해하고 해석하는 것은 문맥의 의미를 전혀 고려하지 않은 잘못된 해석이다.

1부 성경의 이해와 기복신앙

넘어질 수 있는 연약한 존재다. 그런 면에서 하나님의 자녀들은 일용할 양식, 즉 실제적인 삶의 필요를 위한 기도가 필요하다. 이런 일용할 양식에 대한 기도는 궁극적으로 하나님이 나의 공급자임을 고백하는 신앙고백과 감사의 기도이기도 하다.* 우리가 누리는 이 세상의 모든 것이 궁극적으로 복의 근원이신 하나님의 은총과 하나님의 허락하심 안에서 이루어지기 때문이다.

3. 기독교인의 재물관

바른 기독교적 세계관, 즉 성경적 세계관에 의하면 모두 물질적인 것은 근본적으로 하나님이 창조하신 선하신 것이다. 그리고 이런 물질적인 것은 우리의 영적인 삶과 긴밀한 관계를 가지고 있다. 따라서 물질적인 것은 영적인 것보다 열등하거나 악하기 때문에 영적인 것과 반대된다고 하는 이원론적인 사상은 기독교 사상과 근본적으로 대치된다(곤잘레스, 『기독교 사상사 Ⅰ』, 163). 이런 이원론적 사상은 영지주의 이단을 통하여 초대교회 안으로 들어왔고, 중세 시대에는 수도원 제도를 통하여 '성속의 분리 개념'으로 더욱 강화되어 물질을 경시하는 풍조가 널리 유행하였다.

김성수는 이와 유사하게 '신자가 이 땅에서 먹고 사는 일로 기도하는 것은 저급한 기도'라고 규정한다(요한복음 강해 79, 기도와 열매). 그

---

* 여기에 부차적으로 예수님이 말씀하신 일용할 양식을 '영의 양식'인 하나님의 말씀과 연결해서 우리의 신앙생활에 적용해 볼 수 있다(신 8:3). 그러나 이것은 어디까지나 본문의 의미가 아닌 본문의 의미를 우리의 영적생활에 적용하는 것이다. 김성수는 많은 경우에 이런 의미와 적용의 구분없이 모두 본문의 의미처럼 설명하는경우가 많다.

바른 **해석** 바른 **신앙**

의 십자가 복음은 주로 가난과 고난의 삶을 추구하고 반면에 물질적인 것을 추구하는 신앙은 전부 비성경적 기복신앙 혹은 저급한 신앙으로 강조된다. 이런 가르침은 한편으로 옳은 듯하나 성경적으로 건전하지 못한 극단적인 주장이다. 초대교회 시대의 영지주의나 중세시대의 수도원적인 이원론적 사상과 크게 다르지 않은 형태의 가르침인 것이다. 물론 기독교는 이 세상의 번영이나 물질의 복 혹은 성공과 출세를 궁극적인 목표로 추구하는 신앙이 아니다. 그러나 동시에 이런 현세적인 물질적인 복을 부정하는 신앙도 아니다.

그렇다면 성경은 재물에 대하여 어떻게 말하고 있는지 살펴보자. 먼저 구약성경을 살펴보겠다. 하나님은 아브라함에게 육축과 은금을 풍부하게 주심으로 하나님의 특별하신 돌보심과 은혜를 나타내셨다(창 13:2). 이삭의 경우, 블레셋 사람이 그의 물질적 복을 시기할만큼 복을 받았다. 그래서 창세기 기자는 "이삭이 그 땅에서 농사하여 그 해에 백 배나 얻었고 여호와께서 복을 주시므로 그 사람이 창대하고…(창 26:12, 13)."라고 기록하고 있다. 또한 야곱은 외삼촌 라반의 노동적 착취에 대하여, 그 아내에게 말하기를 "하나님이 이같이 그대들의 아버지의 짐승을 빼앗아 내게 주셨다."고 고백했다(창 31:9). 마찬가지로 하나님께 지혜를 구하였던 솔로몬에게 하나님은 지혜와 더불어 물질적인 복을 주셨고, 그 물질을 마음껏 누릴 수 있는 장수를 허락하신 것을 보면, 하나님은 물질을 통하여 하나님의 사랑과 은혜를 보여 주셨음을 알 수 있다.

이와 반대로 하나님의 진노와 심판의 도구가 물질을 통하여 나타날 것을 신명기 28장에서 말씀하고 있고, 이스라엘 역사 가운데 그것이 입증되었다. 그래서 말라기 선지자는 하나님 백성이 물질적인 고통을 당한 원인이 하나님의 심판임을 상기시키면서, 물질을 통한 하나님과의 관계 회복과 물질적인 복을 말하고 있다(말 3:10). 이와 같은 구약의 사례를 살펴보면, 물질적인 요소와 영적인 삶은 긴밀한 관계가 있음을 잘 보여 준다.

이제 신약성경의 가르침을 생각해 보자. 신약성경은 이 세상의 복을 초월하여 영적인 복을 강조하고 있다. 이런 차원에서 이 세상의 재물에 대한 경고가 부각되고 있다. 예수님은 "너희가 하나님과 재물(맘몬)을 겸하여 섬기지 못하느니라."고 말씀하셨다(마 6:24; 눅 16:13).* 예수님은 이 '맘몬(부)'을 하나님과 동등한 위치에 있는 하나의 경쟁신(a rival god)으로 인격화시켜 물질(부)에 대한 위험 요소를 언급하고 있다(리차드 포스터, 『돈, 섹스, 권력』, 34).

실제로 물질에 대한 탐욕으로 예수를 팔았던 가룟 유다와 하나님께 드리기로 작정한 땅 값 얼마를 숨김으로 숨진 아나니아와 삽비라 부부의 불행한 사건은 예수님의 경고에 대한 경각심을 불러 일으킨다(행 1:16-19, 5:3-11).** 또 사도 바울은 디모데에게 보내는 서신 가운데 말하기를 "돈을 사랑함이 일만 악의 뿌리가 되나니 이것을 탐내는 자들은 미혹을 받아 믿음에서 떠나 많은 근심으로써 자기를 찔렀도다."라고 교훈하고 있다(딤전 6:10). 또한 골로새 교회에 보내는 서

---

* 맘노나스(μαμωνᾶς)는 '부(riches), 재산(money), 재물(property), 소유(possessions)' 등을 의미하는 아람어다(마 6:24; 눅 16:9). 맘몬이란 물질적인 부와 탐욕을 의미하며, 한국어 성경은 이 단어를 주로 '재물'이나 '소유'나 '돈'으로 번역하였다. 일부 영어 성경(KJV 나 RSV 등)은 맘몬(mammon)이라고 번역했다.

** 아나니아와 삽비라의 죽음(행 5:1-11)은 성령께서 베드로를 통해서 아나니아의 거짓과 위선적인 행동 배후에 사탄이 활동하고 있음을 보여 주신 것이다. 그리고 이런 준엄한 심판은 그들이 초대교회 공동체 내의 가짜 신자였음을 추측하게 한다(Schreiner, *New Testament Theology*, 571-572). 그들은 성령을 속이고, 순수한 초대교회의 거룩성을 더럽혔으며, 바나바와 같은 특권(존경)을 얻고자 했던 위선되고 잘못된 마음의 동기로 인하여 하나님의 심판을 자초한 것으로 이해될 수 있다.

바른 **해석** 바른 **신앙**

신 가운데 '탐심이 우상 숭배'라고 지적함으로서 예수께서 말씀하신 재물에 대한 위험성을 동일하게 강조하고 있다(골 3:5).

신약성경 안에는 재력과 물질을 소유한 자에 대한 긍정적인 내용도 엿볼 수 있다. 예를 들면, 예수님께 유월절 만찬을 마련해 준 한 부유한 주인, 예수의 시체를 자신의 무덤에 장사한 아리마데 요셉, 자신의 밭을 팔아 하나님께 드린 바나바, 사도들과 전도자들을 후원했던 사람들 등…. 특히 바울의 후원자였던 에라스도는 바울이 마지막 순간까지 기억한 재무관 출신의 훌륭한 동역자였다. 바울이 로마교회에 문안의 편지를 쓸 때, "이 성(城)의 재무 에라스도"라고 기록하고 있다(롬 16:23 cf. 행 19:22; 딤후 4:20).***

따라서 기독교인이 물질을 풍부하게 소유한다고 해서 죄가 되는 것이 결코 아니다. 오히려 그리스도인이 소유한 풍부한 물질은 하나님이 허락하신 선물이요 복이다. 또한 그것은 하나님이 우리에게 주신 것을 선하고 바르게 사용하도록 맡기셨다는 사실을 인식하고, 그리스도의 사랑을 전하는 선교와 구제를 위해서 필요한 도구다. 이것은 하나님이 받으실 만한 '향기로운 제사(빌 4:18)'로 그 진가를 발휘할 수 있다.****

*** '재무(財務)'라는 단어는 헬라어로 '오이코노모스(οἰκονόμος)'이며, 일반적으로 '청지기' 혹은 '관리인'이라는 의미다. 따라서 에라스도는 고린도의 살림을 맡은 감독자(청지기)요 공직자였으며, 오늘날의 지방 재무장관 정도로 이해할 수 있다. NIV 성경은 도시의 감독자(the city's director)로 그리고 KJV 성경은 지방자치 도시의 재무관(the chamberlain of the city)으로 번역했다.

**** 신명기는 다음과 같이 기록하고 있다.
"땅에는 언제든지 가난한 자가 그치지 아니하겠으므로 내가 네게 명령하여 이르노니 너는 반드시 네 땅 안에 네 형제 중 곤란한 자와 궁핍한 자에게 네 손을 펼지니라(신 15:11)." 잠언에서는 "가난한 자를 불쌍히 여기는 것은 여호와께 꾸어 드리는 것이니 그의 선행을 그에게 갚아 주시리라."고 말씀하고 있다(잠 19:17). 또한 사도 요한은 "누가 이 세상의 재물을 가지고 형제의 궁핍함을 보고도 도와줄 마음을 닫으면 하나님의 사랑이

1부 성경의 이해와 기복신앙

그러나 교회 강단이 이런 물질의 복을 지나치게 강조하면 결국 비성경적이고 왜곡된 기복주의 신앙으로 나아갈 수밖에 없다. 그럼에도 성경적 원리의 물질 축복을 강조하는 간증이나 세미나, 출판물은 시대와 국가를 초월하여 인기를 누리고 있다. 그것이 어느 정도 긍정적인 영향을 끼칠 수는 있으나, 사실 대부분은 성경이 물질의 복을 절대적으로 보장하고 있다는 왜곡된 가르침을 심어 주고 물질에 대한 욕망에 더욱 집착하게 만드는 병폐를 낳고 있다. 따라서 물질적인 어려움에서 기적적으로 회복되어 물질적인 복을 받았다고 해서 그러한 자신의 간증을 절대화해서는 안 된다. 더 나아가서 그런 자신의 경험을 상품화하거나 공식화해서 성경의 원리로 만드는 것은 대단히 바람직하지 못하다. 그것은 성경을 근본적으로 오해하게 하는 문제를 발생시킬 수 있기 때문이다.

한때 베스트셀러였던 『왕의 재정』이 그 대표적인 예가 아닐까 생각된다. 최근에는 『왕의 재정 2』가 출판되었다. 그런 간증자들의 고백이 빚더미에 있는 사람이나 물질적인 어려움으로 고통받고 있는 사람들에게 소망과 믿음을 심어 줄 수 있다는 면에서 분명히 긍정적으로 기여하는 면이 있을 것이다. 또 기존 신자에게 물질을 어떻게 잘 관리하고 보다 선하게 사용할 수 있는지에 대하여 지침을 줄 수 있다는 면에서도 좋은 점을 배울 수 있을 것이다. 그러나 기독교를 '부의 신앙'으로 정의하고, 성경을 '부를 얻는 능력과 비결'을 배우는 책으로 이해하는 데 심각한 문제가 있다.

과연 기독교가 '부의 신앙'이고, 성경이 '부를 얻는 능력'을 가르치

어찌 그 속에 거하겠느냐 자녀들아 우리가 말과 혀로만 사랑하지 말고 행함과 진실함으로 하자."라고 권면하고 있다(요일 3:17-18).

는 비결의 책인가? 일부 간증자들이 경험한 재물의 복은 어디까지나 하나님의 주권적인 은혜다. 재정의 문제 혹은 질병의 문제로 고통 당하던 사람이 기도를 통하여 기적적으로 회복된 간증은 수없이 많다. 이런 문제 해결을 위해서 기도하는 것은 자연스러운 일이지만, 그러한 기도에 대한 응답은 어디까지나 하나님의 주권적 은혜에 속한 것이다.

따라서 김성수와 같이 질병과 물질에 대한 문제 해결을 위한 기도를 모두 잘못된 기복신앙으로 규정하고 부정하는 것도 문제이지만, 동시에 재물을 얻는 비결과 공식이 성경 안에 있는 것처럼 가르치는 것도 비성경적이다.* 사실상 재정 관리와 돈 잘버는 비결은 세상 사람이 더 잘 알고, 또 세상적인 방법이 더 뛰어나다. 성경은 경영학 교과서나 어떻게 재정을 관리하고 운영해야 하는지에 대한 지침을 가르치는 책이 아니다. 이것은 세속주의가 성경과 교묘하게 혼합된 기복신앙의 한 형태일 뿐이다. 성경은 부와 성공을 꿈꾸는 자들에게 그것을 성취할 수 있는 비결을 가르치는 책이 아니다. 따라서 간증을 공식화하고 상품화해서 교과서적으로 가르치려 해서는 안 된다. 그것은 기독교와 성경에 대한 근본적인 왜곡이다.

초대교회 교인은 '예수 그리스도가 나의 구원자요, 나의 주님이시다' 라는 단 한 가지 복음 때문에 멸시와 박해의 삶을 살았다. 이 복음 때문에 재산을 빼앗기고 생명을 빼앗겨도 기꺼이 기쁘게 살았다. 지금도 중동지역과 같은 곳에서는 이 복음 때문에 핍박으로 인해서

---

* 뿐만 아니라 성경의 수많은 내용을 인용하지만 결론에 가면 언제나 '하나님은 부자이기에 우리도 부자가 될 수 있다'는 번영신학의 가르침은 성경의 수많은 내용을 연결해서 결론에 가면 언제나 '예수를 따라서 가난과 고난의 인생을 살아야 한다'는 김성수의 십자가 복음주의의 가르침과 양극단을 이룬다.

1부 성경의 이해와 기복신앙

재산을 잃고, 정든 고향을 떠나고, 심지어 부모 앞에서 자식이 비참하게 살해(순교) 당하는 일이 적지 않다. 그럼에도 예수의 증인으로 살아가는 것이 기독교이고 복음의 능력이다. 그래서 예수님은 이 세상에서 비참할 만큼 가난하게 살다가 하나님 품에 안긴 나사로의 이야기(눅 16:19-31)를 하지 않았는가? 뿐만 아니라 예수님은 산상수훈에서 세상에서 부자가 된 자들이 복이 있다고 하신 것이 아니라 비록 세상에서는 가난해도 하늘의 복, 즉 영생의 복을 받은 자들이 진정으로 복된 자들이라고 말씀하셨다.

이런 왜곡된 재물관에 영향을 끼치는 또 다른 큰 흐름이 있다. 그것이 바로 신사도 운동이다. 신사도 운동을 하는 교회 지도자들은 재물을 '물질의 영, 가난의 영, 번영의 영' 등으로 말한다. 돈(재물)에 대해서 맘몬과 하나님의 영적 싸움으로 이해하는 것이다. 그들은 '하나님과 재물을 겸하여 섬길 수 없다'는 예수님의 말씀을 지나치게 극단적으로 이해하는 경향이 있다(마 6:24; 눅 16:11-13). 그러나 이 말씀은 물질의 탐욕을 의인화한 표현이지 물질 자체가 하나님과 같은 어떤 존재라는 의미로 한 말은 아니다. 다시 말해서 재물이나 돈은 악하거나 선한 것이 아니다. 다만 어떻게 쓰여지느냐에 따라서 선한 것이 될 수도 있고 악한 것이 될 수도 있다. 한마디로 자기 중심적인 마음과 욕심이 문제다. 그래서 바울은 '탐심이 곧 우상숭배'라고 말씀한 것이다(골 3:5).

이와 관련해서 심지어 왕의 재정학교 홈페이지 전면에는 왕의 재정학교를 다음과 같이 소개하고 있다.

> 한국 교회를 위해서 기도할 때 … 주께서 말씀하신 것은 "한국 교회 부흥의 열쇠는 재정에 있다."라고 주께서 말씀하셨습니다. … 교회

바른 해석 바른 신앙

공동체도 감당하기 힘든 큰 빚을 지게 되면, 교회의 모든 에너지가 이자와 빚을 갚는 일에 집중되기 때문에, 주님의 지상 대명령을 따라 순종하고자 해도 세상의 빚에 묶여 힘 있게 나아갈 수 없게 됩니다(NCMN, 왕의 재정학교 홈페이지).

"한국 교회 부흥의 열쇠가 재정에 있다."는 말은 기독교 역사를 살펴보거나, 성경을 아무리 살펴보아도 도무지 동의할 수 없는 주장이다. 과연 기도할 때 하나님이 어떻게 말씀하셨을까? 정말 하나님의 음성을 귀로 들었을까? 아니면 기도하다가 마음속에 일어난 강한 충동이나 생각을 하나님의 음성이라고 말하는 것일까? 그 어떤 경우든 '하나님이 말씀하셨다'는 이런 주장은 동의하기 어렵다.*

어떻게 한국 교회의 부흥이 재정에 달려 있다고 말할 수 있는가? 사도행전의 교회 부흥이 재정에 의해서 이루어졌는가? 교회는 가난할 때 가장 순수한 부흥을 경험했다. 그것이 성경이 보여 주는 초대 교회의 모습이고 기독교 역사가 증명해 주는 순수한 복음 전파와 순수한 교회의 부흥이다. 그런데 "교회 공동체도 감당하기 힘든 큰 빚을 지게 되면, 교회의 모든 에너지가 이자와 빚을 갚는 일에 집중되기 때문에, 주님의 지상 대명령을 따라 순종하고자 해도 세상의 빚에 묶여 힘 있게 나아갈 수 없다."고 주장한다. 그래서 복 받는 비결을 배워서 재정의 복을 받아야 한다는 것이 취지다.

그렇다면 도대체 교회가 왜 그런 큰 빚을 지게 될까? 구제를 너무

---

* "하나님이 내게 말씀하셨다."는 말은 강단이나 공식적인 자리에서 결코 그리 쉽게 할 말이 아니다. 물론 마음에 성령의 감동(충동)이 있는 경우가 있을 수 있다. 이런 표현은 의도적이든 아니든 간에 자신의 말을 하나님의 말씀과 같은 신적 권위를 가진 말로 포장하여 자신이 전달한 내용이 다 하나님이 직접 전해 주신 진리의 말씀이라는 거짓된 확신을 심어 줄 수 있기 때문이다.

1부 성경의 이해와 기복신앙

많이 해서인가? 아니면 흔히 성전이라고 말하는 예배당 건물을 지나치게 무리하게 빚을 내어 건축해서인가? 두말할 것 없이 대부분 인간적인 욕망을 하나님의 뜻으로 포장한 후자의 경우다. 그런데 교회가 재정적 복을 누리는 성경적 비결을 몰라서 그런 큰 빚을 지고 있는 것처럼 말하고 있다면 이것은 심각한 왜곡이다.

우리는 현세의 복을 구하는 기복신앙을 무조건 잘못되었다는 생각을 갖지 않도록 주의해야 한다. 그 반대로 우리는 모든 그리스도인들에게 세상의 물질적인 복을 마음껏 누리도록 보장받았다는 가르침도 주의해야 한다. 신자는 그의 삶의 형편이 어떠하든지 그리스도의 은혜와 말씀과 사랑 안에 머물러 살아갈 때 그 자체가 복을 누리며 살아가고 있는 것이다. 복의 근원은 하나님이시며, 진정한 복은 예수 그리스도를 통하여 우리에게 주어지며, 그분 안에서 누릴 수 있다. 특별히 우리가 가장 큰 복으로 여겨야 하는 것은 예수 그리스도를 믿음으로 영원한 나라를 상속받을 수 있는 하나님의 자녀로 살아가는 것이다(롬 8:16-17; 엡 1:1-6). 하나님 나라는 우리가 추구해야 할 가장 가치있는 보물이다(마 6:33, 13:46; 눅 12:32).

기독교는 십자가 신앙이지만, 그렇다고 해서 이 세상에서 누리는 물질적인 번영과 다양한 복을 부정하는 십자가 신앙은 아니다. 그리스도인들의 삶은 이 세상에서 형통하고 번영하고 성공할 수도 있고 그렇지 않을 수도 있다. 중요한 것은 우리에게 허락하신 재물의 복을 하나님의 뜻을 따라서 잘 관리하는 재물의 청지기로 살아가면서, 하나님 안에서 감사와 기쁨으로 살아가는 것이다(빌 4:4; 살전 5:16). *

---

* 전도서 기자는 다음과 같이 말씀했다.
"사람이 먹고 마시며 수고하는 것보다 그의 마음을 더 기쁘게 하는 것은 없나니 내가 이것도 본즉 하나님의 손에서 나오는 것이로다(전 2:24)."

김성수는 "신자는 털리고 비워지는 자기 부인의 삶을 살아가야 한다."는 점을 강조하면서, 그것이 영생을 얻기 위한 그리스도인의 삶이라고 가르쳤다. 이처럼 이 세상의 복을 전면 부정하는 극단적인 십자가 복음주의와 이 세상의 복은 보장되어 있다고 주장하는 왜곡된 기복신앙 양쪽을 모두 경계해야 한다. 그리스도인의 삶이란 하나님의 영광을 위하여 살도록 창조된 인간 본연의 삶을 살아가는 것이며(사 43:7; 엡 1:6), '하나님 나라와 하나님의 뜻'을 이루기 위하여 살아가는 존재이다(마 6:9-10; 엡 1:10). 하나님께서 그리스도인 각자에게 허락하신 분량의 복만큼 이 세상에서 하나님의 복의 통로요 선한 도구로 쓰임받으며 하나님께 영광 돌리는 삶을 살아가야 할 것이다.

"형통한 날에는 기뻐하고 곤고한 날에는 되돌아 보아라 이 두 가지를 하나님이 병행하게 하사 사람이 그의 장래 일을 능히 헤아려 알지 못하게 하셨느니라(전 7:14)."

성경 해석의 역사적 흐름

Understanding and interpreting
the Bible with an analysis of
the late Sung—Soo Kim's sermons.

이제 성경의 이해와 해석이라는 관점에서 역사적, 신학적 흐름을 간략하게 살펴보고자 한다. 이것은 성경 이해와 해석에 대한 논의에서 간과할 수 없는 중요한 주제며, 독자에게도 실제적인 유익을 제공해 줄 수 있기 때문이다. 우리는 성경의 이해와 해석에 관한 역사적 흐름을 통하여 보다 실제적인 교훈과 통찰력을 얻게 될 것이다. 이런 성경 이해와 해석의 역사적 흐름을 크게 세 시기로 구분하여 간략하게 살펴보겠다. 첫째 시기는 초기 교회의 교부 시대부터 중세교회에 이르기까지다. 둘째 시기는 중세교회에서 종교개혁까지의 흐름이다. 셋째 시기는 종교개혁 이후로부터 오늘날에 이르기까지의 흐름이다.

기독교 초기 시대

1. 초대교회와 속사도 교부들*

1세기의 사도 시대와 그 뒤를 이은 2세기의 속사도 시대(초기 교부 시대)에 교회를 심각하게 위협한 이단은 몇 가지 형태로 나타났다. 그 기간 동안 이단적 가르침은 초기 기독교 안에서 성경 이해와 해석에 대한 근본적인 오류를 보여 주었다.

이런 이단적 문제는 유대교 전통에서 나온 율법주의적 이단(에비온주의), 헬라철학과 이원론 사상이 기독교와 혼합되어 나온 이단(영지주의, 말시온주의 혹은 에비온주의) 그리고 극단적 종말론과 신비주의적 가르침에 치중한 이단(몬타니즘)으로 요약될 수 있다. 더 간단히 말하면, 에비온주의(Ebionism), 영지주의(Gnosticism), 말시온니즘(Marcion-

---

* 기독교 역사의 초대 교부들은 편의상 크게 사도 시대의 교부들(속사도 교부들)과 니케아 총회(325년) 이전의 교부들로 구분할 수 있다. 즉 속사도들(the Apostolic Fathers)은 신약성경의 열두 제자 이후 1세기부터 2세기까지 활동한 기독교 지도자들을 가리키며, 초대 교부들(The Church Fathers)보다 더 넓은 의미로 흔히 사용되는 용어다.

ism) 그리고 몬타니즘(Montanism)이 초대교회의 대표적인 이단이라고
말할 수 있다.

초대교회 구성원 중에는 유대교에서 기독교로 개종한 유대인들
이 많았다. 그러한 가운데 에비온파(Ebionites)는 율법과 유대교 전통
의 틀 안에서 기독교의 진리를 이해하고 가르치려는 경향으로 나타
났다. 즉 에비온파(Ebionites)는 그리스도인에게 구약의 율법을 지나
치게 강조한 나머지 신약의 바울서신은 거부하고 4복음서 중에서도
유대인들의 관점에서 기록된 마태복음만 하나님의 말씀으로 받아
들였다(렌 위크, 『세계 기독교 교회사』, 48). 이런 에비온파(Ebionites)는 종종
영지주의의 한 분파로 분류되기도 한다(박용규, 『초대교회사』, 189).

이처럼 유대인 중에서 기독교로 개종한 신자 가운데 일부는 여전
히 유대교 사상을 간직하면서 기독교인으로 활동하였다. 사도행전
15장에 나오는 기독교 최초의 공의회(예루살렘 회의) 또한 이런 유대교
적이고 구약의 율법적인 사상의 가르침에 대한 문제와 밀접한 관계
가 있다(행 15:1-2).* 사도 바울은 기독교 내의 유대적 가르침을 전파
하던 이런 이단자에 대하여 다음과 같이 선언했다.

> 그리스도의 은혜로 너희를 부르신 이를 이같이 속히 떠나 다른 복음
> 을 따르는 것을 내가 이상하게 여기노라…우리가 전에 말하였거니와
> 내가 지금 다시 말하노니 만일 누구든지 너희가 받은 것 외에 다른

---

* 어떤 사람들이 유대로부터 내려와서 형제들을 가르치되 너희가 모세의 법대로 할
례를 받지 아니하면 능히 구원을 받지 못하리라 하니 바울 및 바나바와 그들 사이
에 적지 아니한 다툼과 변론이 일어난지라 형제들이 이 문제에 대하여 바울과 바나바
와 및 그 중의 몇 사람을 예루살렘에 있는 사도와 장로들에게 보내기로 작정하니라
(행 15:1-2).

바른 **해석** 바른 **신앙**

복음을 전하면 저주를 받을지어다(갈 1:6-9).**

다음으로 초기 교회 신자에게 광범위한 영향을 끼쳤던 이단은 영지주의(Gnosticism)다. 영지주의는 헬라 철학과 범신론적인 이교사상이 혼합된 이단이었다.*** 그들은 '비밀스럽고 신령한 지식(a secret knowledge)'을 알아야 구원받는다고 주장하면서, 성경 외에 예수의 제자들에게 주신 '비밀 구전(a secret oral traditon)'이 있다고 주장했다. 동시에 육체는 악한 것으로 보고 구원은 육체로부터 탈출하는 영적인 영역으로 한정하는 극단적인 이원론 사상을 가지고 있었다. 이런 영지주의적 사상이 기독교와 혼합되면서 초기 교회는 적지 않은 위험을 느꼈으며, 특별히 교회 내에 금욕주의와 방임주의라는 두 가지 형태로 나타났다(곤잘레스, 『초대교회사』, 103, 박용규, 『초대교회사』, 179). 또한 성(sex)과 결혼(marriage)에 대해서는 주로 극단적인 금욕주의 성향이 강했다(Yamauchi, "The Gnostics", 96). 이런 영지주의적 기독교 신앙을 가진 자들은 그리스도의 육체는 진짜가 아니라고 주장하기도 했다(가현설). 사도 요한과 바울은 그의 서신들을 통하여 이런 영지주의적 사상의 위험성을 경고하였다(골 2:20-23; 요이 1:7).

다른 한편, 유대교와 물질세계에 대한 깊은 반감을 가지고 있었던 말시온(Marcion, 85-160)은 그의 추종자들과 함께 또 다른 기독교

** 사도 바울이 갈라디아교회에 보내는 서신의 서두에서 저주를 선언한 대상(다른 복음을 전하는 자들)은 '구원의 조건으로 율법과 할례를 행해야 한다'고 가르치던 유대인 기독교 신자 혹은 지도자들을 가리킨다(cf. 갈 3:1-11, 5:2-4).

*** 1946년에 이집트에서 한 농부는 약 50개의 영지주의 저작물을 발견하였으며, 그것은 대략 400년경으로 기록된 것으로 추정되고 있다. 하지만 많은 영지주의 문서는 이미 1세기 교회에 영향을 주었을 것으로 또한 추정된다. Edwin M. Yamauchi., "The Gnostics" in *The History of Christianity*(Ed. Tim Dowley, England: Lion Hudson, 1877), 97.

2부 성경 해석의 역사적 흐름

이단 분파를 이루었다. 말시온은 눈에 보이는 세계가 악한 것이라고 생각하면서 물질 세계를 창조한 신은 악하거나 열등한 신이라고 확신하였다(곤잘레스, 『초대교회사』, 104). 말시온은 영지주의 영향 아래 '영(spirit/mind)'과 '육(body/flesh)'을 극단적으로 구분하는 이원론을 받아들였다. 그러나 말시온은 영지주의가 말하는 그리스도의 비밀계시가 아닌 성경을 통한 공개적인 계시를 주장했으며, 예수 그리스도가 율법을 완성하신 구세주라고 인정했다.

더 나아가서 그는 예수 그리스도가 인간 마리아와 상관없이 하늘에서 직접 오셨기 때문에 그의 몸은 물질적인 몸이 아니었고 따라서 육체적 고난도 없었다고 주장하였다(가현설). 그리고 구약의 하나님은 율법의 하나님으로서 지존자가 아닌 중간단계에 있는 어떤 힘으로 보았다(채승희, 『초기 기독교의 성경 해석』, 88). 뿐만 아니라 성경에 대한 이해에 있어서 말시온은 구약성경 전체를 부정했으며, 신약의 문서 가운데서도 누가복음(구약의 예언을 인용한 부분 삭제)과 바울서신(디모데서와 디도서 제외)만 자신들의 성경(정경)으로 채택했다. 성경의 권위에 대한 이러한 도전은 교회가 공식적인 정경 확정의 필요성을 느끼게 하였다. 이런 영지주의와 말시온주의는 2세기에 절정에 달했다가 3세기 경에 이르러 약화되었으며, 그러한 배경에는 교부의 성경적인 가르침과 변호의 영향이 컸다.

또 다른 형태의 이단은 2세기 말 소아시아를 거점으로 아프리카의 카르타고까지 번져간 과격한 성령운동(특히 예언)을 했던 몬타누스(Montanus, 135-177)에 의해서 나타났다. 그는 프리지아의 이교 제사장 출신이었으며 기독교인이 된 이후에 '성령이 자기를 통해 직접 말씀하신다'고 주장하였다. 이러한 몬타니즘의 극단적인 성령운동과 함께 그들의 빗나간 예언들은 당시 초기 교회의 혼란과 무질서를 초래했다(박용규, 『초대교회사』, 205-206). 이와 같은 에비온파, 영지주의, 말시온주의 그리고 몬타누스파 등의 이단적 사상은 성경 이해와 해석에 있어서 지나치게 한쪽으로 치우친 사상으로 오늘날 기독교인들에게 경종을 울리고 있다.

기독교 초기 교회는 외적으로 유대교와 로마제국의 핍박 아래서 어려움을 겪고 있었을 뿐만 아니라 내적으로는 이단적 가르침으로 인한 분파주의로 어려움에 직면했었다. 당시는 신약의 성경(정경)이 확정되기 전이었기 때문에 더 쉽게 이단적 가르침의 영향을 받아들일 수 있는 위험이 있었다. 따라서 사도적 가르침의 정통성을 따르는 교회는 공통된 신앙고백을 공유하고 유지하고자 '사도신경(Apostle's Creed)'을 작성하여 신앙을 고백하게 되었다.* 또한 교회는 이런 이단의 가르침에 대응하면서 성경의 정경성을 확정하는 기준을 확립해 갔고, 이것이 성경 해석의 발전을 거듭하는 계기가 되었다. 이런 이단의 주장에 반박하면서 성경 해석에 있어서 후대에 영향을 끼친 대표적인 초기 교부들은 순교자 저스틴(Justine Martyr), 이레니우스(Irenaeus) 그리고 터툴리안(Tertulian) 등이 있다.

저스틴(100-165)의 성경 해석은 2세기 초대교회의 예표론적 성경 해석(Typological Interpretation)의 기초를 이루었다.** 하지만 성경 이해

---

* 또한 여러 이단 집단들과 분파주의자들과 구별되는 정통 교회라는 의미로 '가톨릭(Catholic)'이라는 용어를 사용하기 시작했다(곤잘레스, 『초대교회사』, 104. 113) '캐톨릭(Catholic)'은 '보편'이라는 의미이며, 모든 지역 교회가 그리스도의 한 몸인 하나의 우주적 교회 즉 '보편교회(universal church)'라는 의미로 사용된 것이다.

** 순교자 저스틴(Justine Martyr, 100-165)은 복음서에 기초하여 '그리스도의 동정녀 탄생과 사역', '그리스도의 고난과 죽음', '교회와 세례' 등 여러 초기 기독교의 개념이 이미 구약에서 보여 준 역사적 사실로 보았다. 또한 저스틴은 자신의 저서 『트리포와의 대화』(Dialogue with Trypho)에서 말시온의 성경 해석에 대해 반박하고 유대인들의 구약성경 사용에 대해 비판했다(채승희, 『교부들의 성경 해석』, 89).

2부 성경 해석의 역사적 흐름

와 해석에 있어서 그가 보여 준 오류도 간과할 수 없다. 대표적인 예로 그는 성찬을 통해서 먹는 음식은 실제적인 그리스도의 피와 살이라고 주장함으로써, 사실상 로마 가톨릭 성찬교리의 기초를 놓았다(곤잘레스, 『기독교 사상사 I』, 135-136). 뿐만 아니라 그는 구약성경에 나온 레아는 회당을, 라헬은 교회를 상징한다고 해석했다(박용규, 『초대교회사』, 153). 더 나아가서 '구약에 언급된 모든 막대기, 숲, 나무들은 예수의 십자가를 가리킨다'고 하는 인위적이고 자의적인 해석을 하였다(채승희, 『교부들의 성경 해석』, 90). 뿐만 아니라 구약성경의 모든 부분은 장차 올 그리스도를 가리킨다고 하는 극단적인 우화(Allegory)적 해석을 취했다.

우리가 살펴보게 될 김성수의 설교와 가르침은 정확하게 이런 극단적인 우화적 해석을 따르고 있다. 앞으로 자세히 살펴보겠지만, 그의 설교에 나타난 한 가지 예를 소개하겠다. 창세기 17장에 나오는 할례가 "하나님 자신의 쪼개어짐"을 의미한다고 말한다. 이것을 창세기 22장과 연결해서, 이삭을 모리아 산에 바친 사건을 "아비의 손에 들린 칼에 의해 쪼개져서, 다른 말로 온 몸에 할례를 받고 죽는 것"이라고 설명한다. 그래서 할례가 '칼의 언약'이라고 말한다. 그러면서 "지금 이삭은 팔일 만에 할례를 받으시고 자신이 매달려 죽어야 할 나무를 짊어지고 골고다 언덕을 오르신 예수님의 모형"이라고 말한다. 더 나아가서 "이삭은 그러한 예수 그리스도로 말미암아 사망에서 새 생명으로 부활하게 되는 하나님 백성의 모형"이라고 주장한다(창세기 강해 49, 은혜 언약과 쪼갠 고기 그리고 할례 중에서). 그러나 '할례'나 '쪼개다'라는 단어에 이런 암호풀이 같은 진리는 없다.

정말 그런지 '할례'라는 단어에 대해 성경의 예를 들어 설명하겠다. 하나님이 아브라함에게 명령한 '할례(창 17:10-12)'는 언약의 '표시(SIGN)'다. 즉 하나님 말씀을 지키며 살아가야 하는 하나님의 언약 백성이라는 표시로 주신 것이다. 따라서 구약성경에 의하면 진짜 중요한 것은 몸의 할례가 아니라 마음의 할례임을 반복해서 기록하고 있다(신 10:12-13, 16, 30:6-8; 렘 4:3-4).

그런데 신약 시대에 오면, 예수를 믿은 유대인 가운데 '할례를 받아야 구원받는다'고 주장하는 이들이 생겼다(행 15:1-2). 그래서 바울은 '율법(언약)을 지키지 않는다면 할례를 행하는 것은 의미가 없다(롬 2:25)'는 말을 주장하면서, "할례는 마음에 할지니 영에 있고 율법 조문에 있지 아니한 것이라(롬 2:29)."고 반복해서 선언했다. 이런 마음의 할례는 새 마음을 주시는 성령에 의해 주어진다는 것을 에스겔은 예언했으며, 바울은 이 점을 빌립보 교회 신자들에게 재언급하고 있다(겔 36:26-27; 빌 3:3). 그 결과 예수 그리스도를 믿고 성령을 받음으로 마음의 할례를 받은 자, 즉 성령으로 거듭난 신자는 하나님께 순종하며 하나님의 말씀을 지키는 믿음의 행위가 따르게 되는 것이다(렘 31:31-34; 겔 11:19-20, 36:26-27). 그래서 바울은 '예수 안에서는 할례자나 무할례자가 상관없이 사랑으로써 역사하는 믿음 뿐이라고 선언했다(갈 5:6-7, 6:15)*

그럼에도 김성수의 설교 안에 나타난 알레고리적 해석(우화적 해석)은 여기서 그치지 않고 다음과 같이 계속된다.

> 야곱은 이삭처럼 실제로 죽지 않았습니다. 야곱은 다시 살아나 새로운 존재, 즉 이스라엘이라는 하나님의 백성으로 재창조된 것입니다.

---

* '할례'에 관한 더 구체적인 설명은 필자의 저서를 참고하라(『원문 중심의 이야기 로마서』, 64-68).

그러니까 예수가 쪼개져 죽고 야곱이 이스라엘로 재탄생하는 사건이 얍복강 사건인 것입니다. 이렇게 야곱 역시 죄로 인해 죽어야 할 하나님 백성들을 대신하여 죽으시는 예수 그리스도와 예수 그리스도로 말미암아 다시 새로운 존재로 태어나게 되는 하나님 백성의 이중적 상징을 담고 있는 인물인 것입니다.

…중략…

왜 인간의 생식기에 쪼개짐의 자국이 나야합니까? 어차피 하나님이 쪼개지셔서 우리 죄인들이 구원받는 것이라면 왜 인간 생명의 근원을 상징하는 인간의 생식기가 쪼개져야 하지요? 그건 죽음을 상징하는 것이거든요. 그 이유는 하나님의 쪼개짐이 우리 성도에게 전가되어 우리가 쪼개진 것으로 간주(看做) 됨을 상징하는 것입니다. 분명 우리 예수님께서 온 몸에 할례를 받으셨습니다. 우리 예수님의 온 몸이 휘장이 찢어지듯 위에서 아래로 찢어졌습니다.

…중략…

예수님의 십자가 할례가 내 할례가 된 것입니다. 그 예수 그리스도의 할례의 흔적이 우리의 몸에 새겨지는 것입니다. 그래서 생명의 근원을 상징하는 하나님 백성의 생식기가 쪼개진 흔적을 갖게 되는 것입니다. '넌 예수 안에서 죽은 자'라는 선포지요(김성수, 창세기 강해 49, 은혜 언약과 쪼갠 고기 그리고 할례).

위 설교에서 '야곱은 이삭처럼 죽지 않았다'는 말이 무슨 말인가? 야곱이나 이삭은 둘 다 위기를 겪었지만 사실상 둘 다 죽은 적이 없다. 하지만 김성수는 실제적인 죽음과 영적인 죽음이라는 의미를 마음대로 혼합해서 새로운 의미를 만들어 냈다. 그러면서 야곱의 얍복강 이야기가 "하나님 백성을 대신하여 죽으시는 예수 그리스도와 예수 그리스도로 말미암아 다시 새로운 존재로 태어나게 되는 하나님 백성의 이중적 상징"을 담고 있다고 주장한다. 이렇게 김성수는 창세기가 '상징'과 '모형'이라고 주장하면서 오직 예수 이야기로 각색한 우화적 해석으로 끌고 갔다. 그러면서 "예수님의 십자가 할례가 내 할례"라는 비성경적 표현을 자연스럽게 만들어 냈다.* 이처럼 김성수는 교부 저스틴이 했던 우화적 해석의 극치를 달렸다.

다음으로 교부 이레니우스(Irenaeus, 약 180-250)는 "예수 그리스도라는 열쇠가 없기 때문에 유대인들이 성경을 읽어도 성경의 진리에 이를 수 없다."고 말했다. 마찬가지로 "성경을 이해하지 못한 영지주의자들이 자신들 마음대로 성경을 조작한다."고 비판했다. 이레니우스는 성경이 하나의 주제로 엮어진 통일성(unity)과 온전함(integrity)을 가진 구속사적인 책이라고 주장하였다. 그리고 이런 구속사적인 메시지는 그리스도를 통한 믿음을 통하여 깨닫게 된다고 하였다. 따라서 그는 성경 해석의 근본 원리가 믿음이라고 주장하였다. 그에 의하면 성경은 언약의 책이며, 성경 전체는 4단계의 언약으로 구성된 하나님의 계시로 이해하였다. 첫째는 아담 언약(아담-노아 홍수)이며, 둘째는 노아 언약(노아 홍수 이후-출애굽 사건)이며, 셋째는 모세 언약(모세-그리스도 초림), 넷째는 그리스도 언약(초림-재림)이다(박용규, 『초대교회사』, 232). **

---

*   이런 엉터리 우화적(allegorical) 해석은 초등학교 수준의 언어 이해 능력과 성경의 전체적인 기본 지식만 있어도 충분히 분별해 낼 수 있다. 그럼에도 많은 신자가 이런 거짓된 가르침을 분별하지 못하는 이유가 무엇인가? 그것은 '성경이 모두 예수를 보여 준다'는 김성수의 극단적인 주장에 깊이 세뇌되어 그런 설명이 바른 성경 해석이고 진리의 복음이라는 착각에 빠져 들어가기 때문이다.

**   이레니우스는 이런 구속적사적 이야기와 직접적인 개연성을 가진 책이 정경으로서의 가치를 지니고 있다고 판단하고 자신이 정경으로 믿는 22권의 성경을 제시하였다. 더 나아가서 이레니우스가 주장하는 또 다른 성경 해석의 기준은 초기 형태의 기독교 신앙고백

또한 이레니우스는 신구약이 대립될 수 없는 하나님의 총체적인 구속사로서 의미가 있으며, 구약과 신약의 구심점은 예수 그리스도이심을 확신했다. 따라서 예수 그리스도의 오심(성육신)은 인간의 회복(갱신)을 위한 하나님의 원대한 계획의 일환이며, 이런 의미에서 이레니우스는 '총괄갱신(Recapitualtion)'이라는 용어를 사용했다(곤잘레스, 『기독교 사상사 I』, 202-203, 박용규, 『초대교회사』, 233). 총괄갱신은 '아담의 타락 이후 인류는 그리스도 안에서 다시 회복되고 새롭게 된다'는 의미다. 이런 총괄갱신은 로마서 8장에 나오는 '만물의 회복(롬 8:19-23)'과 "하늘에 있는 것이나 땅에 있는 것이 다 그리스도 안에서 통일되게 하려 하심이라."는 에베소서 1장 10절의 말씀으로 요약될 수 있다. 그리고 이런 성경적 진리는 요한계시록(21:1-22:5)에 나오는 '새 하늘과 새 땅'의 모습에서 구체적으로 드러난다.

마지막으로 교부 터툴리안(Tertulian, 150-212)은 서방 신학의 대변자, 라틴신학의 아버지로 평가된다. 그의 대표적인 변증서는 영지주의를 반박한 다섯 권의 작품이다.* 특별히 터툴리안이 성부, 성자, 성령의 관계를 설명하고자 사용한 위격이라는 용어는 후에 삼위일체를 설명하는 공식 용어가 되었으며, 그 두 용어가 바로 "본질(substance)"과 "인격(person)"이다(박용규, 『초대교회사』, 255, 곤잘레스, 『기독교 사상사 I』, 218). 또한 터툴리안은 영혼이 부모로부터 나와서 어린이들

을 진술한 '신앙의 규범(Rule of Faith)'이다. 그는 이것을 성령에 의한 교회의 믿음으로서 성경을 푸는 열쇠이자 권위로 보았다(채승희, 『교부들의 성경 해석』, 94).

* 터툴리안의 저서 다섯 권은 약 206-211년 사이에 쓴 『헤르게네스 논박』, 『말시온 논박』, 『그리스도의 성육신에 대하여』, 『프락시아스 논박』, 『육신의 부활에 대하여』이다(박용규, 『초대교회사』, 254). 그는 실천적인 기독교 사상가였으며, 카르타고 교회의 장로였으나 몬티니즘의 일원으로 생애를 마쳤다. 그렇다고 그의 신학 사상까지 변질되었다고 보기는 어렵다(곤잘레스, 『기독교 사상사 I』, 216-217).

바른 **해석** 바른 **신앙**

에게 유전되듯이 죄도 그렇게 된다고 주장했다(곤잘레스, 『기독교 사상사 I』, 224).

2. 알렉산드리아 학파와 안디옥 학파

2세기 중반에 들어서면서 기독교에 대한 잘못된 오해를 변증하고 기독교 신앙을 옹호하기 위한 글이 많이 쓰여지기 시작했다. 이단에 대한 반박과 함께 높은 교육을 받은 지성인 이교도들에게 기독교를 설명하고자 성경을 더욱 깊이 연구하게 되면서 기독교 신학의 발전을 가져온 것이다. 이런 신학과 성경 해석의 발전은 3세기 초에 알렉산드리아를 중심으로 형성된 알렉산드리아 학파와 안디옥을 중심으로 형성된 안디옥 학파로 나뉘어 발전하였다.**

알렉산드리아 학파의 대표적인 인물로는 클레멘트(Clement of Alexandria, 150-215)와 제자 오리겐(Origen, 185-254)을 꼽을 수 있다. 클레멘트(Clement)는 성경의 문자적 의미는 단지 기본적인 의미에 불과하며, 따라서 모든 성경은 우화적/풍유적(Allegorical)으로 해석해야 한다고 주장했다(벌코프, 『성경해석학』, 18).

클레멘트의 뒤를 이어 오리겐(Origen)은 우화적(풍유적) 해석을 더욱 발전시켰다. 오리겐(Origen)은 "구약을 영적으로 해석해야 유대교 교리를 피할 수 있다."고 믿었다. 그러면서 해석에 있어서 문자적 의

** 알렉산드리아 학파(Alexandrian school)는 이집트의 수도 알렉산드리아를 중심으로 헬레니즘의 영향 속에서 발달된 신학 학풍을 말한다. 안디옥 학파(Antioch school)는 예루살렘과 함께 초대 기독교의 중심지였던 시리아(Syria)의 안디옥 교회(행 13:1)가 그 역사적 배경을 이루고 있다(cf. 성경은 시리아를 수리아로 번역했다).

미와 함께 신자의 삶과 관련된 숨겨진 도덕적 의미와 영적 의미를 함께 추구했다(Klein, et al., *Introduction to Biblical interpretation*, 39). 바꾸어 말하면 그는 문자적 해석을 낮고 유치한 수준의 해석으로 간주하고, 보다 고상하고 깊은 해석을 하고자 상징적이고 은유적인 해석의 일종인 우화적(풍유적) 해석을 한 것이다(버나드 램, 『성경해석학』, 53-54).

아브라함의 종과 그의 가축을 위해 리브가가 물을 길어 준 창세기 24장의 이야기는 '그리스도를 만나기 위해 성경의 우물로 나와야 한다'는 것을 의미한다고 오리겐은 해석했다. 또 신약에서 '예수님이 예루살렘의 승리의 입성을 할 때 탄 나귀 새끼는 신약성경을 의미한다'고 해석했다(마이켈슨, 『성경해석학』, 53).

한마디로 오리겐은 성경의 문자적 의미를 인정하면서도 성경의 참된 의미는 문자적 해석을 통하여 얻어질 수 없다고 믿었다. 그는 성경 본문이 세 개의 서로 다른(그러면서도 상호보완적인) 의미를 가질 수 있다고 주장했다. 그것은 문자적 의미(혹은 육체적 의미), 도덕적 의미(혹은 혼적인 의미) 그리고 지적(혹은 영적) 의미를 가리킨다(곤잘레스, 『기독교 사상사 I』, 256).

물론 오리겐의 방대한 성경 연구와 금욕주의적 경건은 높이 평가될 만하다. 그러한 이유로 오늘날에도 그에 대한 평가가 엇갈리기도 하다.* 그러나 우화적(또는 풍유적) 해석은 잘못된 성경 해석의 길

---

* 긍정적인 측면에서 보면, 성경 해석과 관련된 그의 우화적 해석 방법(Allegorical Intepretaion) 역시 구약을 기독교적 관점으로 이해하려는 하나의 수단으로써 복음의 진리를 강조하는 하나의 방편이 되었다. 가톨릭 신학자 뤼즈너(Reasoner)는 그의 책 *Romans in Full circle*(『오리겐을 중심으로 한 로마서 이해』)에서 오리겐의 로마서 해석을 상당히 높게 평가하고 있다. 그러나 뤼즈너는 오리겐의 우화적인 해석을 가볍게 평가하고 오리겐의 긍정적인 측면만을 부각시킨 것으로 보인다. Mark Reasoner, *Romans in Full circle: A History of Interpretation*, Westminster John Knox Press:Louisville.Kentucky, 2005.

바른 **해석** 바른 **신앙**

을 열어 주었다. 즉 오리겐이 강조한 우화적 해석은 자신의 주관적인 생각에 기인하여 자유롭게 성경을 해석함으로써 결국 하나님 말씀의 진정한 의미를 더 어둡게 하는 결과를 초래하고 말았다(버나드 램, 『성경해석학』, 50-51). 이런 사실은 중세교회 시대에 가서 더욱 분명하게 드러나게 된다.

이런 오리겐의 잘못된 성경 해석은 오늘날에도 널리 유행하고 있으며, 특별히 김성수의 설교에서 두드러지게 나타난다. 오리겐에 의하면, 리브가가 물을 길어 준 창세기 24장의 이야기는 '그리스도를 만나기 위해 성경의 우물로 나와야 한다'는 것을 의미한다고 했는데, 김성수는 어떻게 설명하고 있을까?

> 창세기 24장은 여러분이 지금 읽으신 것처럼 아버지가 종을 보내어 아들의 신부를 불러오는 모양으로 그려지고 있습니다. 그 모습은 하나님 아들 성자 예수님의 신부인 교회를 부르시기 위해 아버지 하나님에 의해 이 땅으로 보내심을 받은 보혜사 성령님에 의해 예수 그리스도의 신부로 불려 올려지는 우리 성도들의 구원의 이야기를 상징적으로 담고 있는 것입니다.
>
> …중략…
>
> 왜 이삭의 아내가 그의 가족에게서 나와야 합니까? 하와가 아담의 살과 피를 담고 태어나 아담과 연합하게 되는 그리고 예수 그리스도로 말미암은 하나님의 백성이 다시 예수님과 연합이 되는 예수 그리스도와 교회와의 연합을 보여 주기 위해 그의 친족에게서 이삭의 아내가 나오는 것입니다(창세기 강해 63, 이삭과 리브가의 결혼을 통해서 본 여호와의 전쟁).

2부 **성경 해석의 역사적 흐름**

위 내용을 한마디로 평가하자면, '청중의 흥미를 자극하기 위해 꾸며 낸 한 편의 복음적인 상상'이다. 다시 말해서 복음적인 내용이 들어 있다는 측면에서 보면 지나치게 나쁘게만 평가하고 싶지는 않다. 하지만 성경 본문의 의미를 왜곡하고 각색해서 엉뚱하게 해석한 것은 가장 나쁜 설교이고 잘못된 성경 해석이다. 고대 교부들인 저스틴과 오리겐이 남긴 이런 우화적 해석은 중세 시대에 가서 더욱 정교해졌다. 이런 잘못된 성경 해석에 기초한 설교가 김성수와 같이 오늘날에도 성경의 자의적인 해석을 하려는 일부 설교자들에 의해서 계속되고 있는 것이다. 반면에 안디옥 학파는 성경의 우화적 해석을 반대하고 성경의 역사적 해석을 강조하였다. 이런 안디옥 학파의 대표적인 인물로는 다소(Tarsus)의 디오도루스(Diodorus, 약 350-428), 요한 크리소스톰(John Crysostom, 354-407) 그리고 몹스에스티아(Mopsuestia)의 테오도르(Theodore, 350-458) 등을 꼽을 수 있다.

디오도루스(Diodorus)는 알렉산드리아의 풍유주의(우화적 해석)에 반대하면서 문자적이고 역사적인 해석을 선호했다. 또한 디오도루스의 두 제자인 테오도르와 크리소스톰은 보다 건전하고 정교한 성경 해석의 길을 열어 놓았다. 테오도르는 신약이 구약 예언의 문자적 실현임을 부정하지는 않았으며, 따라서 구약의 예언은 역사적인 면에서 당시의 역사적 상황에 대한 예언과 장차 오실 메시아적 예언의 이중적 의미를 가지고 있다고 보았다. 또한 크리소스톰은 구약의 메시아 예언에 관한 형태를 '역사적 의미를 배제하지 않는 예표론적 해석(Typological interpretation)' 안에서 찾고자 노력하였다.*

---

* '상징적 해석'과 '예표론적 해석'의 의미와 그 차이에 대해서는 이 책의 "3부 김성수 설교 비평"에서 실제적인 예를 통하여 설명하겠다.

바른 **해석** 바른 **신앙**

몹스에스티아의 감독 테오도르(Theodore of Mopsuestia)는 성경 주해에 있어서 지적이고 교리적이어서 성경 비평과 성경 해석가로 유명하다. 그는 안디옥교회의 사제로 안수받고 394년에는 몹스에스티아(현재 터키의 안티키아에서 멀지 않은 지역)의 감독이 되었다. 그는 신학자요 설교자로 명성을 얻었고 동방교회 전체에 널리 알려진 인물이 되었다. 그의 제자 요한 크리소스톰(John Crysostom)은 유능한 설교자로서 영적이고 실질적인 영향을 끼치는 면에서 그 당시 타의 추종을 불허했다(벌코프, 『성경해석학』, 19). 그렇다고 안디옥 학파의 영향을 받았던 사람들은 우화적(풍유적 혹은 알레고리적) 해석을 전혀 하지 않았다고 속단할 수는 없다. 그렇지만 적어도 그들은 풍유적(혹은 알레고리적) 해석이 건전한 성경 해석의 한 방편이 되지 못한다고 여겼고, 알렉산드리아 학파의 우화적(혹은 풍유적) 성경 해석에 대해서 비판적이었다는 점은 분명하다. 물론 문자적인 해석도 성경 안의 상징이나 은유 등에 관해서 쉽게 간과할 수 있는 약점은 있다. 예를 들면, 테오도르는 4개의 시편을 메시아 시로 인정했지만 이사야 53편은 그리스도의 십자가 고난에 대한 예언이라는 것은 부인하였다.

요약하면 지나친 은유나 영적인 해석 혹은 알레고리적 해석에 빠지는 것을 막기 위해서 기본적으로 문자적(혹은 문법적) 해석을 기본으로 해야 하며, 상징이나 영적인 의미는 성경 본문의 문자적(문법적 그리고 문학적)의미와 역사적 의미로부터 충분한 증거를 확보했을 때 조심스럽게 사용되어야 한다.

이렇게 알렉산드리아 학파와 안디옥 학파가 서로 상반되게 강조한 성경 해석의 두 가지 다른 특징은 이후에 서방(서구 유럽)의 해석학파에서 하나로 결합되어 나타났다. 그 대표적인 인물이 제롬(Jerom, 약 347-419)과 어거스틴(Agustine, 354-430)이다. 제롬은 성경 해석 분야

보다 성경 원전을 라틴어 벌게이트(Latin Vulgate)로 번역한 것으로 더 유명하다(곤잘레스, 『초대교회사』, 322). 그는 23년간(382-405)의 노력 끝에 구약 히브리어와 신약 헬라어를 라틴어로 번역하였다. 그 결과 그 성경은 라틴어를 사용하는 전체 서방 교회의 권위 있는 표준성경으로 사용하게 되었다(Demarset, "Jerom" in *the History of Christianity*, 196).

반면에 어거스틴은 성경 원어 지식과 관련된 성경 해석에는 능통하지 못하였으나 기독교 교의(*De Doctrina Christiana*)라고 하는 성경해석학 및 설교학 지침서를 냈다(벌코프, ibid, 20, 램, ibid, 56).*

한편 암브로스의 우화적 해석에 영향을 받은 어거스틴은 성경은 한 가지 이상의 의미를 갖고 있다고 보는 우화적 해석 방법이 타당하다고 보았다(램, 『성경해석학』, 58). 동시에 어거스틴은 과도한 우화적 해석을 삼가하도록 세 가지 기본적인 방안을 제시하기도 했다. 첫째는 본문에 대해 더 명백한 성경의 다른 문장을 고려하고, 둘째는 신앙의 규율이나 교회의 전통적 가르침에 부합하는지 살펴야 하고, 셋째는 이런 두 가지 원리가 맞지 않을 때 어떤 의미가 더 상황에 적합한 지 고려해야 한다(Klein, et al., *Introduction to Biblical interpretation*, 41).

이런 방식으로 어거스틴은 성경 해석에 있어서 한 문장에 대한 다중적 의미의 해석을 이끌어 내는 우화적(풍유적 혹은 알레고리적) 해석을 더욱 발전시켰다. 그러나 이런 우화적 해석은 성경 해석에 있어서 진정한 발전을 가져오기보다는 오히려 중세 시대의 성경 해석이 더욱 잘못된 길로 빠져들게 하는 부정적 영향을 끼쳤다. 어거스틴의 대표적인 우화적 해석 가운데 하나인 선한 사마리아인의 비유는 지

---

* 제롬이 구약을 헬라어로 번역한 셉투아진타(Septuagint, 70인역 성경)와 다른 성경 번역판을 발행했을 때, 어거스틴은 하나님의 말씀의 대한 경외심이 부족하다고 생각하여 제롬의 성경 번역을 비난하는 편지를 보내기도 하였다(곤잘레스, 『초대교회사』, 322).

금도 성경해석학을 가르치는 교본에서 우리가 따르지 말아야 할 우화적 해석의 전형적인 모델(반면교사)로 제시되고 있다. 그럼에도 선한 사마리아인의 비유에 대한 알레고리적 해석은 성 어거스틴의 우화적 해석과 유사한 형태로 오늘날에도 여전히 행해지고 있다.

어거스틴은 여리고로 내려가는 사람이 아담을 의미하고, 예루살렘은 천국을 의미한다고 해석하였다. 그 후 더 발전된 형태의 알레고리적 해석을 보면 다음과 같다.

① 여리고로 가는 사람은 성도이고 예루살렘은 교회를 가리킨다.
② 제사장과 레위인은 구약의 율법과 사역자들을 상징한다.
③ 선한 사마리아 사람은 그리스도이고 상처를 싸매는 것은 죄를 억제하는 것을 의미한다.
④ 주막은 교회를 의미하고 두 데나리온은 사랑의 두 계명을 의미한다.
⑤ 선한 사마리아인이 다시 돌아온 것은 그리스도의 부활을 의미한다.

이런 알레고리적 해석은 성경의 바른 의미를 혼미하게 만드는 사탄의 도구로 전락할 수 있다. 따라서 종교개혁자들은 이런 우화적 해석을 특별히 경계하고 배격하였다. 그러나 우화적 해석의 달콤함에 빠져드는 설교자와 청중에 의해서 오늘날에도 이런 우화적(알레고리적) 해석은 여전히 남아 있다. 그 대표적인 예가 바로 서머나교회의 김성수이며, 이 점을 우리는 설교 비평을 통하여 구체적으로 살펴보게 될 것이다.

중세에서 종교개혁으로

1. 중세 시대

중세 시대는 수도원을 중심으로 많은 성경 연구가 행해졌던 것이 사실이지만, 성경해석학에 있어서 뚜렷한 대중적인 발전이 있었다고 보기는 어렵다. 그것은 성경 해석의 유일한 권위가 교회 안의 가르침으로 제한되었던 시대적 상황과 깊은 관계가 있다. 또한 중세 교회는 대중이 이해하기 어려운 라틴어 성경을 사용했으며, 인쇄술도 발달하지 않았기 때문에 성경이 대중적으로 널리 보급되기도 어려웠다. 한마디로 유럽의 중세 시대는 교회의 전통과 교회의 권위가 성경 해석에 있어서 절대적인 기준과 원리로 작용하였다.*

특별히 중세 시대는 가톨릭 교회의 우화적(혹은 풍유적) 해석이 절

---

* 로마 가톨릭은 벌게이트(Vulgate, 라틴어 번역 성경)역을 가장 권위 있는 교회의 공식적인 성경으로 받아들이고, 이런 성경 이해에 대한 교부들의 가르침과 교회의 전통적 해석을 절대적으로 지지하였다. 트렌트 회의(Council of Trent)를 통하여 이런 가톨릭의 전통적 가르침에 대한 권위를 더욱 확고히 하였다.

바른 **해석** 바른 **신앙**

정에 이른 시기였으며, 성경의 사중적(다중적) 해석이 유행했던 시대였다. 이런 성경의 사중적 해석은 문자적(Literal) 의미, 풍유적(Allegorical) 의미, 도덕적(Moral) 의미 그리고 신비적(Mystical) 의미의 해석을 말한다.** 예를 들어, 성경에 나오는 '예루살렘'은 문자적으로 팔레스타인의 고대 성읍이며, 풍유적 의미로 교회를 의미하고, 도덕적(교훈적) 의미로는 인간의 신실한 영혼을 의미하며, 신비적(종말론적) 의미로는 그리스도인들이 바라보아야 할 하늘의 도성을 가리키는 것이다(마이켈슨, 『성경해석학』, 57).

또 다른 예로, 성경에 나오는 '바다'라는 단어는 '성경, 인간의 마음, 이교도, 세례' 등으로 해석되기도 했다. 결국 이런 우화적 해석은 성경을 더욱 이해하기 어렵게 만드는 원인이 되고 말았다(Klein, et al., ibid, 43: 마이켈슨, 『성경해석학』, 58). 이처럼 600-1200년 사이에 행해졌던 우화적 혹은 풍유적 해석은 "중세 신학자들의 정신을 지배했다(마이켈슨, ibid, 57-58)." 그리고 이런 우화적 해석은 중세 말기에 와서 내리막길로 접어들기 시작했다.

중세 시대를 대표적인 신학자로는 단연 토마스 아퀴나스(Thomas Aquinas 1225-1274)를 언급하지 않을 수 없다. 그가 쓴 『신학대전』(Summa Theologica)은 성경에 대한 그의 방대한 지식을 보여 준다. 또한 아퀴나스가 중세 시대의 성경 해석에 있어서 중요한 위치를 차지하는 것은 그가 가톨릭 교회의 권위 있는 해석자이기 때문이기도 하다. 그는 체계적이고 철학적인 논리를 가진 뛰어난 신학자로서 성경 해

** 벌코프는 중세의 사중적 의미를 '문자적 의미, 비유적 의미, 풍유적 의미 그리고 유추적(Analogical) 의미'로 소개하고 있다. 벌코프, 『성경해석학』, 24. 반면에 클레인(Klein)은 사중적 의미를 '문자적(역사적), 우화적(교리적), 도덕적(모형론적), 유추적(종말론적)'이라고 정의하고 있다. Klein, et al., *Introduction to Biblical interpretation*, 43.

석에 있어서 문자적 의미의 중요성을 잘 알고 있었다. 하지만 그의 선배들과 동시대의 사람들처럼 성경의 다중적 해석(사중적 해석법)을 여전히 유지했다. 따라서 그의 성경 해석은 본문의 문자적(혹은 문맥적) 의미에 대한 분명한 의미를 잃고 애매해질 수밖에 없었다(마이켈슨, ibid, 59).

다른 중세 후기의 성경해석자는 리라의 니콜라스(Nicholas of Lyra, 1270-1340)이다. 니콜라스는 성경 해석에 있어서 당대의 사중적 의미를 비판하면서 문자적 의미와 신비적 의미에 집중했다(벌코프, 『성경해석학』, 22). 마르틴 루터가 공부했던 에르푸르트 대학에서는 니콜라스의 성경 해석 체계가 유행했으며, 따라서 루터 역시 그의 영향을 받았음을 충분히 짐작할 수 있다(마이켈슨, ibid, 59-60).

중세 후기에 이르게 되자 고전(문학, 예술, 철학 등)으로 돌아가려는 유럽의 문예부흥(Renaissance, 1300-1600)의 물결은 잠들었던 시민 의식을 일깨워 주었다. 이런 시민들의 깨어난 의식과 고전에 대한 깊은 관심은 성경의 원전 연구에 힘을 실어 주었을 뿐만 아니라 종교개혁 확산에 발판을 마련해 주는 계기가 되었다.* 이후로 종교개혁자들, 특별히 루터와 칼빈에 의하여, 성경 해석의 발전은 큰 발걸음을 내딛게 된다.

---

* 로이힐린과 에라스무스는 성경해석자의 원전 연구를 강조하였고, 특별히 로이힐린은 히브리어 문법서와 사전을 편찬하였고 에라스무스는 신약성경 헬라어 비평집을 출판하여 성경 해석을 위한 원전 연구에 실제적인 공헌을 남겼다(벌코프, 『성경해석학』, 25).

바른 **해석** 바른 **신앙**

2. 종교개혁자들

종교개혁의 선구자로 불리는 마르틴 루터(Martin Luther, 1483-1546)는 로마 교황청에 의해서 파문당하기 이전까지 로마 가톨릭 교회의 신부요, 수도사였으며, 신학생을 가르치던 교수였다. 그리고 라틴어 성경을 독일어로 번역했던 성경 번역자다. 루터의 성경 이해와 성경 해석은 크게 세 가지로 요약할 수 있다.

첫째, 오직 성경만이 크리스천에게 있어서 신적 권위를 가지고 있다는 것이다. 이것은 교회의 전통이 성경과 같은 권위를 가지고 있다고 믿었던 중세 시대 가톨릭과의 결별을 의미한다. 둘째, 성경의 문자적(혹은 문맥적) 의미와 역사적 의미를 중요시한 것이다. 셋째, 성경의 우화적 해석(풍유, Allegory)은 거부되고 모형적 해석(Typology)을 성경 해석의 원리로 받아들인 것이다(Klein, et al., *Introduction to Biblical interpretation*, 47).

물론 루터의 초기 사상을 보여 주는 시편 강해를 보면, 중세의 다중적 의미의 해석 방법에서 완전히 자유롭지 않았다는 것을 알게 된다.** 그러나 그의 첫 시편 강해가 끝난 1515년 이후에 이런 다중적 (우화적) 해석의 영향이 크게 축소되고, 문자적(문법-역사적) 의미가 강조되었다(Wood, *Luther's Principles of Biblical Interpretation*, 25-27; cf. 전경연, ibid, 29-30).

특별히 루터는 "성경 자체가 성경을 해석해야 한다."고 주장했으

** 한 예로 '예루살렘'과 '바벨론'의 의미를 설명하는 해석 방식을 보면 다음과 같다. 루터는 문자적 의미의 예루살렘은 '예루살렘 장소'이지만, 우화적인 의미로는 '선'을 의미하며, 윤리 도덕적인 의미로는 '덕, 명예'를 의미하고, 종말론적인 신비의 의미로는 '보상'을 의미한다고 보았다(전경연, 『루터의 성서 해석』, 12-13).

며, '그리스도 중심의 해석'을 강조했다. 뿐만 아니라 루터는 기독론적 성경 이해와 해석이 성령의 조명에 의해서 가능하다고 생각했다. 따라서 루터는 문자적(문법적-역사적)이고 영적인 관계 사이에서 하나의 새롭고 역동적인 해석을 시도했던 사람이다. 바꾸어 말하면 루터의 성경 이해는 '문자(the letter)'와 '영(the spirit)' 사이에 있는 성경 해석의 긴장 속에서 하나의 종합을 이루는 성경 해석적 방법을 취하였다고 말할 수 있다(Wood, ibid, 34).

종교개혁자 칼빈(John Calvin, 1509-1564)은 루터보다 훨씬 더 엄격하게 우화적(풍유, Allegorical) 해석을 피했다. 칼빈은 구약성경을 기독론적으로 해석하는 데 있어서 상징적 의미는 인정하였다. 하지만 풍유적(알레고리적) 해석의 위험성을 잘 알고 있었기 때문에, '성경 어디서나 그리스도를 발견해야 한다'는 루터의 의견에 동의하지 않았다(벌코프, 『성경해석학』, 27).

칼빈은 성경이 하나님의 완전한 말씀이며 따라서 성경 원문에 오류가 없음을 확신했으며, 성경 이해와 해석에 있어서 성령의 도우심을 의지했다. 또 칼빈은 로마 가톨릭이 성령을 말씀과 성례 안에 가둔 것에 대항하여 진리의 싸움을 했다. 동시에 칼빈은 성령과 말씀을 분리해서 이해했던 아나밥티스트(Anabaptists), 즉 재세례파와 달리 말씀과 성령은 결코 뗄 수 없는 관계에 있다는 점을 강조했다(손석태, 『칼빈의 성경 해석』, 44-45).*

특별히 칼빈은 성경을 성경으로 해석하는 데 있어서 '간단명료

---

* 아나밥티스트(Anabaptist)는 16세기 급진적인 종교개혁의 영향을 받아서 유아세례를 부인하고 오직 성인의 세례만 유효하다고 주장하였다. 또한 이들은 로마 가톨릭교회에서 받은 세례도 무효하다고 보고 다시 세례를 받아야 한다고 주장한데서 '아나밥티스트(재세례파)'라는 이름이 나왔다.

바른 **해석** 바른 **신앙**

성', 성경 저자의 의도와 본문의 의미를 바로 파악하기 위한 '문학성' 그리고 본문의 정확한 의미를 찾기 위한 '비평적 접근'을 시도하였다. 여기서 말하는 '문학성'이란 성경의 역사적 배경과 어원 등을 연구하는 상황적 접근과 문맥적 접근 그리고 모형론적 해석에 이르기까지 광범위한 요소를 일컫는 말이다. 또 '비평적 접근'이란 중세 시대 이래로 내려오던 다중적 의미의 성경 해석을 그대로 따르지 않고 그 문제점을 비평적으로 다루는 것을 의미한다.

뿐만 아니라 칼빈은 본문의 정확한 의미를 찾는 데 있어서 서로 다른 고대 사본을 비교해서 살펴보는 비평적 연구를 간과하지 않았다. 그가 남긴 『기독교 강요』(The Institute of the Christian Religion, 1536)와 성경 전반에 걸친 그의 방대한 주석(Calvin's Commentaries)은 오늘날까지도 성경을 이해하고 해석하는 데 있어서 지대한 영향을 끼치는 개혁주의 신앙의 유산으로 남아 있다.**

이와 같이 종교개혁자들은 '성경은 성경으로 해석해야 한다'는 기본 전제 아래, 본문의 문자적, 문맥적 의미와 역사적 의미,성경 전체를 기독론 중심으로 바라보는 해석을 하였다. 따라서 종교개혁 시대에 접어들면서 중세 시대에 유행했던 성경 본문에 대한 사중적 의미의 해석은 자연히 사라지게 되었다. 그리고 성경의 저자가 의도한 본문의 명확한 한 가지 의미를 찾는 데 집중하는 성경 해석의 기본 원리를 확립하게 되었다. 한마디로 말해서 오늘날 널리 알려진 성경 해석의 기본 원리인 '문법적 해석, 역사적 해석 그리고 신학적 해석'의 기초가 종교개혁 시대를 거치면서 확립된 것이다.

** 칼빈은 1539년에 로마서 주석을 출판했으며, 이후 요한계시록을 제외한 성경 전체를 연구한 주석을 남겼다. A. Lindt, "John Calvin" in the History of Christianity(Ed. Tim Dowley, England: Lion Hudson, 1877), 381.

종교개혁 이후에서 현대까지

1. 경건주의와 19세기

유럽의 기독교가 로마 가톨릭과 개신교로 양분된 이후, 개신교는
점차 교리 중심적이고 제도 중심적인 교회로 나아갔다. 이런 개신
교회의 '신조와 교리 중심 그리고 제도 중심'의 경직된 신앙생활에
대한 반동으로 경건주의 운동이 일어나기 시작했다. 즉 17세기의 경
건주의는 당시 유럽의 교회 안에 유행하던 신조주의와 냉랭한 지성
주의적 신앙에 반기를 들고 성경을 신앙생활의 영적 양식으로 삼아
삶의 변화와 실천을 강조하는 측면에서 널리 확산되었다.

이런 경건주의 운동에 앞장 선 대표적인 인물은 리차드 백스터
(Richad Baxter)의 영향을 받은 필립 슈페너(P. J. Spener, 1635-1705)와 언
어학자이며 주석가인 프란케(A. H. Franke, 1663-1727) 등이 있다. 이
런 경건주의의 영향 아래서 성경을 연구한 주석가 뱅겔(J. A. Bangel,

바른 **해석** 바른 **신앙**

1687‒1752)은 신약 본문 비평에 있어서도 업적을 남겼다.* 또한 경건주의는 모라비안파와 진젠도르프에게 영향을 끼쳤으며, 청교도와 웨슬리 부흥운동 등으로 이어지면서 그 영향이 지속되었다.

이런 경건주의적 성경읽기와 해석은 신앙생활에서 대단히 중요하다. 그러나 이런 경건주의적 성경 이해는 자기 주관적인 성경 묵상과 해석으로 기울어지기 쉬운 약점이 있다. 그 결과 성경 저자가 1세기 당시의 독자에게 전달하고자 한 본래의 의미를 무시하고, 성경을 읽고 묵상하는 해석자의 주관적 해석 혹은 우화적 해석으로 기울어질 위험성을 안고 있다. 따라서 경건주의적 해석을 추구하는 이들은 성경 본문을 면밀하게 살피는 주석적 연구와 함께 성경의 전체적 가르침을 근거로 한 신조와 교리를 함께 수용하는 균형을 잃지 않는 자세가 요구된다.

합리주의와 계몽주의 시대로 대표되는 17–18세기에 들어서 성경의 언어학적 연구와 역사적 연구는 한층 발전하였다. 로버트 로우스(Robert Lowth, 1710–1789)는 구약성경에서 히브리 시(poetry)가 광범위하게 사용되고 있음을 발견하였고, 이런 사실을 통하여 문학적 형식이 성경 본문의 의미를 이해하는 데 영향을 미친다는 사실을 인식하였다(마이켈슨, 『성경해석학』, 67). 동시에 서구의 합리주의와 계몽주의 사상의 영향 아래서 사람들은 보다 과학적이고 합리적인 이성으로 성경을 이해하고자 시도하면서 기독교 신앙에 대한 근본적인 재해

---

* 독일의 루터교 목사이며, 신학자인 벵겔(Bangel)은 성경 본문비평인 *Gnomon Novi Testamenti*(1742)를 남겼다. 성경 본문비평에 대한 개략적인 유용한 소개는 다음을 참조할 수 있다. 민경식, "신약성서 본문비평의 최근 동향", 『성경 원문 연구』, 제11호, 2002. 08, 50‒67. 벵겔에 대한 더 자세한 소개는 다음의 내용을 참조할 수 있다. Andrew Helmbold, *J. A. BENGEL- Full of Light.* http://www.etsjets.org/files/JETS-PDFs/6/6-3/BETS_6-3_73-81_Hembold.pdf.

석을 시도하였다.*

특별히 계몽주의 사상을 바탕으로 발전한 19세기의 서구 신학은 역사적 비평시대로 들어서게 되었고, 기독교 신앙은 역사 속에서 진화된 여러 종교 가운데 하나의 종교라는 생각이 자리를 잡기 시작했다. 이에 따라서 성경 이해와 해석은 학문적인 진보의 발걸음을 내딛는 동시에 위기에 직면하게 되었다. 그 결과 성경은 성령의 감동으로 기록된 하나님의 말씀이 아니라 종교학의 한 범주에 속한 하나의 문학적 작품으로 이해하려는 자유주의 신학이 발전하게 되었다 (김중은, "역사–비평적 방법의 종말 이후", 5–7).

2. 19-20세기 초의 성경 이해와 해석

서구 유럽의 대학들이 성경을 신앙의 규범이 아닌 학문의 대상으로 여기는 일반 종교학 혹은 자유주의 신학으로 기울어지자 교회의 신앙은 위협을 받을 수밖에 없었다. 따라서 이런 위기에 맞서서 당대의 기독교 신앙을 변호하면서 하나님의 말씀으로 돌아가려는 움직임이 일어나기 시작했다.

독일의 신학자 슐라이어마허(F.D. Schleiermacher 1768 –1834)는 신앙의 본질적인 체험과 그 체험에 대한 성찰(Reflection)로서의 기독교 신앙을 강조하였다. 즉 그는 신에 대한 "절대 의존 감정"을 기독교 신

---

* 계몽주의(The Enlightenment)는 이성(reason)을 통해서 사회의 무지를 타파하고 현실을 개혁하자는 일종의 진보적인 지적 사상 운동이다. 이런 운동은 17세기에 시작해서 18세기에는 유럽 전역에 유행했으며, 이런 계몽 사상은 정치, 문화, 철학, 과학 등에서 광범위하게 일어났으며 그 결과 서양 근대 사상의 기초가 마련되었다.

바른 해석 바른 신앙

앙의 본질로 이해하였다. 그는 성경해석자가 자신의 감정을 성경 본문에 이입시켜 성경 저자와 함께 느끼고 체험해야 본문의 의미를 바로 알 수 있다고 강조하였다. 슐라이어마허는 성경의 해석학적 규범이 성경 본문을 이해하는 데 충분하지 못하다고 생각하여 '심리적 해석'을 통해서 보완되어야 한다고 보았다.

그의 주장은 이성과 지성적 합리주의 사고로 성경을 이해하려고 했던 당대의 사람들뿐만 아니라 지성주의적 신앙으로 치우친 당시 교회에 도전을 주었다. 또 성경을 지적인 이해의 측면에서 동의하는 데 머물지 않고 그 말씀을 체험화하려는 측면에서 긍정적인 평가를 내릴 수 있다. 하지만 이런 심리적 반영에 의한 성경 이해가 강조되면 성경 본문을 지나치게 주관적으로 이해하고 해석하게 되는 또 다른 위험성에 빠질 가능성도 동시에 안고 있다. 즉 심리적 해석은 성경 저자와 그 당시의 문화와 상황이 전혀 다른 시대에 살고 있는 독자에게는 제약이 따를 수밖에 없다(류순화, 『성서의 이해』, 85-86).

오늘날의 성경 묵상 혹은 큐티(Quite Time)도 이와 같다. 신자의 개인적 경건 생활과 하나님을 만나는 개인적 체험을 위해서 성경 묵상(혹은 큐티)은 반드시 필요하다. 하지만 이런 묵상 혹은 큐티의 단점은 지나치게 자신의 주관적인 관점에서 성경을 이해하고 적용하기 쉽다는 것이다. 따라서 성경 본문의 묵상과 적용은 반드시 성경 본문의 바른 이해와 해석 그리고 이를 위한 성경공부와 연구를 전제로 행해질 필요가 있다. 이런 차원에서 주관적인 성경읽기(묵상)와 객관적인 성경 해석(성경공부와 연구)은 언제나 균형이 유지되어야 한다.

자유주의 신학에 대항하여 일어난 또 다른 흐름은 칼 바르트(K. Barth, 1886-1968)를 통하여 시작된 "신정통주의(Neo-orthodoxy)"이다. 칼 바르트는 성경 해석에 있어서 종교개혁의 전통을 이어받은 '역사—비평적 방법'을 전제하면서도 역동적인 '신학적 해석'으로 성경 본문에 대한 실존적 이해를 추구하였다. 즉 바르트의 성서 해석은 당시의 성서비평학이 제시하던 성경의 모순과 불일치의 세계관을 수용하면서, 동시에 성경을 '실존의 자리(지금 여기서)'에서 하나님의 말씀으로 제시하려는 이중적 해석을 시도하였다.

이런 그의 성경 이해와 해석은 '성경 저자의 본래 의도'와 '성경해석자의 실존적 이해'라는 사이에 모순을 가져올 수밖에 없었다. 성경 본문에서 말하고자 하는 저자의 의도와 그 본문에 대한 해석자의 해석이 항상 일치할 수 없으며, 때로는 서로 상충되기 때문이다(김명룡, 『칼 바르트의 신학』, 109; 김중은, "성서마당", 7-8). 또한 바르트가 이해하는 성경의 계시는 인간의 반응이 따르는 현재의 실존적 경험이다. 따라서 신정통주의는 성경이 인간의 종교적 의식의 산물이라고 주장하는 자유주의의 견해를 반대하지만 성경이 하나님의 말씀이라는 정통주의 개념과도 일치하지 않는다.

이 점을 잘 대변해 주는 예화가 하나 있다. 그것은 바르트(Karl Barth)와 미국의 장로교회 목사이며 이터니티(*Eternity*) 편집장이었던 반 하우스(Donald G. Barnhouse)의 인터뷰 내용이다. 반 하우스는 바르트에게 "당신은 성경의 모든 부분이 하나님의 계시라고 믿으십니까?"라고 질문했다. 그때 바르트는 성경을 손에 들어서 그 성경의 한 페이지를 편 다음에 이렇게 말했다.

> 만약 성경의 한 부분이 내게 말씀하시면, 그것은 내게 하나님의 말씀(God's Word)입니다.

그리고 바르트는 성경의 다른 페이지를 가리키며 이렇게 말했다.

바른 **해석** 바른 **신앙**

만약 이 부분이 내게 말씀하시지 않으시면, 그것은 내게 하나님의 말씀이 아닙니다(박형용, 『개혁주의 성경관』, 154).

이처럼 신정통주의는 성경 계시의 객관성을 인정하지 않는다는 점에서 문제를 안고 있다(램, 『성경해석학』 97-99; 박형용, 『개혁주의 성경관』, 152, Jewett, 신정통주의, 『Baker's 신학사전』, 464).*

19-20세기 초의 신학자들은 시대의 요구를 따라서 성경 해석에 있어서 신화(혹은 기적)적 세계관을 전적으로 받아들이든지 아니면 전적으로 배제해야 하는 양자 택일의 입장에 서 있었다. 그리고 일부 신학자들은 성경에 나타난 신화적 내용을 제거하고 실존적인 교훈 혹은 윤리적 교훈을 취하는 길을 택하였다. 이런 실존적 교훈을 추구하는 대표적인 신학자가 루돌프 불트만(Rudolf Bultmann, 1884-1976)이라면 윤리적 교훈을 추구하는 대표적인 신학자는 리츨(Albrecht Ritschl, 1822-1889)이다.

불트만은 성경이 신화적 세계로 가득 차 있다고 믿었지만, 그러한 신화를 배제하기보다는 실존론적으로 재해석해야 한다고 주장했다. 이것이 불트만의 "비신화화(demythologize)"다. 다시 말해서 불트만에 의하면 성경 해석의 목적은 자기 자신과 인간 실존의 질문에 대한 해답을 찾는 것이었다. 따라서 그의 성경 해석은 현대인들의 과학적 세계관에 의해서 받아들여질 수 없는 성경 내용을 실존론적으로 재해석하는 비(탈)신화화의 과정을 통해서 실행되었다. 따라서 불트만은 예수의 부활이 역사적 사건이 아닌 신화에 불과하지만 그

---

* 하지만 이런 비판적 견해와 다른 관점은 다음을 참고하라. 류순하, 『성서의 이해』, 91: Klein. et. al, *Introduction Biblical Interpretation*, 57.

것은 제자들의 신앙 속에 일어난 실존적 사건이라고 재해석한다(류순화, 『성서의 이해』, 89).

3. 20세기 이후- 현대

성경 이해와 해석은 20세기 이후에 철학과 문학이라는 인문학적 방법을 적용하면서 더욱 정교하게 체계화되었다. 이런 성경 이해와 연구를 비평적 성경 연구라고 말한다. 이런 비평적 해석의 분야는 대략 다음과 같다.

> 본문비평(Textual criticism), 자료-전승비평(Source-Tradition Criticism), 양식비평(Form criticism), 편집비평(Redaction criticism), 사회과학비평(Social-Scientific criticism), 문학비평(Literary criticism).

이런 비평적 성경 연구는 크게 '저자 중심 이론-본문 중심 이론-독자 중심 이론'이라는 방향으로 흘러가면서 삼위일체 해석학적 구도를 이룬다.

이런 성경 비평이 성경 이해와 해석에 있어서 어떤 역할을 하는지 간략히 생각해 보자. 본문비평(Textual criticism)은 성경 본문에 사용된 본래의 용어나 형태를 찾아 보는 연구를 말한다. 이런 본문비평은 종교개혁 시기 이후로 꾸준히 진행되어 왔으며, 19세기에 들어서 새롭고 급진적인 방법으로 활기를 띄었다(Childs, *Introduction to the Old Testament as Scripture*, 45). 예를 들면, 성경 저자가 직접 기록한 원본은 현재 보존되어 있지 않다. 따라서 신약성경의 여러 고대사본(의역

본)을 비교하여 원문의 의미를 찾는 노력이 요구된다.* 그럼에도 이런 사본의 오차는 저자가 처음 기록한 원본과 거의 일치하며, 원문의 내용을 파악하는 데 전혀 어려움이 없다는 점에서 하나님의 보전적인 섭리를 느낄 수 있다.

자료비평(Source criticism)은 서로 다른 성경의 저자들이 기록한 자료를 비교 연구하는 데 관심을 쏟는 비평적 이론이다.** 따라서 성경에 나타난 서로 다른 양식(형태)의 내용을 바로 이해하기 위해서는 그에 따른 각기 다른 접근 방식이 필요하다. 이런 양식비평은 후에 성경 본문의 문학적(혹은 수사학적) 표현양식을 살피는 더 광범위하고 정교한 문학비평(Literary criticism)의 발전에 기여하였다.

편집비평(Redaction criticism)은 구전자료나 문서자료가 최종 편집자에 의해 지금의 형태로 완성된 배경이나 최종 편집자의 의도가 무엇인지를 밝히는 데 깊은 관심을 두었다. 예를 들면, 구약성경의 내용(texts)을 특징에 따라 몇 개의 양상(Patterns)으로 나누어 연구하려는 경향이 나타나면서, '모세오경은 서로 다른 저자들이 기록한 몇 개의 문서들로 이루어졌다'는 '문서설'이 등장하였다. 이런 문서설은 그라프(K.H. Graf)에 이어 벨하우젠(J. Wellhausen, 1844-1918)에 의해서

---

* 대표적인 고대 사본은 바티칸 사본(Codex Vaticanus)과 시내산 사본(Codex Sinaiticus)이며, 이런 고대 사본에 없는 성경구절이 있다. 괄호 안의 내용을 참고하라(마 18:11, 23:14; 막 7:16, 9:44, 46, 11:26, 15:28, 16:9-17; 눅 17:36, 23:17; 요 5:3b-4; 행 8:37, 15:34, 24:6b-8a, 28:29; 롬 16:24 등). 따라서 일부 KJV 추종자들이 주장하듯이 비잔틴 사본을 배경으로 한 KJV 성경이 더 권위가 있다는 주장은 오해에 불과한 것이다.

** 벨하우젠(Wellhausen, 1844-1918)의 자료비평(Source criticism)에 영향을 받은 궁켈(Hermann Gunkel, 1862-1932)은 문학의 형태(form)와 장르(genre) 또는 사회적인 이론(sociological theories)을 성경 본문 해석에 적용하는 양식비평(Form criticism)의 새로운 길을 개척했다(Soulen, *Handbook of Biblical Criticism*, 80). 다시 말해서 양식비평은 성경 본문의 문학 양식(form)이나 문학 유형(type) 또는 문학 장르(genre) 및 공동체의 삶의 정황(life situation)을 연구하는 데 역점을 두었다.

2부 성경 해석의 역사적 흐름

문서가설(J, E, D, P)이라는 형태로 자리잡았다. 이것을 우리는 오경의 문서설 혹은 오경의 자료가설이라고 부른다.* 이런 오경의 문서설은 오늘날 더욱 정교하게 발전되어 널리 수용되고 있다.

하지만 모세오경의 내용이 신에 대한 다양한 이름을 기초로 구분될 수 있다는 주장은 보수적인 신학자들에 의해서 여전히 비판을 받고 있다. 예를 들면 J 문서 안에도 '엘로힘(Elohim)'이 있고 E 문서 안에도 야웨(Jahweh)라는 이름이 나타나고 있기 때문이다. 따라서 창세기 1-2장 안에 두 번에 걸쳐 나오는 창조 기사들은 문서설을 지지하는 학자들이 주장하는 서로 다른 두 문서의 내용이 편집된 것이 아니라 처음부터 하나의 이야기로 구성된 내용으로 이해할 수 있다.** 이 점에 있어서 창세기 1장은 우주의 창조에 대한 대략적 개략을 설명하고 있다면, 창세기 2장에 다시 반복해서 나오는 창조기사는 남자와 여자의 창조에 초점을 맞춘 고대 셈족 문학의 표현 양식의 하나로 이해된다.

따라서 엘로힘(Elohim)과 야훼(Jahweh)라는 두 이름을, 다른 기능을 가진 하나의 표현양식으로 이해할 수 있다. 다시 말해서 동일한 저

---

* 문서설(documentary hypothesis)은 '그라프-벨하우젠 문서 가설(Graf-Wellhausen Hypothesis)'이라고도 부른다. 문서설의 기원은 모세가 엘로힘(Elohim)과 야웨(Yawhe)라는 두 개의 기록된 문서를 사용했을 것이라는 추측에서 비롯되었고, 그 후 아이크호른(J. G. Eichhorn)은 이 연구를 한 최초의 학자가 되었다. 디베테(Wihelm de Wette 1780-1805)는 신명기가 예루살렘의 성전 예배 회복을 위해 요시야와 힐기야에 의해 작성된 것이라고 보았으며, 따라서 신명기적 문서(D 문서)는 세 문서 중에 가장 후대에 확립되었다고 보았다. 후에 그라프(Karl H. Graf)는 1866년에 P(제사문헌)라고 부르는 E1(First Elohist) 자료가 모세오경의 네 문서 중에 가장 후대의 자료라고 주장하였다.

** 예를 들면 J 문서로 불리는 창세기 2-4장에도 야웨(Jahweh)와 야웨 엘로힘(Jahweh-Elohim)이라는 하나님의 명칭(the LORD God)이 같이 나온다(Garrett, "The Undead Hypothesis", 32). 그리고 창세기 2-3장에도 '여호와 하나님(the LORD God, NIV)'의 명칭은 상당히 많다(창 2:4-5, 7-9, 15-16, 18-19, 21-22, 3:1, 8-9, 13-14, 21-23).

바른 **해석** 바른 **신앙**

자가 엘로힘은 하나님의 속성에 있어서 활동적 기능을, 야훼는 하나님의 계시적 기능의 측면에서 사용한 것으로 볼 수 있다(Harrison, *Introduction to the OT*, 39). 혹은 신학자 카수토(Cassuto)가 지적하듯이 엘로힘(Elohim)은 온 세상의 하나님으로서 우주적 하나님을 강조하는 이름이고, 야훼(Yahweh)는 이스라엘과의 특별한 관계를 강조하는 언약적인 하나님의 이름으로 이해될 수도 있다(Garrett, ibid, 32; cf. Cassuto, *The Documentary Hypothesis…*, 117-125).

특히 문서설의 근본적인 문제점은 모세오경을 고대 이스라엘 공동체의 '신성한 정경(sacred scripture)'으로 인정하지 않고, 단지 불완전한 종교적, 정치적 의도의 작품으로 이해하는 측면에서 성경 해석을 시도했다는 점이다(Childs, *Introduction to the OT as Scripture*, 82). 또한 오경의 특징과 문학적 요소를 단편문서로 가정하여 분리함으로써 모세오경의 전체적인 통일성과 이야기(narrative) 형식의 문학적 특징마저 파괴해 버렸다는 데 근본적인 문제가 있다. 이 점을 깨달은 벨하우젠은 1918년 그의 죽음 앞에서 자신이 합리주의(이성주의)에 너무나 함몰되어 구약의 신적 권위와 그 진정성에 대한 그 자신의 신앙에 큰 재앙을 가져왔다고 시인했다(Garrett, ibid, 26).

그럼에도 문서설은 지속적인 발전을 거듭하면서 널리 보편화되어 있고, 어떤 부분에 있어서는 여전히 설득력을 가지고 있다. 모세오경에는 모세가 죽은 이후에 기록된 내용이 나온다. 그렇다면 모세의 죽음 이후에 어떤 편집자가 신명기 끝부분(신 34:7-12)을 기록했다는 사실을 누구나 쉽게 짐작할 수 있다. 그렇다면 모세오경은 모세가 기록한 책으로 신뢰할 수 있을까? 이런 물음에 대하여 다음과 같은 두 가지 가정에 근거한 설명이 가능하다.

첫째, 만약 모세의 죽음을 기록한 신명기의 마지막 장과 여호수아의 첫 부분이 잘못 구분되었다면, 신명기의 마지막 부분은 여호수아서 내용의 첫 부분으로 간주될 수 있다. 이런 가정은 당시의 구약이 장과 절의 구분이 없이 두루마리(scrolls)로 쓰여졌고, 한 책의 끝과 다음 책의 시작이 명확한 구분을 가지지 않았기 때문에 가능하다. *

둘째, 모세가 죽은 이후에 기록된 내용은 그 기록자가 여호수아인지, 사무엘 선지자인지, 아니면 율법학자 에스라인지에 대한 다양한 추측은 가능하다. 이 경우 저자가 어떤 책을 쓰다가 완성하지 못하고 어떤 메모를 남기고 죽었고 신뢰할 수 있는 다른 사람이 마지막 부분을 추가했다면, 여전히 최초에 기록한 저자의 이름을 인정해 주는 것이 정당한 것이다.** 따라서 성경의 일부분에 해당하는 내용이 편집되었다고 할지라도 우리는 그 내용이 원저자의 의도와 목적에 부합된 신뢰할 수 있는 하나님의 말씀으로 충분히 받아들일 수 있다(Bock, *Perspectives on the Ending of Mark:4 views*, 140-141.

다음으로 사회과학 비평(Social-Scientific criticism)은 역사적으로 재구성된 성서 본문의 의미를 사회과학적으로 더욱 심화시켜 살펴보는 성경 연구 방법론이다. 과거에 양식비평이 추구하는 '삶의 정황'을 사회과학적 시각으로 들여다보는 성경 연구 방법론인 것이다. 이런 비평은 성경 본문의 사회적 배경을 이해하는 데 유용하다. 이런 사회과학비평은 종종 이념적인 해석(해방신학, 민중신학, 여성신학 등)과 문

---

* 오경을 다섯 부분으로 분류하는 것은 신약 시대 초기에 나타났으며, 긴 두루마리의 특성상 이 통일된 기사는 다섯 개의 두루마리에 나누어 기록되어야 했다(브루스 월트키, 『구약신학』, 176.

** 이런 논의는 신약성경의 경우 마가복음 마지막 장(16:9-20)이 하나의 대표적인 예가 된다. 이 점에 대하여, NIV 성경은 '가장 오래된 사본에는 이 구절이 없다'고, 16장의 서두에 분명하게 명시하고 있다. 이에 대한 더 깊은 연구는 4명의 신약학자들(Wallace, Robinson, Elliott, Black)의 견해를 데럴 벅(Darrell Bock)이 편집하여 출판한 다음의 책을 참조하면 유용하다. Daniel. B. Wallace et al. *Perspectives on the Ending of Mark*, 2008.

화적인 해석(토착화 신학) 등을 포함한다. 이념적인 해석의 결과 해방 신학, 민중신학, 여성신학 등이 등장했고, 성경과 독자가 처한 간격을 비교 연구하는 문화적인 해석은 토착화 신학의 토대를 마련해 주는 데 기여했다. 하지만 이런 사회과학비평의 가장 큰 단점은 성경 해석이 성경 본문(Text)에서 벗어나 지나치게 상황 중심으로 치우칠 위험성을 가지고 있다는 점에 있다.

마지막으로 '문학비평(Literary criticism)'은 성경 본문의 구조와 문학적 특성을 살피고 이런 본문과 관련된 독자의 반응에 그 무게 중심을 둔다. 이런 문학비평의 틀 안에는 '수사비평(Rhetorical criticism)'과 '이야기 비평(Narrative criticism)' 그리고 '독자—반응 비평(Reder Response criticism)'이 속한다(Soulen, *Handbook of Biblical Criticism*, 118-119).

첫째, 수사비평(Rhetorical criticism)은 성경의 저자가 사용한 언어가 본문에서 어떻게 의미 전달을 하는지 관심을 둔다. 즉 본문에서 저자가 독자를 설득하기 위하여 사용한 다양한 수사학적 기교와 글쓰기의 방식(문장 구조나 문체 등)에 관심을 집중하는 하나의 해석 방법론이다.

둘째, 1970년대에 생겨난 이야기 비평(Narrative criticism)은 성경 이야기 그 자체에 암시되어 있는 '내포 독자(Implied reader)'를 염두에 두고 성경을 이해하려는 하나의 방법론이다.

셋째, 1970년대 이후로 성경 본문을 해석하는 데 활용되고 있는 독자—반응 비평(Reder-Response criticism)은 독자(해석자)와 본문의 상호작용을 통하여 본문(text) 의미가 재발견되거나 재창조된다는 이론이다. 한마디로 독자—반응 비평(Reder-Response criticism)은 성경의 저자에 대한 관심보다 본문의 이야기를 읽어 가는 과정과 그 본문을 읽고 이해하려는 '독자의 반응'에 더욱 관심을 두는 비평 이론이다.*
동시에 '독자-반응 비평'은 성경 저자의 역할을 소홀히 여기는 독자
중심의 성향을 피할 수 없다는 해석학적 약점을 안고 있다. 이런 '독
자-반응 비평'은 광범위한 문학비평의 한 영역으로 이해될 수 있다.

지금까지 소개한 성경 비평(혹은 연구) 방법론은 성경 이해와 해석
에 있어서 나름대로의 장점과 단점을 가지면서 발전해 왔다. 그럼에
도 일부에서는 '성경 비평'이라는 말 자체를 부정적으로 혹은 불경건
한 용어로 이해하는 경향이 있다. 그들은 자유주의 신학에 대한 거
부감과 성경 비평 그 자체에 대한 잘못된 인식으로 말미암아 성경의
비평적 연구를 성경의 권위에 도전하는 행위로 오해하기도 한다. 그
러나 성서(성경)비평학(Biblical criticism)은 성경을 어떻게 이해하고 해
석해야 할 것인지에 대한 학문적 연구방법론이다. 따라서 이런 비
평학은 어떤 사람에 의하여 어떻게 사용되는가에 따라 약이 될 수도
있고 독이 될 수도 있다.

이런 성경 비평방법론을 무시하게 되면 성경 이해와 해석에 있어
서 지극히 주관적인 해석과 주관적인 적용 수준을 벗어나지 못하게
될 것이다. 이 점에 있어서 성경 본문을 진지하게 연구하는 사람이
라면 자신이 알든 모르든 성서비평학의 도움을 받는 점을 기억해야
한다.

이런 성경 비평의 역사를 통하여 우리는 성경 이해와 해석에 관
한 어떤 큰 흐름을 읽을 수 있다. 다시 말해서 종교개혁 시대의 성경

---

* 여기서 독자는 개인일 수도 있고 공동체일 수도 있다. 공동체로서의 독자는 본문의
다양한 의미를 추적하거나 새로운 의미를 형성해 가면서 본문의 이해에 있어서 단절된 부
분(틈새)을 연결시키는 장점이 있다. '독자-반응 비평'은 하나의 예술행위(performance)로
간주될 수 있으며, 더 진일보한 "Performance criticism(공연/예술행위 비평)" 이론으로 발
전하는 계기를 마련해 주었다(Soulen, *Handbook of Biblical Criticism*, 175-176).

바른 **해석** 바른 **신앙**

해석이 성경 저자(author)의 의도에 초점을 맞추어 파악하고자 했다면, 그 이후의 성경 해석은 점차 본문(text) 자체에 초점을 맞추었다.** 그리고 나중에는 독자(reader) 중심으로 옮겨 가는 것을 볼 수 있다. 한마디로 종교개혁 이후로부터 성경 이해와 해석에 관한 이론은 '저자 중심 이론(Author-centered theory)', '본문 중심 이론(Text-centered theory)' 그리고 '독자 중심 이론(Reader-centered theory)'으로 옮겨 가는 특징을 볼 수 있다.

올바른 성경의 이해와 해석을 위해서는 '저자(Author)-본문(Text)-독자(Reader)'라는 순환적 삼각관계 모두 중요한 고려 대상이다. 저자의 의도를 중시하는 통시적(diachronic) 역사비평과 함께 본문의 내용을 있는 그대로 연구하는 공시적인(synchronic) 문학비평이 결합되어야 하고,*** 여기에 독자(해석자)의 개인적 혹은 공동체적 관찰이 더해져서 본문의 올바른 이해와 해석에 기여하는 삼위일체적 요소가 요구되는 것이다. 그리고 이런 해석의 궁극적인 목적은 결국 성경 저자가 본문에서 하고자 하는 말의 의미와 의도를 파악하는 것이다. 이런 측면에서 성경 이해와 해석은 순환적 관계(저자 중심-본문 중심-독자 중심) 속에서 항상 원점(저자 중심)으로 돌아갈 수밖에 없다.

** 예를 들어 종교개혁자 루터와 칼빈은 초기 교부들의 전통적 해석을 따라서 성경의 저자가 말하고자 하는 의도를 중심으로 본문의 의미를 파악하고자 노력하였다(Thiselton, *New horizons in hermeneutics*, 179-184). 마찬가지로 독자(혹은 해석자)가 성경 본문의 의미를 파악하기 위해서는 저자의 감정과 마음을 품어야 한다고 강조한 슐라이어마허는 '저자 중심 이론'을 강조한 사람으로 분류될 수 있다(Osborne, *The hermeneutical spiral*, 367).

*** 통시적(diachronic)과 공시적(synchronic)이라는 말의 의미는 언어학에서 다음과 같은 의미를 가진다. 통시적은 역사적 시간에 따라서 과거에 가졌던 의미를 추적하고 그 시간의 흐름에 따라 앞으로 드러나게 될 의미에 초점을 맞추는 것이다. 공시적은 역사적인 면과 상관없이 현재 독자가 읽고 있는 그 상황에서 저자의 의미를 파악하는 데 초점을 두는 것을 말한다.

더 나아가서 이런 성경 이해와 해석의 방법론과 함께, 해석자는 성경이 성령의 감동(영감)에 의하여 기록된 완전무오한 하나님의 말씀이라는 신앙고백 안에서 성령의 도우심을 구하는 겸손한 믿음의 자세를 가져야 할 것이다. 그럴 때 성경의 바른 이해와 해석은 더욱 깊고 풍성해질 것이며, 바르게 해석된 말씀의 진리는 우리의 삶을 변화시키는 능력이 될 것이다.

김성수 설교 비평

Understanding and interpreting
the Bible with an analysis of
the late Sung—Soo Kim's sermons.

김성수와 십자가 복음주의

1. 십자가 복음주의

'복음주의'라는 말은 기독교 안에서 오랫동안 들어왔던 말이지만, '십자가 복음주의'라는 말은 들어보지 못한 이들이 많을 것이다. '십자가 복음주의'라는 말은 신학적인 용어도 아니며, 전통적으로 사용된 기독교의 표준 용어도 아니기 때문이다. 십자가 복음주의는 다소 극단적인 십자가 복음을 전하는 이들이 한국 교회 안에 하나의 흐름을 형성하게 되면서 나온 새로운 기독교 용어로 이해하는 것이 타당할 것이다. 한국 교회는 기독교 신앙 혹은 성경의 내용을 이해하는 데 있어서 오직 '죄-십자가-은혜-영생'이라는 도식으로만 이해하려는 극단적인 신앙관을 가진 크리스천과 일부 교회 지도자들이 있다. 이런 사람들을 십자가 복음주의자라고 칭하고자 한다.

이런 '십자가 복음주의'를 정확하게 규정하기는 쉽지 않다. 하지만 십자가 복음주의자들은 신자가 구원받은 이후에 거룩한 삶을 살아가야 한다는 '성화(sanctification)'에 대한 가르침을 하나의 율법적인

바른 **해석** 바른 **신앙**

행위 정도로 치부하면서 오직 십자가 복음이 기독교의 전부인 양 강조하고 가르치려고 하는 점에서 하나의 공통점을 가지고 있다.

십자가 복음주의자들이 성화를 부정하는 구체적인 한 예로 십자가 마을의 홈페이지에 소개된 "믿음과 성화"라는 주제로 소개된 글의 일부 내용을 소개하면 다음과 같다(십자가 마을, 2006. 12. 5.).*

> 믿음 다음에 성화 단계가 있다고 여기고 그것을 기다리고 혹은 앞당겨 성취하라고 가르치는 자들이 많다. 이들은 한국 교회의 문제점이 성화를 소개하지 않거나 아니면 성화 훈련을 시키지 않아서 그렇다고 생각하고 있다. 또한 이들은 신약성경에서 대부분을 차지하는 것이 바로 이런 성화에 관한 것이라고 받아들인다. 하지만 이들이 갖고 있는 근본 문제점은 믿음이 무엇인지 전혀 모르고 있다는 점이다.
>
> …중략…
>
> 하지만 온전한 구원에 이르기 위해서는 가야 될 길이 많이 남아 있는데 믿음은 단지 시작에 불과하다는 것이다. 그러니까 이들이 주장하는 믿음이란, 구원의 첫 단추로서 작용하는 지적인 반응이라고 보고, 만족스럽게 온전한 새 사람으로 되어진 것은 아니라는 것이다. 그러니 믿음으로는 아직 구원되는 데 모자란다고 여긴다. 그러나 이런 발상은 너무나도 비성경적 생각이다.
>
> …중략…
>
> 그럼에도 성화를 주장하는 자들은 성경에 나오는 여러 가지 지시와

---

* 십자가 마을 홈페이지(crossvillage.org)는 자유게시판을 제외한 모든 게시판이 관리자 전용 게시판으로 구성되어 있다. 그러한 관리자 글 가운데 "기독교의 허상 1, 2"이라는 글의 제목이 있으며, 거기에 "믿음과 성화"라는 글이 있다.

명령이 계속 신자에게 주어지는 것을 봐서 그것을 제대로 수행하지 못하는 신자와 그것을 온전하게 수행해 내는 질 높은 신자 사이를 구분해서 질 높은 신자를 상대적으로 많이 성화된(성숙된) 신자로 특수화시켜 이해하려고 한다. 왜 이런 오류를 범하게 되는 것일까? 가장 근본적인 원인은 이들 목회자들이 도무지 성경 자체에 최종 관심이 있는 것이 아니라 현실 속에서 스스로 그리스도인들이라고 고백하고 나서는 소위 교회 발생 현상에 더 주목하고 관심을 두고 있기 때문이다.

성화를 부정하는 이런 논리는 근본적으로 잘못된 전제와 오류에 그 기반을 두고 있다. 성화를 주장하는 사람이 '구원의 첫 단추로서 작용하는 지적인 반응'을 구원으로 본다는 잘못된 전제를 기초로 성화를 부정하고 있는 것이다. 성경의 가르침을 따르는 전통적인 개신교의 성화론은 예수 그리스도를 전 인격적(지, 정, 의)으로 영접하여 성령으로 거듭난 신자의 믿음을 전제로 하고 있다. 이런 믿음과 함께 성화는 신자의 믿음과 전 인격적 결단의 행위와 함께 성령의 도우심으로 이루어져 가는 것이다. 이 점에 있어서 십자가 복음주의자들은 신자의 성화적 노력을 두 가지 다른 측면에서 부정하는 경향을 보인다.

한쪽은 '구원받으면 성화는 자동적으로 이루어진다'고 주장하는 이들이 있는가 하면(십자가 마을, 이근호), 다른 한쪽은 인간은 아무것도 할 수 없는 죄인이기에 죽을 때까지 절대로 성화될 수 없다고 주장하는 것이다(김성수). 그러나 구원받은 신자는 자동으로 성화되는 것도 아니고 부패한 죄의 본성이 완전히 제거되는 것도 아니다. 구원받은 신자는 성령으로 말미암아 우리 마음에 부어 주신 새로운 마

바른 **해석** 바른 **신앙**

음(선한 욕망)을 동시에 경험하게 된다. 따라서 신자는 하나님의 거룩한 성품과 그리스도의 온전한 인격을 닮아 가려는 선한 욕망과 본성적 죄의 욕망 사이에서 내적인 갈등을 경험하면서 성령의 은혜 안에서 믿음의 결단과 의지적 노력을 통하여 변화되고 성숙해지는 성화의 삶을 살아가게 되는 것이다.

그런데 서머나교회를 담임했던 김성수는 '인간은 전적으로 타락한 존재로서 죄 짓는 일밖에 할 수 없는 존재'로 규정하면서, '거룩한 삶을 추구하는 행위조차도 결국은 자기 의를 드러내기 위한 인간의 교만'으로 간주한다. 그의 설교는 인간이 죄인이라는 사실과 하나님의 은혜만을 강조하면서 인간의 의지적 결단과 믿음의 행위를 요구하는 성화를 부정한다. 물론 성화는 우리의 의지와 노력만으로 가능한 것이 아니다. 하지만 우리의 의지와 노력이 있을 때 성령의 은혜와 도우심으로 성화는 이루어지는 것이다(롬 8:4-6; 갈 6:16-22).

따라서 성화는 절대 이루어질 수 없다고 부정하는 것은 "하늘에 계신 너희 아버지의 온전하심과 같이 너희도 온전하라."는 말씀도 제대로 이해하지 못하고 있는 것이다. 또 "오직 사랑 안에서 참된 것을 하여 범사에 그에게까지 자랄지라 그는 머리니 곧 그리스도라(엡 4:15)."고 하신 사도 바울의 말씀을 이해하지 못하고 있을 뿐만 아니라 사도 베드로가 레위기를 인용하면서 "오직 너희를 부르신 거룩한 이처럼 너희도 모든 행실에 거룩한 자가 되라(벧전 1:15-16)."고 하신 말씀을 전면적으로 무시하는 것이다. 이 점에 있어서 레위기는 하나님의 백성에게 거룩한 삶을 살아가도록 주신 성화와 관계된 말씀이고, '거룩함'이 레위기의 중심 주제다. 그런데 성화를 부정하는 김성수는 이런 레위기를 오직 예수(복음)를 보여 주는 상징과 예표로만 이해하려고 부단히 애를 쓴다. 이렇게 십자가 복음주의자들은 성경 전반에 걸쳐서 기록된 수많은 성화와 관계된 실제적인 가르침을 단지 도덕과 윤리 혹은 율법적인 행위로 간주하면서 무시하거나 부정하고 있다.

다음으로 십자가 복음주의의 특징은 성경을 '죄-십자가-은혜-영생'이라는 획일화된 도식으로 이해하는 것이다. 그들은 성경 어떤 본문을 가지고 설교해도 그 내용과 결론은 하나다. 그리고 이것이 복음이고 성경은 오직 이 복음을 말하기 위해서 기록된 하나님의 말씀이라고 확신하고 그렇게 가르치고 전하고 있는 것이다. 성경은 한편으로 하나님을 모르는 불신자가 구원을 얻도록 구원과 영생에 관하여 기록된 말씀이지만, 다른 한편으로는 구원받은 신자가 어떻게 하나님의 뜻을 알고 그 뜻에 순종하면서 하나님의 거룩한 백성다운 삶을 살아가야 하는지 보여 주는 책이다.

복음은 '하나님 나라(the kingdom of God)'라는 보다 넓은 틀 안에서 이해되어야 한다. '하나님 나라'는 신구약성경 전체의 중심 주제이고, 예수 그리스도의 오심은 이런 하나님 나라의 실현을 그 목적으로 하고 있다. 그래서 세례 요한과 예수님의 첫 선포는 "회개하라 천국이 가까이 왔느니라(마 3:2; 막 1:15)."이다. 여기서 '천국'은 예수 그리스도의 사역과 삶을 통해서 이 세상에 임하는 '천국(the kingdom of heaven)' 또는 '하나님 나라(the kingdom of God)'를 의미한다. 즉 복음은 '예수 믿고 영생을 얻는다'는 사실 뿐만 아니라 예수님을 믿음으로 말미암아 성령 안에서 '하나님 나라', 즉 '하나님의 통치'가 지금 여기에서 이루어진다는 소식이다(마 3:2; 막 1:15 cf. 롬 14:17).

이 점에 있어서 복음은 '예수 그리스도의 복음'일 뿐만 아니라 "하나님의 복음(막 1:14; 롬 1:1)"이다. 복음의 시작과 끝이 하나님의 원대한 계획 안에 있으며, 그 복음은 하나님의 구원의 행위와 예수 그리스도의 사역 그리고 성령의 사역을 포함하고 있다는 점에서 하나님의 복음이라 부른다. 따라서 복음에 대한 보다 넓은 이해가 필요하다. 복음의 내용은 십자가 중심일 뿐만 아니라 더 넓게는 하나님의 말씀과 그 말씀의 실천 명령을 포함한다. 이런 측면에서 바울은, 복음을 가장 구체적으로 설명한 로마서에서 하나님과 예수 그리스도의 복음(롬 1~11장) 그리고 그 복음을 따라 살아가야 할 구체적인 실천 명령(롬 12~16장)을 다루고 있다. 구원에 이르는 참된 믿음은 그 믿음의 행위인 기독교인의 윤리적인 삶과 뗄 수 없는 관계를 가지고 있기 때문이다.

그렇다면 십자가 복음주의를 따를 때 생기는 문제점은 어떤 것이 있을까? 십자가 복음주의는 신자의 바른 신앙생활에 근본적인 문제를 야기시킬 수 있다는 점에서 경계해야만 하는데 그 이유를 열거하면 다음과 같다.

첫째, 십자가 복음주의를 따르면 지극히 개인주의적이고 내세적인 신앙관에 사로잡힐 수밖에 없다. 즉 신자의 삶이 빛과 소금이 되어 이 세상에서 하나님 나라의 확장을 위해서 살도록 부름받은 존재들이고 보냄 받은 존재라는 점을 쉽게 간과하고 오직 천국에 가는 문제, 즉 자기 영생의 문제에 매달리는 경향이 강하다. 삶의 현장에서 발휘해야 할 신자의 선교적 사명의식과 삶의 목적의식은 결여되고, '예수 믿고 천국 가는 것이 전부'라고 하는 내세 지향적인 개인주의적 신앙관에만 머물러 있게 될 가능성이 대단히 높다.

둘째, 십자가 복음주의자의 문제는 성경에서 '행하라' 혹은 '하지 말라'는 실천 명령은 복음과 관계가 전혀 없는 도덕적이고 율법적인 것에 불과하다고 취급하는 경향이 강하다. 이런 생각은 모든 사람이 공통적으로 추구하는 선행과 윤리와 도덕이 하나님의 마음을 반영하고 있음을 인식하지 못한 결과에서 비롯된다. 사실 하나님을 알지 못하는 사람들조차 하나님이 주신 양심이 있으며 도덕과 윤리적인 차원에서 선을 추구하려는 선한 마음이 있다. 이것은 인간의 본성이 타락한 이후에도 하나님의 인격을 부여 받은 인간에게 여전히 남아 있는 선한 양심이 남아 있음을 보여 준다. 이것은 사람이 하나님의 형상과 인격을 닮아 창조된 피조물임을 보여 주며, 하나님의 일반은총이 여전히 모든 사람에게 미치는 증거이기도 하다. 따라서 이런 사회 윤리와 도덕적 삶을 추구하는 것은 곧 하나님이 주신 양심의 법을 따라 살아가는 삶의 한 방식으로 이해하는 것이 타당하다 (cf. 롬 2:13-15).

따라서 그리스도인들이 행하는 윤리와 도덕이 세상 사람이 추구하는 것과 같은 특성을 가진 것은 이상한 일이 아니다. 더 나아가서 그리스도인의 윤리는 이런 세상의 도덕과 윤리를 넘어서 그리스도의 온전한 성품과 인격을 닮아 가는 성화의 한 과정이기도 하다. 성경에서 분명하게 가르치고 있는 이런 행함을 믿기만 하면 자동으로 성화된다고 가르치거나 인간은 아무리 노력해도 자신은 죄짓는 것밖에 할 수 없다고 성화를 완전히 부정하는 두 극단은 바른 기독교적 가치관과 신앙관을 형성하는 데 장애 요인이 된다.

셋째, 십자가 복음주의 문제는 잘못된 성경 이해와 해석에 있다. 그들은 기존의 개신교가 가르치는 성경 해석의 기본 원칙을 부정하면서, 성경의 모든 내용이 '죄-십자가-예수-영생'을 말한다는 신념을 가지고 성경 본문의 의미를 주관적으로 해석하는 경향이 강하다. 그들은 성경의 전체 내용을 구속사적인 통일성을 가지고 이해하려고 노력하지만 성경의 내용이 다양한 의미를 우리에게 말씀하고 있다는 점은 무시해 버린다. 그들은 성경의 다양한 주제가 나오는 내용도 모두 그 뒤에 십자가 복음이 있다고 믿고 실제 본문의 의미와 상관없는 엉뚱하고도 황당한 성경 해석을 한다. 왜냐하면 그들은 이 것이 영적인 해석이고 '십자가–예수'를 보여 주는 복음적인 해석이 라고 믿기 때문이다.

그러다 보니 성경 해석에 있어서 해석의 기본 원리마저도 무시하 면서 상징적 해석이라는 말로 정당화시켜서 자신만의 주관적 해석 으로 나아간다.

이렇게 십자가 복음주의는 복음의 의미를 지나치게 축소하고 성 화를 부정하면서, 복음적인 의미라는 명분으로 성경 본문의 의미를 지나치게 주관적으로 해석하거나 본문의 의미를 쉽게 왜곡하는 문 제점을 안고 있다. 이 세상에 속한 개인의 복에만 함몰되어 나타난 개인주의적 현상이 기복주의 신앙이라면, 예수 믿고 천국 가는 것이 유일한 복이고 삶의 목적인 양 영생의 복을 강조하는 개인주의적 현 상이 십자가 복음주의라고 할 수 있다. 그러므로 기복주의와 십자가 복음주의는 각각 자신의 현세의 복과 내세의 복에만 관심을 집중하 고 그 목표만을 위해서 살아가는 지극히 개인주의적 신앙을 지향하 고 있다는 공통점을 가지고 있다. 기복주의와 십자가 복음주의가 추 구하는 신앙은 성경이 보여 주고 있고 전통적인 기독교 신앙이 가르 쳐 왔던 기독교 신앙관이나 기독교 세계관과는 거리가 멀다. 성경이 말하는 바른 기독교 신앙은 자신의 복에만 집착하고 그 자리에만 머 물러 있는 삶이 아니다. 성경은 하나님이 그분의 자녀들에게 허락하 신 은혜와 은총을 기쁨과 감사로 누리면서, 끊임없는 성화적인 삶과 선교적인 삶을 살도록 도전하고 있음을 잊어서는 안될 것이다.

2. 김성수의 가르침과 설교의 주요 특징

독자의 이해를 돕기 위해서 먼저 김성수에 대한 짧은 소개를 먼저 하고자 한다. 김성수는 서울대학교 재학 중 대학가요제에 참가해서 대상을 받은 이후 가수 활동을 하였다. 그러던 중, 2001년도에 미국으로 건너가 신학공부를 마쳤고, 2004년에 캘리포니아에 서머나교회를 설립했다. 그의 설교가 인터넷을 통하여 유명세를 타면서 2012년에는 서울 서머나교회를 설립했다. 2013년 3월, 50세에 자살로 생을 마쳤다.

약 십여 년의 목회기간 동안 그가 남긴 설교는 책으로 출판되고 또 인터넷을 통하여 세계 각처의 한인들에게 퍼졌다. 사람들의 입을 통하여 그가 성경을 성경으로 연결해서 풀어 가는 뛰어난 성경신학적 설교를 한다는 소문이 돌기 시작했다. 이와 함께 그의 자극적인 설교는 교인들 뿐만 아니라 일부 선교사와 목회자에게도 적지 않은 영향을 끼쳤다. 그러나 시간이 흐르면서 목회자들은 성경 해석과 가르침에 문제가 있음을 인식하게 되었고, 대한예수교장로회 합신교단 제100회(2015년) 총회에서는 김성수(서울 서머나교회)의 강론을 읽거나 추종하는 일을 일체 금지하기로 결의했다.

더욱 심각한 문제는 지금도 미국에 있는 두 개의 서머나교회와 서울 서머나교회 그리고 이와 뜻을 같이하는 여러 한인 교회들이 유튜브를 통하여 김성수의 설교 동영상을 널리 전파하고 있고, 여러 인터넷 사이트에서 설교를 공유하고 있다. 또한 서머나교회는 김성수의 설교와 출판물을 영어로 번역하고 있으며, 서머나교회 홈페이지에서는 그의 설교가 일본어로 번역되어 전파되고 있다. 이렇게 그의 설교에 깊이 심취된 세계 각처의 한인 교인들은 여전히 그를 사도 바울과 같이 생을 살다가 간 진리의 수호자로 여기고 있다.

필자가 로마서 세미나를 인도하던 어느 날, 김성수의 설교에 한동안 은혜와 도전을 받았다가 그의 가르침에 문제가 있음을 느낀 한 집사님의 질문을 받은 적이 있었다. 그분은 "많은 교인이 김성수 목사의 설교에 열광하는 이유가 어디에 있다고 생각하느냐?"고 했다. 그때 나는 두 가지 주된 이유가 있다고 대답했다.

첫째, 그가 한국 교회에 만연한 기복신앙을 날카롭고 자극적인 언어로 지적한 데서 각성을 받은 신자가 그에게 열광하게 되었다고 말했다. 김성수는 기복신앙을 지나치게 강조했던 한국 교회에 만연된 설교에 치명타를 날리면서, 또 다른 극단적인 가르침으로 가 버리는 오류를 범했다.

둘째, 그가 성경 어느 본문을 가지고도 죄와 십자가를 말하는 복음 중심의 설교를 하기 때문이다. 창세기부터 요한계시록까지 인용하면서 십자가를 강조하는 것을 듣고 많은 사람이 은혜 받았다고 고백했다. 그러나 그의 설교를 추종하는 많은 사람이 그러한 성경 해석이 어떤 심각한 오류를 지니고 있는지 알지 못하고 무조건적으로 따라가고 있다는 문제점도 지적했다.

이런 김성수의 설교와 가르침에 대한 긍정적인 측면을 정리해 본다면 다음과 같다.

첫째, 그는 성경 중심의 설교를 하고자 나름대로 부단히 애썼던 사람이다. 이런 그의 해석이 극단으로 치우친 것은 참으로 안타까운 일이지만, 그래도 하나님의 말씀만을 전하겠다는 결심과 열정은 분명 본받을 점이다. 둘째, 그가 한국 교회에 만연한 기복신앙과 번영 신학을 비판함으로써 한국 교회의 축복 설교와 기복신앙에 자성의 목소리를 내도록 기여한 부분이 있다. 하지만 기복신앙에 대한 극단적인 가르침은 여전히 많은 문제를 안고 있다는 점을 잊으면 안 된다. 셋째, 그의 설교는 신자가 자신의 노력과 자기 의(교만)를 드러내려는 점에 대해서 경종을 울리면서, 교회 안에 있는 교만한 신자를 겸손하게 하는 긍정적인 역할도 했다. 하지만 '나는 죄인이고, 아무것도 아닌 존재'라는 점을 지나치게 강조하여 그리스도인의 바른 자아상을 형성하는 데 장애가 되는 부정적인 측면도 있음을 기억해야 한다.

다음으로 그의 설교가 끼친 부정적인 영향을 요약해 보면 다음과 같다.

첫째, 그는 성경 본문에 대한 지나친 알레고리적(신비주의적) 해석을 함으로써 심각한 본문 해석의 오류를 범했다. 그는 성경의 어떤 본문이든지 영적인 해석과 상징적인 해석을 끌어들여서 '죄-십자가-구원'으로 끼워 맞추는 오류를 그의 모든 설교에서 범하고 있고, 이런 그의 설교를 절대적으로 믿고 받아들이는 신자가 성경의 바른 이해와 해석에서 멀어지는 심각한 문제를 야기시켰다.

둘째, 기존(전통적) 교회와 교회 지도자들에 대한 극단적이고 자극적인 비판은 신자에게 기존 교회의 설교와 가르침에 깊은 불신감을 심어 주었다. 그 결과 김성수를 따르는 추종자들은 기존의 교회 지도자들이 전하는 건전한 설교와 가르침마저도 불신하거나 외면하고 오직 김성수의 신비한 성경 해석이 절대 진리인 양 따르고 있다. 그 결과 기존 교회에서 갈등과 마찰을 일으키는 주요 인물이 되어 기존 교회를 떠나가는 일이 발생하기도 했다.

셋째, 한국 교회 전체를 비판하면서 얻은 반사 이익으로 자신이 기존 교회 지도자들과는 차원이 다른 순수한 복음의 종이요 말씀의 종이라는 인식을 공고히 했다. 뿐만 아니라 그는 강단에서 '자신이

바른 **해석** 바른 **신앙**

엄청난 양의 성경 연구를 하고 따라서 누구보다 성경을 잘 안다'고 직·간접으로 자주 언급했다. 김성수는 자신의 성경 해석이 가장 깊이 있고 올바른 진리의 복음이라는 생각을 자신의 설교를 듣는 신자에게 깊이 심어 주었다. 그 결과 기존 교회의 성경적 가르침을 받아들이지 못하고 오직 김성수의 가르침만을 따르고자 주일에 김성수 설교 동영상을 틀어 놓고 예배드리는 기이한 현상이 계속되고 있다.

넷째, '예수 믿고 천국에 가야 한다'는 점만 강조함으로 구원 그 이후의 거룩한 삶, 즉 성화적 삶에 대한 노력을 배제시켰다. 그는 신자가 하는 모든 노력은 죄의 본성에서 나온 자기 의로움을 위한 것으로 규정함으로써 하나님 은혜와 성령의 도움을 통하여 거룩한 삶을 살고자 하는 부단한 자기 변화의 노력을 무시한다. 그가 거의 모든 설교에서 강조하는 것은 자기 부인과 자기 비움이다. 그는 신앙생활의 목적을 '예수 잘 믿고 천국 가는 것'이라고 규정한다. 결국 이 세상에서 복음 전파를 통한 사회 공동체의 회복과 하나님 나라의 실현을 위한 헌신적 노력과 신자의 선교적 사명을 간과하게 만들었다.

다섯째, 김성수는 인간의 의지적 노력을 '자기 의(자신을 드러냄)'로 규정하고 그것을 곧 죄로 간주하여 건강한 그리스도인의 자아상을 형성하지 못하게 만들었다. 그의 설교와 가르침을 들으면 '나는 아무것도 할 수 없는 죄인'에 불과하다는 부정적이고 비관적인 자아상을 형성하기 쉽다. 김성수가 끊임없이 나는 아무것도 아닌 먼지나 똥덩어리에 불과한 죄인이라고 강조한다. 그러한 가르침을 계속 듣게 되면 신자는 자기를 사랑하고 존귀하게 여기는 건전한 자아상을 갖지 못하고 비관적이고 염세주의적인 신앙인이 되게 할 가능성이 크다.

여섯째, 김성수의 설교와 가르침에 나타난 문제는 기복신앙에 대한 왜곡이다. 즉 신자가 이 세상에서 믿음을 가지고 성실하고 열심히 살면서 누릴 수 있는 여러 가지 현세적 복을 무시하거나 죄악시한다. 그리스도인들은 하나님이 각자에게 허락하신 은혜와 복의 분량을 따라 이웃을 돕고 섬기며 복음을 전파해야 할 사명을 받은 자들이다. 그것이 삶의 목적이 되어야 한다. 하지만 김성수는 성공과 번영을 위한 일체의 노력 자체를 '자기 사랑'의 욕망과 '자기 의'를 내세우는 '죄'로 간주했다. 따라서 그의 가르침은 사회공동체 속에서 긍정적이고 적극적인 믿음 생활을 하려는 생각과 마음의 동기를 위축시키거나 차단시키고 오직 내세(영생)의 삶에만 집착하는 염세주의적 신앙인이 되게 할 가능성이 많다.

일곱째, 김성수의 가르침은 율법에 대해 심각한 오해를 낳았다. 결국 신자가 하나님의 말씀에 기록된 '하라' 혹은 '하지 말라'는 가르침을 따르고 지키려는 노력과 열심조차도, 바리새인들과 같이 '자기 의'를 이루기 위한 율법적인 행위 신앙으로 규정했다. 김성수는 율법이 하나님이 원하시는 거룩한 성화의 삶으로 이끄는 하나님의 말씀이라는 점을 인정하지 않는다.* 김성수는 '바리새인들은 율법을 대표하고, 그 율법이 복음을 때려 죽인다'는 식의 알레고리적 성경 해석과 '율법과 복음은 반대'라는 사상을 설교 밑바탕에 깔고 신자를 율법에 대한 잘못된 가르침으로 이끌어 갔다.

---

* 율법은 하나님의 뜻을 보여 주는 하나님의 말씀이며 기본적으로 다음과 같은 세 가지 다른 기능이 있다.
① 죄를 깨닫고 예수 그리스도의 은혜를 붙잡게 하는 정죄의 기능
② 공동체의 유지와 질서를 위한 사회윤리와 도덕적 기능
③ 하나님 백성이 하나님의 뜻을 알고 거룩한 성화의 삶을 살게 하는 성화적 기능
율법은 기본적으로 십계명이 그 핵심을 이루고 있는데, 더 넓게는 '모세오경'을 '토라', 즉 '율법'이라고 부르기도 한다. 따라서 율법은 근본적으로 하나님의 말씀이다.

바른 **해석** 바른 **신앙**

여덟째, 김성수는 자신의 삶으로 복음을 증명하지 못했다. 물론 그의 자살에 대해서 혹자는 정신적 공황장애 혹은 심각한 우울증의 희생자라고 동정한다. 그들은 자살로 마감한 그의 죽음마저도 하나님의 주권과 뜻 안에 있다는 논리로 옹호하기도 한다. 이런 주장은 김성수가 신앙생활에 있어서 하나님의 주권과 뜻만을 극단적으로 강조하면서 인간의 자유의지와 책임을 전적으로 배제시킨 '극단적인 칼빈주의(Hyper-Calvinism)' 형태의 가르침을 반영한다. 혹자의 말대로 '그는 진리를 찾는 여정의 길을 가다가 공동체의 지원을 받지 못하고 목숨을 잃은 한 전우'일지도 모른다.

그러나 '천국을 바라보고 어떠한 상황에서도 십자가(고난의 신학) 신앙을 살아 내는 것이 구원받은 신자의 삶'이라고 전한 김성수의 메시지가 과연 참된 복음이었는지 깊은 의문을 남긴다. 아마도 그는 자신이 성경을 가장 바로 알고 바른 진리를 전하는 설교자라는 의로움에 스스로 사로잡혀서 기존 교회의 지도자들을 지나치게 비판했다. 그리하여 하나님의 은혜와 성령의 인도하심과는 거리가 먼 길로 간 것 아닌가 생각된다. 또한 그가 자신의 죄에 대한 자학, 삶의 괴리감과 자기 모순 등을 견디지 못하고 결국 돌이킬 수 없는 죽음의 선택을 한 것일지도 모른다. 혹은 가르쳐 온 성경 해석의 수많은 오류 가운데 특히 '성경의 모든 내용이 예수를 보여 준다'는 잘못된 확신에 대한 자괴감이 불행의 한 요인이 되었을 수도 있다.

여기에 더해서 김성수의 설교에 나타난 주요 문제점을 대략 다섯 가지로 분류할 수 있다.

① 성경 원어(히브리어, 헬라어)의 오용과 남용

② 지나친 상징화 및 알레고리적 해석

③ 문맥의 의미를 떠난 성경구절의 오용과 남용

④ 율법과 복음(은혜)의 적대적 도식 관계

⑤ 상식과 논리를 뛰어넘어 일반화시키는 오류

이런 다섯 가지 문제점은 김성수의 거의 모든 설교에서 공통적으로 나타난다. 마치 도미노 현상처럼 하나를 건드리면 그 다음에 이어진 오류가 자동적으로 따라오는 것과 같다. 그럴 수밖에 없는 이유는 그의 성경 이해와 해석에 근본적인 오류가 있고, 이런 그의 주장을 계속해서 합리화하기 위해서는 또 다른 성경 본문의 오류적 해석을 계속 끌어들여 사용할 수밖에 없기 때문이다. 김성수의 이런 심각한 성경 해석의 오류와 한계는 의도적이었든 아니었든 명백하게 드러날 수밖에 없다.

이런 측면에서 김성수에 대하여 한 독자가 남긴 의견에 귀 기울일 필요가 있다.

> 인간론에서 바울이 자신의 배경과 철학, 세상 명예, 지식 등을 배설물로 여겼다면 김성수 목사님은 인간을 똥이라고…십자가와 자기 부인을 너무 강조하다보니, 또한 인간 죄성의 한계를 너무 강조하다보니 구원을 하나님의 형상의 회복과 잘 연결시키지 못한 점도 있고, 뒤로 가면서 본인도 뒤죽박죽 헷갈려서 이전에 했던 설교를 다시 뒤집는다든지, 자신의 설교 원리를 절대화하면서 거기에 스스로 갇혀 버린 한계 등.

이런 김성수의 설교와 가르침은 죽음으로 끝난 것이 아니라 더 진화된 방식으로 계속 전파되고 있다. 또한 김성수의 영향은 오직 성경은 '십자가만을 말한다'고 믿는 십자가 복음주의라는 하나의 흐름을 형성하고 있다. 더 나아가 김성수의 극단적 성경 해석의 방식과 그것에 영향을 받은 신자와 일부 교회 지도자들이 김성수의 가르침보다 더 왜곡된 알레고리적 해석으로 나아가기도 한다.

따라서 서머나교회의 김성수는 기존 교회의 목회자들이 더욱 경각심을 가지고 성경을 바르게 가르치고 전하는 데 전념하도록 경종을 울리는 반면교사다. 이런 차원에서 김성수의 설교와 가르침에 대한 필자의 성경적 비평은 성경에 대한 이해와 해석의 지평을 넓혀주면서 신앙과 교회를 바로 세우는 데 유익이 될 것으로 확신한다.

김성수 설교 전문 비평

김성수의 설교 내용에 관하여 필자가 앞 장에서 분석한 다섯 가지 주요 오류를 실제적으로 살펴보고자 한다. 이런 분석이 보다 객관적으로 이루어지도록 필자는 크게 세 가지 방식의 설교 비평을 시도하였다.

첫째, 김성수의 설교 전문(全文)을 독자에게 그대로 소개한 이후에 그 내용에 대하여 비평하는 것이다. 이런 비평을 위하여 필자는 신구약 전체의 균형을 고려하면서 구약과 신약에서 각각 두 편의 설교 전문(全文)을 선택하였다. 물론 여기에는 그 설교 전문과 관련된 그 외의 여러 설교 내용도 함께 인용하고 참고하였다. 따라서 독자에게 김성수의 설교 내용을 조금도 가감하지 않고 그대로 소개함으로써 김성수의 설교를 직접 확인하면서 비교해 볼 수 있게 될 것이다. 하지만 이런 방식의 약점은 많은 지면이 요구되고, 독자들이 읽기에 지루할 만큼 많은 시간을 요구하기에 4편의 설교로 제한하였다.

둘째, 김성수의 여러 설교문 가운데 일부 내용만 발췌하여 문제의 핵심을 짚고 넘어가는 방식의 설교 비평을 하는 것이다. 이런 비평은 설교 전문 비평이 갖는 단점을 보완해 주지만 반면에 설교 전문을 독자가 직접 대조하고 확인할 수 없는 단점도 있다. 그럼에도 짧은 지면에 김성수의 많은 설교를 소개해 줄 수 있기에 독자는 짧은 시간에 보다 많은 그의 설교문을 살펴볼 수 있는 기회가 될 것이다. 그리고 여기에 김성수의 설교 본문과 관계된 내용과 비교해 볼 수 있도록 필자의 강해 내용을 곁들여 소개하였다. 이런 방식은 같은 성경 본문에 대한 서로 다른 두 강해를 통하여 독자들이 성경 본문을 어떻게 이해하고 해석해야 하는지 생각해 볼 수 있도록 하기 위함이다.

셋째, 김성수가 모든 설교에서 흔하게 사용하는 '상징적 해석'과 '모형론적 해석'에 대한 바른 이해를 위해서 요한복음 강해 설교의 일부분을 살펴보는 것이다. 김성수에 대한 여러 찬반 견해가 있고 일부 비평이 있기는 하나 그의 독특한 성경 해석 방식에 대해서 성경 해석의 관점에서 객관적인 비평을 한 구체적인 사례를 필자는 아직 발견하지 못했다. 그 이유 중 하나가 김성수가 즐겨 사용하는 원어 사용에 대한 비평이 쉽지 않아서일 것이다.

또 다른 이유는 그가 성경 해석의 한 방식으로 독특하게 사용하는 상징적 해석, 예표론적 해석 혹은 모형론적 해석에 대한 성경해석학적 원리에 대한 바른 이해가 없는 데 기인한 것으로 여겨진다. 이런 김성수의 엉터리 원어 사용은 여러 설교문 비평에서 자주 설명하게 될 것이다. 그리고 김성수의 잘못된 상징적 해석이나 예표론적 해석(모형론적 해석)을, 실제로 그가 행했던 요한복음 강해를 중심으로 구체적으로 다루어서 독자의 이해를 돕고자 한다.

이런 세 가지 유형의 설교 비평 방식을 통하여 접하게 될 김성수의 다양한 설교문 분석은 독자로 하여금 성경 이해와 해석에 관한 보다 실제적인 통찰력과 해석의 기본 원리를 제공해 줄 것으로 확신한다. 여기서 필자가 제공한 김성수의 설교문은 발행된 책이 아닌 그의 동영상 설교를 직접 반복 청취한 녹취 자료이다. 그의 책은 편집자들을 통하여 이미 다듬어져 글로 나온 것이지만 육성 설교는 그러한 출판물보다 걸러지지 않을 더 신뢰할 만한 1차 자료에 해당되기 때문이다.

1. 창세기 강해 4 전문

하나님이 이르시되 물 가운데에 궁창이 있어 물과 물로 나뉘라 하시고 하나님이 궁창을 만드사 궁창 아래의 물과 궁창 위의 물로 나뉘게 하시니 그대로 되니라 하나님이 궁창을 하늘이라 부르시니라 저녁이 되고 아침이 되니 이는 둘째 날이니라(창 1:6-8).

오늘은 창세기의 둘째 날, 궁창의 창조와 궁창 위의 물, 궁창 아래의 물에 대해 공부를 하도록 하겠습니다. 먼저 궁창에 대해 공부를 하지요. 아주 쉽게 접근을 해서 설명을 해 드릴 테니까 잘 들어주세요. 8절을 보시면 궁창은 '하늘'입니다. 그러니까 궁창은 '솨마임' '하늘들' 중에 1층 천을 말하는 것입니다. 요한계시록의 하늘은 삼층 천을 말하지요.

하늘은 다른 말로 대기권을 지칭하는 것입니다. 그러면 어디서부터를 하늘이라고 할까요? 지상 몇 미터 위부터가 하늘입니까? 공기를 담고 있는 땅과 바다 바로 위부터 우리 눈에 보이는 저 파란 하늘까지를 '궁창' '하늘'이라고 하는 것입니다. 델리취 성경학자는 궁창을 '대기권으로써 지구를 둘러싸고 있는 공기의 확장'이라고 해석을 했습니다.

그런데 7절에 보면 하나님께서 그 궁창을 '만드셨다'라고 굳이 표현을 합니다. 그 말은 하나님께서 이 '궁창'을 지으심으로 하나님이 거하시는 하늘과 땅을 분리시키셨다는 말이 되는 거예요. 이 '분리'와 '구별'은 종말론적 관점으로 보면 참 중요한 개념입니다. 그 부분에 대해서는 조금 있다가 언급을 하도록 하고 먼저 그 궁창의 창조를 실존적이며 현상론적인 관점에서 설명해 드릴께요.

하나님께서 궁창을 만드셨다는 말은 하나님께서 생물을 만드시기 전에 그 생물들이 호흡하며 살 수 있는 공기의 비율과 그 비율을 잘 유지할 수 있는 자연의 법칙을 만드신 것입니다. 우리는 그 구절에서 하나님께서 생물을 창조하시기 전에 생물들이 존재할 수 있는 틀을 정성스럽게 만들고 계심을 읽을 수 있습니다. 만일 우리가 공기를 사서 마셔야 한다면 그 값이 얼마나 될까요? 예를 들어 사람이 호흡을 하는 데 필요한 하루치 공기가 10,000불이라고 한다면 우리는 어떻게 해서라도 그 공기를 사야 합니다. 왜냐하면 우리의 호흡은 하루 이틀 걸러서 할 수 있는 것이 아니기 때문입니다. 그런데 하나님께서 그 소중한 공기를 거저 허락하셨습니다. 궁창이 지어질 때 이 지구의 대기가 형성이 된 것입니다.

대기권의 공기는 산소 20% 질소 80%의 비율로 구성되어 있습니다. 이 비율이 깨지면 생물이 존재할 수 없습니다. 만일 질소 비율이 높아지고 산소 비율이 낮아지게 되면 생명체가 파괴되고 인간의 삶에 소중한 불을 지필 수가 없습니다. 반대로 산소의 비율이 높아지고 질소의 비율이 낮아지게 되면 삽시간에 지구는 불덩이가 됩니다. 그러니까 베드로가 그의 서신서에서 이야기한 것처럼 마지막 날에 체질이 뜨거운 불에 풀어지는 일은 하나님께서 이 대기권의 산소의 비율만 조금 높여 버리시면 바로 모든 것이 뜨거운 불에 녹아지게 되는 것입니다.

그런데 어떻게 그 산소와 질소의 비율이 안정되게 유지되는지 아십니까? 동물이 호흡을 하면서 매일매일 산소를 마시고 탄산가스를 배출하고 있는데도 어떻게 그 산소의 비율이 20%로 정확하게 유지가 될까요? 동물들이 호흡을 할 때 식물은 광합성을 하지요. 동물들이 끊임없이 산소를 소모할 때 식물들이 광합성을 통해 끊임없이 산소를 방출하기 때문입니다. 그런데 신기하게도 그 비율이 20 대 80으로 정확하게 유지가 됩니다. 바로 그러한 만물이 존재하고 유지될 수 있는 공기와 공기에 관한 자연의 법칙이 둘째 날 궁창 속에 만들어진 것입니다.

여러분 한 사람이 받는 공기의 압력이 14톤에서 16톤 정도라고 합니다. 그러니까 모든 사람을 공기가 14톤의 압력으로 누르고 있는 것입니다. 그런데 어떻게 사람이 찌그러지지 않고 멀쩡하게 살아 있습니까? 이 14톤의 압력이 수직으로만 누르는 것이 아니라 상하 좌우에서 골고루 분산되어 누르고 있기 때문에 우리는 이렇게 멀쩡하게 움직일 수 있는 것입니다. 신기하지 않습니까? 상하좌우의 공기 압력의 평형이 조금만 깨져도 이 지구 위의 만물은 일순간에 찌그러지게 되는 것입니다. 이렇게 하나님께서 그러한 자연의 법칙을 조금만 흔들어 버리셔도 우리는 존재조차 할 수 없는 사람들입니다. 우리가 그 하나님 앞에 납작 엎드려 항복하지 않을 수 없는 거예요.

저는 이 창세기를 공부하면서 하나님이 얼마나 크신 분이라는 것을 새삼 느낍니다. 우리는 호흡을 할 때마다 저 푸르른 하늘을 볼 때마다 하나님의 전능하심과 은혜로우심에 감사를 드려야 합니다. 그런데 우리는 너무나 쉽게 그분을 잊고 삽니다. 그러니까 감사도 없는 것입니다. 하나님께서 그러한 인간들을 보시며 얼마나 한탄하실까요?

> 하늘이여 들으라 땅이여 귀를 기울이라 여호와께서 말씀하시기를 내가 자식을 양육하였거늘 그들이 나를 거역하였도다 소는 그 임자를 알고 나귀는 그 주인의 구유를 알건마는 이스라엘은 알지 못하고 나의 백성은 깨닫지 못하는도다 하셨도다(사 1:2-3).

우리는 이 우주 만물 속에서 하나님의 손길을 이해하고 들을 수 있어야 합니다. 이 궁창이라는 단어 '라키아'는 원래 '두들겨서 넓게 펼친 판'이라는 뜻이에요. 성경이 '하늘'을 그렇게 표현을 하는 이유는 구속사적인 중요한 의미가 그 '궁창' 속에 들어 있기 때문입니다.

그는 북편 하늘을 허공에 펴시며 땅을 공간에 다시며(욥 26:7).

여기에서 '펴다'라고 번역된 히브리어 '나타'는 '연장을 사용하여 펴거나 구부리다'라는 뜻입니다. 하늘을 표현하는데 이렇게 '라키아'나 '나타'라는 단어가 동원되는 이유는 그 궁창과 어떤 것이 연관이 되어 있음을 힌트하고 있는 것입니다. 그게 뭘까요? 여러분 '연장을 사용하여 펴거나 구부려 만든 것'하면 성경에서 어떤 것이 먼저 떠오르십니까? 성막의 물두멍이 떠오르시지요?

너는 물두멍을 놋으로 만들고 그 받침도 놋으로 만들어 씻게 하되 그것을 회막과 제단 사이에 두고 그 속에 물을 담으라(출 30:18).

놋을 펴서 물두멍을 만들고 그 물두멍 위에 물을 담아 제사장들의 몸을 씻게 하셨습니다. 하나님께서 '하늘' '궁창'을 펴시고 그 위에 궁창 위의 물을 두신 창세기의 둘째 날이 성막의 물두멍 안에 들어 있는 것입니다.

지금부터 제가 이 창세기의 창조가 그 성막의 구조와 이스라엘의 출애굽과 요한복음과 요한계시록에 이르기까지 연결이 되는지 첫째 날과 둘째 날만 예로 들어서 설명을 해 드리겠습니다. 시간이 너무 오래 걸리니까 여러분의 머릿속에 성막의 구조를 한번 떠올려 보세요. 성막의 입구를 들어서면 바로 등장하는 것이 번제단이지요? 번제단은 죄인의 속죄를 위해 무죄한 어린 양이 도살을 당하는 곳이죠. 바로 빛이신 예수 그리스도의 십자가의 죽음을 내용으로 담고 있는 것이 번제단입니다. 그러

니까 우리는 번제단에서 창세기의 첫째 날 '빛'의 창조를 볼 수 있는 것
입니다. 그리고 번제단을 지나면 바로 나오는 것이 물두멍입니다. 그 물
두멍은 궁창 위에 물을 담고 있는 창세기의 둘째 날을 내용으로 하고 있
습니다.

물두멍을 지나면 성소가 나오지요? 그리고 성소와 지성소를 가르는
건빵 두 개 두께의 휘장이 있어요. 그 휘장이 바로 두 번째 하늘 '이층
천'입니다. 그래서 성경이 때로는 하나님께서 하늘을 '차일처럼, 커튼처
럼 치셨다'라는 표현도 하는 것입니다. 제가 지금 유년부 성경공부 수준
으로 그림언어로 설명해 드리고 있어요. 이것도 이해 못 하시면 안됩니
다. 여러분!

> 그는 땅 위 궁창에 앉으시나니 땅에 사는 사람들은 메뚜기 같으니라 그
> 가 하늘을 차일 같이 펴셨으며 거주할 천막 같이 치셨고(사 40:22).
> 주께서 옷을 입음 같이 빛을 입으시며 하늘을 휘장 같이 치시며
> (시 104:2).

창세기 첫째 날 둘째 날이 여기 다 들어 있죠. 그리고 그 휘장을 지나
면 하나님의 임재가 있는 지성소로 들어갈 수 있는 것입니다. 그 지성소
는 '삼층 천' '하나님이 거하시는 하나님 나라'를 상징하고 있는 것입니
다. 그러면 죄인들이 하나님을 뵙기 위해서는 물두멍과 휘장을 지나야
하지요? 성막에서 죄인인 인간이 하나님이 계신 지성소에 들어가기 위
해서 반드시 물두멍에서 몸을 씻어야 한다는 것은 죄인들이 물에 빠져서
죽고 새로운 사람으로 탄생이 되지 못하면 하나님을 뵐 수 없다는 것을
상징하는 거예요.

그래서 물두멍이 있는 것이에요. 그리고 성소와 지성소를 가르는 휘

장에 '그룹들' '천사들'이 그려져 있는 것은 죄인들은 하나님을 둘러싸고 있는 그 그룹들을 통과하지 않고는 절대 하나님을 알현할 수 없음을 상징하는 것입니다. 에덴동산에서 생명나무가 그룹들로 둘러싸여 있던 것을 기억하시면 됩니다.

그런데 오늘날 우리가 어떻게 물두멍을 뚫고 하나님을 수시로 뵐 수 있게 되었습니까? 아니 어떻게 우리가 하나님이 거하시는 성전이 되었습니까? 예수 그리스도로 된 것이죠. 그래서 모든 이야기들이 예수를 향해 있는 거예요. 우리가 지금 공부한 이 창세기의 그림과 성막의 그림에다가 출애굽기의 그림을 포개 보겠습니다. 창세기와 출애굽기는 '예수 그리스도를 통한 은혜의 구원'이라는 한 가지 주제를 설명하고 있는 책입니다. 그래서 그 두 책은 그 예수 그리스도라는 주제 속에서 정확하게 포개집니다.

> 이스라엘 자손은 생육하고 불어나 번성하고 매우 강하여 온 땅에 가득하게 되었더라(출 1:7).

이스라엘 사람이 정말 온 땅에 가득했었습니까? 아니지요? 그런데 왜 이런 과장된 표현을 썼을까요? 모세는 지금 창세기 1장 28절의 단어들을 동원해서 이스라엘의 구원, 새 창조와 창세기의 첫 창조가 정확하게 같은 이야기를 담고 있다는 것을 암시하고 있는 것입니다. 그 관점을 가지고 창세기와 성막에다가 출애굽기를 포개 보세요.

출애굽은 무죄한 어린 양의 피가 문설주에 발림으로부터 유월절이 시작이 됩니다. 창세기의 첫째 날 '빛'과 성막의 '번제단'이 포개지지요? 그리고 유월절을 거쳐 출애굽 한 이스라엘이 가나안으로 가기 위해, 다른 말로 하나님과 화목한 자가 되어 하나님이 약속하신 언약의 땅에 들어가기 위해 건너야 할 바다가 있었어요. 그 바다가 바로 홍해입니다. 그런데 그 바다가 은혜로 갈라졌습니다. 창세기의 둘째 날, 궁창과 궁창 위의 물과 궁창 아래의 물이 갈라진 사건과 성막의 물두멍과 홍해가 갈라진 사건이 정확하게 포개지지요?

그러면 이제 그 세 그림 위에 요한복음의 그림을 포개 볼까요? 요한복음 1장과 2장 11절까지의 일곱 날은 정확하게 창세기의 구조를 갖고 있다고 했습니다. 그런데 요한복음의 일곱 날에 쓰여진 단어들은 '어린 양', '세례' 이런 출애굽기의 언어가 쓰여졌단 말입니다. 그러니까 성경은 창세기와 출애굽기와 요한복음은 같은 이야기를 하고 있다는 것을 보여 주는 거예요. 요한복음은 '빛이 오셨다'로 시작을 하지요? 창세기의 첫째 날이며 성막의 번제단이며 출애굽기의 유월절과 포개지죠. 그리고 요한복음은 그 빛이신 분이 세례 요한에게 세례를 받으시는 이야기로 이어지죠.

> 형제들아 나는 너희가 알지 못하기를 원하지 아니하노니 우리 조상들이 다 구름 아래에 있고 바다 가운데로 지나며 모세에게 속하여 다 구름과 바다에서 세례를 받고(고전 10:1-2).

성경은 이스라엘이 홍해를 건넌 것을 그들이 '세례를 받았다'라고 표현합니다. 창세기의 둘째 날, 궁창과 궁창 위의 물과 궁창 아래의 물 그리고 성막의 물두멍과 출애굽기의 홍해 사건과 요한복음의 예수님의 세례 사건이 이렇게 정확하게 포개어지죠. 그러니까 창세기와 출애굽기와 성막의 이야기는 정확하게 요한복음의 예수 그리스도를 예표하고 있는 것을 알 수 있는 거예요. 하나님께서 어떻게 그분의 백성들을 구원하셔서 안전하게 하나님이 거하시는 새 하늘과 새 땅으로 인도하실 것인가를 설명하시기 위해 창조부터 이렇게 설명이 되고 있다는 것이 이제 이해가 되시죠. 단순히 성경은 창조 때의 일이나 창조의 방법이나 정보를 던지는 게 아닙니다 여러분. 이렇게 우리는 창조론에서 종말론을 보는 거예요.

그 예수께서 빛으로 이 땅에 오셨습니다. 그리고 그분이 세례를 받으셨습니다. 세례라는 것은 옛 사람이 죽고 새 사람이 탄생이 되는 사건을 상징하는 것입니다. 예수님은 요한에게 세례를 받으심으로 우리 죄인들과 연합되셨고, 두 번째 십자가의 세례로 불 세례를 받으심으로 우리의 옛 사람을 완전히 죽여 버리신 거예요. 그래서 성막의 번제단을 부수어 버리시고 물두멍을 쪼개 버리신 것입니다. 그 물두멍이 쪼개지지 않고 여전히 존재하는 한 인간들은 절대 그 물두멍을 그냥 지나칠 수가 없는 거예요. 그게 율법이에요.

율법은 지키지 않으면 죽는 것입니다. 율법은 항상 행위를 요구하는 것이기 때문입니다. 그 물두멍에서 몸을 씻는 예식을 하지 않으면 그 물두멍의 저주의 물이 그를 덮쳐서 죽여 버릴 수밖에 없는 거예요. 왜냐하면 하나님은 거룩하신 분이시기에 더러운 죄인이 씻지 않고 그냥 물두멍을 지나쳐서 지성소로 들어가게 되면 그가 죽게 되는 것입니다. 그것이 죄인의 실존인 것입니다.

실제로 궁창 위의 물과 궁창 아래의 물이 모두 쏟아져서 더러운 죄인들을 모두 몰살시킨 사건이 있었지요? 그게 노아의 홍수죠. 노아의 홍수 사건이 바로 율법 아래에서 물두멍을 그냥 지나친 자들에게 쏟아지게 될 하나님의 저주를 보여 주는 것입니다. 그런데 예수 그리스도께서 십자가의 세례를 받으심으로 그 물두멍을 쪼개 버리신 거예요. 그리고 지성소를 막고 있던 둘째 하늘인 휘장도 예수 그리스도의 십자가로 말미암아 위에서 아래로 찢어져 버리신 거예요.

바른 해석 바른 신앙

예수께서 다시 크게 소리 지르시고 영혼이 떠나시니라 이에 성소 휘장이 위로부터 아래까지 찢어져 둘이 되고 땅이 진동하며 바위가 터지고(마 27:50–51).

이렇게 해서 삼층 천을 가로막고 있던 궁창과 이층 천이 제거가 된 것입니다. 그러니까 창세기 둘째 날의 창조기사는 예수 그리스도로 말미암아 궁창과 저주의 물이 제거되고 천지 만물과 하나님이 화목하게 되는 예수 그리스도의 십자가로 향하고 있는 거예요. 그래서 완성된 새 하늘과 새 땅에는 더 이상 궁창과 바다가 없어졌다는 말이 나오는 거고, 거기에는 밤도 없다 고통도 없다는 말이 요한계시록에 나오는 것입니다.

또 그가 수정 같이 맑은 생명수의 강을 내게 보이니 하나님과 및 어린 양의 보좌로부터 나와서 길 가운데로 흐르더라 강 좌우에 생명나무가 있어 열두 가지 열매를 맺되 달마다 그 열매를 맺고 그 나무 잎사귀들은 만국을 치료하기 위하여 있더라 다시 저주가 없으며 하나님과 그 어린 양의 보좌가 그 가운데에 있으리니 그의 종들이 그를 섬기며 그의 얼굴을 볼 터이요 그의 이름도 그들의 이마에 있으리라 다시 밤이 없겠고 등불과 햇빛이 쓸 데 없으니 이는 주 하나님이 그들에게 비치심이라 그들이 세세토록 왕 노릇 하리로다(계 22:1–5).

이렇게 창세기는 요한계시록을 향하고 있는 것입니다. 이런 큰 그림을 보시면서 성경을 이해해야지. 오늘은 몇 장 몇 절 어떻게 이 성경을 밖에 나가서 적용할 것인가 이건 너무 저급한 신앙 수준인 거예요. 그 안에서 구속사를 보셔야죠, 예수를 보셔야죠, 역사를 보셔야죠. 어떻게 하면 이 성경을 이용해서 내가 존경 받고 내가 잘 먹고 잘 살까 그게 기독교입니까? 이제 그런 가난한 신앙, 유아기적 신앙은 벗어나셔야죠.

창세기의 둘째 날은 하나님께서 궁창을 만드셔서 하나님이 계신 하늘과 땅을 나누시고 구별시키셔서 하늘과 땅이 다른 말로 하나님과 죄인들이 그들의 타락으로 말미암아 어떻게 분리가 되었는지를 보여 주시고 그 나눔 벽인 궁창을 예수를 통해서 거두심으로 하나님이 계신 하늘과 땅이 요렇게 합일될 것임을 힌트하는 거예요. 지금은 죄로 말미암아 분리가 되었단 말입니다. 하늘과 땅이 하나님과 죄인들이. 그런데 예수를 말미암아 어떻게 그것이 합일이 되는 가를 보여 주는 게 성경이에요

그러한 연유로 하나님의 언약이 세워질 때마다 '분리'가 등장하는 거예요. 하나님은 하나님의 능력으로 그 분리를 합일로 만드시겠다는 것이 바로 언약의 내용이기 때문에 하나님의 언약 때마다 분리와 구별이 등장하는 거예요. 하나님께서 아담에게서 하와를 일부러 분리시키죠. 갈비뼈로, 분리시킨 다음에 다시 혼인이라는 것으로 하나로 만들어 버리신단 말입니다. 그건 바로 죄로 말미암아 분리되었던 하나님과 하나님의 백성이 어떻게 하나가 될 것인가를 예표하는 거예요. 그래서 에베소서에는 혼인을 아내와 남편을 예수 그리스도와 교회라고 정확하게 이야기를 하고 있는 것입니다. 그 안에 언약이 들어 있는 거예요.

창세기 15장에 보면 하나님께서 아브라함에게 언약을 하실 때 짐승들을 쪼개시고 그 쪼갠 고기 사이로 지나가시지요? 하나님은 그 쪼개진 제물을 통해 분리를 보여 주시고 하나님의 능력과 하나님의 은혜로 그 분리가 하나로 합일될 것을 보여 주시는 것입니다. 그런데 그 쪼갠 고기 사이를 홀로 지나가셨다는 것은 여러분이 아시다시피 그 언약은 하나님 홀로 이루실 것이라는 상징하고 있는 거예요. 그리고 제사 때마다 항상 제물은 둘로 쪼개지고 살과 피로 분리가 됩니다. 그리고 하나님의 언약궤가 들어 있는 지성소와 성소도 휘장으로 분리되어 있죠. 하늘과 땅의 분

리되어 있는 것을 보여 주는 거예요. 그 휘장이 예수 그리스도로 말미암아 찢겨지고 하늘과 땅이 하나로 화해가 될 것이라는 하나님의 은혜 언약이 그 속에 숨어 있는 것입니다. 이렇게 하나님의 언약의 관점 안에서 창세기 둘째 날의 '궁창으로 인한 하늘과 땅의 분리'를 이해하시면 조금 더 이해가 쉽고 깊어지죠. 이렇게 우리는 창세기 속에서도 eschatology (종말론)를 볼 수 있어야 합니다.

제가 여러분에게 부탁드리고 싶은 것은 '그 궁창 위의 물이 도대체 무엇이었는가?' 이런 것을 궁금해 하시지 말라는 것입니다. 제가 요한계시록의 유리바다를 설명할 때는 궁창 위의 물을 하늘의 유리바다와 연결시켜 설명을 해 드렸지요? 그리고 요한복음의 첫 번째 설교와 오늘 설교에서는 그 궁창 위의 물을 조금 다른 각도에서 설명을 해 드렸습니다. 그러나 결론은 둘 다 예수 그리스도의 십자가로 말미암게 될 하나님 나라의 완성이었습니다. 그렇지요? 우리는 성경을 통해 어떤 역사적 사실이나 우주에 관한 정보를 얻어 내는 것이 아니라 바로 그 예수 그리스도와 십자가 그리고 하나님 나라의 완성을 읽어 내면 되는 것입니다.

그리고 혹자들이 왜 창세기의 둘째 날에만 '하나님이 보시기에 좋았더라'라는 말씀이 빠졌는가 이걸 궁금해 하시는데 다 무시하세요. 그건 창세기의 둘째 날은 하나님이 창조하신 생물들이 기식하는 데에 필요한 이 세상의 틀이 구조적으로 지금 만들어지는 과정이기 때문에 그런 거예요. 창세기의 셋째 날까지는 틀이 완성된단 말이에요. 넷째 날부터 그 틀에 만물이 채워지는 것이잖아요. 그런데 둘째 날 하늘이 만들어진 것만으로 생물이 존재할 수 없지요? 셋째 날 땅이 드러나고 바다가 한 쪽으로 몰려가야 비로소 물고기와 식물과 동물과 인간이 살 수 있는 하늘과 땅과 바다라는 터가 완성이 되는 것이기 때문에 셋째 날 땅과 바다까지 완성이 된 다음에 '보시기에 좋았더라'는 말씀이 나오는 것입니다.

그리고 본문 8절을 보면 하나님께서 '궁창을 하늘이라 칭하셨다'라는 구절이 나오는데 거기서 '칭하다'라는 단어 '카라'는 '선언하다, 공포하다, 이름을 주다'라는 의미가 들어 있습니다. 고대 셈족의 문화권에서 이름을 부여한다는 것의 의미는 단순히 이름을 지어 주는 것을 말하지 않았습니다. 고대 셈족의 문화권에서 이름을 부여한다는 것은 소유권과 지배권과 통치권의 행사를 말하는 것이었습니다. 그러니까 하나님께서 창조를 하시고 거기에 이름을 직접 붙이셨다는 것은 이 천지만물의 주인은 하나님이시며 그분이 통치하고 계시며 지금도 그 천지 만물의 운행과 유지에 친히 간섭하고 계심을 나타내고 있는 것입니다.

그러한 내용은 '보시기에 좋았더라'에서 '보다', '라아'라는 단어에서도 찾을 수 있습니다.

그 '보다', 즉 '라아'라는 단어는 단순한 시각 현상을 말하는 것이 아닙니다. 그 단어는 '감찰하다, 보호하다, 염려하다'라는 의미의 단어입니다. 그 단어가 담고 있는 것은 이슬람교도 같은 이신론자들이 주장하는 것처럼 하나님은 천지 만물을 지으시고 그냥 절대 타자로 저 하늘에 머물러 계신 분인 것을 일축하는 거예요. 하나님이 '감찰하다, 보호하다'는 뜻이 단어 안에 들어 있는 거예요.

> 여호와의 사자가 또 그에게 이르되 네가 임신하였은즉 아들을 낳으리니 그 이름을 이스마엘이라 하라 이는 여호와께서 네 고통을 들으셨음이니라 그가 사람 중에 들나귀 같이 되리니 그의 손이 모든 사람을 치겠고 모든 사람의 손이 그를 칠지며 그가 모든 형제와 대항해서 살리라 하니라 하갈이 자기에게 이르신 여호와의 이름을 나를 살피시는 하나님이라 하였으니 이는 내가 어떻게 여기서 나를 살피시는 하나님을 뵈었는고 함

이라 이러므로 그 샘을 브엘라해로이라 불렀으며 그것은 가데스와 베렛 사이에 있더라(창 16:11-14).

하갈이 사래의 학대를 피해 도망가는 길에 여호와의 사자를 만납니다. 그런데 그 여호와의 사자가 이르기를 하나님께서 하갈의 모든 것을 처음부터 끝까지 보고 계셨다는 사실을 알려 줍니다. 그래서 하갈이 감격하여 여호와의 이름을 '감찰하시는 하나님'이라고 부르죠. 거기서 '감찰하다'라고 번역된 단어가 "보시기에 좋았더라"에 쓰인 '라아'라는 똑같은 단어입니다.

여호와의 사자가 하늘에서부터 그를 불러 이르시되 아브라함아 아브라함아 하시는지라 아브라함이 이르되 내가 여기 있나이다 하매 사자가 이르시되 그 아이에게 네 손을 대지 말라 그에게 아무 일도 하지 말라 네가 네 아들 네 독자까지도 내게 아끼지 아니하였으니 내가 이제야 네가 하나님을 경외하는 줄을 아노라 아브라함이 눈을 들어 살펴본즉 한 숫양이 뒤에 있는데 뿔이 수풀에 걸려 있는지라 아브라함이 가서 그 숫양을 가져다가 아들을 대신하여 번제로 드렸더라 아브라함이 그 땅 이름을 여호와 이레라 하였으므로 오늘날까지 사람들이 이르기를 여호와의 산에서 준비되리라 하더라(창 22:11-14).

아브라함이 이삭을 번제로 드리려 할 때 하나님께서 칼을 거두라 명하시죠. 그리고 양 한 마리를 준비해 주시고 그 양으로 하나님께 번제를 드리게 하세요. 그때 아브라함이 그 땅 이름을 '여호와 이레'라고 부릅니다. '지켜보시고 감찰하시며 자녀의 필요를 준비해 주시는 하나님'이라는 뜻이죠. 거기서 '이레'라고 번역된 단어가 '보시기에 좋았더라'에 쓰인 '라아'라는 단어로 연결해서 이해하면 되는 거예요.

> 모세와 아론이 가서 이스라엘 자손의 모든 장로를 모으고 아론이 여호와
> 께서 모세에게 이르신 모든 말씀을 전하고 그 백성 앞에서 이적을 행하
> 니 백성이 믿으며 여호와께서 이스라엘 자손을 찾으시고 그들의 고난을
> 살피셨다 함을 듣고 머리 숙여 경배하였더라(출 4:29–31).

31절의 '감찰하셨다'에 쓰인 단어도 '라아'입니다. 이렇게 '보시기에 좋
았더라'에 쓰인 '라아'라는 하나님의 보호하심과 감찰하심과 지키심과 도
우심과 그리고 준비하심을 나타내는 단어인 거예요. 그래서 이스라엘은
하나님의 도우심을 구할 때 이 '라아'라는 단어를 기도의 시작으로 했어
요.

> 주여 하늘에서 굽어 살피시며 주의 거룩하고 영화로운 처소에서 보옵소
> 서 주의 열성과 주의 능하신 행동이 이제 어디 있나이까 주께서 베푸시
> 던 간곡한 자비와 사랑이 내게 그쳤나이다(사 63:15).

그러니까 모세가 창세기를 기록하면서 이 '라아'라는 단어를 둘째 날
을 제외한 모든 날들에 마치 후렴구처럼 붙여 놓은 것은 하나님은 역동
적으로 천지만물과 역사를 주관하고 계시며 그분의 계획대로 이끌고 가
신다는 것을 보여 주는 거예요. 모세는 출애굽 한 이스라엘 백성에게 '이
렇게 하나님은 창조 때부터 역동적으로 만물의 존재와 역사에 깊이 관여
하고 계시고 그 역동적인 하나님의 계획과 일하심 속에 너희의 구원이
들어 있는 것이다. 그러니까 너희는 그 하나님께 항복하고 순종하라'는
내용을 그 '라아'라는 단어에 담고 있는 거예요.

여러분도 마찬가지입니다. 하나님은 여러분이 잉태되기 전부터 여러

바른 **해석** 바른 **신앙**

분을 알고 계세요. 에베소서를 보면, 창세전에 아들 삼으셨고 여러분의 결국을 결정해 놓으셨습니다. 그리고 단 한순간도 놓치지 않으시고 여러분을 '라아', '감찰하시며, 지켜보시며, 보호하시며, 여러분의 필요를 준비해 주시는 분'이십니다. 왜요? 여러분을 '좋았더라' '토브'의 상태로 완성하시기 위해 하나님은 여러분을 '라아', '감찰하시고 지켜보시며 보호하고' 계신 것입니다.

그 '좋았더라', '토브'라는 단어에 대해서는 여러 번 설명을 해 드렸으니까 넘어가도록 하겠습니다. 여러분은 지금 그 '선한 상태', '토브'의 상태로 지어져 가고 있는 것입니다. 창세기의 하나님의 창조가 우리가 눈으로 보고 있듯이 이토록 확실한 것처럼 우리 안에 시작된 그 하나님의 새 창조도 반드시 '토브', '좋은 상태, 선한 상태'로 완성이 될 것입니다. 그 일을 위해 하나님은 지금 우리를 지키고 계신 것입니다. 그런데 문득문득 우리의 처지나 환경이나 우리에게 일어나는 사건들을 보면 '하나님은 나를 버리셨나보다'라는 생각이 들 때가 있지요?

> 이러므로 내 마음이 뼈를 깎는 고통을 겪으니 차라리 숨이 막히는 것과 죽는 것을 택하리이다 내가 생명을 싫어하고 영원히 살기를 원하지 아니하오니 나를 놓으소서 내 날은 헛 것이니이다 사람이 무엇이기에 주께서 그를 크게 만드사 그에게 마음을 두시고 아침마다 권징하시며 순간마다 단련하시나이까 주께서 내게서 눈을 돌이키지 아니하시며 내가 침을 삼킬 동안도 나를 놓지 아니하시기를 어느 때까지 하시리이까 사람을 감찰하시는 이여 내가 범죄하였던들 주께 무슨 해가 되오리이까 어찌하여 나를 당신의 과녁으로 삼으셔서 내게 무거운 짐이 되게 하셨나이까 주께서 어찌하여 내 허물을 사하여 주지 아니하시며 내 죄악을 제거하여 버리지 아니하시나이까 내가 이제 흙에 누우리니 주께서 나를 애써 찾으실지라

3부 **김성수 설교 비평**

도 내가 남아 있지 아니하리이다(욥 7:15–21).

우리는 때로 욥처럼 이런 원망을 늘어놓습니다. '하나님, 하나님이 정말 살아 계시다면 어떻게 나에게 이럴 수가 있습니까?' 그런데 그게 바로 하나님이 우리를 '토브', '좋은 자', '좋은 상태'로 만드시기 위한 '감찰', '라아'인 것입니다. 우리가 그 복음의 내용을 올바로 인식하고 깨닫게 되면 우리는 그러한 하나님의 감찰 앞에서 욥과 전혀 다른 반응을 나타냅니다.

다윗과 같은 찬송을 할 수 있는 것입니다.

> 여호와는 나의 목자시니 내게 부족함이 없으리로다 그가 나를 푸른 풀밭에 누이시며 쉴 만한 물 가로 인도하시는도다 내 영혼을 소생시키시고 자기 이름을 위하여 의의 길로 인도하시는도다 내가 사망의 음침한 골짜기로 다닐지라도 해를 두려워하지 않을 것은 주께서 나와 함께 하심이라 주의 지팡이와 막대기가 나를 안위하시나이다 주께서 내 원수의 목전에서 내게 상을 차려 주시고 기름을 내 머리에 부으셨으니 내 잔이 넘치나이다 내 평생에 선하심과 인자하심이 반드시 나를 따르리니 내가 여호와의 집에 영원히 살리로다(시 23:1–6).

동일하게 둘 다 하나님의 지키심을 고백하는데 한 사람은 고통 속에서 그 지키심을 바라보고, 한 사람은 만족과 기대 속에서 그 지키심을 바라봅니다. 욥의 원망과는 전혀 반대가 되죠. 여러분은 어떠십니까? 우리 하나님은 이처럼 우리를 쫓아다니시며 지켜 주시는 분이십니다. 그런데 그 지키심에는, 그분의 감찰하심에는 지팡이와 막대기가 동시에 사용됩니다. 그 말은 회초리도 사용하신다는 것입니다.

그렇지만 다윗은 그렇게 회초리를 맞을 때도 또 사망의 음침한 골짜기를 지날 때도 그게 하나님의 지키심이라는 것을 알았습니다. 그 모든 것이 원수의 목전에서 내게 상을 베푸시기 위한 하나님의 감찰하심이요 보호하심이라는 것을 알았던 것입니다. 그래서 그는 그 어려운 상황 속에서도 이런 시를 쓸 수 있었던 것입니다. 하나님은 여러분을 지키십니다. 여러분을 '토브'로 이끄시기 위해 지금도 지키십니다. 우리 주님께서도 이 땅을 떠나시면서 하나님 아버지께 부탁하고 가셨어요.

> 나는 세상에 더 있지 아니하오나 그들은 세상에 있사옵고 나는 아버지께로 가옵나니 거룩하신 아버지여 내게 주신 아버지의 이름으로 그들을 보전하사 우리와 같이 그들도 하나가 되게 하옵소서 내가 그들과 함께 있을 때에 내게 주신 아버지의 이름으로 그들을 보전하고 지키었나이다 그 중의 하나도 멸망하지 않고 다만 멸망의 자식뿐이오니 이는 성경을 응하게 함이니이다(요 17:11-12).

여기서 '보전하다'라고 번역된 헬라어 '테레오'가 히브리어 '라아(지키다, 보호하다)'와 같은 단어입니다.' 이렇게 하나님은 우리를 쫓아다니시는 거예요, 지키시는 거예요. 그렇다면 지금 여러분이 겪고 있는 모든 상황과 사건과 여건들은 다 뭐예요? 하나님의 지키심의 열매인 거예요. 그러니까 잘 견뎌 내십시오. 잘 이겨 내세요. 이미 여러분과 하나님을 가로막은 영적인 궁창은 사라졌어요. 휘장은 찢어져 버렸어요. 이제 예수 그리스도를 믿는 우리는 하나님으로 갈라놓을 수 있는 나눔벽 궁창은 아무것도 없어요

그 사람들만 하나님이 지키시면서 쫓아다니시는 거예요. 이미 여러분과 하나님 사이를 가르고 있던 영적인 궁창은 사라졌습니다.

이제 예수 그리스도를 믿는 우리를 하나님으로부터 갈라놓을 수 있는 것은 아무것도 없습니다. 그래서 때로 회초리 가시가 있는 거예요. 사업도, 병도, 이해할 수 없는 사건들로, 선으로 여러분을 끌고 가는 거예요. 여러분이 원하는걸 다 들어주는 거 그게 기독교가 아니란 말입니다. 예수 믿으면 복 받고 고지에 올라갈 수 있고 그런 유치한 게 기독교가 아닙니다. 예수님이 가난하게 되심을 우리의 가난을 없애 주기 위해서라고 가르쳐요. 그럼 이디오피아는요? 사도행전에 나오는 이디오피아 내시 때부터 복음을 받았는데…. 죽어라 일해도 안 될 사람이 너무나 많습니다. 왜? 잘 살려고 부자가 될려고….

그런 사람들에게 어떻게 복음이 됩니까? 내 삶에도 언젠가는 로또가 오겠지. 지금 사람들을 복음이라는 미명 하에 치열한 경쟁구도 속으로 몰아가는 거예요. 헌금도 내 보고 일도 막 해 보고 선교도 억지로 가 보고, 왜? 복을 받아서 잘 살려고…

요한삼서 2절의 말씀, "사랑하는 자여 네 영혼이 잘됨같이…." 이게 그 말입니까? 이런 말할 때마다, '당랑거철'이라는 고사가 생각나요. 제나라 장군이 떠나는 데, 사마귀가 길을 막고 있어요. 그때 장군이 '제는 뭐냐' 하고 물어봤어요. 그러니까 "제는 도대체 물러설 줄을 모르는 벌레입니다."라고 대답했어요. 그래서 제나라 장군이 돌아갔다고 하지 않습니까.

내가 사마귀가 된 것 같아요. 수레 앞에 선 사마귀 같애요. 그래도 막아 서야죠. 우리 모두 막아 섭시다. 대다수가 간다고 그게 진리라고 생각하면 안 됩니다.

여러분. 그런 무당 짓거리하는 것이 절대 기독교가 아니에요. 예수 믿는 게 아닙니다. 아무리 많은 사람이 그 길을 간다 해도 하나님은 통채로 다 지옥에 쳐 넣어 버릴 거예요. 하나님은 여러분을 자녀로 만들기 원하시지 여러분이 이 땅에서 잘 먹고 잘사는 데 전혀 관심이 없어요. 토

바른 해석 바른 **신앙**

브, 보시기에 좋은 상태로 지어져 가는 거란 말이에요. 하나님은 여러분을 감찰하시고 지키시는 거예요. 당당하게 그 상황을 이겨 내시란 말입니다.

어깨 좀 펴고 표정 좀 밝게 해.

"나는 저주 받았는가 봐."

아니에요. 그게 하나님이 허락하신 열매예요, 내가 그리스도인이란 걸 확인이 되었다면. 잘 이겨 내시고 예수 잘 믿으십시오. 그리고 천국 가야 하지 않겠습니까. 여러분. 여러분을 막아선 궁창과 물두멍과 휘장은 박살났어요. 그 합일의 상태를 이끌어 내시기 위해 여러분에게 이런 상황을 허락하셨어요.

그 기대와 소망으로 오늘을 사세요.

3부 김성수 설교 비평

1-1 설교 전문 비평

김성수의 전형적인 설교 패턴인 원어(히브리어 및 헬라어) 사용에 대해서 먼저 살펴보자. 그는 '궁창', 즉 '하늘'이 원어로 '라키아'라는 말이고, 그 뜻은 원래 '두들겨서 넓게 펼친 판'이라는 뜻이라고 설명한다. 그리고 욥기 26장 7절에 나오는 "그는 북편 하늘을 허공에 펴시며 땅을 공간에 다시며"라는 표현을 끌어와서 '펴다'라고 번역된 히브리어 '나타'는 '연장을 사용하여 펴거나 구부리다'라는 뜻이라고 설명한다.

그러나 히브리어 나타(נטה)는 '연장하다(extend)' 혹은 '뻗치다(stretch out)'라는 뜻만 있는 것이 아니라 몇 가지 다른 의미를 동시에 가지고 있으며, 구약성경에 약 130회 정도 사용되었다. 히브리어 '나타'는 창세기 49장 5절에서 몸을 '구부리다(bend down)'라는 의미로 쓰였고, 민수기 20장 17절에서는 '방향을 바꾸다(turn aside)'라는 의미로 사용되었으며, 민수기 22장 33절에서는 '피하다(turned away from)'라는 의미로 사용되었다.* 또 시편 40편 2절에서는 '끌어 올리다(Turn Toward)'라는 의미로 사용되었고, 이사야 66장 12절에서는 '주다(평강을- 주리니: extend)'라는 의미로 사용되었다.

이처럼 성경 원어, 구약의 히브리어와 신약의 헬라어는 영어와 마찬가지로 한 단어가 여러 가지 뜻을 가지고 있다. 따라서 히브리어와 헬라어 단어는 여러 가지 뜻이 있는 단어의 의미 가운데 한 가지 의미를 문장의 의미에 맞게 선택해서 사용해야 한다. 따라서 김

---

* 개역한글 성경은 창세기 49장 5절을 '어깨를 구부리다(bend his shoulder)'는 표현 대신에 '어깨를 내리다'로 번역하였지만, 문장의 의미상 번역에 문제는 전혀 없다.

성수의 원어 사용에 있어서 가장 심각한 문제는 욥기 26장 7절이 말하는 그 의미를 전혀 파악하지 못하거나 혹은 무시하고, 단어의 의미 하나로 새로운 의미를 만들어서 자신의 설명을 그럴 듯하게 끼워 맞추고 있는 것이다. 김성수의 설명이 옳은지 욥기 26장 6-8절을 천천히 그리고 주의깊게 읽어 보라.

> 하나님 앞에서는 스올도 벗은 몸으로 드러나며 멸망도 가림이 없음이라 그는 북쪽을 허공에 펴시며 땅을 아무것도 없는 곳에 매다시며 물을 **빽빽한** 구름에 싸시나 그 밑의 구름이 찢어지지 아니하느니라 (욥 26:6-8).

욥의 고백이 나오는 이 문장 전체의 표현을 보면, 김성수가 인용한 "그는 북쪽을 허공에 펴시며"라는 표현의 진짜 의미를 어렵지 않게 파악할 수 있다. 즉 이 표현은 하나님의 무소부재(임재) 앞에서 아무도 벗어날 수 없다는 점을 욥이 문학적(시적)으로 표현한 것이다.

이와 같이 성경 이해와 해석에 있어서 중요한 원리 중 하나는 단어 자체의 의미보다 그 단어가 쓰인 문장의 의미를 바로 파악하는 것이다. 그런데 김성수는 정작 중요한 문맥의 흐름과 문장의 의미는 무시하고 같은 단어가 나오는 성경구절 가운데 일부를 선택해서 자신이 의도하는 엉뚱한 의미의 해석을 만들어 내곤 한다. 이 점은 그의 거의 모든 설교에서 보여 주는 원어 사용의 심각한 오류다.

히브리어 '라아(רָאָה)'를 하나 더 살펴보자. 김성수는 '보다'라는 의미로 번역된 히브리어 '라아(רָאָה)'가 단순한 시각 현상을 말하는 단어가 아니라고 단언하면서, 그 단어의 의미가 '감찰하다, 보호하다, 염려하다'라는 의미를 가지고 있다고 단언한다. 그러면서 구약성경

3부 **김성수 설교 비평**

을 소개하는 데 설교의 많은 분량을 할애하였다(창 16:11-14, 22:11-
14; 출 4:29-31; 사 63:15). 그리고 여기에 신약성경에 나오는 '보전하다
(요 17:12)'라고 번역된 헬라어 '테레오(τηρέω)'가 히브리어 '라아(지키다,
보호하다)'와 같은 단어라고 설명하고 있다. 그러면서 '라아(רָאָה)'는 '성
도가 고난 중에 있을 때 지켜보시고 감찰하시며 예비하시는 하나님
이며, 그러한 하나님이 우리를 쫓아 다니시면서 지키신다'는 의미라
고 설명한다. 그 설교를 듣게 되면 청중은 그의 원어풀이와 감동스
런 이야기에 깊은 은혜받을 만도 하다.

그런데 김성수는 여호수아 7장 21절(금덩이 하나를 보고 탐내어)에 나
오는 '보고'에 해당하는 히브리어 '라아'는 창세기 3장에 나오는 "보
암직도 하고"의 단어와 동일한 단어라고 사사기 강해에서 설명한다
(사사기 강해 1). 즉 김성수는 창세기 강해에서 '라아'라는 단순히 '보다'
가 아니라 '우리를 감찰하시고 쫓아다니시면서 지키신다'는 특별한
의미의 단어라고 한 말과 정면으로 모순되는 말을 하고 있는 것이
다. 이렇게 그는 성경 원어를 자신이 의도하는 설명에 따라 바꾸어
그럴 듯하게 사용하고 있는 것이다.

사실 '라아'는 기본적으로 시각 현상을 표현하는 '보다(see)' 혹은
'나타나다(appear)'라는 의미로 쓰이는 단어다. 창세기에서 이러한 예
를 몇 가지 더 찾아볼 수 있다.

> 하나님이 이르시되 천하의 물이 한 곳으로 모이고 뭍이 드러나라 하
> 시니…(창 1:9).
> 여호와께서 아브람에게 이르시되 너는 너의 고향과 친척과 아버지의
> 집을 떠나 내가 네게 보여 줄 땅으로 가라(창 12:1).
> 여호와께서 아브람에게 나타나 이르시되 내가 이 땅을 네 자손에게

주리라…(창 12: 7).

요셉이 그의 수레를 갖추고 고센으로 올라가서 그의 아버지 이스라엘을 맞으며 그에게 보이고…(창 46:29).

이처럼 '라아'라는 단어는 창세기에서 시각적 현상을 표현하는 '보다(see)', '나타나다(appear)' 혹은 '보여 주다(show)'라는 의미로 사용되고 있다. 그 외에도 '라아'는 '경험하다(experience)'는 의미로 사용되기도 하였고(전 1:16), 더 다양한 의미도 있다. 따라서 단어는 문맥의 의미에 따른 적절한 한 가지 의미를 선택해서 사용하는 것이다. 이런 기본적인 언어의 사용법을 무시하고 단어 하나에 어떤 깊고 심오한 복음의 진리가 담겨 있을 것이라고 오해해서는 안 된다. 이처럼 김성수의 원어해설은 원어의 기본적 의미와 그 사용법마저 무시하거나 제대로 파악하지 못해서 스스로 모순된 설명을 하거나 왜곡된 설명을 하고 있다.

이제 김성수가 즐겨 사용하는 극단적인 상징적(혹은 알레고리적) 해석의 문제로 넘어가서 생각해 보자. 김성수는 이 설교의 전문에서 둘째 날의 창조기사가 "예수 그리스도로 말미암아 궁창과 저주의 물이 제거되고 천지 만물과 하나님이 화목하게 되는 예수 그리스도의 십자가로 향하고 있다."고 주장한다. 뿐만 아니라 이보다 앞선 그의 창세기 강해에서는 첫째 날 하나님이 창조하신 빛은 예수를 가리킨다고 설명한다. 따라서 그는 빛이 예수를 가리키고 궁창은 저주의 물이라고 해석한다. 어떻게 궁창이 저주의 물이라고 해석할 수 있는가? 김성수는 이 점을 노아의 홍수와 연결해서 저주의 물이라고 설명하지만 그렇게 연결하는 것은 잘못된 추측에 근거한 것이다.

그러나 이 궁창의 물은 명백하게 하나님이 창조하신 실제적인 물이요, 인간과 모든 생명의 근원이 되는 물이다. 다시 말해서 창세기의 저자는 이런 창조주 하나님을 알리고 그분을 믿고 섬기도록 궁창의 물이라는 창조 기사를 기록한 것이지 '이 궁창의 물이 저주를 가리킨다'고 알리기 위해서 기록한 것이 아니다. 물론 요한계시록 21장 1절에 나오는 "바다도 다시 있지 않더라."는 표현은 문맥의 의미상 저주와 관계가 있다. 그러나 성경에 나오는 수많은 '물'에 대한 표현이나 '바다'에 대한 표현이 다 저주를 의미하지는 않는다.

김성수는 '하늘'을 표현하는 데 있어서 창세기 1장에 나오는 '라키아'나 욥기에 나오는 '나타'라는 단어가 동원된 이유는 '그 궁창과 어떤 것이 연관이 되어 있음을 힌트하고 있는데, 그것이 성막의 물두멍'이라고 설명한다. 이것은 물두덩의 의미를 다른 여러 내용과 연결해서 만든 알레고리적 해석이다. 더 쉽게 말하면, 창의적인 상상력을 동원한 엉터리 성경 해석이다.

창세기 강해 4 설교에 나오는 이런 그의 극단적인 상징적 해석(혹은 알레고리적)은 다음과 같은 내용에 잘 나타나 있다.

> 번제단은 죄인의 속죄를 위해 무죄한 어린 양이 도살을 당하는 곳이죠. 바로 빛이신 예수 그리스도의 십자가의 죽음을 내용으로 담고 있는 것이 번제단입니다. 그러니까 우리는 번제단에서 창세기의 첫째 날 '빛'의 창조를 볼 수 있는 것입니다.
>
> …중략…
>
> 물두멍을 지나면 성소가 나오지요? 그리고 성소와 지성소를 가르는 건빵 두 개 두께의 휘장이 있어요. 그 휘장이 바로 두 번째 하늘 '이층 천'입니다. 그래서 성경이 때로는 하나님께서 하늘을 '차일처럼, 커튼처럼 치셨다'라는 표현도 하는 것입니다.

바른 해석 바른 신앙

…중략…

그 예수께서 빛으로 이 땅에 오셨습니다. 그리고 그분이 세례를 받으셨습니다. 세례라는 것은 옛 사람이 죽고 새 사람이 탄생이 되는 사건을 상징하는 것입니다. 예수님은 요한에게 세례를 받으심으로 우리 죄인들과 연합되셨고, 두 번째 십자가의 세례로 불 세례를 받으심으로 우리의 옛 사람을 완전히 죽여 버리신 거예요. 그래서 성막의 번제단을 부수어 버리고 물두멍을 쪼개 버리신 것입니다. 그 물두멍이 쪼개지지 않고 여전히 존재하는 한 인간들은 절대 그 물두멍을 그냥 지나칠 수가 없는 거예요. 그게 율법이에요.

율법은 지키지 않으면 죽는 것입니다. 율법은 항상 행위를 요구하는 것이기 때문입니다. 그 물두멍에서 몸을 씻는 예식을 하지 않으면 그 물두멍의 저주의 물이 그를 덮쳐서 죽여 버릴 수밖에 없는 거예요. 왜냐하면 하나님은 거룩하신 분이시기에 더러운 죄인이 씻지 않고 그냥 물두멍을 지나쳐서 지성소로 들어가게 되면 그가 죽게 되는 것입니다. 그것이 죄인의 실존인 것입니다.

여기서 김성수는 '요한복음의 빛=창세기의 첫째 날의 빛=성막의 번제단=출애굽기의 유월절' 등을 같은 의미로 설명하고 있다. 얼핏 보면 그럴듯 하지만 구체적으로 살펴보면 많은 모순과 문제점을 안고 있다.

첫째 날의 빛이 예수 그리스도를 상징하는 것이 아니다. 물론 요한복음 1장과 연결해서 "창세기 1장의 빛과 요한복음의 빛은 예수님을 상징"한다는 식으로 해석하는 소수의 학자도 있다. 하지만 그것은 어디까지나 추측이며, 창세기 1장은 하나님이 천지만물을 창조하셨다는 역사적이고 사실적인 사건을 보여 준다. 여기에 다시 상징적인 의미를 덧붙여서 하는 것은 결코 건전한 성경 해석이 아니다. 이 점은 요한복음 1장과 관련된 상징적 해석에서 구체적으로 다루겠다.

번제단은 '양, 염소, 황소' 등의 짐승들의 제물이 불태워지는 장소일 뿐만 아니라 심지어 새나 곡식을 불태워 드리는 장소다(레 1-7장). 이런 5대 제사(번제, 소제, 화목제, 속죄제, 속건제) 가운데서도 속죄제와 속건제는 특별히 유대인들이 죄 문제를 해결하기 위해서 하나님께 드린 제사였기에 예수 그리스도를 예표하는 제사라고 말할 수 있다. 그러나 번제단 자체가 예수 그리스도의 죽음을 상징한다는 주장은 지나치게 과장된 상징이다. 물론 이것도 김성수의 독창적인 생각이라기보다는 제사 제도의 물건 하나하나를 지나치게 상징적이고 알레고리적으로 해석해 왔던 수많은 잘못된 전례 가운데 하나로 여겨진다.

뿐만 아니라 김성수는 '물두멍을 그냥 지나칠 수가 없는 것이 율법이고, 그래서 율법을 지키지 않으면 죽는 것'이라고 말한다. 이것은 율법을 주신 근본 목적 '죽이는 것이 아니라 살리기 위한 것', 하나님을 경외하도록 가르치기 위한 것이라는 근본적인 의도를 오해한 것이다. 하나님이 이스라엘 백성과 언약을 맺고 율법을 주신 것은 그들이 언약 백성으로 살아가도록 하는 데 목적이 있다. 이 점은 시내산 아래서 하나님이 이스라엘 백성과 언약을 맺기 위한 선언에 분명하게 나타난다.*

---

* 출애굽기 19장 3-6절을 보자.
"모세가 하나님 앞에 올라가니 여호와께서 산에서 그를 불러 말씀하시되 너는 이같이 야곱의 집에 말하고 이스라엘 자손들에게 말하라 내가 애굽 사람에게 어떻게 행하였음과 내가 어떻게 독수리 날개로 너희를 업어 내게로 인도하였음을 너희가 보았느니라 세계가 다 내게 속하였나니 너희가 내 말을 잘 듣고 내 언약을 지키면 너희는 모든 민족 중에서 내

바른 **해석** 바른 **신앙**

또 바울이 갈라디아서에서 "율법 아래 있는 자는 저주 아래 있다"고 한 말은 '율법으로 구원받지 못한다'는 의미의 경고이지 예수 믿으면 '율법 자체가 필요 없다'는 말이 결코 아니다. 그런데 김성수는 율법은 복음과 정반대되는 것으로 정의하고 끊임없이 율법에 대하여 부정적인 해석만을 하고 있다.

그는 '물두멍에서 몸을 씻는 것은 죄인들이 물에 빠져 죽고 새로운 사람으로 탄생되지 못하면 하나님을 뵐 수 없다"는 의미로 설명하고 있다. 하지만 이런 설명은 지나치게 과장된 엉터리 해석에 불과하다. 물두멍에서 몸을 씻어야 한다는 것은 유대인들이 행하던 하나의 정결의식이며, 이는 죄를 씻는 하나의 상징적인 의식이다. 따라서 죄를 씻고 거룩한 사람으로 하나님께 나아가 예배(제사)를 드리는 하나의 상징적 행위로 설명하는 것이 옳다.

여기에 더해서 김성수는 "물두멍이 궁창 위에 물을 담고 있는 창세기의 둘째 날을 내용으로 하고 있다."고 주장한다. 이 주장은 본문의 의미와 문맥을 완전히 벗어난 상상과 추측의 해석이다. 성경적인 근거도 없이 성소와 지성소를 가르는 휘장이 두 번째 하늘(이층천)이라고 주장한다. 성소와 지성소를 가르는 휘장이 이층 천이고 예수의 십자가 죽음이 이층 천을 무너뜨렸다는 설명은 성경적인 가르침이 아니다.

마찬가지로 지성소는 하나님 나라를 상징하는 것이 아니라 하나님이 성전 안에 임재해 있음을 의미하는 장소였다. 지성소 안에 있는 법궤가 하나님께서 그 천사들, 즉 법궤 위에 있는 스랍들 사이로

소유가 되겠고 너희가 내게 대하여 제사장 나라가 되며 거룩한 백성이 되리라 너는 이 말을 이스라엘 자손에게 전할지니라(출 19:3-6)."

3부 김성수 설교 비평

내려와서 좌정하는 보좌를 상징한다(출 25:18-22). 고대 유대인들의 전통적인 생각에 의하면, 이 법궤가 하나의 보좌(a throne)든지, 하나의 상자(a chest)든지 간에 그것은 하나님이 임재해 계시는 하나의 실제적인 장소로 여겨졌다(Jacob, *Theology of the Old Testament*, 2). 고대 유대인들의 생각에 의하면, 법궤의 빈 공간은 다른 신들(우상)의 형상을 거부하는 가장 신성한 신적인 임재를 의미했다(Meyers, *Exodus*, 228).

이제 극단적 상징 혹은 알레고리적 해석과 관련해서 창세기 강해 26(노아의 방주와 물 위를 걷는 자들, 창 6:1-10)을 좀 더 살펴보자. 그는 여기서도 "성경에서 물, 바다, 홍수는 죄악된 세상과 그 죄악된 세상에 부어지는 하나님의 심판 혹은 저주를 상징하는 것"이라고 설명한다. "홍해 바다는 하나님 앞에 범죄한 모든 죄인이 빠져 죽어야 하는 저주와 심판의 바다"라고 설명하고 있다.

그렇다면 요단강에 일곱 번 들어 갔다 나온 나아만 장군의 문둥병이 깨끗이 치료받은 사건은 어떻게 해석할 것인가? 나아만 장군의 문둥병은 그 물에 일곱 번 담그었을 때 치료를 받았다(왕하 5:14). 과연 이 요단강의 물이 저주를 상징한다고 말할 수 있을까? 또 에스겔 47장에 가면 "성소에서 흘러나오는 물이 넘쳐서 강이 되어 흐르는데, 그 강물이 이르는 곳마다 모든 생물이 살아나고 각종 과실 나무가 열매를 맺는다(47:1-12)."고 기록하고 있다. 이런 생명의 물 축복의 강물을 저주를 상징한다고 말할 수 있을까?

김성수가 말하는 상징적 해석은 성경적으로 잘못된 해석일 뿐만 아니라 대단히 위험한 성경풀이다. 이런 방식의 잘못된 상징적 해석, 영적(알레고리적) 해석은 성경의 의미를 자신의 주장을 뒷받침하는 데 쉽게 이용할 수 있기 때문이다. 이런 방식이 바로 이단이 가장 즐겨 사용하는 성경풀이 방식들 가운데 하나다.

바른 **해석** 바른 **신앙**

김성수는 계속되는 창세기 강해 26에서 노아의 방주나 홍해 바다를 건넌 모세의 이야기를 예수님의 제자들이 풍랑이 이는 바다를 건너는 사건과 연결해서 새로운 이야기를 만들어 냈다. 그러면서 예수님은 "방주처럼 그 물 위를 걸어 풍랑에 빠져 죽어야 할 제자들을 건져내시는 분"이라고 설명하고 있다(cf. 마 14:22-27; 막 6:45-52; 요 6:18-21). 이렇게 김성수는 끊임없이 '예수님을 상징한다', '예수님을 예표한다', '예수님의 모형이다'는 식의 설명을 하면서 지나친 우화적 해석을 수없이 지어냈다.

김성수가 주장하는 잘못된 모형론적 해석의 예를 들어보겠다. 창세기의 아담과 하와 이야기를 "갈비뼈로, 분리시킨 다음에 다시 혼인이라는 것으로 하나로 만들어 버리신다.…그건 바로 죄로 말미암아 분리되었던 하나님과 하나님의 백성이 어떻게 하나가 될 것인가를 예표하는 것"이라고 주장한다. 이러한 주장을 뒷받침 하기 위해서 "에베소서에서 혼인을 아내와 남편을 예수 그리스도와 교회로 정확하게 이야기를 하고 있다."고 말한다. 이렇게 아담의 갈비뼈로 하와를 만든 사실적인 의미의 표현과 바울이 에베소서에서 남편과 아내를 그리스도와 교회라는 비유적(상징적)인 의미의 표현으로 사용한 것을 구분하지 않고 같은 의미로 연결해서 설명한다. 그러나 사실적인 의미와 비유적 의미는 반드시 구분해서 이해하는 것은 성경뿐만 아니라 모든 언어를 이해하는 기본 원리다. 하지만 김성수는 여기에 '모형'이라는 말로 사실과 비유를 혼합시켰다. 창세기의 아담과 하와를 교회와 그리스도의 모형이라고 해석하는 것은 근본적으로 창세기의 문맥에 맞지 않은 성경 해석이다. 본문의 사실적인 의미는 쉽게 무시되고, 김성수가 창의적으로 만들어 낸 예수 이야기만 남아 있다. 이런 면에서 김성수는 뒤집기의 천재다. 이러한 잘못된 예표론에 대해서 뒤에서 구체적으로 다루겠다.

그의 설교를 듣고 있노라면, 성경의 수많은 다른 본문을 끌어들이는 과정에서 어느새 본문의 의미는 완전히 바뀌어 있다. 이 점은 창세기 강해 "노아의 방주와 물 위를 걷는 자들"에서도 잘 나타난다. 여기서 그는 복음서에 나오는 오병이어 사건과 예수님이 물 위를 걸으신 사건을 노아의 홍수 이야기에 연결한다.* 그러면서 노아의 홍수의 원인을 네피림과 용사, 세상의 왕이라는 인물 때문에 "저주의 물이 하늘에서 쏟아진 것"이라고 설명한다(창세기 강해 26, 노아의 방주와 물 위를 걷는 자들). 하지만 성경은 네피림이 "용사"요, "고대에 명성이 있는 사람들"이라고 창세기 6장 5절에 기록하고 있다.

그렇다면 왕들과 고대에 명성이 있는 사람들 때문에 지구상에 있었던 모든 백성이 홍수 심판을 당했다는 말인가? 그것은 성경이 말하는 내용과도 모순이 된다. 왜냐하면 창세기 6장에는 '(모든) 사람들의 죄악이 세상에 가득하고(창 6:5)', 그래서 '온 땅이 하나님 앞에 부패하여 포악함이 땅에 가득했다(창 6:11)'고 기록하고 있기 때문이다. 그 결과 노아 홍수의 심판이 온 것이다. 그럼에도 김성수는 다음과 같이 그의 주장을 뒷받침하는 설명을 한다.

> 하나님 앞에서는 네피림과 용사와 세상의 왕이 필요없다는 것입니다. 죄인의 유일한 목적은 세상의 왕이 되는 것이고 다른 이들에게 용사가 되어 자신을 자랑하는 것뿐입니다. 오로지 그 목적을 위해 삽니다. 그게 아담이었습니다. 내가 하나님처럼 되고 싶은 것입니다

---

* 김성수의 이런 설명은 요한복음 강해 22-24의 요약이기도 하다. 이것은 요한복음 강해 설교 비평(상징과 예표론적 해석)에서 더 구체적으로 다루도록 하겠다.

바른 **해석** 바른 **신앙**

(창세기 강해 26, 노아의 방주와 물 위를 걷는 자들).

김성수는 아담의 예로 시작해서 '하나님 같이 되고 싶은 세상의 힘, 세상적인 자랑이 죄'라는 점을 수많은 설교에서 끊임없이 반복한다. 그러면서 성경 본문의 실제적인 의미를 변형하거나 혼합해서 자신의 주장을 뒷받침하는 새로운 의미를 계속 만들어 내는 것이다. 아래의 인용문을 살펴보자.

> 보세요. 주님은 그렇게 물에 빠진 베드로에게 '네가 믿음이 없어서 빠졌다'라고 말씀하십니다. 이생의 자랑, 육신의 정욕을 좇아 물 위를 걸으려 하는 자들, 이 세상에서 자신을 과시함으로 행복을 찾으려 하는 자들은 모두 다 그렇게 저주의 바다에 빠지게 되는 것입니다 (창세기 강해 26, 노아의 방주와 물 위를 걷는 자들).

여기서도 김성수는 성경에 나오는 '바다'가 저주를 상징한다는 전제로 성경을 하나로 연결해 간다. 그러나 성경에 나오는 '바다'와 '물'이 모두 '저주'를 상징하는 것이 아니다. 특별히 창세기 1장에 나오는 하나님이 창조하신 궁창의 물은 저주의 상징이 아니라 축복의 상징이다. 왜 그런가? 창세기의 저자는 하나님의 창조 기사를 기록하면서, "하나님이 보시기에 좋았더라(창 1:21, 25)."는 말씀을 두 번이나 반복한다. 하나님은 모든 창조의 완성이 이루어진 후에 "보시기에 심히 좋았더라(1:31)."고 강조한다.

김성수는 지성소는 '삼층 천'이라고 하면서 이 지성소가 '하나님 나라'를 상징한다고 설명한다. 그러나 이것의 성경적인 근거는 없다. 다만 '삼층 천에 올라갔다 왔다'는 바울의 경험적 고백(고후 12:1-

6)을 끌어와서 '지성소는 삼층 천을 상징한다'는 주장을 한다. 차라리 성막(tabernacle)이 하늘(천국)의 모형이라고 말하는 것이 건전한 해석이다. 히브리서 기자는 성막과 성소에서 섬기는 것이 "하늘에 있는 것의 모형과 그림자"라고 말하고 있다(히 8:5).*

이렇게 그의 설교는 성경 저자가 본문을 통하여 전달하는 실제적(사실적)인 의미보다, 복음이라는 주제로 그가 창의적으로 만든 이야기를 진리로 받아들이도록 가르치고 있다. 그러면서 자신의 추측과 상상을 마치 성경이 말하는 진리인 양 '상징한다' 혹은 '예표한다'는 식으로 갖다붙이는 경우가 허다하다. 그러나 상징과 예표 혹은 모형이라는 성경 해석은 그렇게 쉽게 만들어 내는 것이 아니다. 창세기 강해 26에서 그의 극단적인 상징적 해석은 계속된다.

> 하나님은 공의의 하나님이시기 때문에 그냥 무작정 용서하실 수는 없습니다. 어떻게 그 구원의 방주는 물 위에 뜨게 되지요? 우리가 빠져 죽어야 할 홍수 속에 우리 주님께서 대신 빠져 죽으심으로 우리가 그 불바다 위를 걷게 되는 것입니다. 그게 바로 십자가입니다.
>
> …중략…
>
> 예수께서 십자가의 세례를 받으심으로 우리가 물 위를 걸어, 가려던 땅에 들어가게 된 것입니다. 바로 그 이야기가 요나서에 명확하게

---

* 성막(장막: tabernacle)은 천국, 예수 그리스도, 교회의 모형이라고 말할 수 있다. 하나님이 임재하신 집이라는 점에서 천국의 모형이라면, 주님이 참 성전이 되시기 때문에 그리스도의 모형이다(요 2:19-22; 히 9:9-10; 계 21:22). 성막(성전)이 신약에 와서 성령이 내주하는 신자를 가르키고 있기 때문이며(고전 3:16), 제사 제도의 원리는 오늘날 예배의 한 모형이 되기 때문이다. 그러나 성막의 구조와 기구, 성막의 제사 하나하나에 이런 특별한 상징적 의미나 예표론적 의미가 있다고 설명하는 것은 대단히 주의해야 한다. 지나치게 해석자의 주관적인 상상과 추측에 의한 잘못된 우화적(알레고리) 해석에 빠져들 수 있기 때문이다.

바른 **해석** 바른 **신앙**

기록이 되어 있습니다. 요나가 물 속에 빠짐으로 선원들이 살아납니다. 그것이 바로 십자가인 것입니다(창세기 강해 26, 노아의 방주와 물 위를 걷는 자들).

주님이 홍수 속에 빠져 죽어서 우리가 불바다 위를 걷게 된다는 말은 상식과 논리에도 맞지 않으며, 성경 해석적으로 근본적인 세 가지 오류가 있다.

첫째, 예수님이 '홍수 속에 빠져 죽었다'는 말은 앞에서도 설명한 바와 같이 바다 혹은 물(홍수)은 모두 저주를 상징한다는 그의 잘못된 상징적 해석에 기초하고 있다. 그러므로 '예수님이 홍수 속에 빠져 죽었다'는 표현 자체가 모순이다.

둘째, '우리가 불바다 위를 걷게 된다'는 말도 성경 본문의 의미를 오도하는 설명이다. 김성수가 이런 표현을 사용한 것은 요한계시록 21장 8절에 나오는 "불과 유황으로 타는 못에 던져지리니"라는 구절을 베드로가 물 위로 걷는 내용과 연결시켜 만들어 낸 이야기에 불과하다. 다시 말해 베드로가 물 위로 걸은 것은 실제적인 기적이고, 요한계시록에 나오는 '불과 유황으로 타는 못에 던져진다'는 말은 불신자의 마지막을 의미하는 구절이다. 따라서 베드로가 걷는 물과 불과 유황으로 타는 못은 의미상 관련 없으며, 문장 의미와 문맥 흐름에 전혀 맞지 않다. 이렇게 논리적으로 전혀 맞지 않는 내용을 엮어서 '불바다를 걷는다'라고 설명하고 있는 것이다.

셋째, 여기에 등장하는 요나 이야기도 근본적으로 오류가 있다. 물론 '요나가 물고기 배 속에서 사흘 낮밤을 죽어 있다가 살아난 사건이 예수 그리스도의 십자가'라는 설명까지는 별 무리가 없어 보인다. 그러나 이 내용을 "우리를 대신해서 그 저주의 홍수 속에 빠져 죽으심"이라고 다시 창세기 말씀에 갖다붙이는 것은 지나친 상상의 해석이고, 앞뒤가 맞지 않는 설명이다. 더욱이 '요나가 물속에 빠짐으로 선원들이 살아난 것이 바로 십자가'라는 말은 더욱 상상의 알레고리(우화적) 해석으로 빠져들게 만든다. 결국은 무슨 이야기를 해도 십자가를 갖다붙이면 되는 이상한 성경 해석이 되는 것이다.

이렇게 김성수는 '홍수=궁창의 물=바다=저주'라는 흥미로운 이야기를 만들어 냈다. 뿐만 아니라 요나 이야기를 연결해서 "우리는 물 위에 둥둥 떠서 우리가 가고자 하는 새 하늘과 새 땅으로 갈 수 있게 되었다."고 설명한다. 이런 내용은 예수님의 제자들이 갈릴리 호수 건너편으로 건너가는 복음서 이야기를 '천국으로 간다'는 의미로 바꾸어서 만들어 낸 알레고리적(우화적) 설명이다. 이렇게 알레고리적 방식으로 진행되는 그의 설교를 듣는 청중은 이전에 한 번도 들어보지 못한 신선한 해석에 빨려들어 갈 수밖에 없다. 그 결과 김성수의 설교에 흠뻑 젖어 있는 신자는 그가 어떤 해석을 해도 다 진리를 말하고 있다는 착각 속에 빠지게 된다.

김성수의 설교에 있는 기복신앙에 대한 비판과 한국 교회에 대한 비판을 살펴보자. 그의 대부분의 설교는 기복신앙을 극단적으로 이해하면서 일종의 우상으로 간주하고 있다. 창세기 강해 4에서도 그는 '예수 믿으면 복 받고 고지에 올라갈 수 있는 그런 유치한 게 기독교가 아니다.'라고 기복신앙을 비판하고 있다. 한마디로 '기독교는 이 세상의 복을 추구하는 종교가 아니다.'라는 점을 모든 설교에서 반복한다. 또 다른 창세기 강해의 내용을 한 예로 들겠다. 그는 남미 코스타 집회에 가서 "이 복에 환장한 기독인들아"라는 제목으로 기복신앙을 타파하는 설교를 했다고 자랑하고 있다(창세기 강해 60, 모리아 산의 여호와 이레를 통해서 본 하나님의 주권과 자유의지).

　모리아 산의 '여호와 이레'가 "그리스도의 탄생에만 적용되는 단어"이며, "우리의 구원에만 쓰이는 단어"라고 강조한다. 그러나 '여호와 이레'가 구원에만 쓰이는 단어라는 어떤 근거도 성경에서 찾을 수 없다. 이런 설명은 이삭과 양을 예수님의 모형으로 가정하면서 생기는 지나치고 과장된 모형론적 해석의 한 결과일 뿐이다.

　뿐만 아니라 '양이 예수님을 예표한다'는 그의 설명은 이미 신학자들이 주장해 왔던 공감할 수 있는 내용이지만, '이삭=양=예수'라고 '이중적 예표론'은 과장된 주장이다. 하나님이 아브라함과 이삭을 위해서 친히 예비한 양은 1차적으로 '사실적인 의미' 그대로 받아들여야 한다. 그리고 2차적인(부가적인) 의미에서 '양이 예수를 상징'한다 혹은 '양이 예수님의 모형'이라고 말할 수는 있다. 그런데 이런 본문의 근본적인 의미를 간과하고 성경 내용을 오직 예수를 가르치는 내용이라고 억지로 꿰어 맞추는 것은 유치한 자의적 해석이다.

　그럼에도 그의 설교에 심취된 신자는 성경 본문 어디서든지 "오직 예수"를 갖다붙여서 이야기하면 그것이 바른 성경 해석이고 복음적인 설교라는 깊은 착각에 빠져 있다. 김성수는 성경이 말하는 '통일성'과 '다양성'이라는 두 기둥 가운데 '다양성'이라는 한 기둥을 잃어버리고 말았다. 이 점에 있어서 모리아 산에 이삭을 바친 아브라함 이야기는 본문이 우리에게 주는 사실적 의미를 보다 깊이 자각하고 거기에 함축된 의미를 간과하거나 무시하지 않는 바른 성경 이해가 필요하다. *

---

*　김성수는 창세기 강해 26(모리아 산의 여호와 이레를 통해서 본 하나님의 주권과 자유의지)에서 '하나님의 주권과 인간의 자유의지'에 대하여 다루면서, "성경은 우리 인간 쪽에서의 행위를 배제하고 있지 않다."고 말하지만 그 행위는 모두 '하나님이 격발(충동)

187　　　　　　　　　　　　　　　　　　　　　　　　3부 김성수 설교 비평

김성수가 창세기를 통하여 말하는 복에 대하여 조금 더 살펴보자. 그는 "소원이 이루어지고 문제가 해결되는 것이 복이 아니라 하나님의 말씀에 순종하여 자아 숭배교에서 빠져나와 진정으로 하나님 앞에 항복하여 하나님과 이웃을 위해 나의 손해와 상함을 감수하는 자로 성숙되어 가는 것이 성경이 말하는 복"이라고 정의한다(창세기 강해 61, 모리아 산의 여호와 이레를 통해서 본 하나님의 주권과 자유의지 II). 그는 창세기에 기록된 물질의 복, 이 땅의 복을 모두 상징적인 의미의 복 혹은 영적인 복이라는 의미로 바꾸는 것이다. 이런 복에 대한 설명은 기복신앙이라는 주제에서 이미 자세히 소개하였으므로 여기에서 더 긴 설명을 하지는 않겠다.

　　여기서 김성수가 설명한 복은 사실상 '복(blessing)'에 관한 개념이 아니라 '성화(sanctification)'라는 개념에 더 가깝다. 김성수가 "하나님이 아브라함에게 찾아오셔서(소명) 그에게 믿음을 허락하시고(신앙) 그를 의롭다 칭하신 후에(칭의) 그를 진정 의로운 당신의 백성으로 만들어 내시는 것"이라고 말한 것도 같은 맥락이다(창세기 강해 60, 모리아 산의 여호와 이레를 통해서 본 하나님의 주권과 자유의지). 그러다 보니 김성수가 전통적인 개혁주의적 교리를 충실하게 따르고 있다고 여기는 이들도 있을 것이다. 그러나 결론에 가면 그는 전통적 개혁주의가 말하는 '성화'의 개념과는 완전히 다른 것을 말한다. 결국 십자가로 말미암은 '자아 부정'과 '자기 비움'이 선(good)이고 신앙의 완성이며, 영생을 얻는 길이라는 반복되는 결론을 내리기 때문이다.

해서 인간이 자연스럽게 하게 되는 행위'만을 의미한다. 그러나 이것은 반쪽짜리 진리에 불과하다. 신자가 하나님의 말씀을 붙잡고 성령의 은혜를 의지하면서, 자신의 자유의지를 발동하여 영적인 훈련을 쌓고 영적 전쟁을 함으로써 신앙이 성숙해 가는 그러한 성화적 삶을 인정하지 않기 때문이다.

　　　　　　　　　　　　　　　　　　　　　　바른 **해석** 바른 **신앙**

김성수는 '교회가 사람들을 복음이라는 미명 하에 치열한 경쟁구도 속으로 몰아간다'고 한국 교회 전체를 향하여 비판한다. 또 "헌금도 하고, 선교도 억지로 가 보고" 그게 다 "복을 받아서 잘 살려고" 하는 짓이라고 기존 교회 신자의 열심을 싸잡아 매도한다. 한국의 순복음교회가 즐겨 사용하는 요한삼서 2절의 말씀에 대해 비판하면서, 자신을 거대한 기복신앙을 막고 있는 하나의 사마귀(당랑귀철)로 비유하고 있다. 뿐만 아니라 자신의 가르침을 받아서 모든 그리스도인이 자신과 같은 사마귀가 되어야 한다고 가르치고 있다.

물론 앞에서 살펴본 바와 같이, 기복신앙과 번영신학은 분명히 문제점을 가지고 있다. 그러나 성경은 김성수의 주장과 같이 이 세상의 복과 번영을 전면 부정하지 않는다. 다만 하나님보다 물질을 사랑하거나 삶의 우선 순위를 차지한다면, 우상이 되고 죄가 될 수 있기에 성경은 그 점에 대하여 끊임없이 경고하는 것이다. 그러나 김성수는 이 세상의 복과 하늘의 복을 항상 정반대의 개념으로 이해하면서 기복신앙을 추구하는 기독교와 교회는 모두 가짜라고 비판하고 있다.

창세기 강해 28에 나오는 다른 한 예를 보자. 세상의 타락(창 6:1-8)에 관한 설교에서 세상 사람들의 죄를 '힘의 원리가 지배하는 것'으로 규정하고 결론에 가서 그러한 교회는 반드시 심판을 받을 것이라고 한다.

> 사람이 많이 모이고, 예배당 건물이 크고, 헌금을 많이 저축해 놓은 교회 목사는 가슴을 펴고 다니고, 교인 수도 별로 없고, 변변한 예배당도 하나 구입 못해서 빌려서 쓰고, 재정은 늘 간들간들한 교회 목사는 어디가도 주눅이 들어서 구석자리를 찾습니다. 여전히 이 세상

의 힘의 원리가 교회를 움직이는 원리로 작용하고 있습니다.

하나님이 왜 노아의 홍수로 세상을 쓸어 버리셨다고요? 그렇게 힘의 원리를 자신의 삶의 원리로 삼아 자신이 갖고 싶은 것은 어떻게 해서든지 소유하려 하고 자신이 가진 것으로 다른 이들에게 자랑을 일삼는 자들을 쓸어버리신 것입니다. 하나님의 아들들이 사람의 딸들의 아름다움만을 보고 닥치는 대로 아내로 삼는 그러한 힘의 원리가 바로 심판의 근거인 것입니다.

…중략…

여러분이 보시기에 오늘날 교회라고 이름 붙여진 곳이 정말 그 심판의 불을 피할 수 있을 거라 생각하십니까? 그래서 우리가 예전에 교리 부분을 공부할 때 찾아보았던 것처럼 하나님의 심판이 하나님의 집에서부터 시작이 된다고 하는 것입니다. 사탄이 만들어 놓은 수많은 가짜 교회들과 가짜 백성들부터 요절이 나게 되는 것입니다(창세기 강해 28, 거인 숭배 문화에 젖어 있는 저주 받을 교회 II).

김성수는 창세기 6장(창 6:1-8)을 참으로 그럴 듯하게 풀이해서 죄는 힘의 원리이고 따라서 힘의 원리로 살아가는 교회는 심판을 받고 멸망할 것이라고 한다.

이런 설교를 들으면 어떤 마음이 일어나겠는가? 아주 작은 개척 교회가 아닌 이상 자신이 속한 교회에 대한 비판의식과 함께 자신이 속한 교회를 뛰쳐 나가고 싶은 충동이 일어나지 않겠는가? 김성수가 아담과 하와의 죄에 대한 설명부터 성경의 많은 이야기를 연결해서 '죄=힘의 원리'로 정의하는 것은 대단히 위험한 논리다. 성경이 말하는 죄는 힘의 논리만을 말하는 것이 아니라 본질적으로 불신앙, 교만, 이기심, 불순종 등 다양한 면을 포함하고 있기 때문이다. 그럼

바른 **해석** 바른 **신앙**

에도 김성수는 성경이 말하는 단어나 진리의 한 부분만을 강조하고 왜곡시켜서 자신이 주장하려는 결론으로 언제나 끌고 간다. 그중에 하나가 바로 한국 교회 비판이다. 그의 눈에는 한국 교회가 거의 모두 기복신앙과 힘의 원리에 물들어 썩고 타락한 교회로 보이기 때문이다. 그러하니 그의 설교를 맹종하면서 따라가는 신자의 신앙관과 교회관이 어떠하겠는가?

이렇게 김성수의 극단적인 생각은 한국 교회 지도자들과 신자 전체로 확대되어 설교를 통하여 끊임없이 비판되고 있다. 그러면서 한국 교회는 기복신앙에 물들어서 교회 안에서 섬기는 일(심지어 선교하는 일)이 모두 자기 이름을 내고 이 세상에서 잘 먹고 잘 살기 위한 복의 수단으로 이용하고 있다고 단언한다. 물론 그러한 신자가 있는 것은 사실이다. 하지만 교회 안에 있는 신자들 모두가 그런 사람이라고 바라보는 김성수의 생각은 대단히 부정적이고 왜곡되었다. 김성수는 그의 이런 한국 교회 지도자들과 한국 교회 신자들에 대한 깊은 부정적인 인식을 그의 설교에 심취한 신자의 마음속에 깊이 각인시켜 준다. 그 결과 지금도 같은 생각을 공유하는 김성수파 십자가 복음주의자들이 재생산되는 것이다.

김성수가 기존의 교회 지도자들을 비난하는 또 다른 방식이 있는데, 아래 설교에서 확인할 수 있다.

여러분, 여러분이 홍수와 풍랑을 피해 죽음을 모면할 수 있는 길은 오직 예수의 은혜를 믿는 믿음의 길밖에는 없습니다. 그 예수를 믿는 믿음이 무엇인지를 반복하고 반복하여 설명해 주는 것이 바로 설교여야 합니다. 설교는 세상에서 심리학이나 경영학 같은 것을 이용해서 이 땅에서 자기를 사랑하고, 잘 먹고 잘살 수 있는 방법을 설명해 주는 것이 아닙니다. 오히려 설교는 자기를 부인하고 홍수와 풍랑을 피해 우리가 가려던 땅에 도착하는 방법인 복음만을 설명하는 것이어야 하는 것입니다(창세기 강해 26, 노아의 방주와 물 위를 걷는 자들).

김성수는 기존의 교회 목사들이 하는 설교에 대하여 "세상에서 심리학이나 경영학 같은 것을 이용해서 이 땅에서 자기를 사랑하고, 잘 먹고 잘살 수 있는 방법을 설명해 주는" 저급한 수준의 지도자들 혹은 타락한 지도자들이라는 인식을 교인들에게 심어 주고 있다. 물론 그런 비난을 받아 마땅한 설교자들이 있는 것도 사실이고, 필자 또한 그러한 모습에 안타까움을 느낀다. 하지만 한국 교회 전체의 설교자들이 마치 그렇게 타락한 것처럼 강단에서 선포하는 것은 대단히 부정적이고 극단적인 시각이 아닐 수 없다. 여기에 더해서, 김성수는 강단에서 개혁주의를 표방하는 교회들을 다음과 같이 비난한다.

> 오늘날 개혁교회의 목표지점이 바리새인의 삶과 가깝습니까? 아니면 세리의 삶과 가깝습니까? 바리새인의 삶과 가깝지요? '토색, 불의, 간음, 불법 행하지 말고, 십일조 꼬박꼬박 내고, 금식도 열심히 하여 하나님을 기쁘게 해 드리는 삶을 살자'가 오늘날 개혁교회들의 모토가 아니던가요? 그런데 큰일났습니다. 예수님께서 그게 높아지기의 삶이랍니다. 어떻게 하실 거예요?
> …중략…
> 우리는 결국 '나'의 영광과 '나'의 가치만을 챙겨 갖습니다. 그런 자들은 어떻게 하신다고요? 하나님께서 바리새인들과 서기관들의 상좌 챙기기로서의 율법지킴의 행위를 지옥에 갈 행위라 저주를 해 버

리십니다(비유 강해 27, 포장마차 안주 접시 위의 참새구이보다 못한 나, 눅 14:7-14).

　여기서도 개혁교회가 십일조 내고, 금식기도를 하고 하나님을 기쁘게 해 드리는 삶을 살고자 하는 모든 열심이 '자신이 높아지기 위한 삶', '나의 영광과 나의 가치를 챙기는 삶'이라고 단정한다. 바리새인들과 서기관들의 율법 지킴의 행위를 지옥에 갈 행위로 규정하면서, 이런 모습은 곧 개혁교회의 목표지점과 같다고 주장한다. 하나님의 말씀이 순수하게 선포되어야 할 강단에서 그는 한국 교회와 교회 지도자들을 저주 받기에 마땅한 존재인 양 비난하기를 서슴지 않았다.

　이런 발언이 교회 안에서 신앙생활을 하다가 상처를 받은 신자와 교회에 대한 부정적인 생각을 가진 신자들에게 열렬한 환호를 받게 된 것은 조금도 이상한 일이 아니다. 그는 기존의 목사들이 복음(예수)이 빠진 설교, 성경 해석을 잘못한 엉터리 설교를 하고 있다고 주장하면서, 자신의 설교를 들어야 진짜 복음을 알 수 있다는 암시를 끊임없이 주고 있다. 이렇게 한국 교회 전체를 매도하는 그의 설교에 깊이 빠져들어간 일부 신자는 기존 교회에서 정상적인 신앙생활을 하지 못하고 결국 뛰쳐나오게 되었다. 그들은 가정에서 김성수의 동영상 설교로 신앙을 유지하는 고립된 생활을 하거나, 인터넷을 통하여 알려진 서머나교회를 따르는 교인들의 모임에 합류하고 있다.

2. 사사기 강해 1 전문과 그 외

여호수아가 죽은 후에 이스라엘 자손이 여호와께 묻자와 가로되 우리 중 누가 먼저 올라가서 가나안 사람과 싸우리이까 여호와께서 가라사대 유다가 올라 갈지니라 보라 내가 이 땅을 그 손에 붙였노라 하시니라 유다가 그 형제 시므온에게 이르되 나의 제비 뽑아 얻은 땅에 나와 함께 올라가서 가나안 사람과 싸우자 그리하면 나도 너의 제비 뽑아 얻은 땅에 함께 가리라 이에 시므온이 그와 함께 가니라 유다가 올라가매 여호와께서 가나안 사람과 브리스 사람을 그들의 손에 붙이신지라 그들이 베섹에서 일만 명을 죽이고 또 베섹에서 아도니 베섹을 만나서 그와 싸워 가나안 사람과 브리스 사람을 죽이니 아도니 베섹이 도망하는지라 그를 쫓아가서 잡아 그 수족의 엄지가락을 끊으매 아도니 베섹이 가로되 옛적에 칠십 왕이 그 수족의 엄지가락을 찍히고 내 상 아래서 먹을 것을 줍더니 하나님이 나의 행한 대로 내게 갚으심이로다 하니라 무리가 그를 끌고 예루살렘에 이르렀더니 그가 거기서 죽었더라 유다 자손이 예루살렘을 쳐서 취하여 칼날로 치고 성을 불살랐으며 그 후에 유다 자손이 내려가서 산지와 남방과 평지에 거한 가나안 사람과 싸웠고 유다가 또 가서 헤브론에 거한 가나안 사람을 쳐서 세새와 아히만과 달매를 죽였더라 헤브론의 본 이름은 기럇 아르바이었더라(삿 1:1–10).

우리는 요즘 매 주일마다 예수님의 비유를 공부하면서 십자가라는 하나님의 은혜와 그 은혜를 입은 성도의 삶의 본질에 대해 집중적으로 공부를 하고 있습니다. 그런데 많은 분들이 여전히 그 은혜의 현실을 곡해하고 있는 듯해서 설교자로서 참 고민이 많았습니다. 그러던 차에 지난 주에 요한복음이 끝났습니다. 그래서 저는 오늘부터 사사기를 통하여 구원을 얻은 성도들이 이 땅에 침노해 들어온 천국을 어떠한 모양으로 살게 되는지를 집중하여 조명해 보려고 해요.

여러분이 아시다시피 사사기는 이스라엘 백성이 애굽에서 나와 약속의 땅에 들어간 뒤의 삶에 대해 기록을 하고 있는 거거든요. 물론 약속의 땅은 궁극적으로, 완료된 하나님 나라를 지칭하는 것이지만 구원받은 이후에도 여전히 육신을 입고 이 땅을 사는 하나님의 백성이 이 세상 땅에서 살게 될, 은닉되어 있는 천국의 모습을 지칭하기도 해요. 따라서 우리는 이 사사기를 공부하면서 성도가 이 땅에 들어와 있는 천국을 살면서 어떠한 전쟁을 어떻게 치러내야 하는지를 상세하게 공부할 수가 있을 거예요.

사사기를 읽다 보면 마치 무슨 여흥 구처럼 반복되는 말이 있죠? '그때에는 이스라엘에 왕이 없으므로 사람마다 자기 소견에 옳은 대로 행하였더라'입니다. 그래서 학자들은 이 사사기의 저자를 사무엘이라 추측하죠. 하나님을 왕 삼아 살아야 하는 이스라엘이 진짜 왕이신 하나님을 인정하지 않고 자기들 마음대로 살다가 결국 사무엘에게 와서 '우리에게도 왕을 세워 달라(삼상 8장)는 요구를 하지요? 사무엘이 바로 그러한 지경까지 이르게 된 이스라엘의 모습을 사사기를 통해 그려 내고 있다는 것입니다. 따라서 이 사사기는 하나님을 왕 삼아 살아야 하는 자들이 하나님을 왕으로 대접하지 않고 사는 와중에, 하나님께서 스스로 그들의 왕이 되셔서 그들의 삶을 어떻게 끌고 가시는가에 대한 구체적인 내용이 아주 상세하게 그려져 있는 책이에요. 그러니까 우리는 사사기를 통하여 우리의 불가능함과 무력함을 더욱 낱낱이 폭로 당하게 될 것이고, 그러한 어두움을 그냥 덮어 버리시는 하나님의 놀라운 은혜의 깊이를 풍성하게 경험하게 될 거예요.

제가 사사기를 며칠에 걸쳐서 뼈대를 다 세워 놓았거든요. 제가 읽다가 깜짝 놀랐어요. 처음부터 끝까지 예수 그리스도 이외에 다른 이야기는 단 한 줄도 적혀 있지 않아요. 그것은 비단 사사기만의 내용이 아니라 모든 성경의 내러티브예요. 그래서 저는 오늘 본격적인 사사기 강해에 들어가기에 앞서 성경이 어떻게 이 사사기까지 흘러오게 되었는가에 대해 사전 지식을 확보해 드릴께요.

성경은 크게 구약과 신약으로 나누어지지만 그 전체를 하나로 묶으면 '언약'이라는 우산으로 묶여지는 책이죠. 그 언약의 내용을 한 문장으로 잘 표현을 해 놓은 곳이 출애굽기 19장이에요.

> 세계가 다 내게 속하였나니 너희가 내 말을 잘 듣고 내 언약을 지키면 너희는 열국 중에서 내 소유가 되겠고 너희가 내게 대하여 제사장 나라가 되며 거룩한 백성이 되리라 너는 이 말을 이스라엘 자손에게 고할 지니라(출 19:5-6).

이건 하나님께서 세우신 만고불변의 언약이에요. 그 언약이 창세기에서는 어떻게 주어져요? 창세기에서는 선악과를 먹으면 죽고 선악과를 먹지 않으면, 다른 말로 '내 말을 잘 듣고 순종하면' 생명나무 실과를 먹고 영생을 하게 된다는 언약으로 등장하죠.

우리는 하나님의 말씀에 순종한다는 개념을 잘 이해를 해야 돼요. 피조물이 하나님의 말씀에 순종을 한다는 것은 하나님께서 제시하신 몇 가지 항목을 지켜내는 것 정도가 아니에요. 순종이라는 건 진심으로 하나님 앞에서 티끌에 불과한 자기의 존재를 자각하고 인정해야 한다는 말이에요. 그렇게 완전히 비워진 그릇에 하나님이 담기는 것을 연합이라 하고 그걸 순종이라고 하는 거예요. 그때에 피조물은 비로소 하나님의 백성이 되는 거예요. 성경은 그 상태를 살아 있다고 말하고 그 나머지 상태를 죽은 상태라 말해요. 따라서 존재란 하나님과 연합이 된 상태에서만 존재일 수 있는 것입니다.

그런데 피조물에게는 하나님과 완전하게 연합될 수 있는 능력이 없어요. 피조물이 어떻게 하나님과 뜻을 같이 할 수 있어요? 그래서 피조물이 하나님께 온전히 순종을 하는 자가 되기 위해서는 하나님 측에서 그분의 전지전능하심으로 피조물의 삶에 개입을 하셔야 돼요. 그걸 은혜라고 하는 거예요. 그렇게 해서 자신들의 힘으로 하나님 마음에 들 수 있다고 하는 인간의 교만을 부수어 버리시고 인격과 이성을 소유한 채 하나님 앞에서 납작 엎드리게 만들어 버리는 걸 구원이라고 해요. 여러분이 갖고 있는 개념들과 많이 다르죠. 그러한 이야기의 시작이 아담과 하와의 선악과 사건인 거예요.

첫 번째 인간이 하나님의 말씀에 순종하지 못하죠? 제가 선악과는 하나님이 왜 만들어 놓으셨다고 그랬어요? 그것도 가장 보기 좋은 동산 중앙에, 따 먹으라고, 따 먹고 내 은혜받아 산 자 되라 그러신 거예요. 하나님은 그렇게 불순종한 인간들을 반드시 죽이셔야 해요. 왜 언약을 했거든요. "정녕 죽으리라, 무트 타무트." 이 '죽고 죽으리'가 나중에 야베스의 기도에서 '복에 복을'로 확 뒤집어 엎어져 버리는 거죠. 이 '복에 복을'이 영생이지, 절대 야베스의 기도에 나오는 책에 나오는 그런 축복이 아닙니다.

그런데 뜬금없이 짐승의 가죽으로 만든 치마가 등장하고 그 치마에 의해 인간의 사망이 덮여져 버리는 거예요. 그렇게 아주 작은 그림으로 복음 시작되는 거죠.

> 이르되 내가 동산에서 하나님의 소리를 듣고 내가 벗었으므로 두려워하여 숨었나이다(창 3:10).

3부 김성수 설교 비평

모든 피조물은요, 하나님 앞에서 벌거벗은 무력한 존재로 살도록 지어졌어요. 그걸 인정하고 하나님 앞에 온전히 순종하는 자로 설 때 하나님은 그에게 의의 옷을 입히시고 당신의 백성으로 삼으시는 거예요. 그런데 하나님 앞에서 벗은 것을 지금 '부끄러워하고 두려워하게 되었다'는 것은 인간이 하나님 앞에서 자존심을 세우기 시작했다는 거예요. 아담은 지금 '저는 하나님께 벌거벗은 제 몸을 보여 드릴 수가 없어요 부끄러워서, 저도 자존심이 있으니깐요' 그게 선악과를 따 먹은 인간의 상태예요. 그게 죄란 말입니다. 그걸 죽음이라고도 하는 거예요. 움직인다고 산 게 아니란 말입니다. 하나님 앞에서 순종하지 못하고 내 자존심을 세운 그 상태가 죽은 거란 말예요, 여러분. 그래서 온 세상이 다 죽어 있는 거예요, 지금. 바울이 에베소서에서 그 얘기를 하고 있는 거예요. 그래서 허물과 죄로 죽었다고 하는 거예요.

> 여호와 하나님이 아담과 그의 아내를 위하여 가죽옷을 지어 입히시니라 (창 3:21).

이게 덮으심의 은혜인 거예요. 정녕 죽으리라는 하나님의 언약에 의해 반드시 죽어야 할 자들의 사망이 하나님의 은혜로 그냥 덮여지는 거, 이걸 믿는 사람을 성도라고 하는 거예요. 바로 이 이야기가 성경 전체의 내러티브예요. 성경은 이 이야기를 점층적이고 반복적으로 하고 있어요 그러니까 어려울 게 하나도 없어요. 사사기도 이 이야기예요. 이 이야기.
하나님은 그렇게 아담과 하와를 통해 하나님 언약 성취의 은혜성에 대해 간단하게 설명을 하시고 그 아담의 자손을 통해 다시 한번 덮으심의 은혜를 설명해 주시죠. 그게 가인과 아벨의 이야기예요.

여호와 하나님이 에덴동산에서 그 사람을 내어 보내어 그의 근본된 토지를 갈게 하시니라(창 3:23).

타락하여 저주 받은 인간에게 하나님께서 '근본 된 토지를 갈아라'고 그래요. 그것은 '너희가 내 앞에서 어떤 존재인지 한시도 잊지 말라'는 하나님의 배려였어요. 그래서 흙에서 만들어진 티끌 같은 자들에게 흙을 갈게 하신 것이에요. 그게 저주예요. 그런데 그렇게 자신의 티끌 됨을 인정하며 하나님 앞에서 순종하는 자로 살아야 할 아담의 장남 가인이 자신의 제사(라는 그 행위)를 지키겠다고 나 말고 더 나은 행위로 인정해 주는 것을 없애 버려야 하잖아요? 그게 살인이란 말이에요. 그게 죄란 말입니다. 인간의 죄. 그 자체가 살인이란 뜻이에요. 그게 죄예요.

그렇게 동생 아벨을 죽여 버리는 사건이 터지죠. 아벨이라는 이름의 의미는 'nothing'입니다. 근본 된 토지를 가는 자들의 자아 인식이 바로 '아벨'이어야 하는 것입니다. 그런데 자신의 제사를 지키겠다는 '있음'의 대명사 가인이 '없음'을 때려 죽이는 것입니다. 여기서부터 인간 세상에 존재하게 될 두 종류의 인간이 확연하게 분리되어 나타나는 것입니다.

하나님이 허락하신 이 세상에는 두 종류의 인간이 살게 되는데, 그 한 종류는 자신의 자존심을 지키기 위해서 이웃을 살해하는 강자의 부류의 사람이고, 다른 한 종류는 그들에 의해 맞아 죽지만 하나님의 덮으심의 은혜에 의해 그 무력함의 자리에서 부활의 몸으로 살아나게 될 그 은혜의 사람들예요. 딱 두 종류. 전자는 그렇게 살다가 영원한 사망으로 들어가게 되는 것이고 후자는 맞아 죽어서 살아나는 역설의 존재가 되는 거예요. 그게 성도예요. 그러니까 하나님은 당신의 택한 백성의 삶에 적극적으로 개입을 하셔서 세상을 이용하여 그들의 무력함과 불가능함을 처절하게 경험하게 하시고 세상을 통하여 두들겨 팸으로 말미암아 그 처참

한 죽음의 현장에서 당신의 은혜의 덮으심으로 그들을 살려 내시는 일을 역사 속에서 하시는 거예요. 우리는 그렇게 세상에서 맞아 죽고 하나님의 은혜에 의해서 살아나는 거예요. 그게 성도의 인생입니다.

하나님은 노아라는 한 인물과 그의 가족들을 통하여 다시 한번 덮으심의 은혜를 설명해 주세요. 노아와 그의 식구들을 제외한 이 세상 모든 인간들이 하나님 앞에서 전부 뭐가 됐죠? 네피림, 거인이에요. 거인, 용사, 유명한 자가 되었어요. 그랬더니 하나님이 '이건 안 된다' 하고 쓸어버린 거거든요.

> 당시에 땅에 네피림이 있었고 그 후에도 하나님의 아들들이 사람의 딸들을 취하여 자식을 낳았으니 그들이 용사라 고대에 유명한 사람이었더라 (창 6:4).

여기서 '하나님의 아들들'이라는 것은 천사도 아니고 성도를 가리키는 것도 아니에요. 옛날 고대시대 때는 이 세상의 왕들을 하나님의 아들들이라고 칭했잖아요. 세상 권세를 잡은 자들이라는 뜻이에요. 그들이 생산물을 생산해 냈는데 뭐냐면 '용사' 유명한 사람이라는 거예요.

> 여호와께서 사람의 죄악이 세상에 가득함과 그의 마음으로 생각하는 모든 계획이 항상 악할 뿐임을 보시고(창 6:5).

노아의 홍수의 전제(근거)가 바로 이거예요. 이렇게 모든 인간들이 전부 네피림, 용사, 유명한 자가 되려고 하는 것, 이게 죄란 말이에요. 그걸 쓸어버리는 거예요.

땅 위에 사람 지으셨음을 한탄하사 마음에 근심하시고 이르시되 내가 창조한 사람을 내가 지면에서 쓸어버리되 사람으로부터 가축과 기는 것과 공중의 새까지 그리하리니 이는 내가 그것들을 지었음을 한탄함이니라 하시니라 그러나 노아는 여호와께 은혜를 입었더라(창 6:6-8).

네피림 거인 용사 유명한 자들과 하나님의 은혜를 입은 자가 확 갈리죠. 그런데 이 하나님의 은혜를 입은 노아가 120년간 이 유명한 자들에게 어떤 취급을 받았어요? 조롱을 받았단 말입니다. 그게 노아의 죽음이에요. 세상에게 맞아 죽는 거예요. 무식하다고 비효율적이라고. 세상에 맞아 죽는 성도의 모습. 그런데 하나님은 그러한 노아만 살려 내잖아요. 세상에게 맞아서 너는 티끌 죽은 흙 nothig에 불과한 자야. 하는 것을 폭로 당하게 하세요.

근데 하나님이 뭔가 언약하고 약속하셨기 때문에 그 언약에 그냥 끌려 가면서 맞아 죽는 거예요. 그런데 하나님이 고 사람만 살려 내는 거예요. 네피림, 거인, 용사, 유명한 자들은 전부 죽여 버리신 거예요. 그렇게 이 세상의 힘을 소유하고 그 힘을 의지하는 자들은 절대 자신들의 연약함의 폭로를 전제로 해야 하는 하나님의 그 은혜를 달가워하지 않기 때문에 이들은 은혜에서 배제되어 죽는 거예요.

하나님은 바벨탑 사건을 통하여 인간 측에서의 가능성과 열심을 또한 번 박살을 내시죠. 그리고 아브라함이라는 한 사람을 택하여 하나님의 구원이 어떻게 하나님의 은혜로만 주어지게 되는지를 자세하게 설명을 해 주세요. 구원의 시작과 끝이 모두 하나님이심을 아브라함의 생애가 보여 줘요. 구원은 우상이나 만들어 팔던 불가능한 자에게 하나님께서 먼저 찾아가심으로(스데반의 설교, 행 7장) 시작되어 모리아 산에서 하나님이 예수 그리스도의 십자가로 완료하시는 것으로 구원이 완성되는 거예요. 그래서 아브라함의 삶은 하나님으로 시작해서 하나님으로 끝나는 거예요. 그게 믿음의 조상이에요. 그 와중에 아브라함은 계속 실수와 실패하고 아브라함이 얼마나 불가능한 자인지 폭로당해요. 그러면서 하나님 앞에서 납작 엎드리는 자로 서게 되는 거예요 그걸 구원이라고 그러는 거예요.

계속해서 하나님은 그 아브라함의 후손들을 통하여 구원이란 무엇이며 영생이란 무엇인지를 설명해 주시기 위해 그의 후손들을 애굽으로 들여보내세요. 그리고는 그들을 애굽의 노예로 만들어 버리죠. 하나님은 거기에서도 세상을 상징하는 애굽에게 하나님의 백성이 맞아 죽는 모습을 연출해 내신 거예요. 그 애굽의 현실이. 그런데 하나님의 백성들을 두들겨 패던 세상의 장자들이 모두 살해를 당해요. 그리고 그 세상의 힘을 상징하는 애굽의 군사들이 홍해에 전부 빠져 죽어요. 또 한번 노아의 홍수가 반복되는 거예요. 그리고 그들에게 죽도록 두들겨 맞던 하나님의 백성이 노아와 그의 식구들이 모세에게 속하여 방주에게 속하여 하나님의 덮으심의 은혜에 의해 거저 살아나게 되는 거죠.

그들이 한 것은 불평과 원망밖에 없어요. 그런데 하나님은 결국 가나안 땅으로 들여 보내시는 거예요. 하나님의 덮으심의 은혜가 그렇게 패역한 자들을 살려 내시고야 마신 것입니다. 그렇게 애굽에서 나온 이스라엘은 40년 간 광야에서 살게 됩니다. 하나님께서 그들을 광야로 보내신 계기가 된 사건이 뭐죠? 열두 정탐꾼 사건입니다. 하나님을 절대적으로 신뢰하지 않고, 다른 말로 자기들의 판단을 유보하고 하나님의 명령을 들어야 하는 하나님 백성이 가나안에는 아낙사람이 살고 있어서 자신들은 절대 그곳에 들어갈 수 없을 것이라고 지레 겁을 먹은 사건 때문에 그들이 광야 40년을 지내게 된 거예요.

하나님의 판단보다 자신들의 판단을 더 의지했던 것입니다. 그게 뭐라고요? 선악과 따 먹은 아담의 모습입니다. 하나님은 그러한 아담들을 광야로 내몰아서 에덴 밖으로 내몰아서 그들이 얼마나 무력한 자들인지를 직접 체험케 하시는 거예요. 근본된 토지를 갈게 하시는 거예요. '우리는 죽은 흙이구나.' 이걸 폭로 당하게 하시는 거예요. 그게 광야에요.

어떠세요. 성경은 한 이야기를 계속 반복하고 있는 거예요. 조금 다른 모양을 덧칠해서 계속 같은 이야기를 반복하고 있는 거예요.

> 내가 오늘날 명하는 모든 명령을 너희는 지켜 행하라 그리하면 너희가 살고 번성하고 여호와께서 너희의 열조에게 맹세하신 땅에 들어가서 그것을 얻으리라(신 8:1).

선악과 먹지 말아라 그거죠. 생명나무를 먹을 것이고 이런 뜻이에요. '살고'라는 단어가 나오죠. 에덴에서 영원히 살게 될 것이다. 이런 뜻이죠. 창세기의 언어로 바꾸어 드리는 거예요.

> 네 하나님 여호와께서 이 사십 년 동안에 너로 광야의 길을 걷게 하신 것을 기억하라 이는 너를 낮추시며 너를 시험하사 네 마음이 어떠한 지 그 명령을 지키는지 아니 지키는지 알려하심이라(신 8:2).

인간들이 선악과를 따 먹고 이 땅에 탄생하게 되는데 이 인간들이 선악과를 입에 물고 있으면서, 나는 내 힘으로 선악과를 안 먹을 수 있어요. 하고 하나님 앞에서 너스레를 떠는 거예요. 그래서 하나님이 광야 40년을 돌리시면서 '니들이 진짜 내 명령을 지킬 수 있다고? 한번 봐.' 그게 광야 40년이에요.

너를 낮추시며 너로 주리게 하시며 또 너도 알지 못하며 네 열조도 알지 못하던 만나를 네게 먹이신 것은 사람이 떡으로만 사는 것이 아니요 여호와의 입에서 나오는 모든 말씀으로 사는 줄을 너로 알게 하려 하심이니라(신 8:3).

니네들 내 말 듣는다고 하는데 진짜 니들이 내 말 듣는지 한번 살아봐라. 어떻게 발각됐죠? 하나님의 말을 단 한번도 들은 적이 없어요. 그래서 결국 60만 명이 다 죽죠. 그거는 그들이 선악과 따 먹고 '무트 타무트(정녕 죽으리라)'의 저주 받아 죽었다는 것을 모형으로 보여 주는 거예요.

그러나 하나님은 그들 위에 은혜를 덮어 여호수아(예수)를 앞세워 약속의 땅으로 들여보내시는 구원의 이야기란 말이에요. 광야의 이야기조차도, 하나님의 백성은 끊임없이 세상의 떡을 구하는 삶을 사는데, 하나님은 그 세상 떡의 무용함과 허황됨을 체험케 하시고, 하나님의 말씀을 좇아서 순종하는 티끌로 사는 것이 진짜 복인 것을 알게 하시기 위해서 당신의 백성에게 광야를 허락하신다는 거예요. 그건 모든 하나님 백성이 전부 다 거쳐야 할 과정이며 하나님 나라로 들어가는 관문인 거예요.

그래서 스데반이 광야의 이스라엘을 광야 교회라고 부르는 거예요(행 7:38). 바로 교회의 이야기를 출애굽 광야가 모형으로 보여 준다라는 의미로 광야 교회라고 부르는 거예요. 주님은 그 광야 교회에게 율법이라는 것을 주시고 제사제도라는 것을 주십니다. 제가 지금 모세오경을 여러분이 알기 쉽게 요약하고 있는 거예요. 광야 교회가 율법을 전혀 지켜낼 수 없음을 깨닫게 해 주심으로 해서 희생제사로 상징이 되는 십자가 제사의 필연성을 가르치기 위함이에요. 그래서 율법과 제사가 함께 주어진 거예요. 율법에서 제사의 필연성을 깨달아 알라는 거죠. 그렇게 하나님 백성의 삶은 전부가 다 자신들의 티끌 됨을 폭로 당하고 하나님의 은혜를 붙

바른 **해석** 바른 **신앙**

드는 용도로 주어지게 되는 거예요.

그렇게 광야에서 자신들의 무력함과 불가능함을 첫 세대 그 장정 60만 명의 몰살로 확증을 받은 이스라엘은 입증이 된 거죠. 너희들은 안 된다는 게. 이스라엘은 순전히 은혜로만 요단강을 건너게 되는 거예요. 전혀 성숙되지도 않고 변화되지도 않았는데 새로운 자들은 은혜로 그냥 요단강을 건너 가나안으로 들어가는 거예요. 지금까지의 줄거리가 창세기부터 신명기까지의 내용이에요. 그리고는 가나안 정복전쟁을 기록한 여호수아서를 지나 오늘부터 우리가 함께 공부할 사사기로 이어지게 되는 거예요.

사사기는 그렇게 하나님의 은혜만으로 약속의 땅에 들어온 성도들이 어떻게 그들의 삶 속에서 십자가 복음을 실재화하여 살아 내게 되는가를 보여 주는 책이에요. 십자가는 우리를 구원하는 구원의 도구이고 하나님 나라의 삶의 원리이고, (우리는) 하나님 나라의 삶의 원리인 십자가를 이 땅에서 실재화하여 사는 거예요. 성도는 바로 그 삶의 이야기를 사사기에 확실하고 깊게 설명해 주고 있는 거란 말입니다. 너희들이 언약이 실현되는 약속의 땅, 우리의 인생, 성도의 인생. 그게 하나님 나라예요 성도의 인생이 하나님 나라니까, 거기서 예수를 끌어당길 수 있어야 하는 거예요. 그리고 우리의 불가능함이 어떻게 폭로되는가를 고통 속에서 받아들이셔야 해요.

오늘 본문을 보시면 여호수아가 죽은 후에 이스라엘에 지도자가 없다는 것으로 사사기가 시작되고 있죠. 그러니까 사사기는, 보이는 하나님의 모형으로 나타났던 모세와 여호수아가 사라지고 이제 본격적으로 보이지 않는 하나님께서 그들을 어떻게 끌고 가실 것인가를 그리고 있다는 것이에요. 모세와 여호수아는 두말 할 것 없이 하나님의 백성을 약속의 땅으로 이끄는 예수 그리스도의 모형이죠.

그런데 모세도 실패를 하고 여호수아도 실패자로 죽는 거예요. 그럼에도 인간이 얼마나 미완료적 존재이며 불가능한 존재인 것까지 보여 주고 생을 마감하는 거예요. 그리고는 이제 보이지 않는 하나님께서 당신의 백성 이스라엘을 어떻게 완료된 승리의 지점으로 끌고 가시는지를 사사기를 통해 보여 주는 거예요. 그래서 여호수아가 죽은 후에 하나님이 여호수아의 후계자를 세우시지 않는 거예요.

오늘 본문에서 하나님은 유다 지파에게 전쟁을 명령하시고 시므온 지파를 따라붙게 하세요. 이스라엘은 이미 가나안 정복전쟁을 수없이 치러 온 상태예요. 그리고 거의 대부분의 땅을 정복한 상태이고 얼마 남지 않은 잔당들만 처리하면 되는 그런 상황이에요. "또 남기고 또 맞어." 그게 사사기 전체의 이야기예요. 그런데 이스라엘은 다윗의 때까지 하나님께서 허락하신 가나안 땅을 모두 정복하지 못합니다. 그리고 그 기간 동안에 끊임없이 크고 작은 전쟁을 치르며 그 하나님 나라 전쟁의 내용에 대해 체험학습을 하는 거예요.

오늘 본문은 사사기의 서론 부분입니다. 그래서 오늘 본문을 잘 읽어 보면 사사기 전체의 내용이 훌륭하게 요약이 되어 있음을 알 수 있습니다. 하고 많은 지파 중에 왜 유다 지파와 시므온 지파가 사사기 서론에 등장할까요? 유다 지파는 이스라엘의 참 왕이 나올 지파이고 시므온 지파는 유다 지파에 의해 저주를 모면하는 그러한 교회의 모형으로 등장을 하는 거예요.

> 유다야 너는 네 형제의 찬송이 될 지라 네 손이 네 원수의 목을 잡을 것이요 네 아비의 아들들이 네 앞에 절하리로다 유다는 사자 새끼로다 내 아들아 너는 움킨 것을 찢고 올라갔도다 그의 엎드리고 웅크림이 수사자 같고 암사자 같으니 누가 그를 범할 수 있으랴 홀이 유다를 떠나지 아니

바른 해석 바른 **신앙**

하며 치리자의 지팡이가 그 발 사이에서 떠나지 아니하시기를 실로가 오시기까지 미치리니 그에게 모든 백성이 복종하리로다 그의 나귀를 포도나무에 매며 그 암나귀 새끼를 아름다운 포도나무에 맬 것이며 또 그 옷을 포도주에 빨며 그 복장을 포도즙에 빨리로다(창 49:8-11).

다른 지파의 왕이 되어서 홀을 쥐고 치리자의 지팡이를 간직한 채, 메시아가 오기까지 그 메시아의 모형으로 살게 되는 지파가 유다 지파라는 뜻이에요. 그리고 그 유다 지파에서 참 이스라엘의 왕 예수 그리스도가 나귀를 타고 옷을 포도주에 빨며 나타나서 십자가를 질 것이라는 이야기예요. 이것이 이사야서 그리고 요한계시록에 명확히 나오죠.

따라서 오늘 본문 사사기 1장에서의 유다 지파는 바로 예수 그리스도를 모형하고 있는 거예요. 반면 시므온 지파는 어떤 지파였지요?

시므온과 레위는 형제요 그들의 칼은 잔해하는 기계로다 내 혼아 그들의 모의에 상관하지 말지어다 내 영광아 그들의 집회에 참예하지 말 지어다 그들이 그 분노대로 사람을 죽이고 그 혈기대로 소의 발목 힘줄을 끊었음 이로다 그 노염이 혹독하니 저주를 받을 것이요 분기가 맹렬하니 저주를 받을 것이라 내가 그들을 야곱 중에서 나누며 이스라엘 중에서 흩으리로다(창 49:5-7).

'이스라엘에서 나간다'는 말은 죽는다는 뜻이에요. 선택 밖으로 나간다는 뜻이에요. 멸망 받는다는 뜻이에요 저주 받아 멸망 받을 자들의 모형이 시므온이에요. 자신의 자존심과 자신의 유익을 위해서 하나님의 언약의 징표인 할례를 이용하여 살인을 저지르는 죄인의 모형으로 등장하는 것이 시므온이란 말이에요. 이게 죄인이에요. 그렇게 흩어져 버려야 할 시므온 지파가 유다 지파의 기업을 잉여로 거저 나누어 받는 거예요.

둘째로 시므온 곧 시므온 자손의 지파를 위하여 그 가족대로 제비를 뽑
았으니 그 기업은 유다 자손의 기업 중에서라(수 19:1).

시므온 지파는 유다 자손의 기업 그 잉여를 선물로 받아 겨우 존재하
는 거예요. 그게 교회입니다. 그게 성도인 거예요. 어떠세요? 뭐가 어려
워요? 계속 반복되고 있는 거예요. 성경은요, 신약, 구약 다 마찬가지예
요.

오늘 본문도 잘 보시면요. 유다 지파가 가나안과 전쟁을 하러 나가는
데 시므온 지파가 함께 전쟁에 나가요. 그런데 유다 지파가 전쟁을 하여
혁혁한 전과를 올리는 기사가 반복되어 나오는데 시므온이 그 전쟁에 어
떻게 기여했는지는 단 한 줄도 안 나와요. 바로 십자가라는 잉여 증폭기
에 의해 구원의 선물을 받는 성도의 이야기 이게 사사기다 하고 서론에
서 이야기해 주고 있는 거예요. 여러분은 이 사사기가 여호수아서의 마
지막에 나오는 여호수아와 이스라엘의 언약에 이어지는 것임을 놓치면
안 돼요.

만일 여호와를 섬기는 것이 너희에게 좋지 않게 보이거든 너희 열조가
강 저편에서 섬기던 신이든지 혹 너희의 거하는 땅 아모리 사람의 신이
든지 너희 섬길 자를 오늘날 택하라 오직 나와 내 집은 여호와를 섬기겠
노라 백성이 대답하여 가로되 여호와를 버리고 다른 신들 섬기는 일을
우리가 결단코 하지 아니 하오리니(수 24:15-16).
여호수아가 백성에게 이르되 너희가 여호와를 능히 섬기지 못할 것은 그
는 거룩하신 하나님이시요 질투하는 하나님이시니 너희 허물과 죄를 사

하지 아니하실 것임이라(수 24:19).

이렇게 철저하게 하나님과 언약을 한 이스라엘이 질투하시는 하나님
과의 언약을 하나도 지키지 않는 것이 사사기 전체의 내용이에요. 하나
님은 그들이 하나님과의 언약을 지키지 못할 것임을 이미 아셨어요. 그
래서 가나안에 남은 가나안 족속들을 모두 다 쫓아내지 않으셨다고 하나
님께서 친히 말씀을 하세요.

> 여호와께서 사사를 세우사 노략하는 자의 손에서 그들을 건져내게 하셨
> 으나 그들이 그 사사도 청종치 아니하고 돌이켜 다른 신들을 음란하듯
> 좇아 그들에게 절하고 여호와의 명령을 순종하던 그 열조의 행한 길을
> 속히 치우쳐 떠나서 그와 같이 행치 아니하였더라(삿 2:16-17).
> 나도 여호수아가 죽을 때에 남겨둔 열국을 다시는 그들의 앞에서 하나
> 도 쫓아내지 아니하리니 이는 이스라엘이 그 열조의 지킨 것같이 나 여
> 호와의 도를 지켜 행하나 아니하나 그들로 시험하려 함이라 하시니라
> (삿 2:21-22).

니들이 내말 듣나 안 듣나 보라는 거죠. 어 되네? 이게 아니라 '참 안
된다.' 이걸 경험하게 하는 거예요. 그래서 예수 그리스도의 필연성을 꼭
붙들게 되는 게 성도의 인생인 것입니다. 그런데 그러한 인생의 실체가
제시가 되자 하나님의 백성이 어떻게 하는지 보세요.

> 여호와의 사자가 길갈에서부터 보김에 이르러 가로되 내가 너희로 애굽
> 에서 나오게 하고 인도하여 너희 열조에게 맹세한 땅으로 이끌어 왔으며
> 또 내가 이르기를 내가 너희에게 세운 언약을 영원히 어기지 아니하리니

너희는 이 땅 거민과 언약을 세우지 말며 그들의 단을 헐라 하였거늘 너희가 내 목소리를 청종치 아니 하였도다 그리함은 어찜이뇨 그러므로 내가 또 말하기를 내가 그들을 너희 앞에서 쫓아내지 아니하리니 그들이 너희 옆구리에 가시가 될 것이며 그들의 신들이 너희에게 올무가 되리라 하였노라 여호와의 사자가 이스라엘 모든 자손에게 이 말씀을 이르매 백성이 소리를 높여 운지라(삿 2:1-4).

'너희들이 내 말 못 지켜.' 내가 그걸 깨닫게 해 주려고 내가 가나안 족속을 다 쫓아내지 않은 거야. 그러니까 울어요. 마치 출애굽 때에 '애굽에 매장지가 없어서 우리를 데리고 나왔느냐?'고 항의를 하던 이스라엘의 모습을 그대로 보고 있는 것 같지 않으세요? 그렇게 사사기 내내 이스라엘은 티끌로 폭로를 당하고 하나님의 은혜는 그 티끌로 폭로된 이스라엘을 다시 새 창조의 창조물로 만들어 내시는 것이 사사기 전체의 내용이에요.

네가 가서 그 땅을 얻음은 너의 의로움을 인함도 아니며 네 마음이 정직함을 인함도 아니요 이 민족들의 악함을 인하여 네 하나님 여호와께서 그들을 네 앞에서 쫓아내심이라 여호와께서 이 같이 하심은 네 열조 아브라함과 이삭과 야곱에게 하신 맹세를 이루려 하심이니라(신 9:5).

따라서 우리가 이 세상에 은닉되어 들어온 하나님 나라에서 치르는 전쟁은 전부 어떤 전쟁이라는 말이에요? 우리의 힘으로는 절대로 이길 수 없는 것이 하나님 나라 전쟁이라는 것을 아는 전쟁인 것입니다. 그걸 자기 부인의 전쟁이라고도 하는 거예요. 그러한 자기 부인에서, 오직 하나님만이 전쟁의 주체이시며 승리자이심을 뼛속 깊이 새기게 되는 것이

바른 해석 바른 신앙

에요. 그래서 이스라엘이 가나안으로 진군을 할 때 하나님이 (요셉의) 해골을 들고 가게 하시는 거예요. 요셉은 예수 그리스도를 상징한다고 그 랬잖아요.

> 요셉이 그 형제에게 이르되 나는 죽으나 하나님이 너희를 권고하시고 너 희를 이 땅에서 인도하여 내사 아브라함과 이삭과 야곱에게 맹세하신 땅 에 이르게 하시리라 하고 요셉이 또 이스라엘 자손에게 맹세시켜 이르기 를 하나님이 정녕 너희를 권고하시리니 너희는 여기서 내 해골을 메고 올라가겠다 하라 하였더라 요셉이 일백 십 세에 죽으매 그들이 그의 몸 에 향 재료를 넣고 애굽에서 입관하였더라(창 50:24-26).

그리고 어떻게 했는지 보세요.

> 그러므로 하나님이 홍해의 광야 길로 돌려 백성을 인도하시매 이스라엘 자손이 애굽 땅에서 항오를 지어 나올 때에 모세가 요셉의 해골을 취하 였으니 이는 요셉이 이스라엘 자손으로 단단히 맹세케 하여 이르기를 하 나님이 필연 너희를 권고하시리니 너희는 나의 해골을 여기서 가지고 나 가라 하였음이었더라(출 13:18-19).

도대체 그 놈의 해골이 뭐길래 '반드시 들고 나가라.'고 하나님이 권고 하셨다고 했을까요? 해골? 헬라어로 골고다. 십자가, 성도의 가나안은 해골의 공로로만 들어가는 것입니다. 오늘 본문을 보시면 유다가 열심히 전쟁을 하여 예루살렘을 정복하지요? 예루살렘은 약속의 땅의 심장이에 요. 그 약속의 땅의 심장을 유다가 공격을 하여 함락을 시켜 버려요.

유다 자손이 예루살렘을 쳐서 취하여 칼날로 치고 성을 불살랐으며
(삿 1:8).

그런데 다윗의 시편을 보면 예루살렘은 하나님의 은혜로 세워지는 것
이라 기록이 되어 있어요.

주의 은택으로 시온에 선을 행하시고 예루살렘 성을 쌓으소서(시 51:18).

그러니까 이 사사기에 등장하는 모든 사사는 전부 이스라엘의 진짜
왕이시요. 진짜 사사이신 하나님의 모형이고, 모든 전쟁 또한 하나님이
치르시는 하나님의 전쟁인 거예요. 거기에서 이스라엘의 무력함이 함께
폭로가 되는 것일 뿐이에요. 이스라엘은 계속 지고 하나님은 계속 이기
는 거예요. 그게 우리의 신앙생활이에요.

내가 네게 죄를 짓지 아니하였거늘 네가 나를 쳐서 내게 악을 행하고자
하는도다 원컨대 심판하시는 여호와는 오늘날 이스라엘 자손과 암몬 자
손의 사이에 판결하시옵소서 하나(삿 11:27).

수많은 사사(judge)가 등장하는데 사사기에 갑자기 심판하시는 이는 여
호와가 나와요. 이렇게 사사들의 이야기는 진짜 사사이신 여호와 하나님
의 이야기인 거예요. 이제 마지막으로 이 가나안 정복전쟁의 시작이 어
떻게 진행이 되어졌는지를 보면서 오늘의 사사기 개관에 확인도장을 찍
고 제가 마무리를 해 드릴께요.

여러분도 아시다시피 가나안 정복전쟁은 여리고 성에서부터 시작이

바른 해석 바른 **신앙**

됩니다. 그런데 여리고 성이 어떻게 무너졌습니까? 이스라엘은 망치질한 번 안 하고 그 철옹성 여리고가 단번에 와르르 무너졌어요. 하나님의 전쟁은 그렇게 하나님께 순종하는 전쟁이에요. 그래서 무력하게 만들어 버리는 거예요. 상식적으로 생각해서 도저히 불가능하다 판단이 되는 것도, 그 판단을 유보한 채 하나님의 말씀을 믿고 순종하는 것이 하나님 나라 백성의 존재 양태잖아요. 그래서 그 엄청난 여리고를 마냥 돌기만 하라는 하나님의 말씀이 다소 이해가 가지 않아도 그렇게 하는 거예요.

40일 금식기도 해 갖고? 아니에요 내 말을 좀 들어보세요 성도는 그러는 게 아니란 말입니다. 성도는 그냥 순종하고 말 들으면 이기는 거예요. 영적 전투라는 것은 내 안에 있는 마귀의 속성과 싸우는 거지 밖으로 돌아다니는 귀신들과 싸우는 게 아니란 말이라니깐요. 자기가 귀신인데 누구랑 싸웁니까? 그런 순종의 전쟁에 여리고는 그냥 소품으로 등장을 하는 거예요. 그런데 문제는 두 번째 전쟁에서 발생을 합니다. 여리고에 비하면 조족지혈에 불과한 아이 성에서 이스라엘이 대패를 하게 됩니다. 그때 여호수아가 어떻게 하는지 보세요.

> 여호수아가 가로되 슬프도소이다 주 여호와여 어찌하여 이 백성을 인도하여 요단을 건너게 하시고 우리를 아모리 사람의 손에 붙여 멸망시키려 하셨나이까 우리가 요단 저편을 족하게 여겨 거하였더면 좋을 뻔 하였나이다(수 7:7).

홍해 앞에서의 이스라엘 백성의 투정과 똑같죠? 사사기에서도 똑같은 투정이 나왔죠? 이렇게 인간들은 절대 스스로의 힘으로 하나님께 순종할 수 없는 존재들인 것입니다. 그런데 왜 그들이 아이 성에서 패배를 한 것입니까?

이스라엘 자손들이 바친 물건을 인하여 범죄하였으니 이는 유다 지파 세라의 증손 삽디의 손자 갈미의 아들 아간이 바친 물건을 취하였음이라 여호와께서 이스라엘 자손들에게 진노하시니라(수 7:1).

이스라엘이 범죄하여 내가 그들에게 명한 나의 언약을 어기었나니 곧 그들이 바친 물건을 취하고 도적하고 사기하여 자기 기구 가운데 두었느니라(수 7:11).

이스라엘이 아이 성에서 대패를 한 건 하나님의 말씀에 불순종했기 때문입니다. 하나님은 이스라엘에게 여리고에서 취한 전리품은 하나도 빠짐없이 하나님의 창고에 들이라는 명령을 하셨어요.

너희는 바칠 물건을 스스로 삼가라 너희가 그것을 바친 후에 그 바친 어느 것이든지 취하면 이스라엘 진으로 바침이 되어 화를 당케 할까 두려워하노라 은금과 동철 기구들은 다 여호와께 구별될 것이니 그것을 여호와의 곳간에 들일지니라(수 6:18-19).

여기에서 '바친 물건' 혹은 '바칠 물건'이라고 번역된 '헤렘'이라는 히브리어는 '완전히 멸하기로 정해진 것, 완전히 바쳐지기로 정해진 것'이라는 의미의 명사에요. 그런데 완전히 멸해져야 할 것이 조금 남겨져서 아간이라는 사람의 수중에 들어가 있던 거예요. 그런데 12절을 보시면 하나님께 바쳐져서 진멸되어져야 할 것과 그 물건을 바치는 자가 하나님 앞에서 동일시되어지는 것을 볼 수 있어요.

그러므로 이스라엘 자손들이 자기 대적을 능히 당치 못하고 그 앞에서 돌아섰나니 이는 자기도 바친 것이 됨이라 그 바친 것을 너희 중에서 멸하지 아니하면 내가 다시는 너희와 함께 있지 아니하리라(수 7:12).

그러니까 하나님께 바쳐져야 할 것은 우리가 가진 소유나 힘 정도가 아니라 우리 자신인 거예요. 완전하게 텅텅 비워지는 거예요. 따라서 하나님 앞에서의 순종이란 '나'라는 존재가 하나님 앞에 바쳐져서 진멸되어도 아무런 할 말이 없는 그런 존재임을 인정하고 수긍하여 하나님 앞에서 완전히 비워져서 철저한 항복 선언을 하는 것을 말해요. 그걸 순종이라고 말해요. 그걸 자기 부인의 완성이라고 하는 거예요. 그게 안 되는 자는 하나님 나라의 전쟁에서 패자가 되는 거예요. 다시 말해 사망에 처해지게 된다는 거예요. 따라서 하나님 앞에서 '나'라는 존재의 가치 챙기기나 영광 챙기기가 조금이라도 남아 있게 되면 그들은 아이 성 앞의 이스라엘이 되는 거예요. 하나님은 그러한 불순종의 죄인을 불살라 버리라고 명령을 하세요.

바친 물건을 가진 자로 뽑힌 자를 불사르되 그와 그 모든 소유를 그리하라 이는 여호와의 언약을 어기고 이스라엘 가운데서 망령된 일을 행하였음이라 하셨다 하라(수 7:15).

역시 언약이 나오잖아요. 언약을 요만큼이라도 어기면 죽어요. 그래서 아간은 저주의 불에 타 죽어야 할 운명에 처하게 된 것입니다. 그 아간이 전리품을 숨길 때의 모습이 이렇게 그려져 있어요.

내가 노략한 물건 중에 시날산의 아름다운 외투 한 벌과 은 이백 세겔과 오십 세겔 중의 금덩이 하나를 보고 탐내어 취하였나이다 보소서 이제 그 물건들을 내 장막 가운데 땅속에 감추었는데 은은 그 밑에 있나이다 (수 7:21).

여기에서 '보고'라고 번역된 단어 '라아'는 창세기 3장에 나오는 그 단어예요. '보암직도 하고'의 그 단어와 동일한 단어예요. 하나님은 자주 이스라엘의 범죄를 아담의 범죄라고 표현을 하세요. 그래서 이 세상에 존재하는 모든 죄가 바로 아담의 죄다. 그렇게 말하는 거예요.

저희는 아담처럼 언약을 어기고 거기서 내게 패역을 행하였느니라 (호 6:7).

그렇게 성경은 하나님께 불순종한 저주 받을 인간과 그를 은혜로 구원해 내시는 하나님의 이야기로만 점철되어 있는 거예요. 그러니까 그 아간이 누구라는 말입니까? 바로 '나'란 말이에요. 아담이 그러했듯이 아간 안에 들어 있는 '나'도 아간처럼 그렇게 죽어야 했던 거예요.

그런데 아간이 뽑히는 과정을 보시면 여기에서 구체적인 구원방법이 제시되고 있어요.

이에 여호수아가 아침 일찍이 일어나서 이스라엘을 그 지파대로 가까이 나아오게 하였더니 유다 지파가 뽑혔고 유다 족속을 가까이 나아오게 하였더니 세라 족속이 뽑혔고 세라 족속의 각 남자를 가까이 나아오게 하였더니 삽디가 뽑혔고 삽디의 가족 각 남자를 가까이 나아오게 하였더니 유다 지파 세라의 증손이요 삽디의 손자요 갈미의 아들인 아간이 뽑혔더라(수 7:16-18).

저주의 불에 타 죽어야 할 자가 뽑히고 뽑히는데 하필 유다 지파에서 뽑혀요. 그리고 그가 아골 골짝에서 죽은 후 이스라엘이 승리를 해요. 조금 감이 잡히세요?

다시 여호수아 7장 1절로 가겠습니다.

> 이스라엘 자손들이 바친 물건을 인하여 범죄하였으니 이는 유다 지파 세라의 증손 삽디의 손자 갈미의 아들 아간이 바친 물건을 취하였음이라 여호와께서 이스라엘 자손들에게 진노하시니라(수 7:1).

아간 하나가 범죄를 했는데 하나님께서 이스라엘 자손들에게 진노를 하신다고 그래요. 왜 그래요? 이스라엘은 개별자들의 집합이 아니라 하나님 백성이라는 집단적 존재이기 때문에 그래요. 그게 교회예요. 그래서 한 사람 아담, 한 사람 아간이 범죄를 했는데 하나님은 그를 대표로 한 모든 집단을 전부 저주해 버리는 거예요. 조금 구체적인 그림으로 아간의 이야기에서 구원의 이야기가 펼쳐지고 있는 것입니다. 그걸 로마서가 이렇게 설명을 합니다.

> 한 사람의 순종치 아니함으로 많은 사람이 죄인 된 것같이 한 사람의 순종하심으로 많은 사람이 의인이 되리라(롬 5:19).

이 이야기하고 싶은 거예요, 아이 성 사건이. 한 사람 아간이 범죄를 했어요. 그래서 모든 이스라엘이 다 저주를 받게 되었습니다. 그런데 그 아간이라는 사람이 죽자 이스라엘이 저주에서 풀려 승리를 하게 됩니다. 물론 아간은 자기의 죄 때문에 죽는 것입니다. 이스라엘 중에서, 뽑히고 뽑힌, 죄인 중의 괴수라는 것을 설명해 주는 거예요. 그런데 왜 그런 자가 죽었는데 이스라엘이 살아나게 되냔 말이에요? 왜 그런 그림을 보여 주냔 말이에요. 아간이 예수를 모형하고 있다는 걸 힌트하고 있는 거예요. 예수님은 죄인 중에서 뽑히고, 뽑히고, 또 뽑힌 죄인 중의 괴수인 우리 자신을 위해, 우리 대신 유다 지파에서 뽑히고 뽑혀서 죽는 거예요. 그 십자가 구원의 이야기가 아이 성 전투 속에 숨어 있는 것입니다. 예수 그리스도란 말입니다. 성경은 전체가 다.

> 여호수아가 가로되 네가 어찌하여 우리를 괴롭게 하였느뇨 여호와께서 오늘날 너를 괴롭게 하시리라 하니 온 이스라엘이 그를 돌로 치고 그것들도 돌로 치고 불사르고 그 위에 돌무더기를 크게 쌓았더니 오늘날까지 있더라 여호와께서 그 극렬한 분노를 그치시니 그러므로 그곳 이름을 오늘날까지 아골 골짜기라 부르더라(수 7:25-26).

하나님 앞에서 완전히 드려져야 하는 자들이 선악과를 따 먹고 자신이 선악 판단의 주체가 되어 자기의 자존심과 가치와 영광을 챙기려 하는 그 상태가 이렇게 돌아 맞아 죽고 불에 살라져야 할 상태인 거예요. 그런데 유다 지파의 후손으로 오신 예수 그리스도께서 그 자리로 내려가셔서 우리에게 쏟아진 저주를 풀어 버리신 거예요. 지나친 비약 아닙니까? 아니에요 그래서 제가 성경구절을 늘 대드리잖아요.

그 아간이 맞아 죽은 그 아골 골짜기를 성경이 어떻게 표현을 하는지 보세요.

> 사론은 양떼의 우리가 되겠고 아골 골짜기는 소떼의 눕는 곳이 되어 나를 찾은 내 백성의 소유가 되려니와(사 65:10).

왜 하필 아골 골짜기가? 아간 무덤이잖아요?

> 거기서 비로소 저의 포도원을 저에게 주고 아골 골짜기로 소망의 문을
> 삼아 주리니 저가 거기서 응대하기를 어렸을 때와 애굽 땅에서 올라오던
> 날과 같이 하리라(호 2:15).

아골 골짜기를 소망의 문으로 삼으셨다. 그러니까 아골 골짜기가 예수님의 죽으심을 모형하고 있다고 밝혀졌잖아요. 뭔 이야기를 해도 감동을 해야지.

하나님은 아간의 이야기를 통하여 죄의 실체와 그 죄에 떨어지게 되는 하나님의 저주와 그 저주가 해결되는 방법까지 아울러 설명을 하고 계신 거예요.

그 아간의 이야기가 어떻게 끝나는지 보세요. 아간이 죽고 아골 골짜기가 생기자 하나님께서 이스라엘에게 승리를 주시는데 완벽한 승리를 주세요. 그러나 그 승리는 하나님의 승리라는 것도 잊지 않으시고 설명을 해 주세요.

> 여호와께서 여호수아에게 이르시되 네 손에 잡은 단창을 들어 아이를 가
> 리키라 내가 이 성읍을 네 손에 주리라 여호수아가 그 손에 잡은 단창을
> 들어 성읍을 가리키니(수 8:18).
> 이스라엘이 자기를 광야로 따르던 아이 모든 거민을 들에서 죽이되 그들
> 을 다 칼날에 엎드러지게 하여 진멸하기를 마치고 온 이스라엘이 아이로
> 돌아와서 칼날로 죽이매 그날에 아이 사람의 전부가 죽었으니 남녀가 일
> 만 이천이라 아이 거민을 진멸하기까지 여호수아가 단창을 잡아 든 손을
> 거두지 아니하였고(수 8:24-26).

여호수아가 단창을 들어 아이를 가리키고 있는 동안 여호와가 전쟁을 하시는 거예요. 여호수아가 한 게 뭐가 있어요? 아무것도 없어요. 하나님이 전쟁을 하셔서 하나님의 나라와 사탄의 나라의 전쟁을 지금 그리고 있는 거잖아요. 우리 안에 남아 있는 이 마귀적 근성 요만큼도 남지 않고 완전히 진멸될 것이라는 소망의 약속인 것입니다. 그런데 그 승리의 현장에서 우리가 많이 보던 장면이 연출이 되죠.

> 이에 여호수아가 아이를 불살라 그것으로 영원한 무더기를 만들었더니 오늘까지 황폐하였으며 그가 또 아이 왕을 저녁때까지 나무에 달았다가 해질 때에 명하여 그 시체를 나무에서 내려 그 성문 어귀에 던지고 그 위에 돌로 큰 무더기를 쌓았더니 그것이 오늘까지 있더라 때에 여호수아가 이스라엘의 하나님 여호와를 위하여 에발 산에 한 단을 쌓았으니 이는 여호와의 종 모세가 이스라엘 자손에게 명한 것과 모세의 율법 책에 기록된 대로 철 연장으로 다듬지 아니한 새 돌로 만든 단이라 무리가 여호와께 번제와 화목제를 그 위에 드렸으며(수 8:28-31).

'철연장으로 다듬지 않은 새 돌'이라는 것은 인간의 노력과 열심이 가입되지 않은 하나님 것이라는 뜻이에요.

> 사람이 만일 죽을 죄를 범하므로 네가 그를 죽여 나무 위에 달거든 그 시체를 나무 위에 밤새도록 두지 말고 당일에 장사하여 네 하나님 여호와께서 네게 기업으로 주시는 땅을 더럽히지 말라 나무에 달린 자는 하나님께 저주를 받았음이니라(신 21:22-23).

예수님은 저주 받은 죄인 중의 괴수가 되셔서 나무에 달리신 것입니

바른 **해석** 바른 **신앙**

다. 그런데 사탄의 나라 왕으로 상징이 되는 아이 성의 왕도 나무에 달리고 돌무덤에 갇혀요. 바로 우리가 사탄의 나라 왕과 같은 죄인 중의 괴수였다는 것을 보여 주는 것이에요. 그런데 예수님께서 우리를 대신하여 사탄나라 왕이 되셔서 죽으신 거예요. 아간의 이야기가 여기에서 한 번 더 재연되고 있는 거예요. 물론 아간과 같이 아이 성의 왕도 자기들의 죄 때문에 죽은 거예요. 그래서 그들의 돌무덤은 아직도 그들을 가두고 있는 거예요.

그런데 예수님의 돌무덤은 삼일 만에 열렸단 말입니다. 그게 다른 거예요. 우리는 영원히 돌무덤에 갇혀서 아골 골짜기에서 또 그 아이 성의 무덤에서 그렇게 저주 받은 존재로 영원히 살 뻔했는데 예수께서 나를 데리고 십자가에 죽어 주시고 사흘 만에 그 돌무덤에서 나를 품고 부활을 해 버리셨단 말이에요. 그래서 내가 산 거예요. 그걸 믿는 자가 성도란 것입니다.

거기다가 행위를 보태겠다는 자가 아이 성의 왕이고 아간인 거예요. 못버리는 거예요. 요만큼 소유하고 있는 게 아간이라는 말입니다. 그것만 믿으면 되요. 그게 가나안 정복 전쟁이에요. 그리고 사사기에서 그 이야기를 좀 더 구체적으로 에피소드화 하여 보여 준 거예요 뭐가 어려워요? 다 끝난거지. 우리는 그러한 은혜의 복음의 현실을 삶 속에 늘 경험해야 하는 거예요. 로마서 5장 19절을 다시 한번 볼까요?

> 한 사람의 순종치 아니함으로 많은 사람이 죄인 된 것같이 한 사람의 순종하심으로 많은 사람이 의인이 되리라(롬 5:19).

이것이 복음입니다. 우리는 이것을 믿기만 하면 돼요. 그런데 유대주의나 율법주의나 인본주의, 알미니안주의는 자존심이 상해서 이 은혜를 받아들이지 않아요. 그래서 우리는 이 세상 약속의 땅에서, 우리는 왜 믿음으로만 구원받을 수밖에 없는가를 처절하게 삶으로 배우고 가야 되는 거예요. 그래서 아간의 범죄가 우리의 삶 속에서 들켜지기도 하고, 아이 왕의 행사가 우리에게서 나오기도 하는 것입니다. 그때 예수님의 은혜를 꼭 붙들어야죠. 그 은혜를 붙들지 않은 자들은 어떻게 될까요? 오늘 본문에 나와 있습니다.

> 아도니 베섹이 가로되 옛적에 칠십 왕이 그 수족의 엄지가락을 찍히고 내 상 아래서 먹을 것을 줍더니 하나님이 나의 행한 대로 내게 갚으심이로다 하니라 무리가 그를 끌고 예루살렘에 이르렀더니 그가 거기서 죽었더라(삿 1:7).

하나님의 은혜를 알지 못하는 자들 이 아도니 베섹이 유대주의, 인본주의, 알미니안주의의 종말인 것입니다. 그것을 요한계시록이 이렇게 기술하고 있습니다.

> 보라 내가 속히 오리니 내가 줄 상이 내게 있어 각 사람에게 그의 일한 대로 갚아 주리라(계 22:12).

이게 은혜를 알지 못하는 자들의 결국인 것입니다. 행한 대로 갚음을 받습니다. 그러나 하나님의 백성은 어떻습니까?

> 그리스도께서 우리를 위하여 저주를 받은 바 되사 율법의 저주에서 우리를 속량하셨으니 기록된 바 나무에 달린 자마다 저주 아래 있는 자라 하였음이라 이는 그리스도 예수 안에서 아브라함의 복이 이방인에게 미치

바른 **해석** 바른 **신앙**

게 하고 또 우리로 하여금 믿음으로 말미암아 성령의 약속을 받게하려
함이니라(갈 3:13-14).

성도는 믿음이라는 배짱으로 하나님의 심판을 미리 받은 자로 하나님
앞에 서면 되는 거예요. 여러분이 여러분의 행함을 의지하면 그 무덤에
서 못 나와요. 예수의 은혜만 붙들어야 돼요. 그게 가나안 정복 전쟁이며
사사기 전체에서 기술되고 있는 복음의 메시지인 것입니다.

2-1 설교 전문 비평

김성수는 가나안이 약속의 땅이라고 말하면서 그것은 구원받은 이후 완료된 하나님 나라와 이 세상에 숨겨진 천국의 현재 모습을 지칭한다고 설명하고 있다. 그러나 전통적, 성경해석학적으로 말하는 '모형론(typology)'은 이 세상에 이미 와 있는 천국을 가리키는 것도 아니고, 이미 완성된 천국을 의미하는 말도 아니다. 가나안 땅을 천국의 모형으로 생각하는 것은 다음과 같은 전 과정을 하나의 모형으로 삼고 있기 때문이다.

> 애굽의 속박(죄의 속박) ➡ 홍해를 지나감(세례 받음) ➡ 광야 40년(이 세상의 삶) ➡ 요단강 건넘(죽음을 건넘) ➡ 약속의 땅 가나안 입성(약속의 천국 입성)

이처럼 출애굽기는 신약성경에 나오는 '죄-구원-영생-천국'이라는 하나의 패턴과 상당히 일치하기 때문에 하나의 모형론으로 설명할 수 있다. 이런 측면에서 전통적으로 애굽은 '죄의 속박과 죄의 노예 상태'를 가리키고 가나안 땅은 천국을 가리킨다는 방식으로 설명하여 왔다. 하지만 이런 전통적인 모형론적 해석에도 모순이 있기 때문에 모두가 이런 설명에 동의하지 않는다. 왜냐하면 가나안 땅은 이스라엘 백성에게 있어서 약속의 땅이지만 그곳이 천국과 같은 영원한 안식의 장소와는 거리가 먼, 온갖 죄악과 심판이 나타나는 이스라엘 역사가 펼쳐지는 현장이기 때문이다.

김성수는 설교에서 성경에 나오는 어떤 인물이나 지명, 사물 혹을 너무나 쉽게 상징이니 모형이니 하면서 본문의 의미와 전혀 다른 새로운 의미를 만들어 냈다. 여기에는 언제나 일반화의 오류가 뒤따른다. 이 점을 조금 더 구체적으로 살펴보도록 하자. 그는 사사기 강해에서 가나안(약속의 땅)을 이중적 모형 혹은 이중적 상징으로 해석한다. 그가 이렇게 해석하는 이유는 사사기의 내용을 가나안 땅에서 벌어지는 수많은 전쟁과 불행한 사건이 천국의 모형이며 이 세상의 모형이라는 이중적 의미의 틀에 끼워 맞추기 위한 것이다. 이런 엉터리 모형론의 또 다른 예로 그는 사사 기드온이 마귀의 모형이며 동시에 예수의 모형'이라고 주장한다(사사기 강해 17). 김성수가 말하는 마귀는 인간의 내면에 있는 '마귀적 자아숭배'를 의미한다(사사기 강해 18).

여기서도 김성수는 '나=마귀적 속성=마귀'라는 설명으로 논리를 초월한 언어 사용의 모순을 보여 주면서, 성경이 분명하게 말하는 마귀(귀신)의 존재 자체를 부정하거나 인간 내면의 악한 심성의 반영으로 설명한다. 이 같은 예는 사사기 강해 1(사사기 개론)에서 "인간의 죄 그 자체가 살인이란 뜻"이라고 정의한 내용에서도 볼 수 있다. 살인은 인간이 짓는 죄의 종류 중 하나인데, 어떻게 '살인=인간의 죄 그 자체'라고 일반화시켜서 정의할 수 있는가? 다시 말해서 살인은 인간이 짓는 여러 모양의 죄(간음, 도적질, 거짓말 등) 가운데 한 가지 죄이기에 '살인죄'라고 말하는 것이다. 마치 죄인의 정의(의미)가 '살인'인 것처럼 일반화시켜서 말해서는 안 된다. 김성수가 성경 해석에 있어서 끊임없이 반복하는 일반화의 오류를 잘 분별해 내면, 그가 설명하는 수많은 해석의 오류를 좀 더 쉽게 간파할 수 있을 것이다. 사사기 강해 1에서 아브라함의 실수와 실패를 언급하면서, '하나님 앞에서 납작 엎드리는 것을 구원'이라고 정의한다. 여기서 엎드림은 '항복'을 의미한다거나 '예배'를 의미한다고 설명한다면 타당하나, 엎드림이 곧 구원이라고 정의하는 것은 완전히 잘못된 이단적인 가르침이다. 또 사사기 강해 12에서는 "하나님께서 원하시는 부르짖음은 상한 심령"이라는 시편 구절을 인용하면서, 이런 "자기 부인의 부르짖음이 진짜 부르짖음"이라고 설명한다(사사기 강해 12, 포도주 틀에서 타작을 하는 큰 용사). 그는 '상한 심령'이라는 말을 이렇게 특정한 의미로 설명한 후에 그것을 자기 부인이라고 바꾸어 '상한 심령=자기 부인'이라고 정의하고 있다. 이런 일반화의 오류는 김성수의 거의 모든 설교에서 나타난다.

더 나아가서 김성수는 사사기에 나오는 "모든 사사들은 이스라엘의 실체를 보여 주고 예수를 보여 주는 이중 상징 혹은 이중 모형"이라고 주장한다(사사기 강해 28). 이런 상징이나 모형론적 설명은 성경적 근거나 신학적 근거가 전혀 없이 추측을 근거로 한 잘못된 성경해석이다. 따라서 상징적인, 모형론적인 해석은 신중하고 조심스럽게 해야 하며, 이런 가르침이 절대적 진리로 받아들이기에는 적절하지 않은 경우도 많다는 점을 인식할 필요가 있다.

김성수는 출애굽기 19장 5-6절의 말씀으로 언약을 설명한다. "내 말을 잘 듣고 순종하면"의 의미가 창세기에 나오는 생명나무 실과를 먹고 영생을 얻게 된다는 언약으로 나타난다고 설명한다. 하나님의 말씀에 '순종한다'는 것은 "하나님 앞에서 티끌에 불과한 자기의 존재를 자각하고 인정"하는 것이고, 그렇게 완전히 비워진 상태가 곧 연합이라고 말한다. 그리고 이런 상태가 "하나님의 백성이 되는 것이고 그것이 살아 있는 상태"라고 설명한다. 어떻게 순종이 자기 존재를 자각하고 인정하는 것이라고 말할 수 있는가? 순종은 따르는 행동을 말한다. 그런데 김성수는 이것을 부정하기 위해서 '순종'을 사람이 인식하거나 자각하는 마음의 문제로 바꾸어 버렸다.

바른 **해석** 바른 **신앙**

한마디로 기독교가 말하는 순종의 의미 뿐만 아니라 상식적으로 알고 있는 순종의 의미까지도 완전히 왜곡시켰다. 그리고 인간의 힘으로 불가능하기에 하나님이 개입하셔서, 인간의 교만을 부수어 버리시고 하나님 앞에서 납작 엎드리게 만드는 것을 구원이라고 한다.

순종=완전히 비워진 그릇=연합=생명=구원

이런 설명은 올바른 성경 해석이 아니라 추측과 상상에 의해서 만들어 낸 우화적 해석이며, 정통 기독교의 구원론을 심각하게 왜곡시킨 이단적인 가르침이다.

신명기에 의하면 "순종하면 생명을 얻고 순종하지 않으면 저주가 임한다"고 말씀했다. 그런데 누가 '순종은 생명을 의미한다' 혹은 '순종은 저주를 의미한다'고 엉뚱하게 의미를 바꾸어 말할 수 있는가? 마찬가지로 '생명'은 곧 '연합'이 아니며, 연합이 곧 '완전히 비워진 그릇'이라는 의미도 아니다. 김성수의 주장은 상식과 논리에도 맞지 않는 말장난에 불과한 것이다. 순진한 신자는 이런 애매모호한 설명을 들으면서도 자신들이 영적으로 무지해서 깨달을 수 없는 심오한 구원의 영적인 지식을 그가 전한다고 믿으며 그 가르침을 따라가는 경우가 많다. 이렇게 일부 특정한 지도자들만 구원에 관한 참된 지식을 가지고 있는 것처럼 행세하고, 신자를 유혹했던 초대교회 이단이 영지주의다. 그래서 일부 비판자들은 김성수가 영지주의자라고 말한다. 실제로 창세기 강해와 사사기 강해를 보면 그 누구도 하지 않는 독특한 구원론을 전달한다. 따라서 김성수가 영지주의자라고 비판받는 것은 조금도 이상한 일이 아니다.

아담과 하와가 선악과를 따 먹고 부끄러워서 숨은 그 자체가 자기 자존심을 세우는 태도이고 그것이 '죄'라고 설명하면서, 동시에 그것이 곧 '죽음'이라고 설명한다.

부끄러움=자존심=죄=죽음

수치심과 죄와 죽음은 어느 정도 관계성이 있겠지만 모두 같은 의미가 될 수는 없다. 김성수의 설명은 성경의 모든 내용을 '죄 -십 자가—구원'이라는 도식으로 설명하기 위해서 만들어 낸 것이다. 창세기에 의하면, 아담과 하와는 범죄의 결과로 자신의 벗은 모습에 대한 부끄러움(수치심)과 자존심 때문에 숨었다. 이런 부끄러움과 자존심 그 자체가 죄가 아니다. 또한 부끄러움과 자존심은 타고난 인간의 기질이며, 우리에게 필요한 부분이기도 하다. 한 성인이 부끄러움을 모르고 길거리를 벌거벗은 몸으로 돌아다니면 되겠는가? 자존심 없이 길거리에서 아무에게나 가서 사랑을 구걸하면 되겠는가? 이처럼 인간의 부끄러움이나 자존심은 어떻게 사용하느냐에 따라서 자신과 남에게 유익이 될 수도 있고, 해가 될 수도 있다.

그런데 김성수는 자기 자존심 챙기기와 자기 가치 챙기기를 죄라고 반복해서 가르친다. 사사기 강해에서도 아담과 하와가 선악과를 따 먹은 행위와 아간이 전쟁의 노략물을 몰래 감춘 행위는 '자기의 자존심과 가치와 영광'을 챙기려고 한 죄라고 해석한다. 그러나 창세기에 나오는 아담과 하와의 죄는 교만과 탐심의 죄로 보는 것이 타당하고, 여호수아 7장에 나오는 아간의 죄는 탐심의 죄로 이해하는 것이 타당하다. 성경 어디에 자존심과 자기 가치를 챙기는 것이 죄라고 정의하고 있는가? 그것은 마음의 생각과 행동에 따라서 죄가 될 수도 있고 선이 될 수도 있는 것이다. 예수님은 율법에 기록된 말씀을 따라서 "네 이웃을 네 몸과 같이 사랑하라."고 말씀하셨다(마 22:39 cf. 레 19:18). 자신을 사랑하지 못하고 자기 비하와 자기 학대에 빠진 사람이 과연 남을 자신처럼 사랑할 수 있겠는가?

하나님의 형상을 따라 창조된 인간은 그 자체로 귀한 존재다. 하물며 하나님의 자녀가 된 그리스도인은 더욱 자신의 가치를 알고 자기를 사랑해야 한다. 그렇게 자신에 대한 진정한 자존감과 자부심을 가지고 살아가는 자가 행복한 자이며, 그러한 자가 진정으로 남을 사랑할 수 있고, 남을 행복하게 해줄 수 있는 것이다. 김성수의 철저한 자기 부정에 대한 가르침은 성경을 올바로 이해하지 못한 결과이고, 자신에 대한 부정적인 자아상과 관계가 깊다고 여겨진다.

죄에 대한 김성수의 왜곡된 정의를 조금만 더 살펴보자. 로마서 강해 73(사망이 선물이고 사망이 영생이다)에서 죄라는 단어 '하마르티아(ἁμαρτία)'를 히브리어로 바꾸면 '하타(חטא)'라고 말하면서, 이 '죄'라는 단어 속에 '죄사함, 용서의 회개'가 다 같이 들어 있다고 설명한다.

> 그 죄로 용서에 이르라는 것입니다. 죄는 묵시에서 나와 이 땅을 사는 하나님 백성들을 위한 그 작정 속에 있는 하나의 도구입니다. 그게 사실은 나를 선으로 이끄는 하나님의 선물이었구나!라고 아는 것입니다.

물론 히브리어 '하타'는 '빗나감, 정죄, 잃음, 유죄, 정화, 회개' 등 다양한 의미가 있다. 따라서 단어가 쓰인 문장의 문맥(text)과 상황(context) 안에서 단어의 의미를 결정해야만 한다. 그렇지 않으면, 자신이 원하는 의미 하나를 골라서 얼마든지 엉뚱한 해석을 만들어 낼 수 있기 때문이다. 김성수가 사용하는 원어는 대부분 이런 식이다.

성경이 말하는 죄는 인간이 선택한 결과에 따른 인간의 책임이고, 그 결과 하나님의 심판을 받게 되는 불행의 씨앗일 뿐이다.*

이런 식으로 김성수는 거의 대부분의 설교에서 성경에서 말하는 단어의 본래 의미를 때로는 그럴 듯하게, 때로는 너무나 황당하게 바꾸어 버린다. 그러면서 사사기 전체의 내용 뿐만 아니라 신구약성경 전체의 내용이 전부 다 '예수를 보여 준다'고 주장한다. 그러나 하나님의 말씀에 대한 순종과 불순종의 행위는 언약과 관계해서 구약성경에 수없이 반복되면서 강조되고 있다.

사사기는 율법서인 신명기에서 약속(언약)하신 말씀대로 이스라엘 백성이 여호와 하나님의 말씀에 불순종하면 '적군(원수) 앞에서 너를 패하게 하신다'는 약속의 말씀이 어떻게 실제로 나타났는지를 잘 보여 준다(신 28:15 cf. 25-26). 다시 말해서 사사기는 불신앙과 불순종의 죄(2:11-12, 3:7, 12…), 이방나라를 통한 하나님의 징벌(2:14, 3:8, 12…), 이스라엘 백성의 부르짖음(3:9, 15, 4:3…), 선택된 사사들을 통한 하나님의 구원(2:16, 18, 3:9, 15…) 등, 하나님의 약속(언약)과 관련된 주제를 반복해서 생생하게 보여 주고 있다. 그런 면에서 사사기는 이스라엘 초기의 역사적 사건을 통해서 하나님과의 언약 관계를 떠나서 우상숭배의 죄를 지으며 살아가는 삶의 결과가 어떠한 비참한 상태를 가져오는지 실제적으로 보여 주고 있다. 그런데 김성수는 이런 사실을 진리의 껍데기에 불과한 것으로 여기면서, 그 내용 뒤에 감추어진 의미(죄, 십자가, 예수 등)를 찾겠다고 상상력을 동원하여 잘못

---

* 뿐만 아니라 '죄가 하나님의 선물'이라는 주장은 하나님이 죄를 짓도록 의도적으로 계획했다는 말과 크게 다를 바가 없으며, 결국 하나님을 죄의 책임자로 만드는 논리가 되고 만다. 따라서 성경적으로나 신학적으로도 용납될 수 없는 설명이다. 하나님께서는 죄를 허용하셨을 뿐, 죄가 결코 영생의 선물을 주기 위해서 하나님이 의도하신 '하나님의 도구'나 '하나님의 은총의 선물'이 아니다(『원문 중심의 이야기 로마서』, 88-90).

바른 **해석** 바른 **신앙**

된 해석을 매 설교마다 강단에서 전파하였다.

과연 그런지 설교를 계속해서 살펴보자. 그는 "구원이란 무엇이며, 영생이란 무엇인지를 설명해 주시기 위해 아브라함의 후손들을 애굽으로 보내셨다."고 설명한다. 이런 설명 역시 사실적 의미를 무시하고 '구원과 영생'이라는 십자가 복음을 강조하기 위해 만들어 낸 왜곡된 가르침이다. 야곱의 후손들이 애굽에 간 것은 영생을 설명해 주고자 한 것이 아니다. 야곱의 가족은 기근으로 어려움을 당했고, 그때에 하나님은 요셉을 통하여 야곱의 자손들을 애굽으로 이주시키셨다. 그리고 이런 하나님의 섭리 가운데 하나님이 아브라함에게 약속하신 자손의 번성이 애굽에서 이루어진 것이다. 김성수는 이런 사실은 간과하고, 성경 어디에도 없는 자신의 추측을 근거로 '영생을 설명해 주기 위해서 애굽으로 보내셨다'고 가르친 것이다.

또 김성수는 사도행전에서 스데반이 광야의 이스라엘을 '광야 교회(행 7:38)'라고 불렀기 때문에, 광야의 이스라엘은 교회의 모형이라고 설명한다. 그러나 헬라어 성경과 NIV를 보면, '광야에 있는 교회(the church in the desert)'가 아니라 '광야에 있는 회중(the assembly in the desert)'이라는 뜻이다. 다시 말해서 스데반의 말은 '사람들의 모임'을 이야기하고 있을 뿐, 이스라엘을 광야 교회라고 말한 적이 없다. 이것은 한국어 번역 성경을 보고 오해한 것이다.

스데반이 지금 유대교의 산헤드린 공회에서 자기 조상들이 광야에 있는 '교회(church)'에 있었다는 수수께끼 같은 이야기를 했다고 생각하는가? 아니면 스데반이 유대인 종교 지도자들에게 설교를 하다가 갑자기 '광야 교회'라는 엉뚱한 예언을 했다고 생각하는가? 스데반이 말한 것은 '광야에 있는 회중' 혹은 '광야의 무리'라는 표현이다. 더 중요한 것은 사도행전 7장에 나오는 스데반의 긴 설교 결론부분이다.

> 너희는 천사가 전한 율법을 받고도 지키지 아니하였도다 하니라 그
> 들이 이 말을 듣고 마음에 찔려 그를 향하여 이를 갈거늘(7:53-54).

스데반이 산헤드린 공회 앞에서 구약성경 전체를 요약한 긴 설교
의 결론은 '너희들이 마땅히 지켜야 할 율법(하나님의 법)을 지키지 않
았다'는 것이다. 이렇게 책망하는 스데반의 말을 듣고 양심에 찔린
그들은 돌이키지 않고 스데반에게 돌을 던졌다. 성경 본문에 기록된
문장의 문맥을 벗어난 단어는 아주 엉뚱한 의미로 둔갑하기 쉽다.
김성수는 이 점을 십분 활용해서 자신만의 독특한 해석을 해 왔다.

김성수는 사사기 본문 강해에서 "광야에서 율법과 제사가 함께
주어진 이유는 '율법을 지킬 수 없기 때문에 희생제사(은혜)의 필연성
을 깨달아 알라고 주신 것이고, 그렇게 하나님 백성의 삶은 전부가
다 자신의 티끌 됨을 폭로 당하고 하나님의 은혜를 붙드는 용도로
주어진 것'이라고 주장한다. 마찬가지로 로마서 강해 74(짝, 롬 7:1-7)
에서 다음과 같이 말한다.

> 하나님은 그 율법을 통하여 죄가 무엇인지 알기를 원하는 것이지,
> 그것을 행하는가, 행하지 않는가에는 아무 관심이 없단 말입니다.

이런 김성수의 주장은 율법의 한 측면만 알고 율법의 또 다른 측
면을 이해하지 못한 오해와 무지에서 비롯된 주장이다. 다시 말해
율법은 죄를 깨닫게 하는 역할이 있을 뿐만 아니라, 공동체의 사회
질서를 유지시키는 도덕적 기능, 더 나아가 하나님의 백성이 거룩하

바른 해석 바른 **신앙**

게 살아가야 할 하나님의 뜻을 전달해 주는 성화적 기능을 한다. 김성수는 바른 신학을 공부한 목회자라면 누구나 알고 있는 이러한 율법에 대한 통합적 이해조차 갖지 못한 채 죄의 정죄적 기능만 율법의 전부라고 가르쳤다.

예수님은 사두개인과 바리새인이 율법을 지키지 않고 전통(조상의 유전)을 지킨다고 다음과 같이 책망하셨다.

> 너희는 어찌하여 너희의 전통으로 하나님의 계명을 범하느냐(마 15:3).
>
> 너희가 전한 전통으로 하나님의 말씀을 폐하며 또 이같은 일을 많이 행하느니라(막 7:13).

예수님은 "모세가 너희에게 율법을 주었는데 너희 중에 율법을 지키는 자가 없다."고 유대 종교지도자들을 책망했다(요 7:19). "내가 율법을 폐하러 온 것이 아니라 완전하게 하려고 오셨다."고 말씀하셨다(마 5:17). 동시에 율법은 지키라고 주신 하나님의 거룩하고 선한 법이다. 사도 바울은 이 점을 분명하게 강조하고 있다.

> 하나님 앞에서는 율법을 듣는 자가 의인이 아니요 오직 율법을 행하는 자라야 의롭다 하심을 얻으리니(롬 2:13).
>
> 그런즉 우리가 믿음으로 말미암아 율법을 파기하느냐 그럴 수 없느니라 도리어 율법을 굳게 세우느니라(롬 3:31).
>
> 이로 보건대 율법은 거룩하고 계명도 거룩하고 의로우며 선하도다 (롬 7:12).

이렇게 바울이 로마서에서 일관성 있게 말하고 있는 율법은 '선하고 거룩한 하나님의 법'이다. 다만 그 '율법이 우리를 죄에서 구원해 주지는 못한다'는 면에서 율법과 은혜를 대조하고 있는 것이다.* 예수님과 사도 바울은 율법 자체를 문제시하거나, 율법을 지키는 행위 자체를 폄하한 적이 없다. 율법의 핵심은 곧 하나님 사랑과 이웃 사랑이기 때문이다. 물론 신자가 자신의 의지와 힘과 노력으로 다 지킬 수 있다는 말은 결코 아니다. 율법을 지키는 능력은 성령의 은혜와 도우심으로 가능한 것이기 때문이다(롬 8:4). 이와 같이 율법은 하나님의 뜻을 보여 주는 하나님의 법이며, 구원받은 하나님의 자녀가 하나님의 뜻을 바로 알고 그 하나님의 뜻을 따라 살아가는 데 반드시 필요한 하나님의 말씀임을 기억해야 한다.

마찬가지로 사사기는 하나님의 법, 즉 하나님의 말씀의 언약에 순종하지 못한 삶의 결과가 어떠한 지를 우리에게 보여 주는 책이다. 김성수는 "보이지 않는 하나님께서 당신의 백성 이스라엘을 어떻게 완료된 승리의 지점으로 끌고 가시는 지를 사사기를 통해 보여 주시는 것"이라고 설명하지만 사사기는 완료된 승리 지점이 결코 아니다. 사사기는 이스라엘 역사를 통해서 보여 주는 이스라엘 백성의 타락과 불순종으로 인한 하나님의 심판 그리고 이 가운데서 깨닫고 돌이킬 때 나타나는 하나님의 구원을 반복해서 보여 주면서, 이스라엘의 역사가 하나님의 섭리 가운데 왕정시대로 가는 하나의 과정(과도기)임을 보여 준다.

---

* 율법의 행위로 인간이 구원을 얻으려고 한다면 '저주 아래 있는 자(갈 3:10)'이며, 그런 측면에서 율법이 저주의 법이라고 말할 수 있다. 그러나 구원받은 신자에게 율법은 '선하고 거룩한 하나님의 법(롬 7:12)'이며 우리가 지키고 순종해야 할 하나님의 말씀이다(율법의 성화적 기능).

그런데 김성수는 사사기 전체가 '예수를 보여 준다'고 주장하면서 사사기 1장 1-10절이 사사기 전체의 내용을 보여 주는 서론이라고 주장한다. 그러나 사사기 1장은 사사기의 역사적인 배경을 소개해 주고 있으며, 이런 면에서 사시기가 모세오경의 출애굽 이야기에 이어진 가나안 정복 시기의 이야기임을 소개해 주고 있다. 그런데 김성수는 사사기 1장의 내용이 사사기 전체의 요약이며, 따라서 사사기 전체가 예수를 보여 주는 하나의 내용이라고 단순화시켜서 단정해 버린다. 이것이 그의 설교에서 자주 나타나는 일반화의 오류다.**

김성수는 1장에서 유다 지파와 시므온 지파가 먼저 등장한 것은 '심오한 복음적인 의미'가 있다고 호기심을 자극한 후에 창세기와 여호수아 등의 성경구절을 가져온다. 지금 사사기 기자는 시므온이라는 저주 받을 백성이 유다 지파에 의해 잉여의 선물을 받고 있는 모습을 그리고 있다고 설명하면서, "바로 십자가라는 잉여 증폭기에 의해 구원의 선물을 받는 성도의 이야기가 사사기"라고 설명한다. 과연 이것이 사사기 1장 3-4절의 의미인가? 유다가 올라가서 승리했다고 기록한 내용이 곧 전쟁에 함께 참가한 시므온 지파는 아무것도 하지 않았다는 의미인가? 이 본문의 의미는 유다가 앞장서서 싸웠다는 의미고, 그래서 승리의 공적을 유다에게 돌렸다는 기록이다 (Web, *The Book of Judges*, 98). 그래서 이 전쟁은 유다가 주도적으로 앞장설 것을 1-2절에서 밝히고 있다. 그렇다고 유다 지파의 요청을 받고 전쟁에 참가한 시므온 지파가 그 와중에 아무것도 하지 않고 가

** 필자가 말하는 김성수가 사용하는 '일반화의 오류'라는 말은 성경 본문의 특정한 상황 안에서 이해해야 하는 단어나 문장의 의미를 '대표-상징-모형'이라는 방식으로 말을 바꾸어서 마치 모든 시대, 모든 사람에게 해당되는 일반적인 진리인 것처럼 성경 본문의 의미를 왜곡시키는 것을 말한다.

만히 있다가 유다 지파의 노획물을 덤으로 받았다는 설명은 김성수의 추측일 뿐이다. 그러면서 이것이 은혜이고 복이라고 설명하는 것은 설득력이 없다.

김성수는 '여호수아와 이스라엘의 언약(수 24:15-16, 19)'을 인용하면서, "하나님과 언약을 맺은 이스라엘이 하나님과의 언약을 하나도 지키지 않는 것이 사사기 전체의 내용"이라고 설명한다. 그래서 '하나님은 그들이 하나님과의 언약을 지키지 못할 것임을 이미 아셨다'고 설명한다. 다 쫓아내지 않은 가나안 족속을 '하나님이 시험하기 위한 용도로 남겨 두셨다'고 신명기 8장 1-3절과 사사기 2장을 연결해서 장황한 설명을 한다.

여기서 김성수는 신명기가 이스라엘 백성에게 주신 실제적인 약속의 말씀이라는 점을 철저하게 외면하고 "너희가 살고 번성하고"라는 의미가 곧 "생명나무를 먹을 것이고"라는 말로 엉뚱하게 해석한다. "여호와께서 너희의 열조에게 맹세하신 땅에 들어가서 그것을 얻으리라."는 의미가 '에덴에서 영원히 살게 될 것'이라고 뜻을 바꾸어 해석한다. 이것은 행함에 대한 교리를 철저히 부정하는 김성수가 행함에 대한 본문의 사실적인 의미를 마음대로 바꾸어 버린 전형적인 예이다.

뿐만 아니라 하나님이 이스라엘 백성을 광야 40년간 시험하신 것이 '니들이 진짜 내 명령을 지킬 수 없다는 사실을 깨닫게 하기 위한 것'이라고 해석한다. 이것은 본문의 의미를 정반대로 이해하는 것이며, 이런 왜곡된 해석은 그의 설교마다 넘쳐난다. 정말 그런지 이 점을 조금만 더 구체적으로 생각해 보자. 신명기 8장 2-6절의 내용을 보면 이스라엘 백성에게 '만나'를 주신 이유가 '사람이 떡으로만 사는 것이 아니라 하나님의 말씀을 신뢰하고 의지해서 살도록 하기 위한 훈련이고 시험'이라고 기록하고 있다.

이 말은 곧 이스라엘 백성을 시험하시고 훈련하신 목적이 '하나님의 말씀에 순종하고 그 명령을 지키는, 하나님을 경외하는 백성으로 만들기 위한 것'이라는 의미다. 그래서 하나님은 이런 믿음과 순종의 훈련을 시키고자 만나를 한 사람이 하루 먹을 만큼만 매일 거두게 했고, 안식일 전날에만 이틀치를 거두고 안식일에 온전히 하나님을 예배하도록 명령했다.

그리고 이 '만나'는 하나님께서 이스라엘 백성에게 광야의 양식으로 주신 실제적인 음식이고 생존의 양식이었다. 이 양식의 공급은 이스라엘 백성이 비록 불순종과 불신앙에 빠질 때에도 하나님이 그의 백성을 변함없이 돌보고 계신다는 은혜의 증거이기도 하다. 만나는 광야 40년 생활이 끝났을 때 그쳤기 때문이다. 더 나아가 생명의 떡이신 예수 그리스도를 예표한다고 볼 수 있다(요 6장). 이런 예표론은 만나에 대한 이차적인 의미다. 이 말씀의 일차적 의미는 만나가 광야의 이스라엘 백성에게 필요한 실제적인 음식이고 동시에 그들을 믿음으로 순종하는 법을 배우도록 가르치는 훈련(시험)의 도구였다는 사실이다. 일차적(사실적) 의미를 간과하고, 이차적(모형론) 의미만 강조하는 것은 바른 해석이 아니다.

김성수는 가나안 족속을 남겨 두신 것은 '하나님이 이스라엘 백성들을 시험하기 위해서였다'고 사사기 2장 22절을 근거로 주장한다. 사사기 2장 20-22절의 문맥을 따라서 제대로 읽어 보라! 사사기 시대의 이스라엘 조상은 '가나인 족속을 다 진멸하라'는 하나님의 말씀에 순종하지 않아서 가나안 땅에 남겨진 자들임을 분명하게 밝히고 있다. 이제 남은 가나안 족속을 하나님은 이스라엘 백성을 시험하는 연단의 도구로 사용하신다는 의미로 말씀하신 것을 알 수 있다. 김성수의 말대로 하나님이 시험하기 위해서 의도적으로 남겨 놓은 것이라고 설명하는 것은 모순이다.*

김성수는 계속해서 요셉 이야기(창 50:24-26)와 홍해를 건넌 이스라엘 백성 이야기(출 13:18-19)를 한다. 그리고 "이스라엘이 자기들의 무력함과 연약함을 폭로 당하면서 요셉의 해골을 앞세워 들어가게 되는 땅이 약속의 땅"이라고 말한다. "골고다의 공로에 의해 무상으로 주어지는 것이 약속의 땅"이라고 그럴 듯하게 설명하고 있다. 이스라엘 백성이 가나안 땅에 들어간 것은 골고다(십자가)의 공로와 아무 상관이 없다. 더 황당한 주장은 '해골을 가지고 나가라고 하나님이 명령한 이유가 헬라어 골고다를 가리키는 말이기 때문에 그것이 예수님을 의미한다'고 해석하는 것이다. 그러나 단어는 문장 안에서만 의미를 갖는 것이지, 단어 자체가 심오한 의미를 전달해 주는 것이 아니다. 이스라엘 백성이 애굽을 나갈 때 요셉의 해골을 가지고 간 것은 야곱의 유언과 하나님의 언약에 근거한 것이지, 예수님의 골고다 사건과 관계된 것이 아니다. 이 사실은 창세기 50장 24-25절에 잘 나타나 있다.**

---

* 이런 오해는 출애굽기에 나오는 '하나님이 바로의 마음을 강퍅하게 했다'는 경우나 이사야 6장에서 '하나님이 이스라엘 백성의 마음을 강퍅하게 했다'는 표현에도 똑같이 해당된다. 그리고 이런 표현은 신약성경에서도 인용되고 있다. 그러나 이 말의 의미는 바로 왕과 이스라엘 백성이 먼저 자신의 마음을 스스로 강퍅하게 하였기 때문에 결과적으로 '하나님이 허용하셨다'는 말이다. 하나님이 어떤 사람들을 심판하고 지옥에 보내기 위해서 의도적으로 악하고 강퍅하게 만드신 것이 아니라 스스로 악을 선택하여 가는 자들의 마음을 '내버려 두시고 허용하신다(롬 1:24-25)'고 바울은 말하고 있다(『원문 중심의 이야기 로마서』, 212-214).

** 요셉이 그의 형제들에게 이르되 나는 죽을 것이나 하나님이 당신들을 돌보시고 당신들을 이 땅에서 인도하여 내사 아브라함과 이삭과 야곱에게 맹세하신 땅에 이르게 하시리라 하고 요셉이 또 이스라엘 자손에게 맹세시켜 이르기를 하나님이 반드시 당신들을 돌보시리니 당신들은 여기서 내 해골을 메고 올라가겠다 하라 하였더라(창 50:24-25).

바른 **해석** 바른 **신앙**

이런 예는 사사기 강해에서 소개한 여호수아 7장 21절의 설명에서 보게 된다. 그는 "보고 탐내어 취하였나이다(수 7:21)."라는 구절에서 보다(see)라고 번역된 히브리어 단어 '라아(ראה)'는 창세기 3장에서 '보암직도 하고'의 단어와 동일하기 때문에 선악과 사건이 여기에서 다시 한번 펼쳐지고 있다고 설명한다. 그러면서 "하나님은 자주 이스라엘의 범죄를 아담의 범죄라고 표현을 하십니다."라고 지나치게 일반화시켜서 주장한다. 하지만 그가 창세기 1장 강해에서 설명한 히브리어 '라아(ראה)'는 단순한 시각 현상을 말하는 단어가 아닌 성도가 고난 중에 있을 때 지켜보시고 감찰하시는 하나님을 의미하는 특별한 단어라고 주장했다. 즉 그가 앞에서 주장한 말을 반대로 뒤집은 것이다.

김성수는 아간의 범죄행위가 드러난 사건(수 7장)의 내용을 로마서 5장 19절의 내용과 연결해서, '아간이 예수 그리스도의 모형'이라고 설명한다. "예수님이 아간이 되셔서 대신 죽어 주시는 방법으로 죽어야 할 아간들을 살려 내시는 그 십자가 구원의 이야기가 아이 성전투 속에 숨어 있다."는 궤변을 주장하고 있다.

한마디로 김성수는 성경신학과 성경해석학에서 말하는 '모형론(Typology)'을 모르고 그럴 듯하게 성경구절과 연결해서 예수를 보여주는 모형이 된다고 말하고 있다. 그러면서 이런 자신의 주장이 과장되었다고 의심하는 신자에게 '그래서 성경구절을 대주는 것'이라고 자기 변호를 한다.

이런 식으로 김성수는 '아간이 맞아 죽은 그 아골 골짜기가 소떼가 눕는 곳이 되고 소망의 문이 될 것이라'는 표현(사 65:10; 호 2:15)을 근거로 '여호수아의 아간 이야기가 예수 그리스도의 십자가와 부활을 보여 주는 내용'이라고 주장한다. 그러나 '아골 골짜기로 소망의 문을 삼아 준다'는 호세아서의 내용은 '하나님께 돌아오면 소망이 있다'는 의미의 문학적인 표현이다.

마찬가지로 '아골 골짜기에 소떼가 눕는다'는 말의 의미는 종말에 하나님의 백성이 맞이하게 될 '새 하늘과 새 땅(65:17)'의 예언에 나오는 평화로운 이미지를 문학적으로 표현한 것이다. 김성수는 성경의 문장이 말하는 의미가 문학적인 표현의 언어인지 아니면, 사실적 혹은 문자적인 표현의 언어인지에 대한 기본개념도 이해를 못했을까? 그렇지 않으면 알면서도 끊임없이 거짓말을 지어내었을까?

터무니없이 황당한 해석은 이어지는 아이 성 공략(수 8:18-31) 이야기에서도 계속된다. 김성수는 '아이 성의 왕이 나무에 매달렸다가 내려져서 돌무덤에 갇힌 것은 예수님이 나무에 매달린 그림과 같다'는 일종의 모형(아이 왕=예수)으로 설명한다. 그러면서 "예수님께서 우리를 대신하여 사탄나라 왕이 되셔서 죽으신 것"이라고 말한다.

김성수는 "이 사사기에 등장하는 모든 사사들은 전부 이스라엘의 진짜 왕이시고 진짜 사사이신 하나님의 모형이고 모든 전쟁 또한 하나님이 치르시는 하나님의 전쟁"이며, 여기에 "이스라엘의 무력함이 함께 폭로가 되는 것" 뿐이라고 사사기를 개관하고 있다. 한마디로 김성수는 사사기의 모든 내용을 예수 이야기로 바꾸어 설명하고 있다.

이제 사사기 강해 28을 간략히 살펴보자. 김성수는 여기서 "죄인의 모습을 뒤집어쓰고 이 땅으로 오신 메시아의 모형을 다시 발견할 수 있다."고 하면서, 사사기 17장에 소개된 레위인을 메시아의 모형으로 소개한다(사사기 강해 28, 미가, 레위인, 단 지파 그리고 나, 삿 17:1-13). 유다 베들레헴 출신의 이 레위인은 돈을 받고 미가의 신당, 즉 우상

바른 해석 바른 신앙

제단에서 제사장 노릇을 한 타락한 레위인이다. 그런데 김성수는 이렇게 타락한 레위인을 "죄인들을 살리기 위해 유다 베들레헴으로 오신 진정한 하늘의 레위인, 참 제사장, 진짜 맏아들이신 예수 그리스도를 모형하고 있는 것"이며, "마치 삼손을 포함한 사사기의 사사들이 전부 추악한 이스라엘의 실체를 함의하고 있음과 동시에 그들을 구원해 내는 메시아의 모형으로 쓰인 것처럼, 이 본문은 유다 베들레헴에서 오는 제사장에 의해 죽어야 할 자들이 살아나게 되는 것"을 의미한다고 말한다. "본문의 레위인은 멸망 받아 마땅한 율법의 상징이기도 하면서, 멸망 받아 죽어야 할 미가와 단 지파를 살리는 메시아의 역할을 동시에 하고 있다."고 설명한다.

레위인이 율법을 상징하면서 동시에 메시아의 역할을 한다는 것이 말이 되는가? 이런 설명은 성경해석학에서 말하는 상징이나 모형이 아니라 성경적인 근거가 전혀 없는 상상과 추측의 해석이다. 김성수의 사사기 강해에서 이렇게 잘못된 상징과 모형론적 해석을 잘 보여 주는 다른 예로 마지막 사사기 강해 내용을 간략히 소개하도록 하겠다. 그는 다음과 같이 말한다.

> 왕이 없는 이스라엘에 레위인 한 사람이 등장을 합니다. 그 레위인이 어디로 향합니까? 유다 베들레헴으로 향합니다. 누구를 찾으러? 자기를 버리고 행음하다가 도망간 아내를 찾으러 가는 것입니다. 미가서에 보면 왕이 없는 유다 베들레헴으로 향하는 하늘의 대제사장에 관한 내용이 이렇게 기록되어 있습니다.
> 베들레헴 에브라다야 너는 유다 족속 중에 작을지라도 이스라엘을 다스릴 자가 네게서 내게로 나올 것이라 그의 근본은 상고에, 태초에니라(미 5:2).

그가 그에게 이르되 우리는 유다 베들레헴에서 에브라임 산지 구석
으로 가나이다 나는 그곳 사람으로서 유다 베들레헴에 갔다가 이제
여호와의 집으로 가는 중인데 나를 자기 집으로 영접하는 사람이 없
나이다(삿 19:18).

행음한 첩을 찾아서 여호와의 집으로 데리고 올라가는 중이라고 하
지요? 2,000년 전 예수님께서 행음한 신부를 찾아 유다 베들레헴으
로 오셨습니다. 그 하늘의 대제사장은 우리의 목숨 값으로 당신의
목숨을 지불하시고 우리를 당신의 품에 품어 안으셨습니다(사사기 강
해 29, 삿 19:1-3, 27-30).

김성수는 미가 5장에 나오는 메시아 예언을 사사기 본문에 나오
는 첩(아내)을 데리러 베들레헴으로 가는 한 레위인의 모습과 연결한
다. 미가 5장의 '베들레헴'이라는 단어가 사사기의 베들레헴과 같은
장소를 가리키는 단어라는 점을 근거로 이 레위인이 예수의 모형이
라고 주장한다. 이것은 올바른 성경 해석이 아니라 단어를 연결하여
만들어 낸 상상력의 산물일 뿐이다.

김성수는 레위인의 첩이 죽자 그 시체를 쪼개어 각 지파에 보낸
사건(삿 20:6)에 대해서 '성도는 열심히 죽다가 결국 하늘의 존재로 살
아나게 되는 것'이라고 설명한다. 자기 안의 가짜 왕이 죽고 진짜 하
늘의 왕이 통치하게 되는 자기 부인의 과정이 신앙생활이고 이것이
사사기의 내용이라고 결론을 내린다. 김성수는 모든 설교에서 반복
하는 그의 사상, 즉 '자기 부정(자기 비움)'을 말하고자 사사기 내용의
결론을 비틀어서 설명하고 있음을 보게 된다.

그렇다면 우리는 사사기의 저자가 반복해서 강조하는 '왕이 없으
므로'라는 의미를 어떻게 이해해야 할까? 사사기 저자는 맨 마지막

에 "이스라엘에 왕이 없으므로 사람이 각기 자기 소견에 옳은대로 행하였더라(21:25)."고 기록하고 있다. 이와 같은 표현은 사사기 말미에 네 번이나 반복된다(17:6, 18:1, 19:1, 21:25). 특별히 17장 6절에서는 "그때에는 이스라엘에 왕이 없었으므로 사람마다 자기 소견에 옳은 대로 행하였더라."고 구체적으로 밝히고 있다. 그래서 많은 이들은 사사기에 나오는 '왕'은 곧 '하나님'을 의미한다는 식으로 이해하기도 한다. 물론 전체 이야기를 고려해 볼 때 '왕'이라는 단어가 '하나님을 암시한다'고 말할 수 있다. '하나님을 암시한다'는 말은 성경 해석자가 여러 정황을 고려해서 추론한 해석이다.

사사기는 기본적으로 역사적 사실을 기록한 역사서라는 점을 간과해서는 안 된다. 역사적 사실을 왕=하나님으로 읽고 이해하는 것은 바람직하지 않다. 다만 우리는 사사기 전체를 고려해서 '왕은 하나님을 암시한다'고 부차적으로 추정하는 것이 바람직하다.

따라서 사사기 저자는 1차적으로 이스라엘 사람들이 왕(지도자)이 없어서 제멋대로 살아가고 있으며, 이스라엘 민족을 바르게 이끌어줄 왕이 필요하다고 말하고 있다.* 그리고 2차적(혹은 부차적)으로 진정한 우리의 왕은 하나님이심을 암시하고 말씀으로 이해할 수 있다 (Web, *the book of Judges*, 508). 이런 시대적 섭리의 역사 가운데, 사울왕

---

* 이 점에 대하여 월트키는 다음과 같이 설득력 있게 설명하고 있다.
"'이스라엘에 왕이 없었으므로'라는 후렴구가 에필로그를 두 부분으로 나눈다. 곧 '우상 숭배에 빠진 레위인(17:1-18:31)'과 '포악한 레위인(19:1-21:25)'이 그것이다. 이 종교 지도자들의 작지만 개인적인 실패는 지파와 민족 차원으로 확대되고 이스라엘 민족을 정치적 및 도덕적 혼란 속에 빠뜨린다. 사사기 마지막 구절을 포함한 인클루시오는 이스라엘이 도덕적 및 정치적 혼란을 수습하기 위해서는 언약을 지키는 왕을 필요로 한다는 것을 암시한다(브루스 월트키, 『구약신학』, 714)." 참고로 '인클루시오(Inclusio)'는 성경 해석에서 자주 사용되는 강조적 수사법의 하나로 '수미쌍관법' 혹은 '양괄법(兩括法)'으로 번역되는 용어다.

에 이어서 하나님의 언약을 성취해 갈 다윗 왕이 등극하게 된다. 물론 사무엘 선지자가 지적했듯이 하나님은 이스라엘의 왕정제도를 기뻐하지 않으셨다. 그 이유는 이스라엘 백성이 보이지 않는 하나님보다 보이는 왕을 더 의지하려는 유혹에 쉽게 빠질 수 있기 때문이다(신명기 17장 '왕의 규례' 참조). 그럼에도 사사기의 저자는 왕정시대로 가는 것이 필연적인 시대적 요구임을 보여 주면서, 결국에는 왕되신 하나님의 통치가 나타나게 될 것을 암시하고 있다. 이런 점에서 우리는 룻기를 통해 유다 지파의 족보가 소개되고, 사무엘서를 통해서 유다 지파인 다윗 왕을 통하여 하나님의 언약이 이어지는 구속사적 섭리를 보게 된다.

3. 비유 강해 1 전문과 그 외

그 날 예수께서 집에서 나가사 바닷가에 앉으시매 큰 무리가 그에게로 모여 들거늘 예수께서 배에 올라가 앉으시고 온 무리는 해변에 서 있더니 예수께서 비유로 여러 가지를 그들에게 말씀하여 이르시되 씨를 뿌리는 자가 뿌리러 나가서 뿌릴새 더러는 길 가에 떨어지매 새들이 와서 먹어버렸고 더러는 흙이 얕은 돌밭에 떨어지매 흙이 깊지 아니하므로 곧 싹이 나오나 해가 돋은 후에 타서 뿌리가 없으므로 말랐고 더러는 가시 떨기 위에 떨어지매 가시가 자라서 기운을 막았고 더러는 좋은 땅에 떨어지매 어떤 것은 백 배, 어떤 것은 육십 배, 어떤 것은 삼십 배의 결실을 하였느니라 귀 있는 자는 들으라 하시니라(마 13:1–9)

오늘부터 우리는 예수님의 비유에 관해 공부를 할 것입니다. 우리가 지금 수요예배를 통하여 요한복음을 공부하고 있고 이러저러한 여타의 설교에서도 사복음서의 내용을 많이 다루었기 때문에 우리가 사복음서에 나오는 예수님의 비유와 기적 사건 그리고 산상수훈 그 정도만 심도 있게 공부를 하게 되면, 사복음서의 내용을 거의 모두 다루는 것이 되기에 우선 예수님의 여러 가지 비유 이야기들을 설교하기로 한 것입니다.

여러분들이 예수님의 비유 사건들을 다 배우시고 나면 자연스럽게 아시게 되겠지만, 결론부터 말씀드리면 예수님의 모든 비유는 다 예수 그리스도와 십자가 그리고 하나님 나라에 관한 이야기입니다. 여러분들이 이 세상을 살아가기 위한 교훈 이야기가 아닙니다. 제가 이 예수님의 비유를 강해하기 위해 비유에 관한 책과 논문만 30여 권을 사서 읽고 있습니다. 그중 어떤 것은 너무나 유아기적 해석을 해 놓은 것도 있고, 판에 박힌 도덕 강해로 결론을 맺는 것도 있으며, 어떤 것은 성도들을 회유하거나 협박하는 용도로 해석이 된 것들도 있습니다. 그래서 때로는 시간이 너무 아까울 때도 많습니다만 그래도 그러한 잘못된 해석을 두루두루 섭렵을 해 놓아야 올바른 그림을 잘 그릴 수 있을 것이란 생각에 제가 인내심을 갖고 열심히 읽어 보고 있습니다.

그러나 여러분에게 분명하게 말씀을 드리지만, 그러한 해석은 성도가 이 세상을 도덕적으로 윤리적으로 종교적으로 아주 성공적으로 인정받으며 살아가는 데에는 도움이 될지 모르지만, 예수님의 은혜와 하나님의 사랑을 깨닫는 데에는 전혀 도움이 되지 않는 해석이에요. 그런데 안타깝게도 거의 대부분의 비유 해석이 그러한 수준에 머물고 있다는 것을 제가 발견하게 되었어요. 제가 비유 강해를 하는 동안 여러분이 그동안 배워 오셨던 그러한 종류의 해석을 성경으로 반격을 하며 올바른 해석을 전달하려고 노력을 할 테니까 잘 들어보세요.

오늘 우리가 첫 번째로 공부할 비유가 씨 뿌리는 자의 비유입니다. 실망하셨죠? 에구 그게 뭐야 다 아는데, 그런 표정들이신데…. 신앙생활의 연륜이 좀 쌓이신 분들은 오늘 본문에 기록되어 있는 씨 뿌리는 자의 비유에 대한 설교를 너무나 많이 들어 보셨을 것입니다. 그동안 들어오셨던 그 설교들의 대강의 줄거리들을 잠시 머릿속에 떠올려 보세요. 대부분 결론이 뭐였습니까? '설교 시간에 졸지 말고 열심히 노력하여 돌짝밭을 갈아엎고 가시떨기를 제거하여 열매를 풍성히 맺는 좋은 밭이 되자'였죠? 그렇다면 이 비유의 제목을 '밭의 비유'로 바꿔야죠?

오늘도 역시 제가 디스푸타치오 방식으로 설교를 풀어 가 보도록 할 테니까 제가 질문을 던지면 여러분이 마음속에 얼른 대답을 하시며 따라오셔야 되요. 첫 번째 질문입니다. 여러분, 밭이 스스로 돌이나 가시덤불을 제거할 힘이 있습니까? 이 중에 농사를 지어보신 분들이 계실지도 모르겠는데, 어느 날 농부가 씨를 뿌리러 밭에 나가 보니 밭에 돌과 가시덤불이 너무 많아서 씨를 뿌려 봐야 도저히 열매를 맺을 수 없는 그런 상 태였다고 해 보자고요. 그때 농부가 돌아서면서 '너 이 상태로는 절대 열 매를 못 맺으니까 내일까지 돌들과 가시덤불들을 다 치워 놓아라. 그러 면 내가 내일 와서 다시 씨를 뿌려 줄게. 그래야 열매가 맺을거야!' 이렇 게 말했다면 여러분은 배꼽을 잡고 웃으실 것입니다. 그런데도 강대상 에서 목사가 그런 말을 하면 '아멘'으로 받습니다. 밭들에게 스스로 밭을 갈아엎어 옥토가 되라고 하는 데도 그냥 그저 아멘이에요.

성경은 아담 이후로 이 세상에 태어나는 모든 인간의 상태를 이렇게 묘사합니다(롬 3:10-18).

> 기록된 바 의인은 없나니 하나도 없으며 깨닫는 자도 없고 하나님을 찾 는 자도 없고 다 치우쳐 함께 무익하게 되고 선을 행하는 자는 없나니 하나도 없도다 그들의 목구멍은 열린 무덤이요 그 혀로는 속임을 일삼으 며 그 입술에는 독사의 독이 있고 그 입에는 저주와 악독이 가득하고 그 발은 피 흘리는 데 빠른지라 파멸과 고생이 그 길에 있어 평강의 길을 알지 못하였고 그들의 눈 앞에 하나님을 두려워함이 없느니라 함과 같으 니라.

모든 인간의 상태예요. 이 모습이 바로 오늘 본문에 등장하는 길가밭, 돌짝밭, 가시떨기의 모습인 것입니다. 절대 열매를 맺을 수 없는 그런 상 태. 그런데 그 불가능과 무력함의 밭에 생명의 씨가 떨어져 돌과 가시떨 기를 부수고 찢어서 그 밭이 옥토가 되는 거예요. 그걸 구원이라 합니다.

> 모든 사람이 죄를 범하였으매 하나님의 영광에 이르지 못하더니 그리스 도 예수 안에 있는 속량으로 말미암아 하나님의 은혜로 값 없이 의롭다

247

하심을 얻은 자 되었느니라(롬 3:23-24).

씨 뿌리는 자의 비유는 '값 없이 열매 맺는 자가 되었다'는 이 얘기를 하고 있는 거예요. 그렇게 우리가 아직 하나님의 원수가 되었을 때에(롬 5:10), 영원 전에 준비된 하늘의 씨가 그 원수의 밭에 심기워져 삼십 배, 육십 배, 백 배의 열매를 맺는 구원의 현실을 설명해 주는 비유가 바로 씨 뿌리는 자의 비유 속에 담긴 메시지인 것입니다. 그 씨에 관한 이야기는 창세기 3장 15절부터 씨, 자손, 후손 등의 이름으로 질리도록 반복되어 성경에 등장하지요? 그리고 갈라디아서 3장 16절부터 반복하여 아주 질리도록 나와요.

이 약속들은 아브라함과 그 자손에게 말씀하신 것인데 여럿을 가리켜 그 자손들이라 하지 아니하시고 오직 한 사람을 가리켜 네 자손이라 하셨으니 곧 그리스도라(갈 3:16).

그 씨가 바로 예수입니다. 그러니까 이 씨 뿌리는 자의 비유는 혼돈과 공허와 흑암이라는 불가능의 밭에 예수라는 씨가 떨어져 새로운 창조가 풍성하게 열매 맺어 완성이 되는 구속사의 이야기인 것입니다. 우리가 갈아엎어서 좋은 밭이 되자는 이야기가 아니란 말입니다. 그게 바로 알미니안주의적 해석인 것입니다. 다시 한번 말씀드립니다. 이 씨 뿌리는 자의 비유는 그 자체로 예수 그리스도의 필연성을 강조하는 복음의 메시지인 거예요.

그래서 예수님께서도 씨 뿌리는 자의 비유를 말씀하시면서 이렇게 말씀을 하셨어요.

바른 해석 바른 신앙

또 이르시되 너희가 이 비유를 알지 못할진대 어떻게 모든 비유를 알겠느냐(막 4:13).

보세요. 씨 뿌리는 자의 비유를 옳게 이해를 하지 못하면 다른 비유들도 전혀 이해를 못한다는 이야기예요. 그 말은 모든 비유가 예수 그리스도와 하나님 나라에 대한 것인데, 지금 이 쉬운 씨 뿌리는 자의 비유가 담고 있는 그 예수와 하나님 나라에 관해서도 이해하지 못한다면 분명 너희들은 다른 비유들도 엉뚱한 도덕적 윤리적 교훈으로 오해하고 말 것이다라는 그런 말이에요. 바로 이런 이유에서 제가 첫 번째 비유 강해 본문을 씨 뿌리는 자의 비유로 택한 것입니다.

따라서 여러분이 오늘 이 씨 뿌리는 자의 비유를 올바로 잘 이해를 하시게 되면 나머지 모든 비유들을 예수 그리스도라는 주제로 올바로 이해를 할 수 있는 거예요. 너무 서둘러 결론으로 왔는데요. 지금부터 어떻게 그 씨 뿌리는 자의 비유가 예수 그리스도라는 결론으로 연결이 되는지 차근차근 설명해 드리겠습니다.

먼저 이 씨 뿌리는 자의 비유가 나오게 된 문맥상의 배경을 보겠습니다. 이 씨 뿌리는 자의 비유는 공관복음서에 공히 등장하고 있는데, 마가복음에서는 예수님의 어머니와 동생들이 예수님을 찾아왔을 때에 '누가 내 어머니이고 누가 내 골육이냐?'는 질문 다음에 이 비유가 붙어 있어요. 그리고 우리가 본문으로 채택을 한 마태복음에서도 '누가 내 어머니이고 내 골육이냐?'는 질문 다음에 이 비유가 등장해요. 그러니까 이 씨 뿌리는 자의 비유는 "누가 예수님의 진짜 가족이냐"에 대한 대답으로 제시가 된 비유라는 것을 우리가 추론해 볼 수 있죠. 그리고 또 하나 중요한 배경은 이 씨 뿌리는 자의 비유가 등장하는 장면에 세 복음서 공히 "큰 무리가 예수님을 찾았다"는 사실이 기록이 되어 있다는 것입니다.

각 동네 사람이 예수께로 나아와 큰 무리를 이루니 예수께서 비유로 말씀하시되(눅 8:4).

예수께서 다시 바닷가에서 가르치시니 큰 무리가 모여들거늘 예수께서 바다에 떠 있는 배에 올라 앉으시고 온 무리는 바닷가 육지에 있더라(막 4:1).

큰 무리가 그에게로 모여 들거늘 예수께서 배에 올라가 앉으시고 온 무리는 해변에 서 있더니(마 13:2).

이렇게 예수님의 기적을 본 큰 무리가 예수님을 둘러싸고 있었는데 예수님이 씨 뿌리는 자의 비유로 설교를 시작하신 것입니다. 너희들이 정말로 다 옥토인 줄 아냐고 초를 쳐버리는 것입니다. 그리고 그 비유의 내용을 제자들에게만 설명해 주셨습니다. 그리고는 '왜 비유로 말씀을 하시느냐?'는 제자들의 질문에 이사야서의 말씀을 인용하여 대답을 해 주십니다.

제자들이 예수께 나아와 이르되 어찌하여 그들에게 비유로 말씀하시나이까 대답하여 이르시되 천국의 비밀을 아는 것이 너희에게는 허락되었으나 그들에게는 아니되었나니 무릇 있는 자는 받아 넉넉하게 되되 없는 자는 그 있는 것도 빼앗기리라 그러므로 내가 그들에게 비유로 말하는 것은 그들이 보아도 보지 못하며 들어도 듣지 못하며 깨닫지 못함이니라 이사야의 예언이 그들에게 이루어졌으니 일렀으되 너희가 듣기는 들어도 깨닫지 못할 것이요 보기는 보아도 알지 못하리라 이 백성의 마음이 완악하여져서 그 귀는 듣기에 둔하고 눈은 감았으니 이는 눈으로 보고 귀로 듣고 마음으로 깨달아 돌이켜 내게 고침을 받을까 두려워함이라 하였느니라(마 13:10-15).

여러분도 아시다시피 이 말씀은 이사야서 6장의 내용을 그대로 인용한 거예요. 따라서 그 이사야서 6장의 내용을 잘 이해하지 못하면 이 예수님의 말씀 또한 올바로 이해를 할 수가 없는 거예요. 그럼 이 인용문이 발췌가 된 이사야서 6장으로 가서 이 이야기의 진의를 파헤쳐 보죠.

> 내가 또 주의 목소리를 들으니 주께서 이르시되 내가 누구를 보내며 누가 우리를 위하여 갈꼬 하시니 그때에 내가 이르되 내가 여기 있나이다 나를 보내소서 하였더니 여호와께서 이르시되 가서 이 백성에게 이르기를 너희가 듣기는 들어도 깨닫지 못할 것이요 보기는 보아도 알지 못하리라 하여 이 백성의 마음을 둔하게 하며 그들의 귀가 막히고 그들의 눈이 감기게 하라 염려하건대 그들이 눈으로 보고 귀로 듣고 마음으로 깨닫고 다시 돌아와 고침을 받을까 하노라 하시기로 내가 이르되 주여 어느 때까지니이까 하였더니 주께서 대답하시되 성읍들은 황폐하여 주민이 없으며 가옥들에는 사람이 없고 이 토지는 황폐하게 되며 여호와께서 사람들을 멀리 옮기셔서 이 땅 가운데에 황폐한 곳이 많을 때까지니 그 중에 십분의 일이 아직 남아 있을지라도 이것도 황폐하게 될 것이나 밤나무와 상수리나무가 베임을 당하여도 그 그루터기는 남아 있는 것 같이 거룩한 씨가 이 땅의 그루터기니라 하시더라(사 6:8-13).

웃시야 왕은 좋은 평가를 받은 왕입니다. 웃시야 왕이 죽던 해, 그 웃시야 왕의 사촌이었던 이사야가 슬픔에 잠겨 있어요. 그런데 그 이사야에게 하나님의 영광이 나타나서 "네가 나를 위해 백성에게로 가라."고 명령을 해요. 그리고는 백성에게 가서 그들의 눈과 귀를 가리고 하나님의 비밀을 못 알아듣게 하라는 엉뚱한 지시를 하세요. 바로 그 임무를 예수님이 맡아 가지고 내려오셨다는 거죠. 그러니까 예수님이 그 말을 끄

집어 쓰시지 않습니까? 그러니까 이사야도 예수 그리스도의 모형이었다는 거예요. 그런데 거기서 그치는 것이 아니라 막혔던 백성의 눈과 귀가 뚫리고 황폐하던 성읍이 회복이 된다는 희망의 약속이 함께 주어진 거죠.

13절을 보시면 거룩한 씨가 오실 때에 성읍이 회복이 되고 막혔던 백성의 눈과 귀가 뚫린다고 합니다. 그 거룩한 씨는 당연히 예수 그리스도를 말하는 거죠. 그런데 그 수많은 무리들 가운데 거룩한 씨가 오셨단 말입니다. 그런데 왜 그 거룩한 씨의 말씀을 아무도 못 알아듣느냐 말이에요? 여러분, 예수 그리스도의 오심이란 하나님의 은혜로 유효적 부르심, 효과적 부르심, 선택 예정, 그 안에 들어 있는 이들, 그 안에 참여한 자들에게만 해당이 되는 거예요. 그들에게만 예수님이 가세요. 그들의 눈과 귀만 열려요. 그들이 바로 교회이고 오늘 본문에서는 열두 사도로 모형으로 그려지고 있는 거예요. 그래서 그들만이 예수님에게 해설을 전해 듣고 그들이 이해를 하게 되는 것으로 그려지고 있는 거예요. 성경은 항상 교회에게 메시지를 준다는 것을 잊지 마세요. 이 시점에서 '제자들이 알아들었느냐 못 알아들었느냐' 혹은 '제자들이 언제부터 예수님을 믿게 되었느냐.' 그건 무의미한 논쟁인 거예요. 성경이 교회들에게 하는 말씀만 알아들으란 말입니다.

그러니까 예배당에 아무리 큰 무리가 모여 있다 할지라도 그게 다 성도가 아니라는 말입니다. 유대교의 서슬이 퍼렇던 그 시대에 예수를 좇겠다고 큰 무리가 모였습니다. 그들은 나름대로 큰 손해를 감수하고 예수께 나아온 것입니다. 그런데 예수님은 그들 앞에서 씨 뿌리는 자의 비유를 말씀하심으로 해서 이곳에 모인 대부분은 다 가짜라고 선언을 해 버리시는 것입니다.

오늘날은 뭐가 좀 다른가요? 똑같습니다. 여러분, 예수를 믿는다고 예배당을 가득 메우고 있는 사람 중에 정말 하나님 나라의 비밀을 올바로 깨닫고 진정으로 하나님을 예배하기 위해 앉아 있는 사람들 드물어요. 그저 자기의 소원이나 이루고 문제나 해결받기 위해 앉아 있는 이들이 대부분이라는 것입니다. 주님은 단호하게 말씀하시는 것입니다. 그들은 아니다라고. 오직 당신이 뚫고 들어가 눈과 귀를 열어 놓은 당신의 택한 백성들만이 당신의 가족이요, 참 성도라는 것을 밝히는 거예요. 하나님의 복음을 알아듣는 사람이 우리 가족이라는 거니깐요.

꿩 잡는 게 매라고 예배당에 사람이 많이 모아 두면 뭐할 건데요? 하나님의 말씀을 알아듣는 이들이 모여야 돼요. 부흥은 눈과 귀가 뚫리는 것이 부흥입니다. 그러니까 창세기에서부터 약속이 된, 아니 영원 전부터 약속이 된 그 거룩한 씨가 은혜로 침공해 들어오기 전에는 이 세상 어느 누구도 모두 돌짝밭이요, 길가밭이요, 가시떨기일 수밖에 없다는 거예요. 그게 뭐죠? 죽은 흙입니다.

조금 더 구체적으로 설명해 드릴께요. 구약성경에서 가시떨기와 돌짝밭은 항상 하나님의 저주의 상태를 가리키던 것들이었고 광야의 상태를 가리키던 소품이었어요.

> 아담에게 이르시되 네가 네 아내의 말을 듣고 내가 네게 먹지 말라 한 나무의 열매를 먹었은즉 땅은 너로 말미암아 저주를 받고 너는 네 평생에 수고하여야 그 소산을 먹으리라 땅이 네게 가시덤불과 엉겅퀴를 낼 것이라 네가 먹을 것은 밭의 채소인즉(창 3:17–18).

아담이 타락을 하자 하나님의 저주가 내리는데 그 저주의 산물이 가시덤불과 엉겅퀴예요. 그러니까 땅이 저주 받은 이후로 이 세상이 내어 놓는 모든 소산, 모든 추수, 과학, 문명, 교육 그런 모든 소산이 다 뭐다?

3부 **김성수 설교 비평**

하나님과 관계없이 인간이 내어놓는 이런 멋진 세상의 힘들이 다 가시덤 불과 엉겅퀴라는 거예요.

그런데 하나님과 아무 관계도 없이 그걸 많이 끌어안는 걸 복이라고 한단 말입니다. 그건 저주를 쌓는 거라니깐요. 그런데 예배당에 와서도 하나님을 알려고 하기는 커녕, 가시덤불과 엉겅퀴만을 구하는 게 오늘날 교회의 현실이 아닙니까? 그런데 세상은 마치 거지 동냥에 불과한 이 세상 금과 은이 인생 최고의 목표인 줄 알고 하염없이 동냥 그릇만 바라보고 있던 사도행전의 성전 미문에 앉은 앉은뱅이처럼, 가시덤불과 엉겅퀴에 불과한 이 세상의 힘을 더 달라고 극성을 부리고 있는 거예요. 나는 여기서 행복할 수 있어요 그 모습과 똑같은 거란 말이라니깐요. 베드로가 뭐라 했어요. "일어나 걸어라." 죄인들은 생명을 얻어야 되는 거예요.

성경이 그 가시덤불과 엉겅퀴를 어려운 말로 질려와 형극*이라고도 번역을 합니다.

> 그날에는 천 그루에 은 천 개의 가치가 있는 포도나무가 있던 곳마다 찔 레와 가시가 날 것이라 온 땅에 찔레와 가시가 있으므로 화살과 활을 가 지고 그리로 갈 것이요 보습으로 갈던 모든 산에도 찔레와 가시 때문에 두려워서 그리로 가지 못할 것이요 그 땅은 소를 풀어 놓으며 양이 밟는 곳이 되리라(사 7:23-25).

이것이 저주 받은 인간의 땅의 모습이라는 거예요. 한 군데 더 보죠.

---

* 　질려(蒺藜)와 형극(荊棘)에 대해 독자의 이해를 위해 필자의 설명을 추가한다. 질려는 남가새(흔히 바닷가 모래밭에서 자라는 한해살이 풀)과의 일년생 가시풀이며, 형 극은 가시가 많은 나무를 말한다. 김성수는 이러한 질려와 형극을 이사야 7장 23-25절에 나오는 '찔레와 가시'로 이해하고 있다. 히브리어 '샤미르(שמיר)'를 개역한글은 '질려', 개역 개정은 '찔레'로, 샤이트(שית)는 개역한글에서는 '형극', 개역개정은 '가시'로 번역했다.

바른 해석 바른 신앙

여호와께서 유다와 예루살렘 사람에게 이와 같이 이르노라 너희 묵은 땅을 갈고 가시덤불에 파종하지 말라 유다인과 예루살렘 주민들아 너희는 스스로 할례를 행하여 너희 마음 가죽을 베고 나 여호와께 속하라 그리하지 아니하면 너희 악행으로 말미암아 나의 분노가 불 같이 일어나 사르리니 그것을 끌 자가 없으리라(렘 4:3-4).

하나님 백성의 모형으로 등장한 이스라엘, 예루살렘 거민이 모두 가시덤불이라는 거예요. 저주 받은 인간의 모습입니다. 그 상태예요. 거기에는 그 어떤 씨를 파종해도 절대 열매가 맺혀질 수 없다는 거예요. 그럼 돌짝밭은 어디에 나올까요?

그가 성소가 되시리라 그러나 이스라엘의 두 집에는 걸림돌과 걸려 넘어지는 반석이 되실 것이며 예루살렘 주민에게는 함정과 올무가 되시리니 많은 사람이 그로 말미암아 걸려 넘어질 것이며 부러질 것이며 덫에 걸려 잡힐 것이니라(사 8:14-15).

돌이 이스라엘에게 주어졌는데, 오히려 함정, 거치는 돌이 되어 열매를 못 맺게 된다는 것입니다. 조금 이상하죠? 여기에 보면 이스라엘이 열매를 맺지 못하게 하는 돌이 예수님이라고 해요? 재미있죠? 죄인들이 유일하게 피할 수 있는, 유일한 피할 곳, 도피성이신 예수가 어떤 이들에게는 거치는 돌, 걸리는 반석이 되며, 함정과 올무가 된다고 그래요. 이게 가시떨기요 돌짝밭의 상태예요. 이렇게 은혜의 예수가 가시떨기가 되고, 돌짝이 되는 그런 무리의 사고의 중심, 인본주의입니다.

그러니까 쉽게 설명을 하자면 가시덤불과 돌들로 인해 전혀 열매를 맺을 수 없는 죄인의 마음밭은 생명나무 실과를 지키는 두루 도는 화염검과 그룹들로 인해서 생명나무로 전혀 접근할 수 없는 저주 받은 인류의 모습을 보여 주는 거예요. 그런데 생명나무 실과를 숨기신 분이 누구죠? 하나님입니다. 그리고 그 생명나무 실과, 지성소를 가리고 있던 휘장이 누구였어요? 히브리서를 보면 예수님입니다.

그러니까 가시떨기와 돌짝은 엄밀히 말해 예수 그리스도 자신인 것입니다. 예수 그리스도가 가시떨기와 돌짝으로 죄인들에게 오셔서 그들의 눈과 귀를 막고 절대로 생명나무 실과를 먹을 수 없게 만드신다는 거예요. 못 알아듣게 만든다는 거예요. 창세기의 이야기와 이사야서 6장의 이야기와 이 비유는 이렇게 일관성 있게 뚫려 있는 것입니다.

왜? 하나님 나라와 영생은 인간의 힘으로는 절대 도달과 획득이 불가능한 위대한 것임을 가르치시기 위해서 그러는 거예요. 보세요. 이사야 6장에서 하나님이 이사야를 보내면서 "너 가서 눈과 귀를 다 막아 버려." 그랬단 말입니다. 예수님이 그대로 말씀하잖아요. 그분이 휘장이라는 말이에요. 그 휘장이 하나님의 은혜로 찢어졌다. 교회들아, 그것을 배우라고 예수님이 말씀한 것입니다.

그 말은 하나님의 은혜를 깨닫고 배우는 선악과라는 probation(유예) 기간을 거치지 않은 자들, 즉 하나님의 은혜 밖에 있는 자들은 절대로 하나님 나라에 들어가 영생의 삶을 살 수 없다는 것을 에둘러 표현하고 있는 거예요. 그들에게 생명의 씨가 은혜로 뚫고 들어가는 것입니다. 그리고는 그 속에서 죽는 거예요. 그 말은 절대로 죄인을 용납할 수 없는 하나님의 공의, 못 알아듣게 해야 돼요. 죄인은 못 알아듣게 해야 돼요. 그게 하나님의 공의잖아요. "못 알아듣게 하라." 이게 하나님의 공의인데 그 공의 자체가 예수님이란 말입니다. 예수가 막고 있는데, 절대로 죄를 용납할 수 없는 하나님의 공의, 즉 가시덤불과 돌짝이 예수의 십자가 죽음으로 인해 죽어 버리고, 그래서 비로소 옥토가 되는 것입니다. 그것을 요한복음이 다시 이렇게 말합니다.

> 예수께서 대답하여 이르시되 인자가 영광을 얻을 때가 왔도다 내가 진실
> 로 진실로 너희에게 이르노니 한 알의 밀이 땅에 떨어져 죽지 아니하면
> 한 알 그대로 있고 죽으면 많은 열매를 맺느니라(요 12:23-24).

열매 이야기가 또 여기에 나오잖아요. 씨 뿌리는 자의 비유는 그렇게
십자가의 복음을 설명하는 거예요. 밭이 옥토가 되어서 열매를 맺는 게
아니라 한 알의 씨가 땅에 떨어져 죽어야 삼십 배, 육십 배, 백 배의 열매
를 맺는다는 것입니다. 그 말은 하나님의 공의가 예수의 죽음으로 채워
지게 된다는 거예요. 인간의 어떤 공로나 노력이나 자격이나 열심도, 거
기에 단 1%도 기여가 안 된다는 것입니다.

우리는 그렇게 하나님의 은혜의 씨에 의해, 열매 맺는 하나님 백성이
되는 것이지, 우리 스스로 우리의 가시덤불과 돌짝들을 제거해서 하나님
나라 백성이 되는 것이 아니라는 것을 보여 주는 거예요. 그들이 바로 하
나님 나라 가족이며 골육이라는 것입니다. 아무리 큰 무리가 모여 있다
해도 '난 절대 너희에게 내 몸을 의지하지 않을 거야.' 예수님이 반복해
서 말씀하죠. 교회에게 무언가 설명해 주기 위해서예요

예수님은 당신의 육적 어머니, 육적 형제들을 씨 뿌리는 자의 비유 앞
에서 부정하심으로 말미암아 하나님 나라 백성의 조건과 자격을 단호하
게 규정하고 계신 것입니다. 혈통이나, 업적이나, 열심이나 ,노력이나, 재
산이나, 지위나, 훌륭한 인품, 도덕적 성취, 학식이나, 깨달음, 그 어떤 것
도 하나님 나라 백성 됨에 손톱만큼도 기여를 할 수 없다라는 걸 그 작
은 에피소드를 통해서 먼저 보여 주는 거예요. 그게 예수인 나 하나님인
나의 어머니 육적 형제라도 아무 쓸모가 없다는 거예요. 그게 쓸모없는

데 무엇이 하나님 앞에서 조건과 자격으로 드려질 수 있어요.

따라서 착하게 살아서 업적을 많이 쌓아서 천국 가는 게 아니에요. 그것은 사람 잘되게 학교 보냈더니 학교 안 가고 껌 팔아 오는 것과 똑 같은 거예요. 근데 예배당에서 그 짓들을 하고 있단 말입니다. 뭔가 하나님께 보답을 한대요. 그러면서 하나님 앞에서 자격과 조건이 받아들여질 거라 생각한단 말입니다. 여러분, 그것을 자기 의라고 말해요. 그러한 복음의 현실을 사도 바울이 호세아서와 이사야서를 동시에 인용하여 이렇게 설명을 합니다.

> 호세아의 글에도 이르기를 내가 내 백성 아닌 자를 내 백성이라, 사랑하지 아니한 자를 사랑한 자라 부르리라 너희는 내 백성이 아니라 한 그곳에서 그들이 살아 계신 하나님의 아들이라 일컬음을 받으리라 함과 같으니라 또 이사야가 이스라엘에 관하여 외치되 이스라엘 자손들의 수가 비록 바다의 모래 같을지라도 남은 자만 구원받으리니 주께서 땅 위에서 그 말씀을 이루고 속히 시행하시리라 하셨느니라 또한 이사야가 미리 말한 바 만일 만군의 주께서 우리에게 씨를 남겨 두지 아니하셨더라면 우리가 소돔과 같이 되고 고모라와 같았으리로다 함과 같으니라 (롬 9:25-29).

어떻게 더 명확하게 설명해 줘요? "남은 자만 구원을 얻으리니 열두 명, 열두 제자…" 남은 자가 씨 때문에 돌아왔단 말입니다. 씨 때문에. 돌짝밭, 길가밭, 가시떨기가 씨가 심겨지니까 옥토가 되어 남은 자들이 되더라는 거예요. 그게 복음이라고 하는 것입니다.

예수를 좋다고 수많은 자들이 모여 있습니다. 그런데 그중 남은 자들의 모형으로 열두 제자가 등장하는 거예요. 그 남은 자들은 자신들의 노

바른 **해석** 바른 **신앙**

력이나 열심, 자격, 조건을 근거로 남겨진 것이 아니라 하나님에 의해 남겨진 자들입니다. 그들은 원래 내 백성이 아닌 자, 사랑치 아니한 자, 즉 죽은 흙에 불과한 자들이었는데, 죽은 땅에 불과한 자들이었는데, 하나님이 남기시니 거룩한 '씨'에 의해 옥토가 되어 '내 백성, 내가 사랑하는 자'로 남겨진 것입니다. 정리가 되시지요?

그러나 하나님의 거룩한 씨가 심겨지지 않은 자들은 어떻게 되죠? 예수라는 가시덤불과 돌짝에 의해 멸망의 자리로 가게 되는 것입니다. 못 알아 먹어요. 선악과를 먹고 하나님처럼 되어서 선악을 스스로 판단하고 이 세상의 유토피아를 상징하는 에녹성과 바벨탑 건설에 열심들인 이 세상의 건축자들은 진짜 모퉁이 돌이신 예수를 자꾸 내다 버리게 되는 것입니다. 예수가 들어오셔야 예수가 막아 놓은 화염검과 그룹, 즉 가시떨기와 돌짝이 제거가 돼요. 그런데 자꾸 그 예수를 내다 버리고 올무와 거치는 돌에 여전히 눌려 있는 거예요.

예수가 들어와야 휘장이 찢기고, 예수가 들어와야 얼굴에 가리운 수건이 걷히는데, 예수를 거부해요. 왜? 자존심 상한단 거예요. 왜 내가 무력한 자로 인정되고 은혜만을 바래야 돼?

그게 인본주의의 망령이란 말입니다. 그게 바리새인들이란 말입니다. 왜 내가 예수만 믿어야 돼? 그게 가시떨기입니다. 그게 돌짝밭이에요.

> 그런즉 우리가 무슨 말을 하리요 의를 따르지 아니한 이방인들이 의를 얻었으니 곧 믿음에서 난 의요 의의 법을 따라간 이스라엘은 율법에 이르지 못하였으니 어찌 그러하냐 이는 그들이 믿음을 의지하지 않고 행위를 의지함이라 부딪칠 돌에 부딪쳤느니라 기록된 바 보라 내가 걸림돌과 거치는 바위를 시온에 두노니 그를 믿는 자는 부끄러움을 당하지 아니하리라 함과 같으니라(롬 9:30-33).

저를 믿는 자는 부끄러움을 당하지 아니하리라고 했는데, 그런데 갖다 버리는 자들은 그 돌 때문에 죽어요, 싹이 트지 않아요. 여전히 자기 부인의 길을 가지 않는 자는 아무리 열심히 예수를 믿는다고 해도 절대 열매 맺지 못합니다. 그냥 자기라는 우상을 종교로 더 살찌우고 있을 뿐이에요. 그건 신앙이라고 하지 않습니다. 그래서 교회에서는 잘난 체 하는 인간들이 점점 줄어들어야 되는 거예요. 나를 본받으라 하는 인간들이 점점 사라져야 되는 거예요. 뭘 본받아요? 돌짝밭에서 같이 죽자는 거예요? 성도는 십자가 지고 집으로 돌아가는 거예요. 자기 부인의 삶을 살아야 되는 것입니다. 예수님만을 의지하는 모든 존재들은 모두 저주받은 무화과나무처럼 모두 말라 죽을 거예요. 모든 이야기가 다 연결이 되죠?

예수의 십자가 피 공로, 예수의 은혜를 의지하지 않는 자들은 반석이신 예수에 의해 오히려 부딪힘을 당하고, 부끄러움을 당하고, 거치게 될 것이라는 말입니다. 그게 심판입니다. 은혜로 모든 걸 해결해 주겠다고 오신 예수를 십자가에 못 박아 죽여 버린 세상이, 예수에 의해 죄인으로 정죄되고 심판에 이른 것처럼, 예수만을 의지하지 않는 모든 존재들은 다 열매 하나 없는 저주의 무화과나무가 되어 결국에는 말라 죽게 되는 것입니다. 여러 가지 에피소드들이 이제 하나로 딱 연결이 되죠? 무화과나무의 이야기까지.

우리가 우리의 인생 전체를 하나님께 맡기고 그분의 은혜에 맡기는 것은 힘의 원리가 지배하는 세상의 시각으로 볼 때 정말 미련하고 유약하기 그지없는 모습일 수밖에 없습니다. 그러나 그게 바로 하나님의 진정한 능력을 경험하는 진짜 지혜로운 삶이라는 것을 하나님은 당신의 교회에게 알려 주고 싶으신 것입니다.

십자가의 도가 멸망하는 자들에게는 미련한 것이요 구원받는 우리에게는 하나님의 능력이라(고전 1:18).

우리는 십자가에 못 박힌 그리스도를 전하니 유대인에게는 거리끼는 것이요 이방인에게는 미련한 것이로되 오직 부르심을 받은 자들에게는 유대인이나 헬라인이나 그리스도는 하나님의 능력이요 하나님의 지혜니라(고전 1:23~24).

여러분이 부인되고 자꾸 약자로 폭로되는 게 여러분이 유약해지고 미련해지는 것이 아닙니다. 거기서 하나님의 능력이 나오는 거예요. 여러분의 인격을 고양하고 훈련하여 하나님 나라에 가는 게 아니란 말입니다. 그렇게 예수를 알지 못하고 여전히 가시덤불과 돌짝밭과 길가밭의 상태에 있는 이들이 이 세상에서 어떻게 살게 되는지를 보여 주는 것이 이 비유 뒤에 붙어 있는 예수님의 비유 해설에 나와 있습니다.

그런즉 씨 뿌리는 비유를 들으라 아무나 천국 말씀을 듣고 깨닫지 못할 때는 악한 자가 와서 그 마음에 뿌려진 것을 빼앗나니 이는 곧 길 가에 뿌려진 자요 돌밭에 뿌려졌다는 것은 말씀을 듣고 즉시 기쁨으로 받되 그 속에 뿌리가 없어 잠시 견디다가 말씀으로 말미암아 환난이나 박해가 일어날 때에는 곧 넘어지는 자요 가시떨기에 뿌려졌다는 것은 말씀을 들으나 세상의 염려와 재물의 유혹에 말씀이 막혀 결실하지 못하는 자요 좋은 땅에 뿌려졌다는 것은 말씀을 듣고 깨닫는 자니 결실하여 어떤 것은 백 배, 어떤 것은 육십 배, 어떤 것은 삼십 배가 되느니라 하시더라(마 13:18~23).

예수님께서 길가밭, 가시떨기, 돌짝밭의 상태를 설명해 주시는데 먼저 길가밭은 천국 말씀이 떨어지게 되면 악한 자가 와서 그 말씀을 얼른 빼앗아 가는 상태라고 이야기를 해요.

예전에 어떤 부흥사는 길가밭을 설명하시면서 설교 시간에 조는 사람을 예로 들기도 했습니다. 말씀이 떨어지는데 마귀가 졸음을 주어 말씀이 하나도 귀에 못 들어가도록 미혹한다는 거예요. 그러니까 절대 졸지 말라는 거예요. 피곤하면 졸 수도 있는 거죠. 예수님이 고작 설교 시간에 졸지 말라는 말씀을 하시기 위해 이런 비유를 하셨겠어요? 길가밭의 상태는 그런 정도를 이야기하는 게 아니에요. 그것보다 더 심각한 상태를 말하는 것입니다. 그 상태를 잘 표현해 주는 에피소드가 창세기에 나옵니다.

> 그 사람이 롯에게 이르되 이 외에 네게 속한 자가 또 있느냐 네 사위나 자녀나 성 중에 네게 속한 자들을 다 성 밖으로 이끌어 내라 그들에 대한 부르짖음이 여호와 앞에 크므로 여호와께서 이곳을 멸하시려고 우리를 보내셨나니 우리가 멸하리라 롯이 나가서 그 딸들과 결혼할 사위들에게 말하여 이르기를 여호와께서 이 성을 멸하실 터이니 너희는 일어나 이곳에서 떠나라 하되 그의 사위들은 농담으로 여겼더라(창 19:12–14).

계시가 떨어졌는데 농담으로 여겼다는 것입니다. 롯이 하나님의 계시를 받고 이제 곧 불타 없어질 소돔에서 나가야 한다고 사위들에게 전했습니다. 그랬더니 사위들이 그 말을 농담으로 여겼습니다. 왜요? 소돔이 좋았거든요. 소돔이 주는 쾌락과 소돔이 주는 편안함과 소돔이 주는 세상적 행복이 복음의 필요성을 잡아먹어 버린 것입니다. 내게 지금 부족한 것이 없는데 왜 또 다른 복음이 필요하냐는 것입니다. 자족하며 사는 것이 길가밭의 상태예요.

바른 **해석** 바른 **신앙**

아울러 바리새인들처럼 자신의 삶과 행위에 대해서도 자족하며 사는 자들 또한 길가밭의 상태예요. 바리새인들은 세리나 창기들을 보면서 '하나님, 저는 저들과 같은 죄인으로 살지 않게 해 주셔서 감사해요.' 그렇다니까요. 예수님이 그들보고 뭐라고 했어요. '독사의 새끼들아 네가 마귀다.' 그랬잖아요. 나는 바벨론이 좋은데 여기가 좋은데 왜 나보고 나오라고 해? 그게 바로 길가밭들이 처한 상태인 것입니다.

두 번째로 돌짝밭입니다. 돌짝밭은 말씀을 기쁨으로 받기는 하는데 환난과 핍박이 닥치면 곧 넘어지는 자들의 상태를 말하는 것이라 합니다. 그런 그림은 출애굽기에서 찾아볼 수 있습니다.

> 바로가 가까이 올 때에 이스라엘 자손이 눈을 들어 본즉 애굽 사람이 자기들 뒤에 이른지라 이스라엘 자손이 심히 두려워하여 여호와께 부르짖고 그들이 또 모세에게 이르되 애굽에 매장지가 없어서 당신이 우리를 이끌어 내어 이 광야에서 죽게 하느냐 어찌하여 당신이 우리를 애굽에서 이끌어 내어 우리에게 이같이 하느냐 우리가 애굽에서 당신에게 이른 말이 이것이 아니냐 이르기를 우리를 내버려 두라 우리가 애굽 사람을 섬길 것이라 하지 아니하더냐 애굽 사람을 섬기는 것이 광야에서 죽는 것보다 낫겠노라(출 14:10-12).

그들이 하나님의 기적을 체험하고 애굽에서 나오게 되었습니다. 그런데 애굽 군대라는 환난과 핍박이 뒤를 쫓아오자 금방 원망과 불평을 해대며 애굽으로 돌아가겠다고 나서는 것입니다. 환난과 핍박이 오자 금방 돌아서버려요. 역시 하나님보다는 세상의 현실이 더 중요한 사람들입니다. 그게 돌짝밭입니다.

세 번째로 가시떨기는 세상의 염려와 재리 유혹을 못 이기고 열매를 맺지 못하는 죄인의 상태를 말합니다. 한마디로 하나님을 믿기는 믿는데, 하나님이 목적이 아니라 하나님으로부터 무언가를 얻어 내기 위해 하나님을 믿는 그런 이들의 상태를 말하는 것입니다. 역사학자들에 의하면 바벨론 포로 이전까지 이스라엘의 성전에 성막에 제단이 두 개 있었대요. 하나는 하나님께 드리는 제단, 다른 하나는 하나님께서 안 주는 것을 얻어 내는 바알에게 아세라에게 분향하는 제단, 그렇게 두 개가 있었어요.

그러니까 예수님은 '하나님과 재물과 즉 맘몬과 하나님을 어떻게 동시에 섬기니 이 도둑놈들아' 하고 말씀하신 거예요. 그래서 바벨론 포로 70년을 확 보내 버리셨어요. 그건 안 된다는 거예요. 하나님도 섬기고 세상의 힘도 섬기고, 그게 하나님을 버린 거예요. 그건 예수 믿는 게 아니에요, 여러분. 영원한 하나님 나라보다는 이 세상 것에 집착하고 있는 인간 군상들의 모습입니다. 선악과 따 먹은 아담의 모습입니다. 생명나무를 화염검으로 감추어 둔 상태, 그 상태는 멸망입니다.

'그런데 교회들아 내가 너희에게 뚫고 들어가서 너희 눈과 귀를 열었다. 너희도 그렇게 멸망되야 돼. 그러나 내가 오직 은혜로 뚫고 들어와 새 생명을 주었어. 그런데 너희들 공로 아직도 자랑할 거야?' 묻는 거예요. 하나님 말씀에 죽으라면 죽는 예수 그리스도의 십자가의 삶을 사는 거예요. 그거 배우고 가시면 되는 거예요. 하나님 나라 가면 영원히 하게 될 그 착한 일 그거 몇 개 더하고 오라고 우리를 여기에 보내신 게 아니란 말입니다.

그런데 중요한 것은 위의 세 가지 밭의 모습이 여전히 우리 안에 공존하고 있다는 사실입니다. 가시떨기와 돌짝밭은 구원받은 우리 안에도 여전히 존재하고 있는 것들입니다. 환난과 핍박이 왔을 때 하나님을 원망하기도 하고, 삿대질도 해요. 돌짝밭이죠. 예수 믿고 원하는 다른 게 있었는데 그걸 안 줬어요. 떠나요. 이런 모습이 우리 안에 없냐고요. 들키지 않았을 뿐이지 우리 안에는 전부 그 맘이 들어 있어요. 그러면 우리가 뭐가 옥토예요. 옥토 아니잖아요. 이 세상에 무슨 좋은 밭이 있어요. 이 세상에 좋은 밭이란 없어요.

그리고 좋은 밭이 되었다고 해도 그 밑의 알곡과 가라지의 비유를 보면 애써 좋은 밭이 되어도 그 좋은 밭에 마귀가 와서 가라지를 뿌리고 가잖아요. 그렇게 가라지가 함께 자라는 밭이 좋은 밭입니까? 아니잖아요? 이 세상에 좋은 밭은 단 하나도, 하나도 없습니다. 예수를 믿는 사람도 완전한 좋은 밭일 수는 없는 것입니다. 왜 하나님은 우리 성도를 '좋은 밭이다'라고 말씀하시고 여전히 길가와 가시떨기와 돌짝밭의 모습을 그냥 놔두시고 지켜보시는 것입니까? 너희들의 실체를 올바로 직시하라는 거예요. 그리고 너희 안에 심겨진 생명의 위대함을 보라는 거예요.

생각해 보세요. 밭에 생명이 있어요? 씨에 생명이 있어요? 생명은 밭에 심겨지는 씨에 있는 거죠. 우리는 우리의 밭을 갈아 옥토로 만드는 것을 신앙생활의 목적으로 삼는 것이 아니에요. 이 돌짝밭 같고, 길가밭 같고, 가시떨기 같은 내 속에 새 생명의 씨가 오직 은혜로 심겨졌다는 것을 깨달아서 여전히 길가밭이요, 가시떨기밭이요, 돌짝밭인 자신의 모습을 폭로당함에도 거기에 절망하거나 낙담하지 않고 그 새 생명의 씨의 능력을 의지해야 되는 거예요.

그럼에도 내 안에는 새 생명이 있고 반드시 열매를 맺히고 말 거야 하고 은혜의 십자가를 꼭 붙드는 게 옥토예요. 자기 부인의 열매, 십자가 지는 삶의 열매인 것입니다. 그들이 마지막 날에 반드시 옥토로 완성이 되어 삼십 배, 육십 배, 백 배의 열매를 맺는 자들이 되는 거예요. 누구에 의해서? 예수에 의해서. 내 안에 있는 것이 하나씩 비워지고 예수로 가득 차게 될 때, 갈라디아서에 나오는 성령이 맺으시는 열매가 나타나는 것입니다. 그래서 복음이에요. 여러분에게 열심히 갈아 엎으라고 하면 그게 무슨 복음입니까? 중노동이지. 이번 주에는 우리 남편에게 절대 바가지 긁지 말아야지. 그러고 나서 그날 밤에 반 죽이잖아요. 옥토 아니에요. 여러분 안에 있는 예수가 여러분을 옥토로 만드시는 것입니다.

우리를 예수 안에 넣어서 이 세상의 풍랑 위를 걷는 자로 만들어 주셨으면서도, 이 세상의 풍랑 속에 그대로 놔두시면서, 너희들은 풍랑을 딛고 일어선 방주 안에 들어 있는 성도야, 이걸 경험하게 해 주시는 것처럼, 옥토로 이미 만들어 놓고, 길가밭 돌짝밭 가시떨기의 삶을 경험하게 해 주시는 거예요. '그럼에도 너희 안에 있는 새 생명이 너희를 완벽하게 완성해 내고 말거야.' 이걸 우리에게 가르쳐 주시는 것입니다.

따라서 세상은 가시떨기와 돌짝으로 인해 멸망에 처하게 되지만 우리 성도는 우리 안에서 폭로되는 가시떨기와 돌짝의 모습을 통하여 한 발짝 더 예수님의 은혜 뒤로 숨게 되는 거예요. 그게 남은 자고, 자기가 부인 되어져 가는 그런 삶이며, 그것이 바로 삼십 배, 육십 배, 백 배의 열매를 맺는 삶입니다. 우리는 스스로 옥토가 될 수 없어요. 여러분 안에 있는 예수를 붙드세요.

그렇게 하나님께서 구원받은 옥토에게 길가밭의 상태와 돌짝밭의 상태와 가시떨기의 상태를 계속 경험하게 해 주시는 이유가 바로 씨 뿌리는 자의 비유 바로 밑에 붙어 있는 알곡과 가라지의 비유가 같이 붙어 있는 것입니다. 마태복음 13장 29절을 보시면 하나님께서 가라지들을 그냥 놔두라고 하십니다.

주인이 이르되 가만 두라 가라지를 뽑다가 곡식까지 뽑을까 염려하노라 (마 13:29).

여기에 중요한 단어가 나오니까 한번 보고 가죠. '가만 두어라'라는 헬라어 '쉴레고'라는 단어는 '허락하다, 용납하다, 용서하다'라는 뜻이 포함된 단어입니다. 가라지를 가만두어라. 허락해라. 용서해라. 용납해라. 왜 하나님이 우리의 인생에, 이 세상에 가라지(죽은 흙)들은 있어야 되죠.

가라지는 뭐하는 데 쓰여지는 거예요? 용납하고 용서하고 허락하고 받아들여 주는 나의 거룩의 훈련의 도구로 쓰여지는 것입니다. 마찬가지입니다. 내 마음속에 길가밭, 돌짝밭, 가시떨기의 상태 또한 나의 은혜 속에서 온전히 완성될 성도인 나의 완성에 필요한 것이라 놔두는 거예요.

그러나 내 안에 있는 그 생명의 씨는 반드시 너희를 알곡의 추수로 만들어 내고야 만다. 이게 씨 뿌리는 자의 비유입니다. 이게 알곡과 가라지의 비유인 거예요, 여러분. 그래서 하나님이 새 언약에서 내가 너희들에게 새 마음을 준다 얘기하는 거예요, 마음밭을 새 마음으로 바꾸어 준다고요. 그런데 온전한 새 마음이 되기 위해선 이전의 마음(옛 마음)을 처절하게 경험하고 가셔야 되요. 그렇게 우리의 인생 속에 길가밭, 돌짝밭, 가시떨기들이 우리의 완성을 위해 소품으로 하나님의 도구로 쓰여지고 있습니다. 그 상황 속에서 예수를 붙드셔야 돼요. 그래서 예수와 십자가를 배우고 또 배우고 또 배우셔야 돼요.

여러분은 생명이 있는 씨잖아요. 열매를 맺으려고 그러는 건데 잘 견디란 말입니다. 그래서 예수님이 우리 성도들에게 '한 알의 밀알이 땅에 떨어져 죽어야 많은 열매를 맺는다'고 얘기한 거예요. 여러분이 그런 걸 다 경험하고 나는 부인해 가는 삶이 내 옛사람을 부인하는 것이 거룩의 완성이 되는 거예요. 다 연결이 되세요 여러분? 성경은 그렇게 재미난 거예요.

여러분의 인생 속에 있는 다 이해하기 힘든 사건 상황 다 뭐예요? 다 합력되어 선을 이루는 하나님의 도구들일 뿐입니다. 죽어 있는 씨는 비

바람이 불면 타 죽던가 쓸려 내려갑니다. 여러분은 생명이 있는 씨잖아요. 열매를 맺으려고 그러는 건데 잘 견디란 말입니다. 그래서 예수님이 우리 성도들에게 '한 알의 밀알이 땅에 떨어져 죽어야 많은 열매를 맺는다'고 얘기한 거예요(요 12:24).

사회개혁을 하고 좋은 일하며 잘 살자? 누구를 위해서 자기 가치 향상을 위해서? 그게 죄란 말입니다. 하나님 앞에서 그냥 하나님께서 당신의 열심으로 우리를 좋은 밭으로 만들어 내실 것이라는 믿음으로 하나님의 은혜만 꼭 붙드세요. 홍해 앞에서 애굽으로 돌아가겠다고 한 이스라엘 백성에게 모세가 뭐라고 했습니까?

> 여호와께서 너희를 위하여 싸우시리니 너희는 가만히 있을지니라
> (출 14:14).

홍해 바다 앞에서 백성이 원망했을 때, 모세가 뭐라고 했어요? '너희 마음밭을 갈아 엎어야겠다.' 그랬습니까? 너희는 가만히 있어 주가 하나님 됨을 알지어다. 촛불들고 나가서 사회개혁하려고 하지 말고, 가만히 주가 어떻게 이 세상을 이끌어 가는지 니들이 한번 봐라. 그리고 너희 마음속에 정말 하나님의 백성으로 할 일이 눈앞에 보이거든 겸손하게 주 앞에 숨어서 해라. 그것이 진짜 예수가 드러나는 진짜 선인 거예요. 뭘 그렇게 할 일이 많아요?

그래서 사도 바울이 나는 날마다 죽노라 한 거예요. 그래서 우리는 날마다 죽고 날마다 부활해요. 내가 날마다 죽으면 새 생명이 날마다 조금씩 살아나죠. 그래서 우리는 날마다 죽고 날마다 우리는 부활해요. 이것이 성도의 삶입니다. 누가 우리의 내일을 보장해 줍니까? 매일 티끌됨을 인정하고 부인하는 거예요. 하나님, 저 꼭 붙들어 주세요 하면서 그 길을

가는 것입니다. 여러분의 열매가 뭐라고요? 자기 부인과 십자가예요. 여러분의 삶에 나타나는 티끌 됨, 돌짝밭, 가라지 됨의 모습, 그 속에서 열심히 여러분의 실체를 폭로 당하시고, 거기에서 예수의 십자가를 더욱 굳게 붙드십시오. 그것이 착한 삶이고 열매맺는 삶이에요.

씨 뿌리는 자의 비유 이해가 가셨죠?

3-1 설교 전문 비평

비유 강해 1(씨 뿌리는 자의 비유, 마 13:1-9)은 70분 분량의 동영상 설교다.* 김성수는 비유에 관한 책과 논문만 30여 권 읽었는데 다 너무나 유아기적 해석, 판에 박힌 도덕적 설교라고 주장하면서 자신의 성경 해석만이 옳은 해석이라는 강한 암시를 던지면서 설교를 시작한다. 그의 설교 전문을 살펴보면, 그가 정말 30여 권의 책을 읽은 것인지, 읽었으면 얼마나 꼼꼼히 읽었는지, 얼마나 겸손하게 배우고자 하는 마음의 자세로 읽었는지 의구심을 갖지 않을 수 없다.

김성수는 비유 강해 서론에서 "모든 비유가 다 같은 이야기, 즉 오직 예수와 하나님 나라에 관한 이야기를 하고 있다."고 주장한다. 이런 그의 극단적인 생각이 왜곡된 성경 해석으로 나아가는 첫 단추가 되었다. 과연 김성수가 말한 대로 '모든 비유가 다 같은 이야기'를 하고 있을까? 그렇지 않다. 예수님이 전하신 비유는 각기 다른 주제를 담고 있다. 예수님이 말씀하신 비유는 '하나님의 통치(마 9:16-17, 13:24-30)'와 '하나님의 사랑(마 21:28-32, 22:1-14)'에 관한 주제에 초점을 두고 있다. 또 '영적으로 깨어 있음(마 24:45-51, 25:1-13…)'과 '하나님의 심판(마 13:24-30, 47-50)'에 관한 주제를 다루고 있다. 그 외에도 예수님의 비유는 '용서(마 18:23-35)', '사랑(눅 10:25-37)', '겸손(눅 18:9-14)' 등 다양한 주제를 다루고 있다.

이렇게 예수님이 가르치신 비유는 진리의 다양한 측면을 청중에

---

* '씨 뿌리는 자의 비유' 설교는 김성수가 수요예배 강해설교를 통해서 행한 모두 30개의 비유 설교 가운데 첫 번째 강해 설교에 해당하는 것이다. 그의 비유 설교는 『십자가로 읽는 예수님의 비유』(2011년)라는 제목으로 출판되었다. 그러나 김성수가 강단에서 전달한 실제 설교 내용과 달리, 출판된 책은 편집자에 의해서 교정, 교열을 거치기에 실제 설교와 일치하지 않는 부분이 있을 수 있다.

바른 **해석** 바른 **신앙**

게 전달하기 위해서 예수님이 사용하신 시청각적 설교다. 당시의 유대인들이 예수님의 말씀을 좋아하고 오래 기억할 수 있었던 것은 그 내용이 그들의 생활과 밀접하게 연관된 시청각적 소재를 사용하여 비유로 말씀하셨기 때문이다. 예수님이 비유를 사용하기 훨씬 이전부터 유대 랍비들은 이런 방식을 사용해 왔고, 약 수백 개의 비유는 "탈무드"와 "미드라쉬"라고 알려진 랍비 문서에 기록되어 있다.

이처럼 유대인은 비유에 아주 익숙해 있었기 때문에 예수님은 천국 복음을 보다 효과적으로 전달하기 위해서 비유를 사용하셨다.**

다시 말해서 눈에 보이지 않는 영적인 진리를 일상의 언어와 시청각 재료로 쉽게 설명하고 기억에 오래 남게 하기 위해서 예수님은 비유를 사용하신 것이다. 하지만 그러한 비유의 의미를 알고자 관심을 기울이지 않는 청중에게는 그 진리가 감추어진 비밀이 될 수밖에 없다. 따라서 예수님은 비유를 말씀하실 때에 '귀 있는 자는 들으라'고 말씀하시면서 먼저 기적과 호기심에 찾아온 청중의 주의를 집중시켰다(Morris, *Luke:TNTC*, 170).

씨 뿌리는 자의 비유에 대해서 생각해 보자. 이 비유에 관하여 일반적으로 두 가지 다른 관점의 해석이 있다. 하나는 이 비유에서 인간의 마음을 비유적으로 표현한 네 가지 다른 마음 밭의 상태에 초점을 맞추어 해석하는 것이다(눅 8:9-15). 그럴 경우 신앙생활 전반에 걸친 교훈의 말씀으로 이해할 수 있다. 둘째는 씨 뿌리는 자에게 초점을 맞추어 비유의 내용을 이해하는 것이다. 이 경우 씨 뿌리는 자

** 신약성경에 나오는 헬라어 단어인 파라볼레(παραβολή, 비유)는 '곁에'라는 뜻의 '파라'와 '던지다'를 뜻하는 '발로'의 합성어다. 즉 비유란 한 가지 진리를 다른 것 옆에 두고 서로 비교함으로써 어떤 진리나 의미를 알려 주는 것을 말한다. 이 단어는 히브리어 '마샬(מָשָׁל)'에 해당되며, '마샬'은 '비유'라는 의미 외에도 '속담, 격언' 등의 의미를 담고 있다.

를 '하나님' 또는 '예수님' 혹은 '복음을 전하는 전도자'로 이해하려는 경향이 있다. 전도자가 뿌린 복음의 씨앗이 자라서 구원의 열매가 30배, 60배, 100배로 자라서 하나님 나라가 점점 확장된다고 해석하는 것이다.

김성수의 해석은 훨씬 더 극단적이다. 씨앗이 '예수님'이고 동시에 '가시떨기와 돌짝도 예수님'이라고 설명한다. 그 설교 일부분을 다시 살펴보자.

> 그러니까 가시떨기와 돌짝은 엄밀히 말해 예수 그리스도 자신인 것입니다. 예수 그리스도가 가시떨기와 돌짝으로 죄인들에게 오셔서 그들의 눈과 귀를 막고 절대로 생명나무 실과를 먹을 수 없게 만드신다는 거예요. 못 알아듣게 만든다는 거예요. 창세기의 이야기와 이사야 6장의 이야기와 이 비유는 이렇게 일관성 있게 뚫려 있는 것입니다.

김성수는 예수님이 "가시떨기와 돌짝으로 죄인들에게 오셔서 진리를 가리고 그들의 눈과 귀를 막아서 영원한 생명나무의 실과를 먹을 수 없게 만드신다."고 주장한다. 이런 근거는 본문의 의미와 전혀 상관이 없고, 성경 어디에도 직접적인 근거가 없다. 그러나 김성수는 "구약성경에서 가시떨기와 돌짝밭은 항상 하나님의 저주의 상태를 가리키던 것들이었고 광야의 상태를 가리키던 소품들"이었다고 창세기 3장 17-18절을 인용하면서 주장한다. 그는 '가시떨기=저주의 상태=예수'라는 논리로 성경 본문의 의미를 바꾸었다.

그는 "하나님과 관계 없는 과학, 문명, 교육 이런 모든 것이 가시덤불과 엉겅퀴"라고 설명하면서, "사람이 이걸 많이 끌어 모으는 걸

복이라고 하는데 사실 이건 복이 아니라 저주"라고 설명한다. 더 나아가서 우리 마음속에는 세상 욕심, 원망, 고통 등의 길가밭, 돌짝밭, 가시떨기의 상태가 공존하고 있다고 설명한다. 김성수의 해석에 의하면 '가시덤불과 엉겅퀴=예수님=세상의 과학, 문명, 교육=우리 마음속에 있는 욕심과 원망과 고통'이라는 논리적으로 앞뒤가 맞지 않는 주장을 그럴 듯하게 하고 있다. 이렇게 상식과 논리에도 맞지 않는 그의 말을 따르는 신자는 과연 성경을 어떻게 이해할까?

그럼에도 많은 신자가 이성적 판단력을 잃어 버리고 김성수의 가르침에 쉽게 빨려드는 이유는 그가 수많은 성경구절을 끊임없이 연결하면서 설명하기 때문이다. 성경의 전체적인 의미와 김성수가 인용한 성경구절의 정확한 의미를 제대로 모르는 신자는 그저 이성이 마비된 채 자신들이 다 이해하지 못하는 진리라고 믿고 '아멘'으로 받아들이는 것이다. 김성수의 설교를 조금 더 살펴보자.

김성수는 성경에 가시덤불과 엉겅퀴를 이사야 7장 23-25절과 연결해서 설명하면서 "가시떨기와 황량한 돌로 가득한 이 상태가 저주 받은 인간의 모습"이라고 말한다. 그러나 이런 주장은 이사야 7장 본문의 내용과 전혀 관계가 없다. 이사야 7장 23절을 보면 "그날에는 천 그루에 은 천 개의 가치가 있는 포도나무가 있던 곳마다 찔레와 가시가 날 것이라."는 말씀으로 시작된다. 이사야 7장 23-25절의 말씀은 하나님의 심판 때, '그날에' 있을 예언의 말씀이지, 이미 저주 받은 인간의 황량한 상태를 말하고 있는 것이 아니다. 이 구절은 7장 16-25절 안에서, '그날에는'이라는 표현을 네 번이나 반복하고 있다. 하나님께서 애굽과 앗수르 등의 이방 나라를 장차 심판하게 될 것이라는 예언의 말씀이다. 이것은 앞으로 나타나게 될 심판을 의미하는 것이지, 김성수의 해석대로 '이미 저주 받은, 혹은 현재 저주 받은 황량한 상태'를 보여 주는 말씀이 아니다.

그는 '예수님의 씨 뿌리는 비유'에서 밭이 '죽은 땅'을 의미한다고 주장하기 위해 예레미야 4장 3-4절을 인용한다. 예레미야 선지자가 외치는 이 말씀은 '회개하라'는 경고이고, '끝내 회개하지 않으면 하나님의 진노의 심판이 불같이 타오르게 될 것이라.'는 뜻이다. 예레미야 4장 3-4절을 주의깊게 다시 읽어 보자.

> 여호와께서 유다와 예루살렘 사람에게 이와 같이 이르노라 너희 묵은 땅을 갈고 가시덤불에 파종하지 말라 유다인과 예루살렘 주민들아 너희는 스스로 할례를 행하여 너희 마음 가죽을 베고 나 여호와께 속하라 그리하지 아니하면 너희 악행으로 말미암아 나의 분노가 불같이 일어나 사르리니 그것을 끌 자가 없으리라(렘 4:3-4).

위 내용에 '죽은 땅'이라는 의미가 어디 있는가? 이것은 김성수가 만들어 낸 잘못된 설명이다. 예레미야 선지자는 여기서 하나님의 말씀에 불순종한 유대인들의 강팍한 마음을 '묵은 땅'이라고 비유적으로 말하고 있다. 그리고 이 내용은 예레미야 4장 1-4절의 문맥에서 살펴보면 더욱 그 의미가 분명해진다. 4장 1절이 "여호와께서 이르시되 이스라엘아 네가 돌아오려거든 내게로 돌아오라(렘 4:1)."는 말씀으로 시작하기 때문이다. 그런데 김성수는 예레미야 4장을 인용하면서 "하나님 백성의 모형으로 등장한 이스라엘, 예루살렘 거민이 모두 가시덤불"이며 "저주 받은 인간의 모습"이라고 설명한다. 가시덤불이 예수님이라고 주장했던 김성수는 이번에는 가시덤불이 이스라엘(예루살렘 거민들)이라고 모순된 주장을 하고 있다. 이렇게 자신이 방금한 말도 바꾸어서 엉뚱한 의미로 설명하고 있는 것이다. 예레미야가 외친 이 말씀은 '저주 받은 인간의 모습'이 아니라 '저주 받지 않도록 회개하라'는 하나님의 초청이요 선지자의 외침이다. 이렇게 분명하게 '회개하고 돌이키라'고 주신 책망과 경고를 '죽은 땅'을 보여 주는 말씀이라고 주장하는 것이다. 이러한 설교에 심취하여 '은혜를 받았다'고 고백하면서 그의 설교를 퍼뜨리는 신자는 과연 어떤 은혜를 받았다는 말인가?

돌짝밭을 예수님으로 설명하는 가르침 역시 엉터리 해석이다. 구약성경에서 돌짝밭은 이사야 8장 14-15절에 나온다고 주장하면서, "돌이 이스라엘에게 주어 졌는데, 오히려 함정 거치는 돌이 되어 열매를 못 맺게 된다."고 설명한다.

> 죄인들이 유일하게 피할 수 있는, 유일한 피할 곳, 도피성이신 예수가 어떤 이들에게는 거치는 돌, 걸리는 반석이 되며, 함정과 올무가 된다고 그래요. 이게 가시떨기요 돌짝밭의 상태예요. 이렇게 은혜의 예수가 가시떨기가 되고, 돌짝이 되는 그런 무리의 사고의 중심, 인본주의입니다. 지금 이사야 8장 14-15절이 인본주의에 대한 말씀입니다.

위의 설명은 논리적으로도 맞지 않은 주장일 뿐만 아니라. 본문의 의미와도 전혀 맞지 않다. 이사야 8장 13-15절을 천천히 읽으면서 살펴보자.

> 만군의 여호와 그를 너희가 거룩하다 하고 그를 너희가 두려워하며 무서워할 자로 삼으라 그가 성소가 되시리라 그러나 이스라엘의 두 집에는 걸림돌과 걸려 넘어지는 반석이 되실 것이며 예루살렘 주민

에게는 함정과 올무가 되시리니 많은 사람들이 그로 말미암아 걸려 넘어질 것이며 부러질 것이며 덫에 걸려 잡힐 것이니라(사 8:13-15).

김성수가 소개한 이사야 8장 14-15절은 사실상 13절부터 보는 것이 합당하다. 13절을 생략하고 그 의미를 제대로 파악하기란 불가능하다. 13-15절을 요약하면 "하나님을 두려워하라."는 것이다. 하나님을 두려워하고 경외하는 자에게는 하나님이 피할 '성소가 되어 주실 것'이며, 그렇지 않은 자에게는 하나님이 '걸려 넘어지는 돌' 또는 '함정과 올무'가 될 것이라는 말씀이다. 여기에 예수님이 열매를 못 맺게 하는 '돌'이라는 의미가 어디에 있는가? 가시떨기와 돌짝밭의 상태이고, 그게 곧 예수님이란 근거가 어디에 있는가?

그리고 어떻게 인본주의라고 말하고 알미니안주의라고 말할 수 있는가? 김성수는 성경 본문을 혼합하여 왜곡된 의미를 만들어 낸다. 그럼에도 그의 설교를 듣는 청중은 김성수의 수준 높은, 영적인 해석을 본인들이 이해하지 못한다고 착각한다.

김성수가 설교에서 인용한 로마서 9장(사 8:13-15)의 메시아 예언에 대하여 살펴보자. 이사야서 8장의 내용은 이사야 당시의 유대인들을 향한 말씀이지만 동시에 장차 오실 메시아의 예언과 관계 있는 구절이다. 로마서 9장에서 바울은 이 내용을 메시아 예언으로 다음과 같이 설명한다.

그런즉 우리가 무슨 말을 하리요 의를 따르지 아니한 이방인들이 의를 얻었으니 곧 믿음에서 난 의요 의의 법을 따라간 이스라엘은 율법에 이르지 못하였으니 어찌 그러하냐 이는 그들이 믿음을 의지하지 않고 행위를 의지함이라 부딪칠 돌에 부딪쳤느니라 기록된 바 보라 내가 걸림돌과 거치는 바위를 시온에 두노니 그를 믿는 자는 부끄러움을 당하지 아니하리라 함과 같으니라(롬 9:30-33 cf. 사 8:13-15).

로마서 9장으로 김성수는 "자기 부인의 길을 가지 않는 자"는 아무리 열심히 예수를 믿어도 예수를 진짜 믿는 것이 아니라고 말한다. 그러면서 교회에서는 '나를 본받으라'고 하는 인간들이 점점 사라져야 한다고 주장한다. 과연 바울이 로마서 9장에서 이런 의미로 말했을까? 그렇지 않다. 사도 바울의 말에 의하면, 예수 그리스도는 많은 유대인에게 '걸려 넘어지는 돌'에 불과했다. 그들은 자신들의 조상 대대로 지켜왔던 율법주의가 뿌리깊게 자리잡고 있었기 때문에, '예수 그리스도를 믿기만 하면 하나님께 의롭다고 인정받고, 그 결과 구원에 이르게 된다'는 복음을 받아들이기 쉽지 않았기 때문이다.* 그럼에도 하나님은 택한 이스라엘을 버리지 않았고, 하나님의 구원의 은혜가 그리스도를 통하여 이방인들에게까지 이르렀다고 사도 바울은 말씀하고 있다(『원문 중심의 이야기 로마서』, 224-226). 바울은 이사야 8장의 메시아 예언을 인용하면서, 예수 그리스도를 믿는 자에게 구원의 반석(돌)이 되고 거절하는 자는 예수 그리스도께서 심판의 돌이 되실 것을 말씀한 것이다.

그런데 김성수는 이사야 8장의 메시아 예언을 가지고 "예수님이 열매를 못 맺게 하는 돌"이라고 주장하면서, 예수가 "모든 인류의

---

*   사도행전 15장을 보면, 예수를 믿은 일부 유대인들이 예수를 믿게 된 이방인 신자에게 자신들이 지키는 율법적인 의식을 지켜야 구원받는다고 가르쳤다(행 15:1). 이렇게 일부 유대인들은 여전히 유대교를 벗어나지 못해서 예수를 믿은 이후에도 과거에 그들이 지켜왔던 율법주의를 따라가려고 했다(cf. 갈 5:2-4; 빌 3:2-3). 이런 율법주의에 빠진 유대인들에게 있어서 예수님은 그들의 걸림돌이 될 수밖에 없었다(『원문 중심의 이야기 로마서』, 226. cf. Williams, *Acts*, 256-257. Peterson, *The Acts of the Apostles*, 421).

3부 김성수 설교 비평

마음속에 들어가서 못 알아듣게 하고, 예수 그리스도가 가시떨기와 돌짝으로 죄인들에게 오셔서 그들의 눈과 귀를 막고 절대로 생명나무 실과를 먹을 수 없게 만드신다."고 설명한다. 거기에 더해서, "은혜의 예수가 가시떨기가 되고 돌짝밭이 되는 그런 무리의 사고의 중심, 인본주의다."라고 주장한다. 이 모든 주장은 성경 본문의 의미와 아무런 관계가 없을 뿐 아니라 논리적으로도 앞뒤가 맞지 않는 모순된 가르침이다.

다음으로 김성수는 이사야 6장을 인용하고 있는 예수님의 비유(마 13:14-16)를 근거로 "하나님이 이사야 선지자를 보내서 이스라엘 백성의 눈을 가리워 버린 것처럼, 예수님을 보내서 택함받지 못한 자들의 눈을 가리워 버렸다."고 주장한다. 그러나 이사야 6장 9-10절의 내용은 6장의 9-13절의 문맥에서 이해해야 하며, 더 넓게는 이사야서 전체의 내용과 그 상황(context)을 고려하면서 이해해야 한다.

이사야 6장 9-10절의 내용은 지금까지 회개하고 돌아오라고 수없이 기회를 주었지만, 이스라엘 백성이 끝내 듣지 않고 돌아오지 않았기 때문에, '이제는 더 이상 심판을 보류할 수 없다'는 확정적 심판의 선언이다(Smith, *Isaiah 1-39*, 199). 이어서 나오는 이사야 6장 11절을 보면 이사야 선지자가 "주여 어느 때까지입니까" 하고 묻자, 하나님께서는 "성읍들은 더 이상 주민들이 살지 않고 집과 토지는 완전히 황폐하게 되고 그루터기만 남을 때까지", 즉 "거룩한 씨가 남을 때까지 완전히 심판하겠다"고 대답하셨다(사 9:11-13). 이 예언대로 유다 백성은 바벨론의 침략을 받고 70년간의 포로 생활을 한 후에 살아남은 자들(그루터기=거룩한 씨)만 이스라엘로 다시 돌아왔다.

김성수는 '거룩한 씨(사 6:13)'가 '예수님'이라고 해석하면서, 그 예수님을 통해서 구원이 온다고 설명한다. 하지만 문맥상 '거룩한 씨'

바른 **해석** 바른 **신앙**

는 그루터기를 말하고, 이 그루터기는 다른 말로 남은 자, 즉 하나님이 예루살렘에 남겨 두신 소수의 거룩한 이스라엘 백성을 가리키는 것이다(Smith, *Isaiah 1-39*, 198; Oswalt, *the Book of Isaiah:Chapters 1-39*, 191). 따라서 예수님이 씨 뿌리는 자의 비유에서 인용한 이사야 6장의 말씀은 '끝까지 회개하지 않는 인간의 강퍅한 마음 때문에 하나님의 심판이 임한다(cf. 롬 1:21, 28)'는 확정적 선언의 말씀이다(『원문 중심의 이야기 로마서』, 213-214; Stein, *Mark*, 211 and 229).

그런데 김성수는 하나님이 백성의 눈과 귀를 가리고, 하나님의 구원의 비밀을 알아듣지 못하게 만들려고 이사야를 보냈다고 주장한다. 이런 임무를 예수님이 받아서 이 땅에 오셨다고 하면서, 이런 이유 때문에 '이사야도 예수 그리스도의 모형'이라고 주장한다.

비유 강해에서 김성수가 소개하고 있는 '남은 자'에 대한 설명에서도 잘못된 성경 해석과 극단적인 주장은 계속된다. 로마서 9장 27-29절의 내용과 관련해서, "착하게 살아서 업적을 많이 쌓아서 천국 가는 게 아닌데, 예배당에서 그짓들을 하고 있다."고 기존 교회를 신랄하게 비난한다. 김성수는 다음과 같이 엉뚱한 주장을 계속한다.

> 어떻게 더 명확하게 설명해 줘요? 남은 자만 구원을 얻으리니. 열두 명, 열두 제자…. 남은 자가 씨 때문에 돌아왔단 말입니다, 씨 때문에. 돌짝밭, 길가밭 가시떨기가 씨가 심겨지니까 옥토가 되어 남은 자가 되더라는 거예요. 그게 복음이라고 하는 것입니다.
> …중략…

김성수의 설명은 참으로 어처구니 없다. 구약성경에서 남은 자가 열두 명의 제자를 의미하는가? 아니면 사도 바울이 로마서에서 인용한 '남은 자'가 열두 명의 제자를 의미하는가? 성경적으로 전혀 근거가 없는 설명이다.* 그렇다면 바울이 말한 남은 자(the remnent)는 어떤 의미일까? 사도 바울은 로마서 9장에서 하나님의 은혜 가운데 구약 시대의 '남은 자들(하나님이 남겨 두신 생존자들)'이 있었던 것처럼, 하나님의 선택의 은혜 가운데 예수 그리스도를 통하여 구원받은 자들이 있음을 말씀하고 있다. 예수 그리스도를 믿고 구원받은 하나님의 자녀가 신약 시대의 남은 자(씨, 그루터기)라고 사도 바울은 말씀하고 있는 것이다.** 그런데 김성수는 씨 뿌리는 자의 비유에서 "남은 자가 씨 때문에 돌아왔다"고 설명하면서, '씨(seed)'는 예수님을 의미한다고 가르치고 있다.

이렇게 그는 '씨(seed)'라는 단어만 나오면, '예수님'을 상징한다고 해석해 버린다. '씨'는 헬라어로 휘오스(υἱός), '아들, 자녀, 자손' 등의 뜻을 가진 단어다. 로마서 9장의 본문에서는 '후손' 혹은 '생존자'를 의미하고, 더 구체적으로 말하면, '적은 숫자의 생존자'를 의미한다. 그래서 영어 성경은 '약간의 후손(TEV)', '적은 수의 생존자들(NJB

---

* 김성수의 로마서 강해에서 남은 자는 '하나님의 은혜로 율법에서 탈출한 영적 이스라엘'이라고 정의한다(로마서 강해 100, "이삭 같은 자라야 하나님의 아들이다", 롬 9:1-9). 이런 남은 자에 대한 정의는 구약성경이 말하고 성경신학이 말하는 남은 자의 의미와 완전히 다른 엉터리 해석이다. 영적 이스라엘은 율법을 지킬 필요가 없는 사람이 아니라 성령의 은혜로 율법을 지키는 자들이기 때문이다. 또 씨 뿌리는 자의 비유에서는 열두 명의 제자들을 '남은 자'라고 하지만 사실 예수님을 따르던 제자들은 열두 명만 있었던 것이 아니라 70명의 제자들도 있었고, 실제로 더 많은 무리도 있었다.

** 이런 차원에서 바울은 이사야 10장 22절을 인용하면서, "이스라엘 자손의 수가 비록 바다의 모래 같을지라도 남은 자만 구원받을 것이라(롬 9:27)."고 기록하고 있다. 하나님께서 우리에게 '씨(자손 혹은 생존자)'를 남겨 두지 않으셨다면, 우리가 소돔과 고모라와 같이 되었을 것이라고 기록한 이사야 1장 9절을 인용하면서 남쪽 유다 나라가 완전히 멸망 당하지 않은 것이 오직 하나님의 은혜라고 한다(롬 9:29).

바른 **해석** 바른 **신앙**

와 NIV)'로 번역하였다. 이처럼 헬라어든 히브리어든 간에 단어는 그 문맥의 의미에 따라 이해하고 해석하지 않으면 성경 본문의 의미는 그야말로 뒤죽박죽이 될 수밖에 없다.

바울은 엘리야 선지자 시대에 하나님을 경외하는 신실한 칠천 명의 남은 자들(the remnants)을 남겨 두셨다고 언급하면서, '지금도 은혜로 택하심을 따라 남은 자가 있다'고 기록하고 있다(롬 11:2-5). 바울이 '이스라엘 사람들 모두가 참 이스라엘이 아니라'고 9장 6절에서 말씀한 것처럼, '지금도(바울 당시에)' 이스라엘 사람들 중에서 하나님의 선택과 은혜로 남은 자가 있다고 말씀하고 있다(『원문 중심의 이야기 로마서』, 219-223).

이렇게 실제로 유대인들 중에는 경건하고 신실한 유대인들이 적지 않게 있었다. 복음서만 보아도 세례 요한의 부모나 성전에서 아기 예수님을 보았던 안나와 시므온 그리고 예수님의 시체를 장사 지냈던 아리마대 요셉 등, 하나님을 경외하는 신실하고 경건한 유대인들이 등장한다. 또 예수님의 제자들이 유대인들이요, 사도 바울 역시도 유대인이다. 그래서 바울은 이런 경건하고 신실한 유대인들을 로마서 9장과 11장에서 '하나님의 은혜로 남은 자'라고 표현하고 있다(김곤주, ibid, 64).

바울은 '지금도 은혜로 택하심을 받은 남은 자가 있으며, 그렇지 않으면 은혜가 은혜 되지 못한다'고 말한다(롬 11:5-6). ***

그렇다면 씨 뿌리는 비유의 말씀에서 예수님이 이사야 6장을 인

*** 바울은 로마서 9-11장을 통하여 구약의 '남은 자' 사상을 자신이 살던 시대의 이스라엘 사람들 가운데, 예수를 믿고 구원받은 유대인을 가리키는 의미로 적용하여 설명한다. 이들이 "은혜로 택하심을 따라 남은 자(11:5)"이며 영어로 Remnant이다. 따라서 '구원받은 모든 신자'는 이 시대의 남은 자들(Remnant)이다(『원문 중심의 이야기 로마서』, 266-267).

용하면서 말씀하신 의도는 무엇일까? 그것은 비유로 전해지는 하나님 나라의 비밀을 귀를 기울여서 진실된 마음으로 추구하는 사람들에게는 열려 있지만, 그렇지 않은 자들에게는 닫혀 있음을 경고한 것이다. 그래서 예수님은 이 비유를 많은 무리에게 전하신 후에 "귀 있는 자는 들으라."고 말씀하셨다(마 13:9).

마태가 기록한 이 문장은 헬라어 접속사 γὰρ(왜냐하면)로 연결되어 있다. 그래서 NIV와 KJV 성경은 헬라어 성경과 같이 13장 15절 앞에 For(왜냐하면)를 사용하고 있다.* 예수님이 "너희는 듣기는 들어도 깨닫지 못할 것이요 보기는 보아도 알지 못하리라(마 13:14)."고 말씀하신 이유는 백성이 '완악(calloused, NIV)'하여 하나님의 말씀을 듣고 순종하기를 거절했기 때문이라는 것이다(마 13:15). 이런 측면에서 예수님이 인용하신 이사야 6장의 내용은 하나님의 주권과 인간의 자유의지가 긴밀하게 연결되어 있음을 보여 준다. 마찬가지로 바울도 유대인 선교를 하다가 그들이 복음을 끝내 거부하자 같은 이사야 6장의 말씀을 같은 의도에서 인용하고 있다(행 28:26-27).

김성수의 설교에서 나타난 또 다른 해석의 문제는 씨 뿌리는 자의 비유를 "누가 내 어머니이고 내 동생들이냐(마 12:48)."라는 12장의 말씀과 연결해서 해석하는 부분이다. 그는 예수님의 어머니 마리아와 형제들이 예수님을 찾아온 12장의 내용을 근거로, 그들이 '떡을 달라고 온 거니까 너희들은 내 가족이 아니야'라고 예수님이 말씀하셨다고 주장한다. 과연 예수님의 어머니와 형제들이 '떡 달라'고 예수님을 찾아왔을까? 성경 어디에도 그런 근거는 없으며 오히려

---

* For는 영어 문장의 중간에서 전치사 역할을 하여 '위하여' 혹은 '대하여' 등의 의미로 쓰인다. 하지만 문장의 맨 앞에서는 접속사의 역할을 하여 왜냐하면(because)의 의미를 가진다.

바른 **해석** 바른 **신앙**

성경을 잘 살펴보면 그 반대다.

그렇다면 예수의 어머니 마리아와 형제들이 예수님을 찾아온 이유는 무엇일까? 성경을 신중하게 살펴보면, '예수가 미쳤다'는 소문을 듣고 그를 걱정해서 찾아왔을 가능성이 가장 크다. 마가의 기록을 보면, 예수님이 쉴 틈 없이 계속되는 사역으로 인해서 식사할 시간도 없었고, 어떤 사람들은 그런 예수님을 향해서 미쳤다고 비난했다(막 3:20-21). 이런 이야기를 전해 들은 예수님의 어머니와 형제들은 예수님의 신상에 대한 걱정과 염려 때문에 찾아와서 집으로 가기를 원했을 가능성이 가장 크다. 예수님의 어머니와 형제들이 '떡을 달라'고 예수님을 찾아왔다고 하는 김성수의 주장은 복음서 전체의 내용을 제대로 이해하지 못한 주관적인 생각에 불과하며, 끊임없이 기복신앙을 비판하고 싶은 성급한 마음에서 나온 생각일 뿐이다.

그럼에도 김성수는 "누가 내 어머니이고 내 동생들이냐는 예수님의 질문에 대한 대답으로 씨 뿌리는 자의 비유 본문을 추론할 수 있다."고 설명한다. 이런 주장과 논리로 설교의 결론까지 나아간다.

> 예수님은 당신의 육적 어머니, 육적 형제들을 씨 뿌리는 자의 비유 앞에서 부정하심으로 말미암아 하나님 나라 백성의 조건과 자격을 단호하게 규정하고 계신 것입니다. 혈통이나 업적이나 열심이나 노력이나 재산이나 지위나 훌륭한 인품, 도덕적 성취, 학식이나, 깨달음, 그 어떤 것도 하나님 나라 백성 됨에 손톱만큼도 기여를 할 수 없다라는 걸 그 작은 에피소드를 통해서 먼저 보여 주는 거예요. 그게 예수인 나, 하나님인 나의 어머니, 육적 형제라도 아무 쓸모가 없다는 거예요. 그게 쓸모없는 데 무엇이 하나님 앞에서 조건과 자격으로 드려질 수 있어요? 따라서 착하게 살아서 업적을 많이 쌓아

위 내용을 보면, 김성수는 씨 뿌리는 자의 비유 내용을 완전히 엉뚱한 방향으로 끌고 가면서, '업적이나 재산이나 열심이나 노력이나 착하게 살아서 천국 가는 게 아니다'라는 주장으로 결론을 내린다. 이것은 왜곡된 해석이다. 왜 그런가? "누가 내 어머니고 내 형제냐?"는 질문에 대한 대답은 예수님이 "내 아버지의 뜻대로 행하는 자"라고 분명하게 설명해 주셨기 때문이다(마 12:50 cf. 막 3:35). * 같은 내용이 마가복음과 누가복음 8장에도 나온다(막 3:31-35; 눅 8:19-21 cf. 마 12:46-50).

예수님의 형제들은 예수님을 믿지 않았다(막 6:3; 요 7:5). ** 따라서 예수님은 자신을 믿고 따르면서 하나님의 말씀을 듣고 행하는 사람이야말로 진정한 믿음의 가족이라고 가르치신 것이다. 누가복음의 기록을 보면, 어머니와 동생들이 찾아와서 만나기를 청했을 때, "내 어머니와 내 동생들은 곧 하나님의 말씀을 듣고 행하는 이 사람이라."고 말씀하셨다(눅 8:21). *** 이렇게 복음서 기자들(마태, 마가, 누가)은

---

* 마태복음 12장을 보면 예수님은 다음과 같이 말씀하고 있다.
"손을 내밀어 제자들을 가리켜 이르시되 나의 어머니와 나의 동생들을 보라 누구든지 하늘에 계신 내 아버지의 뜻대로 하는 자가 내 형제요 자매요 어머니이니라 하시더라(마 12:49-50)."

** 마가복음 6장 3절에는 예수님의 동생들의 이름이 "야고보와 요셉과 유다와 시몬의 형제"라고 구체적으로 밝히고 있다. 마찬가지로 요한복음 7장을 보면 그 형제들까지도 예수를 믿지 않았다(요 7:5)고 기록하고 있다. 따라서 예수님은 하나님의 말씀을 듣고 행하는 사람이야말로 진정한 믿음의 가족이라고 가르치신 것이다. 그러나 유대인들의 관습에 의하면, 이미 결혼한 여인들은 보통 이름을 밝히지 않았다(Edwards, *the Gospel according to Mark*, 172). "그 누이들이 우리와 함께 있다(막 6:3)"고 기록한 내용을 보면 적어도 두 명 이상의 여동생이 있었던 것으로 짐작해 볼 수 있다.

*** 누가복음 나오는 '씨 뿌리는 자의 비유(8:4-18)', '등불의 비유(8:16-18)' 그리고 계

동일하게 하나님의 말씀을 듣고 행하는 사람, 하나님의 뜻대로 살아가는 자들이 예수님의(영적) 가족이라고 기록하고 있다. 예수님은 씨 뿌리는 자의 비유를 통해서 하나님의 말씀은 살아 있고 생명력이 있어서 좋은 마음으로 말씀을 받아서 잘 듣고 지키는 자는 많은 열매를 맺는다고 가르치셨다.

씨 뿌리는 자의 비유에 대한 바른 이해와 결론은 예수님이 제자들에게 직접 설명해 주신 대답에서 찾아야 한다. 예수님의 설명에 의하면 이 씨는 분명하게 '하나님의 말씀'을 의미한다. 공관복음(마태, 마가, 누가)은 이 사실을 다음과 같이 기록하고 있다.

> 좋은 땅에 뿌려졌다는 것은 말씀을 듣고 깨닫는 자니…(마 13:23).
> 뿌리는 자는 말씀을 뿌리는 것이라(막 4:14).
> 씨는 하나님의 말씀이요(눅 8:11).

이처럼 예수님은 분명하게 씨가 하나님의 말씀이고, 그 하나님의 말씀을 잘 받아들이고 인내하면서 지키는 자가 열매를 맺는다고 말씀하셨다. 이 열매는 김성수가 말하는 자기 부인의 열매가 아니라 하나님의 말씀을 듣고 지킨 결과 나타나는 신앙의 열매를 의미하는 것이다.

예수님은 씨앗이 떨어진 네 가지 다른 상태의 밭에 대해서 구체적으로 말씀하셨다. 첫째, 길가와 같은 상태의 마음은 말씀에 대해 냉담한 반응을 보이는 사람의 마음 상태를 의미한다. 이런 마음의

속 이어지는 '누가 진짜 하나님의 가족인지에 대한 교훈(8:19-21)'은 모두 다 하나님의 말씀을 믿음으로 잘 듣고 마음으로 받은 이후에 그 말씀을 행하는 것이 중요하다는 공통적인 강조점과 교훈을 담고 있다.

상태는 말씀을 믿고 구원을 얻지 못하도록 마귀가 즉시 그 말씀을 빼앗은 상태다. 둘째, 돌밭은 말씀을 들을 때에 기쁨으로 받지만 뿌리가 없어 잠깐 믿다가 시련을 당할 때에 배반하는 자의 마음 상태다. 진정한 믿음은 여러 가지 시험에 견디어 낼 수 있느냐에 의해서 검증되는 것이다. 셋째, 가시떨기는 이생의 염려와 재물과 향락 때문에 열매를 맺지 못하는 마음의 상태를 말한다. 이것은 세상의 염려와 재물과 향락에 집착하여 하나님의 말씀이 자랄 수 없는 상태를 의미한다. 넷째, 좋은 땅은 말씀을 듣고 깨달아 결실을 맺는 것을 의미한다(마 13:23; 막 4:20 cf. 눅 8:15). * 특별히 누가복음에 의하면 "착하고 좋은 마음으로 말씀을 듣고 지키어 인내로 결실하는 자(눅 8:15)"라고 기록하고 있다.**

　씨 뿌리는 자의 비유 설교에서 김성수는 여러 성경구절을 끌어와서 본문의 의미를 완전히 바꾸는 왜곡된 성경 해석을 하였다. 그리고 자신이 만들어 낸 해석이 가장 복음적인 해석이라는 잘못된 확신에 깊이 사로잡혀 있음을 볼 수 있다.

---

*　신학자 블럼버그(Blomberg)는 예수님이 말씀하신 네 가지 밭을 당시의 네 부류의 사람들을 말한다고 설명한다. ① 종교 지도자들 ② 종종 '제자들'이라고 불리던 예수를 따르는 무리 ③ 가룟 유다와 같이 가까이서 예수님 따르기는 하지만 결국 예수를 등지는 그룹 ④ 예수님의 11명의 제자들(Blomberg, *Preaching the Parables*, 105-106).

**　김성수는 씨 뿌리는 자의 비유에서 '세상의 재물과 학문과 과학과 문명들이 모두 죄악의 결과물'이라고 주장한다. 하지만 이런 것은 죄악의 결과물이 아니라 하나님의 일반 은총 안에 있는 은혜의 선물이고 우리가 감사하는 마음으로 누리며 살 수 있는 복이다. 다만 우리가 어떤 목적을 위해서 어떻게 사용하느냐에 따라 복이 될 수도 있고 저주가 될 수도 있다.

바른 **해석** 바른 **신앙**

4. 요한계시록 강해 95 설교 전문

또 그가 수정 같이 맑은 생명수의 강을 내게 보이니 하나님과 및 어린 양의 보좌로부터 나와서 길 가운데로 흐르더라 강 좌우에 생명나무가 있어 열두 가지 열매를 맺되 달마다 그 열매를 맺고 그 나무 잎사귀들은 만국을 치료하기 위하여 있더라 다시 저주가 없으며 하나님과 그 어린 양의 보좌가 그 가운데에 있으리니 그의 종들이 그를 섬기며 그의 얼굴을 볼 터이요 그의 이름도 그들의 이마에 있으리라 다시 밤이 없겠고 등불과 햇빛이 쓸 데 없으니 이는 주 하나님이 그들에게 비치심이라 그들이 세세토록 왕 노릇 하리로다(계 22:1-5).

우리는 지난주에 하늘로부터 내려오는 거룩한 성 새 예루살렘이 바로 어린 양의 신부, 하나님의 백성, 교회라는 것을 확인했죠. 우리는 지난주 본문인 요한계시록 21장 후반부를 통해서 장차 올 그 나라에서 하나님의 백성은 찬란하고 아름다운 보석처럼 영광스러운 삶을 살게 될 것임을 본 것이에요. 아울러 그 하나님의 백성은 이 땅에서도 하나님의 영광을 드러내는 보석 같은 삶을 살아 내야 한다는 것도 배웠죠. 우리는 그렇게 영광스럽고 존귀한 찬란한 존재들이니까 그 신분에 맞는 삶을 살자 그렇게 합의를 했습니다.

그런데 오늘 본문을 보시면 그 거룩한 성 새 예루살렘에 생명수의 강이 흐르고 있어요. 거룩한 성 새 예루살렘은 누구라고 했습니까? 바로 성도입니다. 그러면 그 새 예루살렘에 생명수의 강이 흐르고 있다는 것은 어떤 의미일까요? 요한은 오늘 본문의 묘사를 통해서 '교회, 즉 하나님의 백성의 생명은 바로 생명수의 강이다'라는 메시지를 던지고 있는 거예요. 성도들의 생명의 근원은 따로 있다는 것을 알려 주는 것입니다.

이 장면을 구약의 어디에선가 보신 적이 있으시지요? 동산 중앙에서 강이 발원하여 동산을 적셨던 곳이 어디입니까? 에덴동산 그리고 또 한 군데 있습니다. 에스겔서예요. 하나님의 영광이 돌아온 새로운 성전에서 물이 흐르는 장면이 나오지요?

> 그가 나를 데리고 성전 문에 이르시니 성전의 앞면이 동쪽을 향하였는데 그 문지방 밑에서 물이 나와 동쪽으로 흐르다가 성전 오른쪽 제단 남쪽으로 흘러 내리더라(겔 47:1).

이 장면이 바로 오늘의 내용을 그림자로 상징하고 있는 거예요. 그러니까 원래의 창조의 목적으로 돌아가 회복된 에덴과 하나님의 영광이 돌아온 새 성전 그것이 성도 안에 구현되는 것이라는 말입니다. 성도는 단순히 구원받은 한 개인일 뿐 아니라 회복된 하나님 나라를 그 안에 품고 있는 것이라는 말이지요. 그런데 에스겔서에서는 성전에서 물이 흐르죠. 오늘 본문 1절에서는 그 생명수의 강이 하나님과 어린 양의 보좌로부터 흐르지요? 우리가 지난주 본문에서 성전은 곧 누구이셨습니까? 하나님과 곧 어린 양이라고 했잖아요?

> 성 안에서 내가 성전을 보지 못하였으니 이는 주 하나님 곧 전능하신 이와 및 어린 양이 그 성전이심이라(계 21:22).

성전이 누구입니까? 하나님과 어린 양입니다. 그러니까 에스겔 47장 1절이 오늘 본문을 그대로 상징하고 있다는 것이 확실하지요?

여러분이 지금까지 배우신 것들을 머릿속에 잘 떠올려 보셔요. 제가 새롭게 창조된 하나님의 백성에게 하나님께서 다시 충만하게 흘려 보내

바른 해석 바른 신앙

주시는 그 생명력 그 생명수를 무엇이라 했죠? 충만한 생명력을 받아야 행복하다고 했죠? 그게 인간들이 타락함으로 말미암아 차단되었던 거죠. 그 생명력을 하나님께서 다시 부어 주시는데 그 생명력을 성경은 '바라크', '복'이라고 합니다. 우리 성도들은 이제 그 영원한 나라에서 하나님으로부터 공급되는 '바라크', '복'을 받고 영원히 행복하게 살게 될 것입니다. 그게 바로 생명수의 강입니다. 그런데 성경은 우리 성도들이 이미 이 땅에서 그 '복'을 받고 있다고 말씀하십니다.

마태복음 5장에 보면 산상수훈 팔복이 나옵니다. 그 팔복이 전부 어떻게 시작해요? '마카리오이', 즉 '복 있는 자여'라고 시작해요. 그 팔복은 이 땅에서 이미 천국을 살고 있는 하나님의 백성의 삶이 이 가시적인 역사 속에서 어떻게 보여지는가, 어떻게 나타나는가를 보여 주는 게 팔복인 거예요. 그러니까 지금 이 땅에 이미 영적으로 그 새 하늘과 새 땅을 사는 사람이 있다라는 말이에요. 이미 생명수의 강이 그 속에 흘러서 달마다 열두 가지 실과를 맺는 사람이 있다라는 것이죠. 그 실과는 당연히 성령의 열매구요. 그게 바로 성도인 거예요. 그러니까 오늘 본문은 장차 올 새 하늘과 새 땅에서의 성도의 모습이기도 하지만 이미 이 땅을 살고 있는 성도의 모습이기도 한 거예요.

그러면 이 땅에 존재하는 우리 성도, 거룩한 성 새 예루살렘 안에 이미 생명수의 강이 흐르고 있다라는 말인데, 그 생명수가 도대체 뭔가요? 그리고 그 생명수는 어떻게 다시 우리에게 부어지게 되었습니까? 다 아는 거지만 보고 가죠.

> 예수께서 대답하여 이르시되 네가 만일 하나님의 선물과 또 네게 물 좀 달라 하는 이가 누구인 줄 알았더라면 네가 그에게 구하였을 것이요 그가 생수를 네게 주었으리라 여자가 이르되 주여 물 길을 그릇도 없고 이

우물은 깊은데 어디서 당신이 그 생수를 얻겠사옵나이까 우리 조상 야곱이 이 우물을 우리에게 주셨고 또 여기서 자기와 자기 아들들과 짐승이 다 마셨는데 당신이 야곱보다 더 크니이까 예수께서 대답하여 이르시되 이 물을 마시는 자마다 다시 목마르려니와 내가 주는 물을 마시는 자는 영원히 목마르지 아니하리니 내가 주는 물은 그 속에서 영생하도록 솟아나는 샘물이 되리라 여자가 이르되 주여 그런 물을 내게 주사 목마르지도 않고 또 여기 물 길으러 오지도 않게 하옵소서(요 4:10-15).

여러분이 잘 아시는 사마리아 여인의 이야기입니다. 예수께서 사마리아 여인에게 영생하도록 솟아나는 샘물 생명수를 주겠다고 해요. 그랬더니 그 여인이 그 샘물을 달라고 해요. 달라고 하는데 어떤 샘물을 달라고 하냐면, 내 육신의 물을 채울 물을 달라고 하는 거예요. 오늘날 교회들의 모습이 꼭 이 사마리아 여인 같지 않습니까? 예수님은 자신이 생명수라고 말씀하시는데 오늘날 교회는 그 예수님에게 자기 육신의 목을 축일 기적 같은 물만을 구하고 있는 것입니다.

15절을 보시면 그 사마리아 여인이 주님께 '주여 이런 물을 내게 주사 목마르지도 않고 또 여기 물 길러 오지도 않게 하옵소서.'라고 하지요? 이렇게 세상 사람들은 예수를 믿으면서 엉뚱한 것을 기대하고 있습니다.

오늘날 교회는 물동이 들고 예수님 앞에 가서 이거 빨리 채워 달라고 이거 마르지 않게 채워 달라고 하는 그런 웃지 못할 일을 하고 있는 게 오늘날의 교회인 것입니다. 성도는 예수님 앞에서 물동이를 들고 '이 물동이에 영원히 목마르지 않을 기적 같은 물을 채워 주세요'라고 징징대는 사람이 아니라 이 세상의 힘인 물동이를 버리고 예수라는 그 참 생명수를 세상에 소개하고 전하는 삶을 사는 사람들입니다. 다른 말로 하면, 세상 것을 자신의 생명으로 삼고 사는 자들이 아니라 예수 그리스도를 자신의 생명으로 삼고 사는 자들을 성도라고 하는 거예요. 그래서 그들 안에 거룩한 성 새 예루살렘 안에 생명이 흐르고 있는데, 그것이 바로 생명수의 강인 거예요. 그들이 바로 영생을 소유한 사람들인 것입니다. 성도의 생명은 따로 있단 말입니다. 그런데 여러분은 무얼 목숨처럼 여기고 있습니까? 돈 자식 권력…. 예수여야 하는 거예요. 또 보세요.

> 또 증거는 이것이니 하나님이 우리에게 영생을 주신 것과 이 생명이 그의 아들 안에 있는 그것이니라 아들이 있는 자에게는 생명이 있고 하나님의 아들이 없는 자에게는 생명이 없느니라(요일 5:11-12).

여기에 정확하게 나오죠.

> 만물이 그로 말미암아 지은 바 되었으니 지은 것이 하나도 그가 없이는 된 것이 없느니라 그 안에 생명이 있었으니 이 생명은 사람들의 빛이라 (요 1:3-4).

생명은 오직 예수 안에만 있어요. 그래서 예수의 생명을 소유한 자를 영생을 얻은 자라고 하는 거예요. 이렇게 그 안에 생명수의 강이 흐르고 있는 성도들은 세상이 아닌 오직 예수에 목숨을 걸고 사는 것입니다. 성도들은 그들의 삶 속에서 어떻게 하면 달마다 열두 가지 실과를 맺으며 살 수 있는가에 관심이 있는 사람이지, 그 예수를 이용해서 내 육신의 목을 축이려는 어리석은 삶을 살지 않는 것입니다. 그 생명수가 어떻게 우리에게 다시 주어지게 되었지요? 십자가로 주어지게 된 것이지요.

그러면 그 생명수이신 예수 그리스도를 영접하고 이 땅에서 이미 하늘나라의 삶에 동참하고 있는 사람들의 모습은 이 역사 속에서 가시적으

3부 김성수 설교 비평

로 어떻게 나타날까요? 그게 바로 팔복의 내용이라구요? 이 산상 수훈에 나오는 팔복을 오해하고 계신 분들이 많은데, 팔복은 '이렇게 살면 복 받는다'가 아니에요. 온유한 자가 복이 있다 그러니까 "그래 우리 열심히 온유하자 그래서 복 받자." 그렇게 가르치는 사람이 있더라구요. 그게 아니에요. '복을 받은 자들은 이렇게 살게 된다.'를 보여 주는 것이 팔복의 내용인 것입니다.

그러니까 이런 것입니다. 대한민국 남자는 모두 군대에 갑니다. 남자이기 때문에 의무 복무를 하는 것입니다. 군대에 가면 '대한민국의 건강한 남자라면 이렇게 사는 거야.'를 가르치지 너희는 이제 군대에 왔으니 '열심히 노력해서 남자가 되어라.'라고 하지 않습니다. 팔복이 바로 그러한 것입니다. '복 받은 사람, 생명수를 마신 사람들은 이렇게 살게 된다'가 팔복인 것입니다. 잘 보세요. 그러면 성도들이 생명수를 가진 사람들의 삶이 이 땅에서 어떻게 살아 내야 되는지 보자구요.

> 심령이 가난한 자는 복이 있나니 천국이 그들의 것임이요 애통하는 자는 복이 있나니 그들이 위로를 받을 것임이요 온유한 자는 복이 있나니 그들이 땅을 기업으로 받을 것임이요 의에 주리고 목마른 자는 복이 있나니 그들이 배부를 것임이요 긍휼히 여기는 자는 복이 있나니 그들이 긍휼히 여김을 받을 것임이요 마음이 청결한 자는 복이 있나니 그들이 하나님을 볼 것임이요 화평하게 하는 자는 복이 있나니 그들이 하나님의 아들이라 일컬음을 받을 것임이요 의를 위하여 박해를 받은 자는 복이 있나니 천국이 그들의 것임이라 나로 말미암아 너희를 욕하고 박해하고 거짓으로 너희를 거슬러 모든 악한 말을 할 때에는 너희에게 복이 있나니 기뻐하고 즐거워하라 하늘에서 너희의 상이 큼이라 너희 전에 있던 선지자들도 이같이 박해하였느니라(마 5:3-12).

바른 해석 바른 신앙

언뜻 봐도 이건 우리의 기대와 너무 다르지요? 먼저 3절을 보시면 주님께서 '복이 있는 자는 심령이 가난하다'고 말씀하십니다. 심령이 가난하다는 것은 예수님께서 내 안에 자리하실 수 있도록 내 마음에 있는 세상의 욕심과 야망들이 비워지는 거예요. 세상은 '심령이 가난한 자'들을 보면 뭐라고 하겠습니까? '바보'라고 하겠지요. 그러나 주님은 '그들이 진짜 복 받은 사람이다'라고 말씀하시는 것입니다.

두 번째로 '애통하는 자는 복이 있나니', '복 있는 자는 애통하는 자이다'라고 말씀하십니다. 이 '애통' '펜데오'라는 단어는 억울함에 대한 애통을 말합니다. 복을 받아 구원을 얻은 하나님의 백성은 하나님의 자녀다운 삶을 살아 내면서 이 땅에서 억울한 일을 당하고 부당한 처사를 감당해 내야 하는 모습으로 나타난다는 것입니다. 당연하지요. 우리가 주님의 자녀다운 삶을 살기 위해서는 내가 손해 보고 양보하고 져 주어야 하기 때문에, 이 땅에서 '펜데오' 억울한 거예요. '애통'함을 당하는 거예요. 그래도 가는 거예요.

세 번째로 '복 있는 자는 온유하다'라고 합니다. 여기서 '온유하다'라고 번역된 '프라우스'라는 단어는 단순히 '성품이 온순하다'라는 그런 뜻이 아니에요. 이 '프라우스'라는 단어는 '프로슈케', '하나님께 기도하다'라는 단어에서 파생된 거죠. 그 단어가 함축하고 있는 의미는 '지금 현재 세상의 환경이나 처지를 바라보지 않고 하나님만을 의지하는 것'을 말하는 거예요. 마치 말에게 재갈을 물리는 것처럼 내 힘을 의지하지 않고 하나님이 인도하는 대로 가겠습니다. 그게 프라우스라는 거예요. 그래서 프라우스는 피스티시오, 믿음이라는 단어로 바꾸어 쓸 수 있습니다.

출애굽 한 이스라엘 백성이 가나안 땅을 골고루 나누어 갖습니다. 그런데 언제 그 땅을 나누었습니까? 가나안을 정복한 뒤에 나누었습니까? 가나안 정복을 하기도 전에 나누어 가졌어요. 가나안에는 이미 철 병거

293

를 가진 철기 문명을 사는 사람이 있었어요. 그리고 그 땅에 사는 사람들은 거인들이었어요. 그런데 아직도 청동기 문명을 살고 있는 이스라엘이 무슨 배짱으로 그 땅을 미리 나누어 가질 수 있었습니까? 요런 말씀을 드리면, 이 원리를 꼭 자기 문제 해결로 갖다 쓰는 사람이 있더라고요.

이 이야기는 요단이 갈라지고 홍해가 갈라지고 여리고가 무너지는 마지막에 세상이 와르르 무너지고 다 불타 버리고 우리의 구원이 완성되는 것을 보여 주는 거예요. 어떻게 하나님이 살아계시면 나를 이런 모습으로 몰고 올 수 있어요? 그런 모습으로 살아간다는 것이죠. 그러나 반드시 하나님이 목적하는 목적지까지 반드시 몰고 간다. 그걸 경험한다. 그게 온유한 자는 복이 있나니 그래서 땅을 기업으로 받는다. 그런 거예요. 어떤 웬수들은 진짜 그렇게 설교하더라고요. 헌금 많이 하고 하나님의 뜻대로 잘 살아 내면 하나님이 부동산을 막 준대요.

네 번째로 의에 주리고 목마른 자는 배부를 것이다. 의에 주리고 목이 마르다는 것은 인간의 본능적인 욕구를 벗어난 것을 말합니다. 인간의 본능적인 욕구는 먹고 마시고 입는 거죠. 그러나 복 받은 자 생명수를 마신 자는 그들의 욕구가 '의'로 바뀐다니까요. '의', '체데크'라는 것은 관계가 요구하는 것을 열심히 성실하게 수행하는 것을 '의'라고 한다고 했지요? 상대방이 의의 관계에서 떨어졌을 때 의의 관계로 회복시켜 주는 것을 의로운 행위라고 하지 않았습니까? 그래서 하나님은 의롭다고 하는 거란 말이에요. 그러니까 의에 대해서 목마름을 가지고 있다는 것은 돈, 명예, 권력 같은 세상적인 욕구를 버리고 '하나님을 기쁘게 하는 것이 무엇일까?' 하는 욕구를 가지고 있다는 거예요. 그게 복 받은 자의 삶이라니까요

다섯 번째로 '복을 받은 자는 긍휼이 여긴다'라고 그래요. 긍휼이라는 것은 하나님의 자비와 사랑을 말하는 것입니다. 그걸 죄를 짓고 원수되

었던 우리를 위해 아들을 죽이시는 그 자비와 사랑을 '긍휼', '엘레에몬' 이라고 하는 것입니다. 그러니까 그 안에 생명수가 흐르고 있는 성도는 그 하나님의 자비와 사랑으로 이웃을 대하게 된다는 것이지요. 역시 세상 사람들은 그 사람들을 가리켜 '바보같은 놈'이라고 하겠지요.

여섯 번째로 '복 있는 자들은 마음이 청결하다.' 그래요. 마음이 청결하다는 것은 세상의 더러운 것들을 비워 낸 상태. 그러니까 죄 죽이기를 이를 악물고 하는 것입니다.

일곱 번째로 복 있는 사람들은 이웃을 화평케 한다고 하십니다. 하나님의 아들 예수님이 이 땅에 오신 이유가 바로 화평케 하기 위함이었습니다. 원래 우리는 화평한 자였어요. 그런데 우리는 죄를 지음으로 자연과 다른 사람과 나 자신과의 관계가 깨졌죠. 자연이 저주 받았어요. 나 자신과의 관계도 깨졌어요. 우울하고 자살을 하고 정신병에 걸리는 거. 예수님이 이 땅에 오셔서 죽으심으로 그걸 회복하신 거죠. 화평케 하는 자는 내가 상대방의 아래에 들어가 버리는 거예요. 이게 복 받은 자의 삶이에요. 그래서 '화평케 하는 자는 복이 있나니 그가 하나님의 아들이라 일컬음을 받는다.'라고 하시는 것입니다. 그래서 이 땅에서 힘이 듭니다.

여덟 번째로 '복이 있는 사람은 의를 위하여 핍박을 받는다.'고 하십니다. 이 땅에서 복을 받고 천국을 살고 있는 사람들은 세상의 힘의 원리와는 정반대의 삶을 살게 되기 때문에 세상으로부터 핍박을 받게 되는 것입니다.

이게 '복 받은 사람, 생명수의 강이 그 안에 흐르고 있는 사람들'의 삶입니다. 이걸 한 마디로 요약하면 '십자가'입니다. 그러니까 복을 받고 천국을 사는 사람들은 이 땅에서 '십자가'의 삶을 사는 거예요. 여러분 중에 혹시 지금 이 말을 들으시고 '그게 뭐가 천국이야. 난 그럴 거면 천국에 안 살래.' 이런 분 계시죠? 지금 이 성경이 말하고자 하는 것은 천국에서도 여러분이 핍박을 받고 늘 남에게 당하고만 살게 된다는 것이 아니라 죄가 지배하는 세상이기 때문에 죄인들에게 핍박을 당하는 모습으로 나타나게 되는 것입니다. 그렇지만 그 삶 속에서 죄인들이 모두 사라지게 되면 거기가 바로 천국이 되는 것입니다. 그렇지만 '너희는 이 땅에서 그 삶을 훈련하고 와야 돼.' 그렇기에 천국은 십자가를 통과하지 않고는 절대 들어갈 수 없는 곳입니다. 그래서 여러분은 이 땅에서 이성을 간직한 채 예수 그리스도의 십자가의 삶을 여러분의 몸으로 구현해 내는 거예요.

여러분, 우리 잘 생각해 봅시다. 우리가 이 세상에서 다른 사람보다 더 많이 가지고 더 유명한 사람이 되고 싶은 이유가 뭐예요? 이게 세상의 힘의 원리예요. 그게 왜 죄인지 따져 보고 가자구요. 우리는 더 갖고 싶고 더 유명해지고 싶은 이유가 뭐예요? 그때는 내가 무엇을 소유하고 있든 유명하든 그렇지 않든 전혀 문제가 되지 않습니다. 왜냐하면 내가 가진 것이 적고, 내가 덜 유명하다는 기준을 내릴 상대방이 없기 때문에 문제가 안 돼요. 사람이 자신의 소유를 가지고 '적다. 많다'라고 판단하는 기준은 모두가 다른 사람과 비교해서 내리는 결정이란 말입니다.

인간은 그거예요. 남들하고 비교해서 남들보다 더 갖고 싶고 남들보다 더 유명해지고 싶은 그 욕구 땜에 힘을 추구하는 거죠. 그러니까 우리가 이 세상에서 더 많이 갖고 더 유명해지려고 하는 그 욕구의 뿌리를 캐고 들어가 보면, 남을 밟아서 어떻게 하든 그 위에 올라서려고 하는 거예요. 그것을 성경은 '죄'다 그러는 거예요. 그것을 세상의 '힘의 원리'라고 부르는 것입니다. 그래서 복을 받은 새 사람들은 세상 것을 자꾸 포기하고, 양보하고, 져 주면서 그 '힘의 원리'로부터 벗어나야 하는 거예요, 그 힘의 원리를 벗어나서 나 말고 하나님과 내 이웃의 유익을 위해 사는 사람이 모인 곳이 천국인 것입니다.

그래서 우리는 그 하늘나라의 삶의 원리인 '힘의 원리'와는 정반대의 '십자가'라는 삶을 이 땅에서 훈련하는 것입니다. 그래서 복 받은 자들의 삶은 고단해요. 엉뚱한 복 찾지 마세요 그건 마귀가 주는 거예요. 여러분 왜 예수님께서 굳이 이 땅에 내려오셔서 십자가를 지셨겠습니까? 하나님이 능력이 없으셔서 그런 것입니까? 이 예수의 삶을 쫓아서 살아야 한다는 것을 그림으로 보여 주는 거예요. 그러니까 여러분은 반드시 십자가를 통과해야 해요.

　　세상은 우리를 끊임없이 유혹할 거예요. '힘이 최고야.' 그렇게 시험한다구요. '예수 잘 믿으면 그 힘을 주셔. 그러니까 십일조 떼어먹지 말고 열심히 해. 봉사 열심히 해. 집을 팔아서라도 건축 헌금해 봐. 그러면 하나님께서 너에게 몇 배로 그 힘을 불려 주실 거야.' 여러분 그건 마귀의 속삭임입니다. 절대 넘어가시면 안 됩니다. 예수님께서 광야에서 마귀에게 받으신 시험이 바로 그것 아닙니까? 예수님의 광야 시험을 잘 보시면 성령님께서 예수님을 마귀에게 끌고 가죠. 그 예수님의 생명수를 마시게 될 '복 받은 자들을 마귀가 어떻게 미혹할 것인가'를 미리 보여 주시는 것입니다. 마귀가 예수님께 돌로 떡을 만들어 먹으라고 시험하지요? 세상 사람들의 관심은 오로지 '떡'에만 있다는 것을 보여 주는 것입니다. 그런데 성도라고 자처하는 사람들도 예배당에 와서 온통 예수를 이용해서 이 땅의 떡의 문제를 해결하려고 하고 있죠. 그건 성도가 아니에요 그건 불신자라고 하는 거예요. 자기가 땀 흘리지 않고도 힘센 초월자의 힘으로 돌로 떡이 주어지는 거 그게 불신자라구요.

　　예수님께서 그렇게 시험하는 마귀에게 뭐라고 대답하십니까? '사람이 떡으로만 살 것이 아니요, 하나님의 입으로 나오는 모든 말씀으로 살 것이라.'고 하셨습니다. 예수님의 대답을 잘 보세요. '나는 떡으로만 살 것이 아니요.'가 아닙니다. '사람이 떡으로만 살 것이 아니요.'입니다. 그것은 예수님은 지금 모든 성도들을 '대표해서' 그리고 '대신해서' 시험을 당하고 계시다는 것을 보여 주시는 것입니다.

그 말씀은 예수님께서 신명기 8장 3절을 인용하셔서 대답하신 것입니다. 그 신명기 8장 3절은 하나님께서 이스라엘에게 만나를 주신 이유를 설명하는 거예요. 하나님께서 이스라엘에게 만나를 주신 것은 단지 그들의 배를 불리는 음식으로 주신 것이 아니라 그걸 힘으로 삼아 하나님이 언약하신 새 하늘과 새 땅으로 들어가기 위해 주신 것입니다. 여러분, 음식과 양식의 차이가 뭔지 아십니까? 음식은 내 배를 불리기 위해 그때그때 먹는 먹을거리를 음식이라고 합니다(밥, 찌개, 국 등). 그러나 '양식'은 '사람이 그것을 바탕으로 어떠한 목표 지점으로 갈 수 있도록 해 주는 힘'을 말합니다.

예전에 한국에 보릿고개가 있을 때에 광에다가 쌀 두어 가마니를 척 쌓아 두면 온 식구가 겨울을 날 힘을 얻는단 말입니다. 그것을 '양식'이라고 부르는 것입니다. 헬라어는 전자를 '프롭페'라고 하고 후자를 '브로마'라고 합니다. 이런 말입니다. 하나님은 그분의 백성에게 만나를 주시면서 그들이 광야에서 쏟아지는 만나를 보고 '야 이런 하나님이라면 우리를 반드시 이 광야를 거쳐 가나안에 들여보내시겠구나.'를 알라고 주셨어요.

그런데 이스라엘 백성이 그 만나를 음식으로만 보니까 불평한 것입니다. '우리는 애굽에서 부추와 마늘과 고기도 먹었는데 왜 여기서는 맨날 만나만 먹어야 하나?' 하고 그리워하는 거예요. 여러분이 예수 믿고 뭔가를 얻어 내려고 의도한다면 여러분은 불평 속에 있을 수밖에 없습니다. 애굽에서 마늘, 부추, 고기를 준 것은 애기를 더 많이 낳으라고 준 정력제였단 말입니다. 그러니까 마귀가 그들을 사용하기 위한 미끼란 말입니다. 그걸 여기서 자꾸 찾고 있는 거예요. 예수님은 음식을 주시는 게 아니라 양식을 주시는 분입니다.

하나님은 하나님의 백성에게 양식을 주시는 분이시지 음식을 주시기 위해 존재하는 분이 아니시라는 것입니다. 물론 음식도 하나님께서 주시는 게 맞아요. 그러나 음식은 우리가 하나님의 백성으로 지어져 가는 길에 우리의 생존을 위해 주어지는 것이지 그것이 생의 목적이 될 수는 없는 것입니다. 그런데 이스라엘은 그 만나를 '음식'으로 보았다는 거예요. 하나님은 우리에게 우리가 원하는 음식을 공급해 주시는 분으로 오해하고 있었다는 거예요. 하나님은 여러분에게 떡 주러 오신 분이 아니에요. 그런데 오늘날의 교회는 뭐예요? 다 광주리 들고 전부 십자가 앞에 가서 여기 채워 주세요. '떡' 주세요. 그러고 있는 것이죠. 요한복음 보시죠.

> 썩을 양식을 위하여 일하지 말고 영생하도록 있는 양식을 위하여 하라 이 양식은 인자가 너희에게 주리니 인자는 아버지 하나님께서 인치신 자니라(요 6:27).

두 번째 시험도 마찬가지예요. 마귀가 주님을 성전 꼭대기로 데리고 올라가서 '뛰어내리라'고 합니다. '네 힘으로 너를 증명해 봐.' 성도는 이 땅에서 자신이 드러나는 삶을 사는 사람이 아니라 십자가의 모습으로 가는 것입니다. 여러분, 삼손이 어떻게 생겼을 것 같아요? 삼손이 다 이만한 줄 알아. 아니에요. 블레셋 사람이 삼손에게 무엇이라고 말해요. '도대체 네 힘이 어디서 나오냐.' 그랬단 말이에요. 전혀 키도 작고 힘도 없고 비리비리 하는 놈인데 도대체 어디서 힘이 나오냐 그랬단 말입니다. 우리 성도는 이 땅에서 그런 약한 모습으로 가는 거예요. 그러나 '그게 힘이다'를 보여 주는 게 삼손인 거예요.

세 번째로 마귀는 세상의 영광을 보여 주며 나한테 절하면 이거 줄게 그러죠? 예배당에서 세상의 것을 구하는 것은 여기 와서 그걸 달라고 마귀에게 경배하고 있는 것입니다. 예수 믿는 게 아니에요. 성도가 아니란 말입니다. 여러분 우리는 세상의 것이 없음을 슬퍼하고 두려워하는 사람이 아니라 하나님의 말씀에 대한 관심보다 세상의 다른 것에 더 관심을 두고 있는 우리의 죄된 모습을 두려워해야 해요. 여러분은 십자가를 통과해야 합니다.

내일이 성탄절이에요. 여러분 예수님께서 왜 이 땅에 그렇게 비천한 모습으로 구유에 오셨는지 아세요? 왜 그렇게 못생긴 모습으로 평생을 가난하게 살다가 가셨는지 아십니까? 예수님은 예수님의 외형을 보고 '난 당신의 백성이에요' 하는 가짜들을 가려내기 위해서 그렇게 오신 것입니다. 예수님이 로마의 황제로 오셨다면 다 따라 갔겠죠. 많은 사람이 예수를 믿으면 그들의 삶 속에 기적이 일어나고 눈에 보이는 번영과 행복이 찾아올 것이라는 착각을 합니다. 만일 하나님께서 이 세상에서 그렇게 일을 하신다면 누구나 다 예수를 믿겠노라고 나설 것입니다. 하나님은 진짜 하나님의 백성들을 걸러내시기 위해 천국으로 가는 길목에 십자가를 걸림돌로 두신 것입니다.

여러분, 왜 하나님의 별이 동방박사들을 헤롯의 궁으로 데리고 갔을까요? 하나님이 할 얘기 있으신 거죠. 하나님께서 동방 박사들을 통해 이 세상의 왕, 이 세상의 힘을 부정해 버리시는 거예요. 진짜 왕은 죽기까지 순종하는 그 사람이 왕이라는 것을 보여 주는 거예요. 자기의 힘을 유지하기 위해 아이들까지도 서슴없이 죽여 버리는 그러한 세상의 정체가 예수 앞에서 폭로되는 것입니다. 아울러 하늘의 왕 노릇할 사람들은 그렇게 이 세상에서 세상 왕들에게 핍박 받고 쫓겨다니는 모습으로 보여질 것을 암시하는 것입니다.

딸 군대여 너는 떼를 모을지어다 그들이 우리를 에워쌌으니 막대기로 이스라엘 재판자의 뺨을 치리로다 베들레헴 에브라다야 너는 유다 족속 중에 작을지라도 이스라엘을 다스릴 자가 네게서 내게로 나올 것이라 그의 근본은 상고에, 영원에 있느니라(미 5:1–2).

이 말씀을 의역하면 이스라엘 재판자의 뺨을 칠 분이 베들레헴에서 난다는 말씀입니다. 하나님께서 이스라엘의 패역을 다스리시기 위해 이방 민족들을 들어서 이스라엘을 심판하십니다. 그런데 미가는 이제 베들레헴에서 다시는 이스라엘이 그러한 심판에 놓이지 않게 하실 한 왕이 나실 것이라는 예언을 하는 것이에요.

그러니까 이 구절은 예수 그리스도가 세상의 재판자들이 세상의 힘의 원리로 이스라엘을 다스리다가 하나님의 심판을 받은 것과 대조적으로 등장해서 이 세상의 다스림의 원리와는 정반대의 원리로 세상을 다스려서 이스라엘을 하나님의 심판으로부터 구원하실 거라는 의미를 담고 있는 거예요. 그런 의미에서 예수는 이스라엘의 재판자의 뺨을 치러 오신 것이라고 말씀한 것입니다. 이스라엘의 재판자가 누구입니까? 종교지도자들을 말하는 것입니다. 그런데 미가가 3장에서 그 이스라엘의 종교지도자들을 어떻게 표현을 하는가 보세요.

야곱 족속의 우두머리들과 이스라엘 족속의 통치자들 곧 정의를 미워하고 정직한 것을 굽게 하는 자들아 원하노니 이 말을 들을지어다 시온을 피로, 예루살렘을 죄악으로 건축하는도다 그들의 우두머리들은 뇌물을 위하여 재판하며 그들의 제사장은 삯을 위하여 교훈하며 그들의 선지자는 돈을 위하여 점을 치면서도 여호와를 의뢰하여 이르기를 여호와께서 우리 중에 계시지 아니하냐 재앙이 우리에게 임하지 아니하리라 하는도다(미 3:9-11).

종교 지도자들이 돈을 받고 재판을 하고, 제사장은 삯을 위해서 교훈을 하고, 선지자는 돈을 위해서 점을 치면서 여호와가 우리와 함께 하시니 절대 재앙이 우리에게 미치지 않을 것이라고 외쳤던 것입니다. 현대식으로 말하자면 교회 지도자가 돈을 보고 축복하고, 돈을 위해 예언을 해 주고, 헌금을 많이 내면 잘산다고 가르치고, 봉사를 열심히 하면 하나님께서 복을 주셔서 세상에서 잘산다고 가르쳤다는 것입니다. 하나님은 바로 그 자들의 뺨을 갈기기 위해 예수를 베들레헴의 구유에 보내셨다는 것입니다. 성경이 이렇게 명확하게 이야기하고 있잖아요. 그리고는 십자가에서 죽여 버렸어요. 그게 무슨 뺨을 치는 모습입니까. 당하는 모습이지. 그런데 그걸 성경은 승리라고 하는 거예요.

여러분, 예수께서 탄생하시고 헤롯이 베들레헴 인근에 있는 두 살 아래의 아이들을 모두 죽이라고 했을 때, 요셉과 마리아는 예수님을 애굽으로 데리고 들어가죠. 그런데 성경은 '내 아들을 애굽에서 불러냈다'고 해요. 원래는 '내 아들을 애굽으로 불러들였다'가 맞잖아요.

성경이 말하는 애굽이라는 곳은 지리적인 어떤 곳을 말하는 것이 아니에요. 애굽은 예수가 안 계신 곳을 애굽이라고 말하는 것이에요. 예수님이 없는 힘의 원리가 판을 치는 그곳은 애굽이에요. 예수를 믿는 사람은 출애굽한 사람이 아닙니까? 그런데 왜 예수님이 없는 힘의 원리가 판을 치는 그곳에서 그걸 따라 사느냐 말이에요? 그래서 그들을 가짜라고 하는 거예요..

하나님은 생명수이신 예수 그리스도의 십자가의 삶의 원리가 지배하지 않는 모든 곳을 '애굽'이라 부르십니다.

그래서 세례 요한도 광야에서 애굽으로 불러내는 거예요. 그래서 다

바른 **해석** 바른 **신앙**

시 홍해를 건너게 해서 광야로 들여보내는 거예요, 홍해가 뭐예요? 세례 니까. 그래서 광야에서 그들을 불러내어서 출애굽시켜서 홍해를 건너서 다시 가나안 땅에 들여보내는 것이 세례 요한의 세례란 말입니다. 여러 분들은 거기서 나와야 된다니깐요. 그런데 어떻게 된 놈들이 예배당에서 그걸 도리어 주겠다고 하니 해괴망측한 일입니다. 그래서 오늘날에도 계 속적인 출애굽이 일어나고 있는 거예요. 여러분이 거기에서 나올 때마다 계속해서 출애굽이 되고 있는 것입니다. 그렇게 세상으로부터 출애굽한 사람들은 끊임없이 세상 사람들로부터 비방과 조롱거리가 됩니다.

> 시므온이 그들에게 축복하고 그의 어머니 마리아에게 말하여 이르되 보 라 이는 이스라엘 중 많은 사람을 패하거나 흥하게 하며 비방을 받는 표 적이 되기 위하여 세움을 받았고(눅 2:34).

예수님은 세상 사람들로부터 비방을 받는 표적이 되기 위해 오셨다는 것입니다. 여러분들이 전부 비방을 받고 조롱거리로 살게 될 것을 표적 으로 이 땅에 예수님이 왔다는 것입니다.

> 내가 생각하건대 하나님이 사도인 우리를 죽이기로 작정된 자 같이 끄트 머리에 두셨으매 우리는 세계 곧 천사와 사람에게 구경거리가 되었노라 (고전 4:9).

보세요, 사도 바울도 조롱거리, 비방거리가 되었단 말이에요.

> 전날에 너희가 빛을 받은 후에 고난의 큰 싸움을 견디어 낸 것을 생각하 라 혹은 비방과 환난으로써 사람에게 구경거리가 되고 혹은 이런 형편

에 있는 자들과 사귀는 자가 되었으니 너희가 갇힌 자를 동정하고 너희 소유를 빼앗기는 것도 기쁘게 당한 것은 더 낫고 영구한 소유가 있는 줄 앎이라(히 10:32-34).

단순히 히브리 기독교인들에게 국한되어 있는 게 아니에요. 모든 기독교인들이 그리로 가는 거예요. 이렇게 우리 생명수의 강을 소유한 자들의 삶은 이 억지뿐인 세상 속에서 하나님의 성품과 그분의 영광을 우리 삶 속에서 드러내야 하는, 오늘 본문의 표현대로 말하면 날마다 생명나무의 과실을 맺어야 하는 삶입니다. 그래서 이 땅에서 천국을 살고 있는 사람들은 힘이 든 거예요. 십자가인 거예요. 이 죄로 디글디글한 이곳에서 하나님의 사랑, 화평, 자비, 온유, 절제 이런 걸 드러내야 하는 것입니다.

전부 그걸 안 하고 있으니까 이렇게 편한 거예요. 그러나 힘내십시오. 그 십자가 너머에 우리 하나님께서 두 팔을 벌리고 우리를 기다리고 계십니다. 비록 지금은 그 십자가 너머의 세상이 우리 눈에 보이지 않는다 할지라도 절망하거나 낙심하거나 좌절하지 마시고 열심히 그 길을 가세요. 그들이 진정 그들의 속에 생명수의 강을 소유한 자들이며 그들이 결국 영원한 나라를 유산으로 물려받게 되는 것이에요.

지옥이 뭐예요? 땅 지, 감옥 옥 자. 사람이 초월자로부터 풍성한 복을, 생명력을, 생명수를 끊임없이 공급받아서 행복하게 살아야 되는데, 이 초월자로 공급되어지는 이 복 '바라크', 그 생명수가 끊어져 버리고 땅에 갇혀 버린 거, 이걸 지옥이라고 하는 거예요. 거기에다가 불만 보태어지면 지옥불이 되는 것입니다. 여러분, 지금 지옥을 살고 계십니까? 아니면 천국 하나님 나라를 살고 계십니까? '나는 하나님 나라의 원리를 쫓아서 살 거야.' 그런 사람들은 조금 힘들지만 마지막에 하나님이 들려 올

리실 것입니다

마지막으로 본문 3, 4, 5절을 결론으로 읽고 마치도록 하겠습니다.

> 다시 저주가 없으며 하나님과 그 어린 양의 보좌가 그 가운데에 있으리니 그의 종들이 그를 섬기며 그의 얼굴을 볼 터이요 그의 이름도 그들의 이마에 있으리라 다시 밤이 없겠고 등불과 햇빛이 쓸 데 없으니 이는 주 하나님이 그들에게 비치심이라 그들이 세세토록 왕 노릇하리로다(계 22:3–5).

여기가 바로 여러분이 가야 할 곳입니다. 이 세상에서 눈을 들어 거기를 바라보십시오.

4-1 설교 전문 비평

요한계시록 강해 95(계 22:1-5) 전문에는 본문에 충실한 해석은 전혀 나타나지 않는다. 즉 김성수는 본문 22장 1-5절의 의미를 완전히 떠나서 '생명수 '생명수의 강'이라는 한 표현에만 집중해서 '생명수=생명력=현재 복 받은 성도'라는 점만을 강조할 뿐이다. 더욱이 생명력과 생명수는 근본적으로 다른 의미다. 그럼에도 그가 "하나님께서 다시 충만하게 흘려보내 주시는 그 생명력, 그 생명수"라고 말하면서, '복=생명력=생명수'라고 일반화한다. 그러면서 그가 끌어와서 사용한 수많은 성경구절 중 산상수훈의 팔복은 사실 요한계시록 22장 1-5절의 본문 내용과 직접적인 관계가 없다. 그나마 요한계시록 22장과 어느 정도 관계가 있는 성경구절마저도 왜곡하여 설명한다,

에스겔이 본 성전에서 흐르는 물(겔 47:1)은 오늘 본문의 내용을 그림자로 상징한다고 설명하며 "새 성전이 성도 안에서 실현되는 것"을 의미한다고 말한다. 에스겔이 본 성전에서 흐르는 물은 요한계시록 22장의 생명수를 상징하고 성도 안에서 실현된 것이 아니라 신자가 죽은 이후에 장차 누릴 영원한 하나님 나라에서 실현될 것을 미리 보여 준 예언적 비전(vision)이다. 따라서 상징으로 이해할 것이 아니라 예언과 성취의 관계로 이해해야 하며, 이미 성도 안에서 이루어진 것이 아니라 죽음 이후에 혹은 장차 완성될 하나님 나라에서 이루어질 것을 보여 주고 있다. 이제 설교 전문의 내용을 조금 더 구체적으로 살펴보자.

김성수는 서론에서, "신자가 영원한 나라에서 하나님으로부터 공급되는 바라크 복을 받고 영원히 행복하게 살게 될 것"이라고 말한

바른 해석 바른 신앙

다. 그러면서 '우리는 이미 이 땅에서 그 복을 받고 있다'고 본문의 흐름과 전혀 상관없는 방향으로 가 버린다. 요한계시록 22장 1–5절은 현재 신자의 복을 말하는 것이 아니라 철저하게 종말론적 복을 말하고 있다. 그런데 현재의 복이 무엇인가에 대한 주제로 초점을 완전히 바꾸어서 현재 복 받은 신자의 상태에 관한 이야기를 장황하게 시작해서 설교를 마무리한다. 요한계시록 22장 1–5절에 나온 천국에 대한 실제적인 묘사에 대한 설명은 제대로 하지 않고 본문에 대한 구체적인 해석도 사라져 버렸다. 산상수훈의 팔복이나 선한 사마리아인의 생수에 대한 이야기가 본문의 의미와 직접적인 관계가 있는 것처럼 엉뚱하게 연결시켜 설명하고 있다.

김성수는 예수님이 우물가의 사마리아 여인을 만나서 생명수에 관한 내용을 설명하면서, "오늘날 교회들의 모습이 꼭 이 사마리아 여인 같다."고 다시 교회를 비난한다. 한국 교회가 "예수님에게 자기 육신의 목을 축일 기적 같은 물만을 구하고 있다."고 비판한다. 하지만 예수님이 우물가에 있는 사마리아 여인에게 찾아와서 생명수에 관한 이야기를 한 것은 예수님 자신을 소개하는 복음을 전하기 위해서였다. 그러한 본문을 가지고 오직 오늘날의 교회를 비판하는 데 사용하는 것이 과연 본문의 의미에 맞는 설교일까? 이렇게 김성수는 설교할 때마다 기회가 있으면 기복신앙과 교회 비판에 온 관심을 집중하고 있음을 보게 된다.

김성수는 아담의 선악과 사건과 바벨탑 사건을 예로 들면서, 더 갖고 싶은 인간의 욕구를 힘의 원리로 설명하면서 그것이 죄라는 식으로 설명한다. 그러나 더 갖고 싶은 인간의 욕구 자체가 모두 죄가 아니다. 마찬가지로 힘의 원리가 모두 죄는 아니다. 김성수는 칼빈주의 5대 교리 가운데 하나인 '전적 타락'을 잘못 이해함으로써, 인간의 모든 생각의 동기와 행위는 다 악하고 따라서 인간의 삶 속에 펼쳐진 모든 것이 다 죄라는 생각으로 기울어져 있다. 전적 타락의 교리는 인간이 하나님 앞에서 스스로 구원의 길로 들어설 수 없다는 차원에서 말하는 구원론과 관계된 하나의 교리적 용어다.*

인간의 선한 양심과 선한 행위는 여전히 하나님의 형상으로 창조된 하나님의 한 속성을 보여 주는 것이다. 힘의 원리도 마찬가지다. 인간이 어떤 마음과 생각으로 힘을 사용하느냐에 따라서 하나님이 보시기에 죄가 될 수도 있고 복이 될 수도 있다. 특별히 예수를 믿고 거듭난 신자는 본성적인 죄와 함께 성령의 내주로 말미암아 하나님의 뜻대로 살고자 하는 선한 욕망의 힘을 지니고 있다. 따라서 신자가 세상의 힘을 갖기를 원하고, 또 그 힘을 가졌다고 해서 그것을 죄로 규정할 수는 없다. 신자가 세상에서 성공을 추구하고, 명예를 추구하고, 행복을 추구하는 그 모든 자연스런 욕망들을 다 '죄'라고 단정해서는 안 된다.

김성수가 장황하고도 길게 설명하고 있는 복음서에 기록된 '예수님의 세 가지 시험들'은 요한계시록 22장 1-5절의 내용과 관계가 없다. 김성수는 여기서도 다음과 같이 한국 교회의 기복신앙을 비판한다.

세 번째로 마귀는 세상의 영광을 보여 주며 나한테 절하면 이거 줄게

---

* 이런 칼빈주의 5대 교리는 영어 첫 글자를 따서 튤립(TULIP)이라고 부르는데, 이런 영어의 약자를 소개하면 다음과 같다.
① T: Total Depravity(전적 타락)
② U: Unconditional Election(무조건적 선택)
③ L: Limited Atonement(제한 속죄)
④ I: Irresistible Grace(불가항력적 은혜)
⑤ P: Perseverance of the Saints(성도의 견인).

바른 **해석** 바른 **신앙**

그러죠? 예배당에서 세상의 것을 구하는 것은 여기 와서 그걸 달라고 마귀에게 경배하고 있는 것입니다. 예수 믿는 게 아니에요 성도가 아니란 말입니다.

이런 설명은 명백하게 본문의 의미를 벗어난 과장된 설명이다. 과연 예배당에서 세상의 것을 구한다고 그 자체가 마귀를 경배하는 것이고 예수를 믿지 않는 불신자인가? 김성수가 말하는 '세상의 것을 구한다'는 말의 의미는 병이 낫고 복을 구하고 성공을 추구하는 기복신앙을 말하는 것이다. 그는 교회에 와서 이런 것들을 얻고자 기도하면 '마귀를 경배하는 것'이라고 주장한다. 이것은 본문에 기록된 예수님이 이 세상을 구원하러 오신 하나님의 아들로서 받은 마귀의 세 번째 시험의 의미와는 완전히 다른 설명이다.

마귀에게 받은 예수님의 메시아적 시험을 한국 교회 신자의 기도로 대입해서 설명한 것은 의도적으로 교회 비판을 위한 지극히 편협하고 극단적인 적용이다. 김성수의 가르침을 보면, 성경 본문의 해석(exegesis)과 자신의 극단적인 적용(application)을 그럴 듯하게 혼합해서 성경 본문의 진리를 전달하고 있는 것처럼 착각하게 만든다.

사실 예수를 믿는 신자 가운데는 영적으로 어린아이 같은 신자도 있고 믿음이 성숙한 신자도 있다. 믿음이 어린 신자는 믿음이 성숙한 신자에 비해서 훨씬 더 자기 중심적인 경향이 강하고, 자신이 원하는 세상의 것을 더 추구하는 경향이 강하다. 하지만 그러한 신앙인도 기도와 다양한 가르침을 통하여 하나님 나라와 하나님의 뜻을 구하는 성숙한 믿음의 신자로 성장해 가는 경우가 많다.

그런데 김성수는 신앙이 변화되고 성숙해 가는 과정, 즉 성화의 과정을 인정하지 않는다. 그 결과 교회 안의 신자를 '복음을 알고 믿

는 신자'와 '복음을 모르고 자신을 위해 살아가는 불신자'라는 극단
적인 흑백논리로 단정한다. 그래서 '신자의 욕망=죄=마귀'라는 극
단적인 적용을 하고 있다. 신자의 믿음은 변화되고, 성숙되는 한 과
정에 있다는 점을 기억해야 한다.

김성수의 잘못된 성경 해석은 미가 5장 1-2절의 설명에도 잘 나
타난다.

> 딸 군대여 너는 떼를 모을지어다 그들이 우리를 에워쌌으니 막대기
> 로 이스라엘 재판자의 뺨을 치리로다 베들레헴 에브라다야 너는 유
> 다 족속 중에 작을지라도 이스라엘을 다스릴 자가 네게서 내게로 나
> 올 것이라 그의 근본은 상고에, 영원에 있느니라(미 5:1-2).

김성수는 이 구절이 "이스라엘 재판자의 뺨을 칠 분이 베들레헴
에서 난다는 말씀"이라고 설명한다. 1절에서 "그들이 우리를 에워쌌
고 이스라엘 재판자의 뺨을 치리로다."는 이스라엘이 이방의 침략을
받아서 곤경에 빠지고 수치를 당한다는 의미다(Smith, *Micah-Malahi:W-
BC 32*, 43). "딸 군대여" 이 표현은 예루살렘(딸)이 실제로 전쟁을 치르
고 있는 상황을 표현하고 있고, 이스라엘의 재판자가 예루살렘을 포
위한 자에 의해서 뺨을 맞는다는 것은 이스라엘의 지도자가 수치를
당한다는 의미다. 그럼에도 연약한 유대 족속에서 메시아가 날 것을
미가 선지자는 2절에서 예언하고 있다.

이런 본문의 내용을 가지고, 김성수는 메시아가 나타나서 이스라
엘 지도자의 뺨을 칠 것이라고 하면서, 이처럼 예수님이 교회의 지
도자들의 뺨을 치실 것이라고 설명한다. 그리고 자신의 주장을 뒷받
침하기 위해서, 미가 3장 9-11절을 설명한다. 그 본문에는 이스라

바른 **해석** 바른 **신앙**

엘의 지도자들에 대한 책망과 함께 심판의 경고가 따라오기 때문이다. 김성수는 다시 현대 교회의 지도자를 다음과 같이 비판한다.

> 현대식으로 말하자면 교회 지도자가 돈을 보고 축복하고, 돈을 위해 예언을 해 주고, 헌금을 많이 내면 잘 산다고 가르치고, 봉사를 열심히 하면 하나님께서 복을 주셔서 세상에서 잘 산다고 가르쳤다는 것입니다. 하나님은 바로 그 자들의 뺨을 갈기기 위해 예수를 베들레헴의 구유에 보내셨다는 것입니다. 성경이 이렇게 명확하게 이야기하고 있잖아요. 그리고는 십자가에서 죽여 버렸어요. 그게 무슨 뺨을 치는 모습입니까? 당하는 모습이지. 그런데 그걸 성경은 승리라고 하는 거예요.

김성수는 이스라엘 지도자들의 타락을 곧바로 현대 교회 지도자들의 타락으로 적용해서 교회 지도자들을 비판한다. 미가 3장 9-11절은 이스라엘 지도자들의 총체적인 타락을 지적하면서 재앙이 임할 것을 경고한 말씀이다.* 그래서 "야곱족속의 우두머리들과 이스라엘 족속의 통치자들 곧 정의를 미워하고 정직한 것을 굽게 하는 자들아(3:9)" 하는 말로 시작하면서, 11절에서 제사장과 선지자의 타락을 언급하고 있다. 미가 3장은 이스라엘의 총체적 타락에 의한 재앙의 말씀이 선포되고, 미가 5장은 하나님의 공의로운 심판과 함께

---

* 미가 선지자는 3장에서 다음과 같이 선포한다
"내가 또 이르노니 야곱의 우두머리들과 이스라엘 족속의 통치자들아 들으라 정의를 아는 것이 너희의 본분이 아니냐 너희가 선을 미워하고 악을 기뻐하여 내 백성의 가죽을 벗기고 그 뼈에서 살을 뜯어 그들의 살을 먹으며 그 가죽을 벗기며 그 뼈를 꺾어 다지기를 냄비와 솥 가운데에 담을 고기처럼 하는도다 그 때에 그들이 여호와께 부르짖을지라도 응답하지 아니하시고 그들의 행위가 악했던 만큼 그들 앞에 얼굴을 가리시리라(미 3:1-4)."

메시아적 소망을 선포하고 있다. 이런 미가의 메시지를 교회 지도자들에게만 해당되는 것처럼 설명하면서, 교회 지도자들이 잘못된 기복신앙을 전하고 있다고 비난한다.

앞에서 설명했듯이 기복신앙이라고 해서 성경적으로 모두 잘못된 것은 아니다. 하나님 앞에서 봉사하고 헌신한 것이 신자의 삶에 복이 되는 경우도 실제로 많다. 그런데 김성수는 요한계시록 22장 1-5절과는 거리가 먼 기복신앙 비판과 교회 지도자들 비판을 하고자 본문의 의미와 거리가 먼 성경 본문을 끌어와서 설교 내용을 채우고 있다.

김성수는 '성경이 말하는 애굽은 지리적인 어떤 곳을 말하는 것이 아니라 예수가 안 계신 곳이 애굽'이라고 주장한다. 김성수는 '애굽에서 불러내었다(호 11:1)'는 말씀을 근거로 애굽은 예수가 안 계신 곳이라는 주장을 한다. '불러내었다'는 의미는 아기 예수가 애굽(이집트)에 들어갔을 뿐만 아니라, 애굽에서 불러내어 나사렛 동네에서 살게 된 전 과정에 대한 예언적 성취로 보는 것이 타당하다(마 2:14-21).

성경 어디에 애굽이 '예수가 안 계신 곳을 의미한다'고 말하고 있는가? 이런 엉터리 알레고리 해석이 김성수가 가르치는 성경 해석의 가장 큰 문제점 중 하나다. 성경에 나오는 애굽은 거의 대부분 실제적이고 지리적인 장소를 가리킨다. 그러나 김성수는 애굽은 세상을 상징한다고 말하고, 그런 의미에서 '애굽은 예수가 안 계신 곳'이라는 의미를 만들어 냈다(애굽=세상=예수가 안 계신 곳).

김성수는 교회에서 '세상의 것(복)'을 주겠다고 하는 놈들(교회 지도자들)이 있다고 신랄하게 목사를 비난한다. 이렇게 그는 세상의 복은 '마귀가 다스리는 세상의 것'이라는 극단적인 주장을 성경이 말하는 진리인 양 가르치고 있다. 이것은 초대교회 시대에 '보이는 세상의

바른 **해석** 바른 **신앙**

것은 다 악하고, 보이지 않는 영적인 것은 모두 선하다'는 영지주의
와 크게 다를 바가 없어 보인다.

여기에 더해서 세례 요한의 세례와 바울이 말한 '예표론'적 의미
의 세례(홍해=세례)를 같은 의미의 '세례'로 설명하고 있다. 세례 요한
의 세례는 예수 그리스도 오심을 준비하는 '회개의 세례'였다. 바울
이 말한 세례는 예수를 믿고 구원받은 그리스도인이 받는 세례의 영
적 의미와 관계가 있다.* 김성수는 이렇게 성경 본문이 말하는 전혀
다른 세례의 의미를 이해하지 못하고, 그저 같은 단어가 나오면 같
은 의미로 이해하고 잘못 가르쳐 왔다.

김성수는 거의 매 설교마다 성경 원어를 남용하거나 오용한다.
설교에 나오는 한 예를 소개하면, 그는 히브리어 체데크(צֶדֶק, 의)를
다음과 같이 설명한다.

> 인간의 본능적인 욕구는 먹고 마시고 입는 거죠. 그러나 복 받은 자,
> 생명수를 마신 자는 그들의 욕구가 '의'로 바뀐다니까요. '의(체데크'
> 라는 것은 관계가 요구하는 것을 열심히 성실하게 수행하는 것을 '의'
> 라고 했지요? 상대방이 의의 관계에서 떨어졌을 때 의의 관계로 회
> 복시켜 주는 것을 의로운 행위라고 하지 않았습니까? 그래서 하나
> 님은 의롭다고 하는 거란 말이에요. 그러니까 의에 대해서 목마름을
> 가지고 있다는 것은 돈, 명예, 권력 같은 세상적인 욕구를 버리고 '하
> 나님을 기쁘게 하는 것이 무엇일까?' 하는 욕구를 가지고 있다는 거
> 예요. 그게 복 받은 자의 삶이라니까요.

---

* 바울은 고린도전서 10장에서 이스라엘 백성이 홍해를 건넌 사건이 '그리스도인들의
세례를 예표한다'고 설명한다(고전 10:1-2). 또한 바울은 로마서 6장에서 세례의 영적 의
미에 그리스도와 함께 죽고 그리스도와 함께 부활하는 것으로 설명하고 있다(롬 6:3-5).

3부 김성수 설교 비평

여기서 김성수는 관계가 요구하는 것을 성실하게 수행하는 것이 성경이 말하는 의(체데크)라고 설명한다. 이것은 관계론적 의미의 '의'를 말하고 있다. 김성수는 "상대방이 의의 관계에서 떨어졌을 때 의의 관계로 회복시켜 주는 것을 의로운 행위"라고 정의한다.* 이런 설명은 특정한 문장의 의미에서는 가능하겠지만, 성경에 나오는 실제적인 다양한 사례와는 맞지 않는 정의다. 욥은 이렇게 고백한다.

> 내가 의를 옷으로 삼아 입었으며 나의 정의는 겉옷과 모자 같았느니라(욥 29:14).

여기서 욥은 자신의 '의로운 행위'를 '의(צֶדֶק, righteousness)로 옷 입고 살았다'는 비유적인 표현으로 말하고 있다. 다른 예를 하나 더 소개하겠다.

> …정의와 공의를 행하여 내 백성에게 속여 **빼앗는** 것을 그칠지니라 주 여호와의 말씀이니라(겔 45:9).

여기에 나오는 공의(righteousness)도 '체데크'이며, 공의를 행하라는 말은 바른 행위를 하라는 말이다. 즉 에스겔 선지자는 이스라엘의 통치자들에게 힘없는 백성을 속이고 **빼앗는** 죄악된 행동에서 돌이키라는 책망의 말씀을 선포한 것이다.

이처럼 성경 본문을 살펴보면 "상대방이 의의 관계에서 떨어졌을

---

* 히브리어 체데크는 일반적으로 '의, 정의, 공평'이라는 뜻을 가진 단어다. 같은 뜻을 가진 헬라어 단어는 '디카이오쉬네(δικαιοσύνη)'다.

바른 **해석** 바른 **신앙**

때 의의 관계로 회복시켜 주는 것을 의로운 행위"라고 규정한 김성수의 주장과 전혀 맞지 않음을 확인할 수 있다. 김성수의 원어 설명은 자신이 만들어 낸 잘못된 설명과 원래의 의미와 접목시켜서 진리인 양 전파하고 있다.

그 외에도 김성수는 비성경적이고 상식과 논리에 벗어난 특이한 뜻풀이를 마음대로 하고 있다. 그는 "생명수가 끊어져서 갇혀 버린 것이 지옥이고 거기에다 불만 보태면 지옥불이 된다."고 가르친다. 그러면서 이 세상이 '지옥'이고 죽음 이후에 불신자가 가는 곳은 '불지옥'이라고 가르치고 있다. 그가 '이 세상이 지옥같다'고 말했다면 누구나 납득할 수 있고 또 성경적으로도 타당성이 있다. 그러나 '이 세상이 곧 지옥'이라고 단정하고 강단에서 선포하는 것은 심각한 왜곡이다. 김성수는 세상 사람이 하나님과 관계가 끊어져서 살아간다는 점을 근거로 '이 세상이 지옥'이라고 주장하지만 이 역시 과장된 말이다. 이런 설명은 세상이 여전히 하나님의 섭리적 주권과 하나님의 일반 은총 안에 있다는 기독교적 세계관을 바로 이해하지 못한 결과다. 그리하여 마귀에게 속한 어둠의 세상이라는 부정적이고 현실 비관적인 사상을 신자에게 주입시키는 데 집중되어 있다.

엉뚱한 본문 해석의 또 다른 예를 보자. "생명수의 강을 소유한 자들의 삶"은 하나님의 영광을 우리 삶 속에서 드러내야 하는데, 그것이 본문에 나오는 "달마다 생명나무의 과실을 맺어야 하는 삶"이라고 설명한다. 그러나 요한계시록 22장 2절에 나오는 '달마다 생명나무의 과실을 맺는 것'은 종말에 천국에서 누리게 될 영원하고 복된 삶을 말씀하고 있다. 요한계시록 22장 1-5절은 천국(새 하늘과 새 땅)의 상태를 묘사하고 있음에도 김성수는 요한계시록 21장의 잘못된 이해를 근거로 22장을 신자의 현재 모습으로 이해하고 있는 것이다. 이 점은 다음 장에서 본문 강해를 통하여 더 구체적으로 설명하도록 하겠다.

요한계시록 22장 1–5절은 종말에 이루어질 천국의 한 단면(예루살렘 내부의 모습=새 에덴)을 묘사하고 있는 요한의 환상(비전)이다. 그 가운데 '생명수'에 대한 묘사는 서론에 해당하는 내용이다. 이 본문의 메시지는 22장 3–5절에 담겨 있지만, 김성수는 이 부분은 전혀 설명하지 않고 그냥 넘어간다. 특정한 주제를 중심으로 설교하는 주제 설교라면 '생명수'라는 한 주제로 설교하는 것이 가능하다. 하지만 설교자가 요한계시록 전체를 강해하면서 본문 22장 3–5절의 본문 내용에 대한 최소한의 설명도 없이 지나치는 것은 근본적으로 본문 왜곡을 위한 의도적인 행위라고 단정할 수밖에 없다. 그러면서 늘 인용하는 복음서에 나오는 예수님의 팔복을 설명하는 것으로 설교의 상당 부분을 채우고 있다. 사실상 그의 설교 대부분은 요한계시록 22장의 내용을 완전히 잘못 이해한 결과, 끌어들인 내용에 불과하다. 그렇다면 요한계시록 21–22장 가운데 특별히 김성수가 설교한 22장 1–5절을 우리가 어떻게 해석하고 이해하는 것이 바람직한지 필자의 본문 강해를 통해서 소개하고자 한다.

부록 1

성경 해석의 실제(계 22:15)

1. 요한계시록 22장 1-5절의 배경(계 21장 이해)

요한계시록 21장 1절은 장차 우리가 들어갈 새 하늘과 새 땅, 즉 하나님이 계신 천국이 어떠한 곳인가를 묘사하고 있다. 요한계시록 21-22장의 내용은 이런 '새 예루살렘'과 '새 에덴'이라는 이미지를 통하여 새 하늘과 새 땅이라는 하나의 큰 그림을 보여 주고 있다. 김성수가 요한계시록 22장 1-5절을 '생명수가 흐르는 성도들의 현재적 삶'으로 설명한 것은 이런 전체적인 흐름을 제대로 이해하지 못한 결과다. 요한계시록 강해 93(이미 와 있는 새 하늘과 새 땅)에서 '거룩한 성 새 예루살렘이 하늘에서 내려와서, 그 성 안에서 우리 성도들이 살게 되는 듯한 인상을 받게 되지만 그건 잘못된 추측'이라고 한다(계 21:9-10).* 물론 21장 2절과 9-10절을 보면, 새 예루살렘이 어린 양의 신부(교회)라고 분명하게 설명하고 있지만, 그것이 전부가 아님을 알아야 한다.

요한계시록 21-22장의 전체적 이해를 위한 가장 중요한 기본 전

---

* 김성수는 요한계시록 강해 94, 거룩한 성 새 예루살렘(계 21:9-27)에서도 이 점을 다음과 같이 반복해서 말한다.
"그 신부는 누구다? 거룩한 성 새 예루살렘. 그러니깐 여러분이 거룩한 성, 새 예루살렘이라는 거예요. 그런데 우리가 지난 시간에 공부했던 21장 2절에 보면 그 신부는 신랑을 위해서 항상 단장을 하고 있어야 돼요."

제가 있다. 그것은 사도 요한이 묘사하고 있는 '천국'은 '사람'이라는 것과 '장소'라는 이중적 개념을 포함하고 있다는 것이다. 본문을 통해서 좀 더 구체적으로 살펴보자.

사도 요한은 요한계시록 21장을 시작하면서 '처음 하늘과 처음 땅이 없어지고 새 하늘과 새 땅을 보았다'고 말하고 있다(21:1).* 요한계시록 21장 5절에 보면, 하늘 보좌에 앉으신 이가 "보라 내가 만물을 새롭게 하노라."고 말씀하고 있다. 여기서 '새로워진다'는 말은 이 세상이 완전히 새롭게 갱신되고 회복될 것을 의미한다(롬 8:19-23; 행 3:19-21; 엡 1:8-10; 고전 15장; cf. 벧후 3:13). 장소 개념이 포함된다.

요한계시록 21장 2절과 9-10절에 나오는 어린 양의 신부는 종말론적 교회를 의미한다. 21장 2절을 보면, 거룩한 성인 새 예루살렘이 하늘로부터 내려오는 장면을 소개하면서 '신부가 남편을 위하여 단장한 것 같다'고 소개한다(계 21:2). 그 이유는 근본적으로 예수 그리스도의 보혈로 교회가 깨끗함을 받았기 때문이며, 동시에 어린 양의 신부로서 거룩한 행실이 따르는 신앙의 삶을 살았기 때문이다.

이런 '어린 양의 신부'라는 표현은 요한계시록 19장에 처음 등장한다. 요한계시록 19장 7-9절을 보면, '어린 양의 혼인잔치가 준비되었는데, 어린 양의 신부는 빛나고 깨끗한 세마포 옷을 입고 자신의 혼인잔치를 준비하였다'고 기록하고 있다. 또 '이 세마포 옷은 하나님이 입혀 주셨는데 그 옷은 성도들의 옳은 행실'이라고 기록하고 있다(계 19:8-9).

---

* 이사야 선지자는 "보라 내가 새 하늘과 새 땅을 창조하나니 이전 것은 기억되거나 마음에 생각나지 아니할 것이라."고 예언했다(사 65:17). 따라서 요한이 환상 중에 본 새 하늘과 새 땅은 이사야 선지자의 예언적 성취라는 점에서 완전한 하나님 나라를 보여 주는 것이다.

바른 **해석** 바른 **신앙**

요한은 요한계시록 21장에서 "하늘에서 내려오는 새 예루살렘이 신부가 신랑을 위하여 아름답게 단장한 모습같다(21:2)."고 묘사한다. 이것은 종말론적 교회가 예수 그리스도의 보혈로 깨끗함을 받았을 뿐만 아니라 이 세상의 유혹에 타협하지 않고 고난과 핍박에도 굴하지 않은 믿음의 선한 행실이 있었음을 보여 준다(cf. 계 19:9).** 이것은 "이기는 자는 이것들을 상속으로 받으리라 나는 그의 하나님이 되고 그는 내 아들이 되리라(계 21:7)."는 말씀과도 관계 있다.

뿐만 아니라 소아시아의 일곱 교회에게 예수님이 말씀하신 '이긴 자'에 대한 약속의 말씀을 몇 군데만 찾아보면 다음과 같다.

① "이기는 자는 둘째 사망의 해를 받지 아니하리라(계 2:11)."는 약속이 서머나 교회에게 주어졌다.

② '이기는 자'는 흰 옷을 입을 것이고, 그 이름을 생명책에서 결코 지우지 아니할 것이라고 예수님이 사데 교회에게 말씀하셨다(계 3:5).

③ "이기는 그에게는 내가 내 보좌에 함께 앉게 하여 주기를 내가 이기고 아버지 보좌에 함께 앉은 것과 같이 하리라."고 예수님이 라오디게아 교회에게 말씀했다(계 3:21).

일곱 교회에 공통적으로 주신 말씀이 '이기는 자'에 대한 약속이

** 김성수는 성도들의 '옳은 행실' 또는 '착한 행실'은 옛 습관(옛 몸의 행실)을 죽이고 자기를 부인하고 자기를 비우는 것이라고 반복해서 그 의미를 정의한다(요한계시록 강해 78, 성도들의 옳은 행실, 계 19:7-8, 요한계시록 강해 79, 가짜 신부, 계 19:7-10). 그는 믿음에 근거한 '적극적인 착한 행실' 혹은 '적극적인 행위의 거룩함'은 모두 배제시키고, 소극적이고 수동적인 의미의 '자기 부인'과 '자기 비움'을 강조한다. 그러나 자기 부인은 요한계시록에 기록된 착한 행실과 근본적으로 다르다.

부록 1 성경 해석의 실제(계 22:15)

다.* 그리고 21장에 오면 "이기는 자는 이것들을 상속으로 받으리라 나는 그의 하나님이 되고 그는 내 아들이 되리라(계 21:7)."고 하면서 '이기는 자'에 대한 약속을 반복해서 강조한다. 이처럼 요한계시록은 믿음의 선한 싸움을 싸우면서 세상의 유혹과 시련을 이기라고 강력하게 도전하고 있다(cf. 히 11장).

이 본문에 대한 김성수의 설명을 보면, "이기는 자는 이것들을 상속으로 받으리라."는 내용에 대해서는 전혀 언급하지 않는다. 다만 "나는 그의 하나님이 되고 그는 내 아들이 되리라."는 구절만 따로 떼어서 창세기부터 요한계시록까지 언약에 관계된 성경구절과 연결하여 반복적으로 소개할 뿐이다. 이것은 성경에 나오는 적극적인 명령(하라 혹은 이기라)은 은혜와 반대되는 율법적인 행위에 불과하다고 보는 그의 잘못된 가르침에 근거하고 있다.

요한계시록 21장 9-11절에 요한은 새 예루살렘에 대하여 이렇게 묘사하고 있다.

> 일곱 대접을 가지고 마지막 일곱 재앙을 담은 일곱 천사 중 하나가
> 나아와서 내게 말하여 이르되 이리 오라 내가 신부 곧 어린 양의 아
> 내를 네게 보이리라 하고 성령으로 나를 데리고 크고 높은 산으로 올
> 라가 하나님께로부터 하늘에서 내려오는 거룩한 성 예루살렘을 보이
> 니 하나님의 영광이 있어 그 성의 빛이 지극히 귀한 보석 같고 벽옥
> 과 수정 같이 맑더라(계 21:9-11).

---

* 이기는 자가 되라고 일곱 교회에게 주신 메시지는 다음의 구절을 참고하라.
요한계시록 2장 7절 에베소 교회, 요한계시록 2장 11절 서머나 교회, 요한계시록 2장 17절 버가모 교회, 요한계시록 2장 26절 두아디라 교회, 요한계시록 3장 5절 사데 교회, 요한계시록 3장 12절 빌라델비아 교회, 요한계시록 3장 21절 라오디게아 교회.

바른 **해석** 바른 **신앙**

위 내용을 보면 한 천사가 요한에게, 내가 어린 양의 신부 즉 어린 양의 아내를 너에게 보여 주겠다고 말한 후에 크고 높은 산으로 올라가서 보여 주었는데, 그게 바로 하늘에서 내려오는 거룩한 성 예루살렘이었다. 그 새 예루살렘은 하나님의 영광으로 빛이 났는데, 마치 아주 귀한 각종 보석들이 맑게 빛나는 것 같았다고 요한은 묘사하고 있다(계 21:9~11).

이런 묘사는 새 예루살렘의 장소적인 개념과 종말에 나타날 어린 양의 신부(교회)로서의 완전한 상태를 나타내는 두 가지를 개념을 동시에 암시하는 것이다. 김성수는 두 편의 연속 강해에서 여기에 묘사된 새 예루살렘 천국(계 21:1~22:5)이 신자들(교회)의 현재적 모습을 의미한다고 강조하면서 많은 성경구절을 인용하는 것으로 대부분의 설교 시간을 할애했다.

그렇다면 어떻게 새 예루살렘(천국)을 종말론적 장소의 개념으로 이해할 수 있을까?

첫째, 새 예루살렘은 하늘에 있다. 그 하늘은 하나님과 예수님이 곧 성전이 되시기 때문에 성전이 따로 없는 하늘 보좌를 말한다.

> 성 안에서 내가 성전을 보지 못하였으니 이는 주 하나님 곧 전능하신 이와 및 어린 양이 그 성전이심이라(계 21:22)."

둘째, 지상에 실제로 존재했던 예루살렘은 하나님의 거하시는 장소로 잘 알려진 유대인들의 유일한 단 하나의 성전이었다. 그렇지만 종말에는 하나님과 예수님이 성전의 원형으로 친히 존재하시기 때문에 그 새 예루살렘 성 안에는 성전이 따로 없는 것이다.

셋째, 구약성경 어디에도 '새 예루살렘이 하늘에 있다'는 근거는 없지만, 구약 외경들인 '토빗, 에녹서, 에스드라후서' 등의 외경을 보면 '새 예루살렘이 하늘에 있다'고 묘사하고 있다. 그리고 그 하늘에 있는 새 예루살렘은 순금과 각종 보석으로 꾸며진 완전한 곳이다(토빗 13:8-18, 에녹1서 90:28-29, 에스드라2서 7:26, 10:25-28, 13:36 등). 이렇게 요한이 요한계시록에서 묘사하고 있는 새 예루살렘은 구약성경의 예언(사 2:1-5, 18:7, 65:8; 겔 36:35, 40-48; 슥 14:6-21)과 그 구약성경을 바탕으로 한 유대묵시문학에 나오는 새 예루살렘의 종말론적 완성임을 보여 준다(사 65:17-18 cf. 에녹1서 91:16; 벧후 3:13).* 이런 구약과 묵시문학의 공통점은 새 예루살렘을 장소의 개념으로 이야기하고 있다. 사도 요한은 이런 외경의 내용을 참고하면서 구약성경의 예언적 성취와 묵시문학의 종말론적 완성이라는 면에서 자신이 본 천국 환상(vision)을 설명하고 있다. 따라서 새 예루살렘은 어린 양의 신부로서 교회(믿는 신자들)를 가리킴과 동시에 하나님의 영광이 임재하는 공간적 장소를 의미한다.

특별히 요한은 요한계시록 21장 12-27절의 내용에서 어린 양의 신부인 새 예루살렘의 외형적인 모습을 구체적으로 묘사하고 있다. 그 모습을 보면 새 예루살렘은 하나님의 영광이 가득 차서 보석처럼 찬란하게 빛나고 있고, 그 성곽은 크고 높은 열두 문이 있다. 그 문에는 열두 천사가 있고 그 문들 위에 이스라엘 자손 열두 지파의 이름이 써 있다(12절). 그 성의 성곽에는 열두 기초석이 있는데 그 위에 어린 양의 열두 사도의 이름이 있다(13-14절).** 이런 묘사는 에스겔

---

* Bauckham, *The Theology of the Book of Revelation*, 136; Osborne, *Revelation*, 728-732.

** '성곽의 기초석'은 열두 사도의 이름이 새겨져 있는 열두 개의 보석으로 이루어져 있다(14절). 이것은 출애굽기 28장 17-20절에 나타난 대제사장의 흉배와 관계가 있을 것으

48장 30-34절을 그 배경으로 하고 있다. 이렇게 천국을 새 예루살 렘으로 묘사한 것은 성도가 하나님과 함께 거하시는 장소라는 점을 보여 준다.

그렇다고 해서 우리가 실제적인 새 예루살렘이라는 '한 특정한 장 소 안으로 들어간다'고 지나치게 문자적으로 이해하는 것은 바람직 하지 않다. 왜냐하면 요한은 요한계시록에서 대부분의 묘사를 상징 적인 언어로 표현하고 있으며, 특히 천국에 대한 묘사는 이런 상징 적 언어 표현으로 가득하기 때문이다. 이런 차원에서 '새 예루살렘 에 크고 높은 성벽이 있다(21:12)'는 표현은 실제로 천국에 성벽이 있 는 것이 아니라 죄인들과 악한 자들이 들어갈 수 없는 곳이며, 안전 과 구원을 상징적으로 표현한 것으로 이해하는 것이 타당하다(Os-boren, *Revelation*, 752).

마찬가지로 새 예루살렘의 문에 쓰여진 '열두 지파'의 이름이 구 약의 이스라엘을 대표(상징)한다면, 성의 기초석에 열두 사도의 이름 이 새겨져 있다는 것은 신약 시대의 교회(그리스도인)를 대표(상징)한 다. 그래서 새 예루살렘 천국은 신약과 구약의 모든 하나님의 백성 으로 이루어져 있다는 것을 암시하는 사람의 개념과 이런 모든 하나 님 백성이 거하는 새 하늘과 새 땅의 장소 개념을 동시에 보여 준다.

그런데 김성수는 위 내용과 관계된 설교에서 "구약의 열두 지파 로 구성되었던 이스라엘은 열두 사도라는 기초 위에 세워진 신약의 교회를 상징한다."고 설명한다. 그럴 듯해 보이지만, 바른 해석이 아니다. 요한은 본문에서 열두 지파의 이름을 언급한 것이며, 열두

로 추정된다. 그렇다면 구약 시대에 대제사장에게만 주어졌던 권한이 거룩한 성 예루살렘 에서는 하나님의 백성에게 주어진다는 점을 암시하는 것으로 생각해 볼 수 있다. 또한 열 두 진주문과 길(21절)은 이사야 54장 11-12절의 내용을 반영하고 있다(사 54:11-14).

지파의 이름은 이스라엘을 상징한다고 보는 것이 타당하다.* 그런데 김성수는 이런 추측과 자신의 논리(열두 지파=이스라엘=신약의 교회)를 마치 일반적인 성경의 진리인 양 정의해서 가르치는 일반화의 오류를 범하고 있다.

그 다음 21장 15~17절의 내용을 보면 천사가 새 예루살렘을 측량하는 내용이 나온다. 이것에 대하여 김성수는 같은 요한계시록 21장(요한계시록 강해 94)에서 다음과 같이 말하고 있다.

> 척량은 측량을 하는 거예요. 완성도 안된 것을 측량할 필요가 없잖아요? 혹은 완전히 부수어 버릴 때, 어떤 것을 완전히 부수어 버리려고 할 때 척량을 하는 거예요. 그러니까 여기서 성전 척량의 환상이 등장하는 것은 하나님의 백성이 영원히 거하는 그 성의 거룩함과 어린 양의 신부를 위한 하나님의 계획의 그 완전한 성취를 시사하는 거예요. 그게 이제 완전히 성취되었다를 시사하는 거예요. 그게 척량이라는 단어가 갖고 있는 뜻인 것입니다.
>
> 그리고 그 척량이라는 것은 보존의 의지를 담고 있는 거예요. 이걸 잘 척량한다는 것은 내가 이걸 이제는 잘 보존하겠다라는 의지가 담겨 있는 거란 말입니다. 그래서 여기서 거룩한 성을 척량한다는 것은, 그 척량의 대상인 누구를 척량하고 있어요 지금? 거룩한 성. 거룩한 성은 누구? 여러분, 하나님의 백성이란 말이에요(요한계시록 강해 94, 거룩한 성 새 예루살렘, 계 21:9~27).

---

* 요한계시록 21장의 성경 본문을 확인해 보라.
"크고 높은 성곽이 있고 열두 문이 있는데 문에 열두 천사가 있고 그 문들 위에 이름을 썼으니 이스라엘 자손 열두 지파의 이름들이라 동쪽에 세 문, 북쪽에 세 문, 남쪽에 세 문, 서쪽에 세 문이니 그 성의 성곽에는 열두 기초석이 있고 그 위에는 어린 양의 열두 사도의 열두 이름이 있더라(계 21:12~14)."

바른 **해석** 바른 **신앙**

김성수는 위 내용을 언급하기에 앞서, 측량과 관계된 구절을 제대로 해석하려면 고대 문학 양식이나 고대 관습 등을 공부하지 않으면 해석이 불가능하다고 이야기를 시작한다. 그러면서 이런 구절을 해석하기 위해서 많은 책을 읽었다면서 자신이 설명하는 내용이 '단 몇 초에 지나지 않지만, 이들을 공부해야 되는 것'이라고 자기 자랑을 하고 있다. 그런데 성경을 조금만 제대로 이해를 해도 김성수의 가르침이 틀렸다는 것을 알 수 있다. 성경에는 측량의 이유와 목적을 김성수가 말한 것보다 훨씬 더 다양하게 말하고 있기 때문이다.

척량(측량)의 목적은 건축이나 수리 혹은 어떤 지역이나 건물의 보호(겔 40-43; 슥 2:1-5) 혹은 파괴(왕하 21:13; 사 34:11; 애 2:8) 등과 관계 있다. 그 가운데서도 측량은 옛날부터 물건이나 토지 등에 대한 경계선을 만들고, 자신의 소유임을 확인하기 위한 목적으로 주로 사용되었다. 특히 구약의 에스겔과 스가랴에는 이런 성전 측량과 예루살렘 성의 측량이 나온다. 그리고 이런 성전 측량에 대한 내용이 장차 회복될 성전과 예루살렘 성의 회복을 예언하는 스가랴와 에스겔에 나온다. 이런 측량의 의미는 종말론적 예루살렘과 함께 성전의 회복을 통한 '하나님의 복'을 상징적으로 묘사하고 있다(Klein, *Zechariah*, 112).

또한 이러한 측량에 대한 구약의 이미지는 요한계시록 11장 1-2절에 나오는 성전 측량의 배경이 되고 있다.** 마찬가지로 요한계시

** 요한계시록 11장 1-2절은 다음과 같다.
"또 내게 지팡이 같은 갈대를 주며 말하기를 일어나서 하나님의 성전과 제단과 그 안에서 경배하는 자들을 측량하되 성전 바깥 마당은 측량하지 말고 그냥 두라 이것은 이방인에게 주었은즉 그들이 거룩한 성을 마흔두 달 동안 짓밟으리라(계 11:1-2)."
요한계시록 11장에서 '측량과 관계된 하나님의 보호는 하나님이 측량하여 구별하신 하나님의 자녀들을 세상과 영적 타락으로부터 지키시고 보호하신다는 의미로 이해할 수 있다

부록 1 성경 해석의 실제(계 22:15)

록 21장에 나오는 새 예루살렘의 측량은 하나님의 백성에 대한 '하나님의 소유권과 보호'를 상징적으로 암시하며, 그것은 곧 '하나님이 함께하신다'는 의미로 이해할 수 있다(Osborne, *Revelation*, 752). 요한계시록 21장에 보면, 천사가 측량한 새 예루살렘 성은 일만 이천 스다디온인데, 그 넓이와 높이와 길이가 같은 네모 반듯한 정육면체의 모습을 하고 있다(계 21:16). 이 성은 1,500마일(2,200km)이다. 여러 학자들은 이런 광대한 크기가 거룩한 성 예루살렘의 완전함과 거대함을 상징적으로 의미한다고 주장한다. 에스겔 45장과 48장에도 성전의 땅과 예루살렘의 길이와 넓이가 같다고 묘사되고 있다(겔 45:2, 48:20).

김성수는 성의 길이와 넓이와 높이가 모두 "만 이천 스다디온(21:16)"이라는 점이 바로 예루살렘이 장소적인 개념이 아니라 사람(구원받은 신자들)의 개념이라고 주장하면서 다음과 같이 설명한다.

> 하나님의 백성을 상징하는 수, 3×4라고 그랬어요. 거기다가 무수히 많은 허다한 무리를 상징하는 천을 곱해서 만이천이란 숫자가 나온 거란 말입니다.

여기서 3×4라는 숫자가 '하나님의 백성을 상징하는 숫자'라는 주장은 지나친 추측에 의존한 해석이다. 요한이 묘사하는 새 예루살렘은 구약성경에 예언된 비전(vision)에 대한 종말론적인 성취로 보는

(cf. 계 2:2, 6, 14-15, 20-24). 마찬가지로 요한계시록 21장에서 '측량한다'는 의미는 상징적으로 하나님의 소유에 대한 절대적인 구분과 보호를 의미한다.

바른 해석 바른 신앙

것이 타당하다. 거룩한 성 새 예루살렘이 정육면체*로 되어 있다는 것은 열왕기상에 나오는 성막의 지성소 이미지와 관계가 있어 보인다(왕상 6:20). 새 예루살렘은 장소의 개념을 기본 전제로 한다. 지성소와 같은 이미지를 보여 주는 새 예루살렘에 대한 묘사는 전능하신 하나님과 어린 양이 친히 임재하신 성전임을 보여 준다(21:22). 따라서 거룩한 성 예루살렘은 성막이나 성전 안에 있는 지성소와 마찬가지로 하나님께서 임재하시며 그의 완전한 통치가 실현되는 곳이며, 동시에 그러한 거룩한 사람들(어린 양의 신부)을 가리키고 있다.

21장 18-21절을 보면, 요한은 새 예루살렘 전체가 각종 보석과 정금으로 만들어져 있다고 설명한다. 성곽의 기초석들이 벽옥, 남보석, 황옥 등 각종 보석으로 꾸며져 있고, 열두 문은 진주로 만들어져 있고, 다니는 길은 맑은 유리 같은 정금으로 되어 있다(21:18-21). 요한은 하나님의 보좌를 묘사할 때도 이와 같이 표현한다.

> 앉으신 이의 모양이 벽옥과 홍보석 같고 또 무지개가 있어 보좌에 둘렸는데 그 모양이 녹보석 같더라(계 4:3).

이렇게 하나님이 앉아 계신 모양을 벽옥, 홍보석, 녹보석으로 묘사한 것은 하나님의 모습(형상)을 인간의 언어로 다 표현할 수 없기에 최고의 아름다움과 최고의 가치를 부여하는 보석으로 묘사하고

---

*   요한이 묘사한 새 예루살렘의 외형은 다음과 같다.
"그 성은 네모가 반듯하여 길이와 너비가 같은지라…(계 21:16)."
새 예루살렘의 외형을 독자가 이해할 수 있도록 정육면체(cube)로 표기하였으나, 성경에 근거하여 더 정확한 표현은 초육방체(Supercube)라고 할 수 있다. 초육방체는 육면체 안에 더 복잡한 구조를 갖고 있다는 말이다.

있는 것이다.* 마찬가지로 새 예루살렘도 '벽옥, 홍보석, 녹보석' 등으로 꾸며져 있다. 특별히 이런 보석은 거룩한 성 예루살렘에 임한 하나님의 영광의 빛을 나타내는 데 사용되고 있다(21:11). 즉 이런 보석은 하나님의 임재를 통한 하나님의 영광의 광채를 암시한다(상징한다)고 말할 수 있다. 그래서 요한은 요한계시록 21장 11절에서 '하나님의 영광이 있어 그 성의 빛이 지극히 귀한 보석같다'는 설명으로 새 예루살렘을 묘사하기 시작한다.

특별히 새 예루살렘의 재료인 정금과 각종 보석에 대한 이미지는 요한계시록 17-18장에 나오는 바벨론 성의 이미지와 대조를 이룬다. 동시에 바벨론과 새 예루살렘은 둘 다 여인으로 묘사된다. 바벨론은 방탕하고 사치스러운 음녀로 묘사되고 있는 반면, 새 예루살렘은 거룩하고 순결한 어린 양의 신부로 묘사되어 서로 대조를 이룬다.** 그리고 이런 대조는 천사가 요한에게 "이리로 오라…네게 보이리라."고 한 구조로 시작할 뿐만 아니라 내용 면에서도 대조점을 가

---

* 일부 소수의 학자들은 벽옥, 홍보석, 녹보석 등이 '거룩함, 심판, 자비' 등의 의미가 있다고 해석하기도 한다. 왈보드(Walvoord)나 토마스(Thomas)는 벽옥(Jasper)은 '위엄' 또는 '거룩함'을 상징하고, 홍옥(carnelian)은 '저주' 또는 '심판'을 상징하고, 에메랄드(emerald)는 하나님의 은혜와 자비를 상징한다고 주장한다(Osborne, *Revelaion*, 227). 이처럼 새 예루살렘의 열두 보석의 이름에도 하나하나에 특별한 상징적 의미를 부여하는 이들이 있다. 그러나 이러한 해석은 성경 어디에도 구체적인 근거가 없는 알레고리적 해석에 불과하다. 다만 출애굽기에 나오는 대제사장의 흉패에 달린 열두 보석은 열두지파를 상징한다(출 28:17-21).
따라서 보석 하나하나에 상징적인 의미가 있다는 알레고리인 해석보다 보석이 묘사하는 전체적인 의미에 관심을 두는 것이 본문의 의미를 바르게 이해하는 것이다.

** 바벨론 음녀에 대한 대표적인 해석은 크게 세 가지다.
① 로마를 가리킨다.
② 예루살렘을 가리킨다.
③ 하나님을 대적하는 보편적 역사 속의 세상 권력이나 악의 근원을 의미한다. 여기서 세 가지 견해 중 첫째(로마)와 셋째(보편 역사)의 이중적 의미로 이해하는 것이 가장 타당하다.

바른 **해석** 바른 **신앙**

지고 있다. 사도 요한은 음녀 바벨론이 타락과 심판의 장소인 것처럼, 어린 양의 신부인 새 예루살렘은 구원과 축복의 장소라는 측면이 그러하다.

요한계시록 22장 1절-22장 5절까지의 내용은 요한이 환상 가운데 본 천국에 대한 하나의 큰 그림이다. 요한은 천국을 새 하늘과 새 땅(21:1-8), 새 예루살렘(21:9-27), 새 에덴(22:1-5)이라는 세 가지 다른 이미지를 사용하여 묘사하고 있다. 요한은 다양한 측면의 천국 이미지를 이야기하고 있다.

따라서 새 예루살렘은 새 하늘과 새 땅에서 보여 주는 장소의 개념에서 어린 양의 신부(교회)라는 개념으로 더 확장된 의미를 가지고 있다. 그 다음에 나오는 새 에덴의 이미지(22:1-5)는 새 예루살렘 내부의 모습을 보여 주는 것으로 나타난다. 새 예루살렘 성 내부를 묘사하고 있는 내용이 21장 22절에서 22장 5절까지의 내용이다(Resseguie, *The Revelation of John*, 251-256). 이렇게 요한은 새 하늘과 새 땅을 새 예루살렘과 새 에덴이라는 두 가지의 확장된 이미지로 연결해서 천국의 다양한 측면을 묘사하는 것이다.

그렇다면 22장의 새 에덴의 이미지가 21장의 예루살렘 내부의 이미지를 보여 준다는 사실은 어떻게 알 수 있을까? 그 몇 가지 구체적인 근거를 소개하면 다음과 같다.

① 22장 1절을 보면, "또 그가 수정 같이 맑은 생명수의 강을 내게 보이니"라고 시작한다. 여기서 요한에게 수정같이 맑은 생명수의 강을 보여 주는 이는 "일곱 대접을 가지고 마지막 일곱 재앙을 담은 일곱 천사 중 하나(21:9)"이다. 그가 요한에게 하늘에서 내려오는 거룩한 성 예루살렘을 어린 양의 신부요 어린 양의 아내라고 소개하고 있

부록 1 성경 해석의 실제(계 22:15)

고, 계속해서 또 그가(22:1) 요한에게 새 에덴의 이미지를 보여 주고
있다.

② 천사가 요한에게 하나님의 보좌로부터 수정같이 맑은 생명수의
강이 흐르고 있는 새 에덴과 같은 장면을 보여 주고 있는데 그 새 에
덴이 곧 새 예루살렘 도시의 내부임을 22장 3절에 있는 '그것 안에'
(엔 아우테 ἐν αὐτῇ)라는 표현이 밝히고 있다.*

③ 22장 14절을 보면, "자기 두루마기를 빠는 자들은 복이 있으니 이
는 그들이 생명나무에 나아가며 문들을 통하여 성에 들어갈 권세를
받으려 함이로다."고 언급하고 있다.** 또 22장 19절을 보면 "만일 누
구든지 이 두루마리의 예언의 말씀에서 제하여 버리면 하나님이 이
두루마리에 기록된 생명나무와 및 거룩한 성에 참여함을 제하여 버
리시리라."고 기록하고 있다.

그렇다면 왜 요한은 새 하늘과 새 땅(천국)을 '새 예루살렘'과 '새
에덴' 이라는 두 가지 이미지로 묘사하고 있을까?

첫째, 구약성경에서 에덴동산과 예루살렘 성전은 하나님이 계시
는 곳, 즉 하나님의 임재와 하나님의 영광이 머물러 있는 곳이다. 이
처럼 에덴의 중앙에서 시작된 생명의 근원이 되는 네 개의 강과 에
스겔 선지자가 환상 중에 본 성전에서 흘러나오는 생명수는 요한계

---

* 영어 성경에는 "그 도시 안에"라는 말을 넣어서, 헬라어 성경이 의미하는 에덴동산과
같은 장면이 곧 예루살렘 도시 내부의 모습임을 잘 설명하고 있다(The throne of God and
of the Lamb will be in the city. NIV).

** 두루마리를 빠는 자는 두루마리를 깨끗하게 씻은 자를 말한다(those who wash their
robes. NIV).

시록 22장에 나오는 생명수가 흐르는 새 에덴의 배경이 된다.***

하나님이 이스라엘의 왕으로서 성막 안의 거룩한 지성소에 임재하신 것과 같이, 그의 모든 피조물과 아담과 하와를 동치하는 왕으로서 에덴동산에 거주하셨다(cf. 출 25:8; 신 33:5).

> 내가 그들 중에 거할 성소를 그들이 나를 위하여 짓되 무릇 내가 네게 보이는 모양대로 장막을 짓고 기구들도 그 모양을 따라 지을지니라(출 25:8-9).

구약의 선지자들은 그 에덴을 '주님의 동산'으로 언급하고 있다(사 51:3; 겔 28:13, 31:8). 따라서 하나님이 이스라엘의 왕으로서 성막 안의 거룩한 지성소에 거하신 것과 같이, 하나님은 모든 피조물과 아담과 하와를 통치하는 왕으로서 에덴동산에 거주하셨다(출 25:8; 신 33:5). 마찬가지로 요한계시록에서 하나님과 어린 양이 새 에덴에 있는 하나님의 백성의 왕으로서 동산의 중앙에 거하신다(계 22:3, 5).

에스겔의 비전에 나오는 에스겔 40장 1절을 보면, 장차 나타날 새 성전은 높은 산 꼭대기에 있는 "한 도시와 같은" 모양으로 나타난다(겔 40:1-2 cf. 48:30, 35). 그리고 에스겔은 '여호와의 영광이 동문을 통하여 성전으로 들어간다'고 43장에서 묘사하고 있고(겔 43:4), 그 성전 동쪽의 문지방에서부터 생명수가 흘러나온다고 47장에서 묘사

*** 에덴동산을 가리키는 히브리어 겐(גן)은 하나의 울타리가 있는 동산(a fenced garden, 헬라어 παράδεισος)을 의미한다(Houwelingen, "Paradise Motifs in the Book of Revelation", 3). 이 에덴동산은 하나님이 거하시는 장소로서 하나의 성소(a sanctuary)를 암시한다. 따라서 에덴동산은 하나님이 거하시는 장소로서, 하나의 우주적인 성전이며 후에 모세를 통하여 만들어지는 성막의 원형이다(Walton, *Genesis*, 183; Morales, "The Tabernacle Pre-Figured …", 114).

부록 1 성경 해석의 실제(계 22:15)

하고 있다. 에덴동산과 에스겔의 환상에서 본 생명수와 생명나무 과실이 요한계시록 22장에 나타나고 있을 뿐만 아니라 하나님과 어린 양이 새 에덴과 같은 동산의 중앙에 거하시고 다스리고 있음을 보게 된다(계 22:3, 5). 이런 구약적인 배경은 하나님의 영광이 가득하고 역동적인 생명이 넘쳐 흐르는 새 예루살렘 성이 어떻게 에덴동산과 같은 이미지와 연결되어 요한계시록에 나타나고 있는지를 이해할 수 있게 한다.

둘째, 요한이 하늘에 있는 거룩한 성 예루살렘의 내부 모습을 새 에덴의 모습으로 묘사한 것은 옛 예루살렘 성의 실제 지형과 관계가 있어 보인다. 예루살렘의 남쪽은 실로암 연못이 위치해 있고 예루살렘 북쪽의 전 지역은 과수원과 같은 동산(정원)이 개간되어 있었다 (Jeremias, *Jerusalem in the Time of Jesus*, 27-28). 뿐만 아니라 경사진 감람산 서쪽의 아름다운 경치는 하나의 거대한 동산 같다. 예수님이 기도한 겟세마네 동산도 감람산 기슭에 있다(마 26:36; 막 14:32). *

특별히 기드온 계곡에 위치한 예루살렘의 수도 시스템은 시온산 (Mount Zion)의 동쪽에 있는 경사진 비탈길에 있는 기혼샘에서 시작된다. 지금은 큰 실로암 못 어딘가 막혀서 더 이상 신선한 물이 흘러나오지는 않지만 기혼샘(Gihon Spring)에서는 지금도 물이 흘러나오고 있다(Puică, "Historical and biblical survey …", 53). 이렇게 옛 예루살렘 도시에는 지형적으로 예루살렘 도시에 물을 공급해 주는 기혼샘과 실로암 못이 있었고, 또 아름다운 동산(정원)이 있었다. 따라서 요한계

---

* 예루살렘 도시의 동쪽에 있는 기드론 골짜기 상부에는 감람산이라고 부르는 동산이 있고(요 18:1 cf. 마 21:8; 막 11:8), 기드론 골짜기의 남동쪽 아래 부분은 정원을 가꾸기에 알맞은 장소가 위치하고 있다(Jeremias, ibid, 44). 현재는 16개 나라의 재정적인 후원을 받아서 세워진 만국교회(Church of All Nations)가 기드론 골짜기 가까이에 있는 겟세마네 동산 가까이에 세워져 있다.

시록에서 요한이 묘사한 새 예루살렘과 에덴과 같은 동산의 이미지
는 실제적인 옛 예루살렘 도시의 지형적인 이미지를 반영하고 있다
고 볼 수 있다.

따라서 요한이 새 예루살렘을 에덴과 같은 모습으로 묘사하고 있
는 것은 창세기와 에스겔 등과 같은 구약성경에서 그 배경을 찾아볼
수 있고, 옛 예루살렘 도시의 아름다운 동산과 생명의 물을 공급해
주는 기혼샘 등과 같은 지형적 배경과도 관계가 있어 보인다. 즉 요
한은 유대인들에게 친숙한 이런 이미지를 배경으로 하면서, 요한계
시록의 새 하늘과 새 땅(새 예루살렘)이 구약의 예언에 대한 종말론적
성취(완성)임을 보여 준다(김곤주, "Rev. 22:1-5's New Heaven and Earth…").
이런 21-22장에 대한 큰 그림을 가지고 요한계시록 22장 1-5절의
본문 내용을 살펴보도록 하겠다.

2. 요한계시록 22장 1-5절의 해석

또 그가 수정 같이 맑은 생명수의 강을 내게 보이니 하나님과 및 어
린 양의 보좌로부터 나와서 길 가운데로 흐르더라 강 좌우에 생명나
무가 있어 열두 가지 열매를 맺되 달마다 그 열매를 맺고 그 나무 잎
사귀들은 만국을 치료하기 위하여 있더라 다시 저주가 없으며 하나
님과 그 어린 양의 보좌가 그 가운데에 있으리니 그의 종들이 그를
섬기며 그의 얼굴을 볼 터이요 그의 이름도 그들의 이마에 있으리라
다시 밤이 없겠고 등불과 햇빛이 쓸 데 없으니 이는 주 하나님이 그
들에게 비치심이라 그들이 세세토록 왕 노릇 하리로다(계 22:1-5).

요한계시록 22장 1-5절에 나오는 동산 이미지는 21장에 나오는 새 예루살렘 성 이미지가 연장되고 확장된 새 예루살렘 도시의 내부 모습이다(Patterson, *Revelation*, 375; Ladd, *A commentary*…). 요한이 본 환상(vision)은 구약의 여러 본문을 근거로 한 상징적 의미가 내포되어 있으며, 하나님의 영광의 빛과 영광이 충만한 안전하고도 완전한 새 예루살렘 도시를 에덴동산의 이미지로 묘사하고 있다(Beale, *The Book of Revelation*, 1103; Osborne, *Revelation*, 769). 이런 22장 1-5절의 내용을 보면, 동산의 중앙에 하나님과 어린 양의 보좌가 있고, 그 보좌로부터 생명수가 흐르면서 생명나무가 열매를 맺고 있다. 따라서 구속받은 성도는 장차 생명나무 과일을 즐기면서 보좌에 앉으신 하나님과 어린 양이신 예수 그리스도를 섬기면서 함께 영원히 왕노릇하게 될 것이다.

이제 22장 1-5절을 구체적으로 구체적으로 살펴보자. 22장 1-2절에 나오는 '생명수의 강'이 하나님과 어린 양의 보좌로부터 시작되는 것은 하나님과 어린 양이 영원한 생명의 근원이며 모든 것의 근원임을 보여 준다. 이것은 창세기 2장 10-14절에 나오는 말씀을 기억나게 한다. 거기 보면 생명의 근원이 되는 강이 '에덴에서 흘러나왔다'고 기록하고 있다. 이렇게 에덴에서 흘러나와 네 근원이 된 강이 비손, 기혼, 힛데겔(티그리스) 그리고 유브라데(유프라테) 강이다.*
창세기 저자는 '하나님이 동산 중앙에 계시고 거기로부터 모든 생명

---

* 힛데겔과 유브라데 강은 문명의 발상지인 티그리스와 유프라테스 강을 가리킨다. 그러나 다른 두 강(비손과 기혼)의 흔적은 찾아볼 수 없다. 영국의 고고학자 데이비드 롤(David Rohl) 박사가 1998년 『문명의 창세기』라는 책을 통해 에덴동산은 오늘날의 이란 북서부에 위치한 아드지 차이 골짜기라고 발표한 이후, 최근에는 우주 왕복선의 위성으로 찍은 사진에서 발견되었다는 주장도 있다("창세기 에덴동산과 네 강의 생생한 흔적", 『해피우먼』). 하지만 대부분의 신학자들은 여기에 큰 관심을 두지 않는다.

바른 **해석** 바른 **신앙**

의 근원이 시작되었다.'는 점을 잘 보여 주고 있다. 그런데 아담과 하와가 불순종의 죄로 인해서 에덴동산에서 쫓겨나고, 인간은 에덴의 중앙에서 시작되었던 생명의 근원으로부터 끊어졌다(창 3장). 이런 생명의 근원이 되는 생명수는 종말에 다시 회복될 것이다.

요엘 선지자는 이렇게 예언했다.

> 그날에 산들이 단 포도주를 떨어뜨릴 것이며 작은 산들이 젖을 흘릴 것이며 유다 모든 시내가 물을 흘릴 것이며 여호와의 성전에서 샘이 흘러나와서 싯딤 골짜기에 대리라(욜 3:18).

요엘 선지자는 종말에 예루살렘 성전 안에 있는 하나님의 보좌로부터 생명수가 흘러나오게 될 것을 예언하고 있다. 스가랴 선지자는 이렇게 예언했다.

> 그날에 생수가 예루살렘에서 솟아나서 절반은 동해로, 절반은 서해로 흐를 것이라 여름에도 겨울에도 그러하리라(슥 14:8).

이처럼 선지자들은 생명의 근원이 되는 물(생수)이 하나님이 거하시는 성전과 그 성전이 위치한 예루살렘에서 흘러나올 것을 예언하고 있다.

이렇게 생수가 예루살렘 성전에서 흘러나온다는 예언은 바벨론의 포로로 잡혀갔던 에스겔 선지자의 환상 가운데 더욱 구체적으로 나타난다. 에스겔 47장 1절을 보면, 이렇게 기록하고 있다.

> 그가 나를 데리고 성전 문에 이르시니 성전의 앞면이 동쪽을 향하였

는데 그 문지방 밑에서 물이 나와 동쪽으로 흐르다가 성전 오른쪽 제
단 남쪽으로 흘러 내리더라(겔 47:1).

에스겔 선지자는 하나님의 영광이 돌아와서 하나님이 거하시는
새 성전으로부터 생명의 강이 흘러나오고 있는 환상을 묘사하고 있
다. 그 성전 문지방에서 흘러나오는 물은 점점 차고 넘쳐서 마른 땅
을 적시고, 그 물이 사해에 도달하여 흐르는 곳마다 죽었던 생물들
이 살아난다. 이것은 장차 이루어질 종말론적 비전이다(겔 47:1-12 cf.
욜 3:18; 슥 14:8).

이렇게 에스겔 환상에 나오는 성전 이미지에는 하나님이 거주하
는 곳에서 생명을 유지하는 강이 흐르고 생명을 유지하는 과일 이미
지가 나온다. 창세기의 에덴동산(창 2장)에 나오는 강과 생명나무 과
실의 이미지가 성전과 결합하여 더욱 발전된 형태로 에스겔의 비전
에 나타난 것이다. 그리고 이런 예언적 환상은 요한계시록 22장에
서 장차 성취될 종말론적 예언의 환상으로 나타나고 있다(Lioy, "The
Garden of Eden as…", 34-38; Beale, "The Temple and…", 61-66). 에덴의 이미
지를 가진 에스겔의 종말론적 비전은 요한의 종말론적 환상을 통하
여 새 하늘과 새 땅에 나오는 회복된 새 에덴동산의 이미지로 성취
될 것을 보여 주는 것이다.*

요한계시록 22장 1절에 오면, 생명수의 강이 하나님과 어린 양의

---

* 일찍이 구약의 선지자들은 이런 생명수의 근원이 될 새 예루살렘과 새 성전의 회복을
예언했다. 그런데 요한은 요한계시록 21장 22절에서, 새 예루살렘 성 안에는 성전이 없다
고 기록하고 있다(계 21:22). 그 이유는 성전의 실체가 바로 하나님과 어린 양 예수 그리
스도이시기 때문이다. 따라서 구약 시대의 선지자들이 예언한 새 예루살렘과 새 성전의
회복은 실제 이스라엘 안에서 앞으로 이루어질 이스라엘의 회복이 아니라 예수 그리스도
를 통해서 종말에 성취되고 완성될 것을 보여 주고 있다.

바른 **해석** 바른 **신앙**

보좌로부터 흐르고 있다. 이렇게 모든 생명의 근원이 되는 생명수가 하나님이 거하시는 에덴동산 중앙에서부터 그리고 하나님이 거하시는 예루살렘 성전에서부터 흘러나온다는 점은 성자 하나님이신 예수 그리스도께서 영원한 생명의 공급자가 되신다는 진리로 이어진다. 예수님은 이 점을 두 번에 걸쳐서 말씀하셨다.

첫째, 사마리아 우물가의 한 여인에게 내가 주는 물은 영원히 목마르지 않고 영생하도록 솟아나는 샘물'이라고 말씀하셨다(요 4:14). 여기서 '샘물', 즉 생명수는 예수님이 주시는 영생의 물을 의미한다.

둘째, '나를 믿는 자는 그 배에서 생수의 강이 흘러나올 것'이라고 말씀하셨는데, 이것은 곧 '그를 믿는 자들이 받을 성령을 의미한다'고 요한은 설명하고 있다(요 7:38-39). 예수님을 믿는다는 것은 곧 생명수, 즉 생명의 성령을 마시는 것이다. 곧 예수 그리스도를 믿음으로 영생을 얻는 것은 성령이 임하심으로 가능한 상태가 됨을 의미한다. 바울은 이렇게 그리스도 안에서 한 몸이 된 것을 우리가 '한 성령을 마셨다'는 표현으로 대변하고 있다(고전 12:12-13). 생명수가 하나님과 어린 양의 보좌로부터 흘러나오는 요한계시록의 이미지는 풍성하고도 영원한 생명을 주시는 성부, 성자, 성령의 삼위일체 사역의 결과임을 알 수 있다.

이렇게 구약과 신약에 나온 생명수에 관계된 말씀을 참고해 볼 때, 요한계시록의 '생명수의 강'은 몇 가지 의미를 담고 있다.

첫째, 생명수의 강이 흐르는 곳마다 죽은 물고기들이 살아난다는 점에서, 요한계시록의 생명수는 '죽음이 사라지는 것'을 의미한다고 이해할 수 있다. 다시 말해서 더 이상 슬픔과 고통과 아픔과 죽음의 저주가 없는 곳이 영원한 새 하늘과 새 땅이다(22:3 cf. 21:3).

둘째, 요한계시록 22장의 이 생명수는 하나님의 백성이 종말에 누리게 될 '생명의 풍성함과 충만함'을 의미한다고 볼 수 있다. 에스겔은 생명수가 흐르는 강 좌우에 각종 과실나무가 자라서 그 열매를 맺고 그 잎사귀는 약 재료가 된다(겔 47:12)고 기록하고 있다. 요한은 요한계시록 22장 2절에서 이 생명의 물이 흐르는 곳마다 생명의 나무들이 열매를 맺고 그 나무 잎사귀들은 모든 민족을 치료한다고 기록하고 있다.

셋째, 생명수가 성령을 가리킨다고 주장하는 학자들도 있고(cf. Swete, Walvoord), 영생을 의미한다고 주장하는 학자들도 있다(cf. Morris). 이런 주장은 요한복음에서 예수님이 하신 말씀과 관계가 있지만, 요한계시록 22장의 문맥과는 조금 거리가 있어 보인다. 그럼에도 생명의 근원이 하나님이시고, 삼위 하나님 가운데 성령 하나님이 우리에게 오셔서 우리가 영원한 생명을 누릴 수 있게 되었다는 점에서 위의 주장은 나름대로 의미를 부여할 수 있다.

특별히 사도 요한이 '예루살렘에서 생수가 흐른다'고 묘사한 요한계시록 22장의 장면은 '종말에 예루살렘에서부터 생수가 흘러나올 것'이라는 에스겔 47장(겔 47:1-9)과 스가랴 14장(슥 14:8)의 내용과 같은 구약의 예언이 예수 그리스도를 통하여 이루어졌음을 보여 준다(cf. 겔 40-48장; 욜 3:18). 생명수가 흐르는 이런 장면은 구약의 예언뿐만 아니라 요한계시록 7장에서 말씀하고 있는 예언의 종말론적 성취라는 점을 보여 준다. 요한은 요한계시록 7장 17절에서 다음과 같이 기록하고 있다.

> 이는 보좌 가운데에 계신 어린 양이 그들의 목자가 되사 생명수 샘으로 인도하시고 하나님께서 그들의 눈에서 모든 눈물을 씻어 주실 것임이라(계 7:17).

바른 **해석** 바른 **신앙**

이 말씀은 주님을 따르는 사람이 요한계시록 22장에 묘사된 영원한 하나님 나라에 들어가게 될 것을 암시하는 말씀이다. 따라서 주님을 따르는 모든 그리스도인에게 영원한 하나님 나라에 대한 소망을 주는 말씀이다. 에덴동산의 이미지와 에스겔의 비전이 보여 준 하나님 나라의 모습을 요한계시록 22장 2절에서는 모든 민족을 치유하기 위한 생명나무가 생명수 강가에 있다고 묘사하고 있다(창 2:9, 3:22-24; 겔 47장).

다음으로 생명수의 강과 병행해서 등장하는 '생명나무'의 묘사에 대해서 살펴보자. 생명나무의 묘사는 창세기 2장 9절에 있는 생명나무에 대한 묘사와 유대문학(에스드라2서 2:1-13과 에녹2서 8:3-5 등)에 나오는 생명나무와 관계가 있다(Watson, Paul "the tree of life", 234; Wong, "The Tree of Life in Revelation 2:7", 212). 특별히 에스겔 47장 12절에서는 생명나무를 다음과 같이 묘사하고 있다.

> 강 좌우 가에는 각종 먹을 과실나무가 자라서 그 잎이 시들지 아니하며 열매가 끊이지 아니하고 달마다 새 열매를 맺으리니 그 물이 성소를 통하여 나옴이라 그 열매는 먹을 만하고 그 잎사귀는 약 재료가 되리라(겔 47:12).

여기서 생명나무는 생명을 주고 치유하는 열매로 소개되고 있다.* 아담의 범죄 이후, 하나님은 생명나무의 열매를 따 먹고 영생하지 못하도록 에덴동산에서 그들을 쫓아내신 후에 에덴동산 동쪽에

---

* 이렇게 생명나무가 치유하는 속성을 가진 것으로 나타나는 내용(intertextual connection)은 더 후대에 기록된 에스드라2서나 모세의 묵시록('아담과 하와의 역사'라고도 함) 등과 같은 유대문학에도 잘 나타나 있다.

부록 1 성경 해석의 실제(계 22:15)

천사(그룹)들과 불 칼을 두어 생명나무의 길을 지키게 하셨다(창 3:22-24). 죄의 결과 질병과 아픔과 고통이 찾아온 것이다. 하나님은 이런 인간의 죄의 문제를 해결하신 후에 이전보다 더 풍성한 생명(생명나무)을 다시 누릴 수 있도록 계획하셨다. 하나님의 계획은 예수 그리스도의 속죄사역을 통하여 시작되었고 장차 다시 오실 때에 완성될 것이다.

따라서 요한은 에덴에서 누렸던 것보다 더 풍성하고(요 10:10), 영원한(요 3:16) 생명의 복을 영원한 하나님 나라에 누리게 될 것을 묘사하고 있다(Watson, "The tree of life", 238).

생명나무는 이기는 자(계 2:7)에게 주어지게 될 것이다. 주님께서는 에베소 교회에게 다음과 같이 약속하셨다(계 2:1-7).

> 귀 있는 자는 성령이 교회들에게 하시는 말씀을 들을지어다 이기는 그에게는 내가 하나님의 낙원에 있는 생명나무의 열매를 주어 먹게 하리라(계 2:7).

요한계시록 마지막 장에 오면, 믿음의 선한 싸움을 싸우고 승리한 '이긴 자들'이 장차 풍성한 생명나무을 얻게 될 것을 요한은 생생한 그림언어로 보여 주고 있다(22:1-5, cf. 2:14, 19, Schnabel, "John and the Future of the Nations", 267-268).

요한은 이렇게 생명나무를 먹고 누릴 많은 무리(성도)를 '민족들(τῶν ἐθνῶν)'이라고 표현하고 있다(22:2).* 따라서 요한계시록 2장에서는

---

* 개역개정 성경은 이런 '민족들'을 '만국'이라고 번역했다. "…나무 잎사귀들은 만국을 치료하기 위하여 있더라."고 기록하고 있다. 구원받은 하나님의 만국 백성들, 즉 '민족들'을 생명나무의 잎사귀들로 치유된 자들이라고 요한은 묘사하고 있는 것이다(22:2).

생명나무가 소아시아 지역의 일곱 교회에게 주는 약속의 말씀이지만, 결말에 가면 일곱 교회를 포함한 그리스도를 믿고 따르는 온 세상의 모든 민족이 생명나무 과실을 먹는 모습 즉 '영원한 생명을 누리는 모습'으로 나타나고 있다. 이런 생명나무는 하나님과 어린 양의 보좌로부터 흘러나오는 생명수로 말미암아 열매를 맺는 나무다.

다음으로 '어린 양'과 '보좌'라는 단어는 본문의 내용과 요한계시록 전체의 내용을 이해하는 데 핵심이 되는 중요한 단어다.** 특별히 그의 백성 가운데 있는 하나님의 보좌(22:3 cf. 22:1)는 종말론적인 공동체의 거룩함을 강조한다(cf. 21:8, 27, 22:15; 슥 14:7, 20–21, Mathewson, "A New Heaven and a New Earth", 203). 그렇다면 하나님과 어린 양이 한 보좌에 앉아 있는 이미지(22:1, 3)를 우리는 어떻게 이해해야 할까?

이런 이미지는 한편으로 하나님과 어린 양 사이에 있는 '구별된 정체성(distinct identity)'을 보여 주면서, 다른 한편으로는 어린 양이 하나님으로 '동화(assimilation)'되는 것을 보여 준다(Harrington, *Revelation*, 26).*** 요한은 하늘의 성소에서 제사장들이 하나님을 섬기고 있는 모

한편 21장 24–26절에서는 민족과 그들의 왕들이 새 예루살렘의 문들 안으로 들어간다고 묘사하고 있다. 또 22장 14절에 의하면, 그 민족들은 "자기 두루마기를 빠는 자들(who wash their robes)"이며 동시에 성문 안으로 들어가서 생명나무를 누릴 권세를 얻게 된 자들로 묘사되고 있다(Schnabel, "John and the Future of the Nations", 267).

** 요한계시록에 '어린 양(아리온, ἀρνίον)'은 28회 등장하며, 천국에 관한 내용을 기록한 요한계시록 21–22장에서는 일곱 번 등장한다(21:9, 14, 22, 23, 27; 22:1, 3). 이 가운데 4회는 예수 그리스도를 가리키고(21:22, 23; 22:1, 3), 3회는 어린 양의 아내(21:9), 어린 양의 사도들(21:13), 어린 양의 생명책(21:27)을 가리키고 있다. 한편 '보좌(뜨로노스, θρόνος)'는 요한계시록에 47회 나오며, 로마의 황제가 앉은 보좌와 대조하여 정치적이고 종교적인 암시를 동시에 주고 있다.

*** 요한계시록에서 아버지와 아들로서의 삼위일체적 하나님은 하나님과 어린 양이 동시에 '알파와 오메가'라는 타이틀을 가지고 있다는 점에서 두드러지게 나타나고 있다(Mounce, *The book of Revelation*, 393; Beale, *The Book of Revelation*, 1,113).

부록 1 성경 해석의 실제(계 22:15)

습을 요한계시록 7장의 내용에서 묘사하고 있다(7:15; cf. Isa 61:6). 마
찬가지로 22장 3-5절의 본문은 제사장으로 부름받은 성도들이 보
좌에 앉으신 하나님과 어린 양을 예배하고 있음을 보여 주고 있다
(cf. 1:5-6, 5:9-10, 20:6, Beale and Mcdonough, "Revelation" in *Commentary* …
1,154).

다음으로 요한은 하나님이 영원히 통치하실 새 하늘과 새 땅의
하나님 나라에서는 더 이상 저주가 없음을 언급한다(22:3). 이 구절
은 "모든 눈물을 그 눈에서 닦아 주시니 다시는 사망이 없고 애통하
는 것이나 곡하는 것이나 아픈 것이 다시 있지 아니하리니 처음 것
들이 다 지나갔음이러라."고 기록된 21장 4절과도 병행된다. 또한
다시는 저주가 없다(22:3)는 말씀은 요한계시록 7장에서 '어린 양이
목자가 되어 생명수 샘으로 인도하시고 성도들의 눈에서 모든 눈물
을 씻어 주실 것'이라는 말씀에 대한 성취로 나타난다(계 7:17). 그리
고 에덴동산에서 사탄의 유혹으로 지었던 죄의 결과로 찾아온 모든
슬픔, 고통, 죽음과 같은 저주가 종말에 완전히 사라질 것을 보여 주
는 것이다. 그렇게 죄가 없는 새 하늘과 새 땅에서 구속받은 하나님
의 종들이 하나님과 어린 양을 섬기게 될 것을 말씀하고 있다.

요한은 '그들의 이마에는 그의 이름(삼위일체의 하나님)이 새겨져 있
다'고 기록하고 있다(22:4). 구속받은 하나님의 자녀들의 이마에 '하
나님의 이름이 새겨져 있다'는 말씀이다. 이 말씀은 7장 3절과 14장
1절에도 나온다.

> 이르되 우리가 우리 하나님의 종들의 이마에 인치기까지 땅이나 바
> 다나 나무들을 해하지 말라 하더라(계 7:3).

22장 4절 "그의 이름이 그들의 이마에 있다"는 구절과 관련된 말씀이 요한계시록 14장 1절에 나온다.

> 또 내가 보니 보라 어린 양이 시온 산에 섰고 그와 함께 십사만 사천이 서 있는데 그들의 이마에는 어린 양의 이름과 그 아버지의 이름을 쓴 것이 있더라(계 14:1).

어린 양과 함께 서 있는 십사만 사천 명은 구원받은 하나님의 자녀들을 상징한다. 14장 4-5절을 보자.

> 이 사람들은 여자와 더불어 더럽히지 아니하고 순결한 자라 어린 양이 어디로 인도하든지 따라가는 자며 사람 가운데에서 속량함을 받아 처음 익은 열매로 하나님과 어린 양에게 속한 자들이니 그 입에 거짓말이 없고 흠이 없는 자들이더라(계 14:4-5).

구원받은 성도(교회)는 요한계시록에서 하나님의 종들, 십사만 사천 명, 어린 양의 신부, 이마에 인을 받은 자들(혹은 이마에 이름이 새겨진 자들)이라는 다양한 표현으로 등장한다.

다음으로 "…그의 종들이 그를 섬기며 그의 얼굴을 볼 터이요 그의 이름도 그들의 이마에 있으리라…(22:3-4)."고 기록한 말씀을 주의깊게 살펴볼 필요가 있다.* 여기서 '섬긴다'로 번역한 헬라어 '라

---

* 유대교나 초기 기독교에 나타난 종말론적인 복의 소망은 의인, 즉 거룩한 자들이 얼굴과 얼굴을 맞대고 하나님을 보는 것이었다(시 11:7; 마 5:8; 요일 3:2; 히 12:14; 쥬빌리서1:28; 에스드라4서 7:91, 98; 에녹1서 103:3-4 cf. 고전 13:12, Aune, *Revelation 17-22*, 1,180-1,181).

트뤼오(λατρεύω)'는 성경에서 주로 '예배한다'는 뜻으로 사용되는 단어다(롬 9:4; 행 26:7; 빌 3:3; 히 9:1). 그런 면에서 본문은 성도가 마지막 날에 하나님 나라(새 하늘과 새 땅)에서 영원히 하나님을 예배하며 섬길 것을 보여 준다.

'섬긴다'는 의미는 그리스도와 함께 누리는 성도들의 통치를 의미한다(22:5, Gelston, "The Royal Priesthood", 158-159; Hahne, "Heavenly Lessons…", 6). 하나님의 종들은 하나님의 이름이 그들의 이마에 새겨진 승리자며 왕권을 가진 거룩한 제사장이기 때문이다(22:4 cf. 3:12). 이렇게 요한은 본문을 비롯한 요한계시록 전체에서 신자의 신분이 제사장이면서도 동시에 왕이라는 점을 밝히고 있다(출 19:5-6; 계 1:5-6, 5:9-10, 20:6, 22:4-5).*

출애굽기 19장 5-6절의 말씀에 의하면, 하나님과 언약을 맺은 이스라엘 백성은 '거룩한 백성'이요 '제사장 나라'였다.** 이런 하나님의 백성은 하나의 연속성을 가지고 신약의 그리스도인을 가리킨다(벧전 2:5, 9). 신약 시대에 속한 하나님의 백성은 하나님의 왕국(나라)을 이루는 하나의 교회 공동체로써 하나님을 예배하고, 동시에 세상에 하나님을 증언하는 왕같은 제사장들로 부름을 받았다(벧전 2:9; 계 1:5-6). 신자는 함께 모여 그리스도의 왕국을 이루지만 개인적으로는 하

---

* 요한계시록에는 '경배하다(προσκυνέω, to prostrate oneself, to bow down)'라는 단어가 24회 등장한다(4:10, 5:14, 7:11, 11:1, 16, 14:7, 15:4, 19:4, 10, 22:9). 이런 사실은 장차 영원한 나라에서 하나님을 예배하는 삶을 살게 될 뿐만 아니라, 우리가 이 땅의 고난 가운데서도 하나님의 거룩한 제사장으로서 참된 예배자의 삶을 살아야 함을 암시한다.

** 언약 백성의 제사장이 가진 세 가지 특성은 다음과 같다.
① 하나님의 임재하심 앞으로 나아가서 하나님과 교제할 수 있다. ② 거룩하게 구별된 생활을 통하여 하나님의 거룩함을 나타내야 한다. ③ 이방 나라들이 하나님을 알고 하나님을 찾도록 하나님을 알리고 선포하는 제사장적 중재자의 역할을 한다(Motyer, *The Message of Exodus*, 199-200; Bruckner, *Exodus*, 173).

바른 **해석** 바른 **신앙**

나님께 직접 나아가는 제사장적 특권을 가지고 거룩한 삶을 살면서 하나님을 증거하는 자들이다. 이것이 요한계시록 22장에서 말하는 '하나님을 섬기는 자들'을 통하여 생각해 보고 적용해 볼 수 있는 함축된 의미다.

요한계시록 22장 5절의 묘사를 보자.

> 다시 밤이 없겠고 등불과 햇빛이 쓸 데 없으니 이는 주 하나님이 그들에게 비치심이라.

어린 양이 하나님 영광의 임재라는 측면에서 발광체의 근원이 되기에 하늘의 도성 안에 있는 '등불'로 21장에서 묘사되고 있다. 본문은 하나님의 영광이 유일한 빛이라는 사실을 다시 언급하고 있다. 본문의 내용은 주 여호와가 세상의 영원한 빛으로 언급된 이사야 60장 19-20절에 나오는 말씀에 대한 암시이며 예언적 성취다.

요한은 요한계시록을 통하여 "이기는 그에게는 내가 내 보좌에 함께 앉게 하여 주리라(3:21)."고 하신 약속으로 시작해서, 이긴 자들이 제사장적 왕권을 가지고 하나님과 함께 영원히 다스리게 될 약속의 성취(완성)로 끝을 맺는다(22:5 cf. 2:26-27). 요한은 에덴동산의 회복이라는 종말론적 소망의 완성과 하나님과 어린 양의 통치 안에서 성도들이 하나님의 영원한 나라에 참여하게 될 것을 시청각적으로 보여 주고 있다.

요한의 환상에 나타난 새 하늘과 새 땅(21:1-22:5)은 구약성경과 유대묵시문학을 배경으로 하여 '새 예루살렘'과 '새 에덴'의 이미지로 구체화된다. 요한은 '새 예루살렘'을 종말에 이루어질 새 창조의 사람(어린 양의 신부)으로 언급하면서, 동시에 성도들이 하나님과 어린 양을 섬기며 함께 다스리게 될 영원한 장소로 묘사하고 있다. 요한계시록 22장 1-5절은 종말에 성도들이 하나님과 어린 양의 보좌를 중심으로 영원토록 누리게 될 영광스러운 새 하늘과 새 땅의 삶을 생생하게 보여 준다. 요한계시록 22장 1-5절의 의미를 파악하지 못한 김성수는 '생명수의 강'이라는 주제로 본문 내용을 '현재 복 받은 신자'라고 점을 강조하면서 '기복신앙'을 비판하는 내용으로 설교를 마쳤다.

바른 **해석** 바른 **신앙**

김성수 기타 설교 비평

앞에서 김성수의 설교 전문 4편의 구체적인 분석과 이와 관계된 다른 설교 내용의 문제점을 함께 살펴보았다. 그리고 필자의 요한계시록 본문 해석을 덧붙여 소개하였다.

이 장에서는 김성수의 설교를 보다 다양하게 다룰 수 있도록 설교의 일부분만을 발췌하여 비평할 것이다. 그리고 앞장과 동일한 방식으로 필자의 성경 본문 해석을 소개하도록 하겠다. 그렇게 함으로 독자는 성경 본문에 대한 이해, 해석에 대한 객관적인 판단력이라는 실제적인 유익을 얻게 될 것이다.

1. 산상수훈 강해 비평

김성수는 산상수훈 강해를 시작하면서, 자신이 27권의 논문과 책을 지겹도록 읽었다고 소개한다. 헤르만 리델보스를 비롯해서 로이드 존스까지 산상수훈을 구약과 연결하여 명쾌하게 예수를 발견하는 데 미흡했다고 평가한다. "이 산상수훈을 열심히 공부하고 연구해서 실천에 옮기면 복 받을 것이라고 생각하는 사람이 있다."고 기복신앙을 비판한다.

그는 생명의 근원이 되는 활력이 하나님께로부터 오는 것을 '축복'이라고 말하면서, 예수님의 '팔복'에 대한 설명을 시작한다. 복(blessing)은 '영적인 활력'이고, 활력이 '생명'이며, 생명이 곧 '예수'라고 정의한다(복=영적 활력=생명=예수). 요한계시록 22장 1-5절 설교에서 복이 생명력이라고 정의하고 그 생명력이 생명수라고 하면서, '생명수가 흐르는 성도가 복 받은 성도'라고 가르쳤다(복=생명력=생명수=성도). 김성수에 의하면 '복'이 예수고, 그래서 예수 믿은 자가 복 받은 성도라는 것이다. 물론 예수 믿는 자가 복 받은 성도라는 사실을 부인할 그리스도인은 없다. 하지만 김성수는 분명히 서로 다른 의미를 가진 단어를 마치 같은 의미인 것처럼 새로운 의미를 만들어 본래 단어의 의미를 완전히 바꾸어 버리곤 한다.

이런 주장이 타당한 지 조금 더 구체적으로 설명하겠다. 필자는 앞에서 성경이 말하는 복의 의미를 설명하였기에 여기서는 단어의 의미만 더 언급하겠다. 히브리어 명사로 '베라카(ברכה)'는 복(blessing), 선물(gift), 평화(Peace), 찬양(praise of God) 등의 의미를 가진다.* 구약성경에서 복의 유래를 생각해 볼 때, 신학자들은 그것이 '활력'이라고 추정한다. 성경에서 '복'은 '활력'을 의미한다고 분명하게 말하고 있지는 않다. 그렇지만 하나님께서는 아담과 하와에게 '복을 주시면서 생육하고 번성하라'는 말씀을 하셨고(창 1:22, 28), 후에 노아에게도 복을 주시면서 생육하고 번성하라고 말씀하셨다(창 9:1). 따라서 구

---

* 동사 바라크(ברך)는 '무릎꿇다, 축복하다, 인사하다' 등의 의미를 가지고 있다.

바른 **해석** 바른 **신앙**

약성경에서 '복'은 하나님이 주신 '활동하는 능력(활력)'과 관계가 있으며, 그것은 곧 왕성한 활력으로 인한 자손의 번성과 물질적인 번영과 관계가 있다. 그러므로 '복'은 김성수가 말하듯이 단순히 '영적 활력'을 말하는 것도 아니고, '예수'를 의미하는 것도 아니다. 단어는 단어일 뿐이다. 모두 김성수가 만들어 낸 그럴 듯해 보이는 설명에 불과하다. 김성수의 삼단논법(복=생명=예수)은 서로 다른 단어의 의미를 같은 의미로 일반화시켜서 자신의 주장을 정당화시키는 그의 대표적인 설명 방식 중 하나다.

특별히 "이 산상수훈은 인간들의 자기 의 쌓기를 부수는 강화"라고 설명한 후에, "구약의 의가 신약의 새 언약에 의해서 박살이 나는 곳이 바로 이 산상수훈의 현장"이라고 설명한다. 이런 주장은 인간의 모든 행위=인간의 의라는 그의 잘못된 생각에서 비롯된 왜곡된 가르침이고, 여기에는 두 가지 근본적인 오류가 있다.

첫째, '구약의 의'라고 한 그의 말에 근본적으로 문제가 있다. '구약의 의'라는 말이 성경 어디에 있는가? 물론 구약성경에는 '의'라는 말이 무수하게 나온다. 이런 '의'라는 단어는 문장에 따라 '의(righteousness)'나 '정의(justice)'로 주로 번역되고 있다. 구약성경에 나오는 '의'는 하나님의 '의(또는 공의)'라는 하나님의 성품을 보여 주고 있다. 뿐만 아니라 하나님의 백성이 경건하고 의롭게 살지 못할 때 하나님의 공의로운 심판을 받게 된다는 역사적인 교훈이 가득하다.

그렇다면 김성수가 말하는 '구약의 의'는 무엇일까? '구원받지 못할 인간의 의(행위)'를 '구약의 의'라고 일반화시켜서, 마치 구약성경에 나오는 '의'는 모두 이런 의미를 가지고 있는 것처럼 왜곡된 주장을 하고 있다.

둘째, 김성수는 '구약의 의'와 '새 언약'을 비교해서 말하고 있는

데, 이런 비교 자체도 모순이다. 옛 언약과 새 언약을 비교해서 말하는 것은 이치에 맞다. 구약의 '의'와 신약의 '의'라는 두 단어의 개념이나 그 의미를 대조하는 것도 상식에 맞다. 하지만 '하나님의 의'와 '새 언약'을 대조해서 말하는 것은 논리적으로 말이 되지 않는다. 그것은 비교할 수도, 대조할 수도 없는 서로 다른 차원의 의미이기 때문이다. 쉽게 말해서 누가 새(bird)와 하늘(sky)을 비교하겠는가? 근본적으로 새는 동물과 비교해야 되고, 하늘은 땅이나 바다와 비교해야 논리적으로 말이 되는 것이다. 이것은 언어가 가진 논리이고 일반적인 비교 방식이다. 그런데 김성수는 성경 해석의 기본 원리만을 무시하는 것이 아니라 이런 언어 사용의 기본 원리도 무시하고 자기 마음대로 새로운 의미를 만들어서 그것이 성경 본문의 바른 해석인 것처럼 주장하고 있다.

이렇게 '구약의 의'가 신약의 새 언약에 의해 박살나는 곳이 산상수훈'이라는 말도 안 되는 주장을 하면서, '구약의 산'은 '율법의 산'이고 그 산이 '시내산'이라서 설명한다. 구약의 산은 시내산만 있는 것도, 시내산에서 율법을 받았다고 그 시내산이 율법의 산이 되는 것은 아니다. 그런데 이렇게 특정한 단어나 표현의 의미를 마치 하나의 일반적인 의미인 것처럼 소개하면서 자신의 새로운 주장이나 설명을 합리화시키는 방향으로 계속 나아간다.

김성수는 다음과 같이 말한다.

이 산상수훈의 맨 마지막이 모래 위에 지은 집, 반석 위에 지은 집의 그 비유, 그 기초의 문제로 끝나는 거예요. 그 비유를 끝으로 예수님께서 산에서 내려오세요. 구약을 기초로 한 집은 창수가 나고 바람이 나면 완전히 무너지는 거니까, 하나님 나라의 기초가 무엇인지

바른 **해석** 바른 **신앙**

다시 한번 잘 새겨보라는 거예요. 그런데 누구에게만 가르쳐 주세요? 열두 제자, 열두 제자는 요한계시록에서 누구를 상징하는 거죠? 교회, 교회에게만 가르쳐 주시는 거예요.

예수님께서 비유로 말씀하신 모래 위에 지은 집과 반석 위에 지은 집의 이야기가 '구약을 기초로 한 집은 창수가 나고 바람이 불면 완전히 무너진다'는 의미인가? 그렇지 않다. 오히려 구약의 '의'라는 개념은 참으로 중요하고, 그러한 구약의 '의'라는 기초 위에 신약의 '의'라는 개념이 존재하고, 그 위에 신약의 집이 지어지는 것이다. 예수님은 "그러므로 누구든지 나의 이 말을 듣고 행하는 자는 그 집을 반석 위에 지은 지혜로운 사람 같으리니(마 7:24)"라고 분명하게 비유의 의미를 말씀하셨다. 뿐만 아니라 "나의 이 말을 듣고 행하지 아니하는 자는 그 집을 모래 위에 지은 어리석은 사람 같으리니(마 7:26)"라고도 말씀하셨다. 그런데 김성수는 이렇게 예수님이 '행하라'고 주신 말씀을 모두 엉뚱한 의미로 바꾸어 자신이 하고 싶은 이야기만 반복하고 있다. 예수님의 산상수훈은 '인간들의 자기 의 쌓기를 부수는 강화'가 아니다. 산상수훈은 단순히 '예수 믿고 영생을 얻으라'는 차원의 이야기를 넘어서, 구원받은 하나님의 백성이 하나님의 뜻을 따라 살아가는 길, 즉 예수님을 따르는 길(제자도)에 관하여 가르치는 말씀이다.

김성수는 '열두 제자가 하나님의 교회를 대표한다'고 요한계시록과 연결해서 해석하고 있다. 그러나 복음서에 나오는 열두 제자들이 교회를 대표하거나 상징한다는 의미로 바꾸어서 본문을 해석하는 것은 잘못된 것이다. 복음서는 예수님의 생애와 가르침에 대한 역사적인 기록이고, 거기에 등장하는 열두 명의 제자들은 실제적인 의

3부 김성수 설교 비평

미의 열두 제자들이기 때문이다. 물론 문맥의 특정한 상황(context)에 따라서는 '그들이 선택받은 자들이고 예수를 믿는 자들'이라는 면에서 오늘날의 '일반 신자' 또는 '영적 지도자들'로 적용해서 생각해 볼 수 있다. 이것은 해석(exegesis)이 아니라 적용(application)이다. 이런 성경 본문의 해석과 적용의 차이를 혼동해서는 안 된다. 물론 요한계시록 21장에 나오는 '열두 사도'라는 이름이 교회를 상징한다고 주장할 수 있다. 그러나 복음서에 나오는 실제적인 열두 제자를 상징적인 의미로 바꾸어 해석하는 것은 근본적인 성경 해석의 오류다.

다음으로 김성수는 예수님의 변화산 사건(눅 9:30-31)을 설명하면서, "십자가로 깨뜨린 구약의 율법과 그 결과 완성된 하나님 나라를 보여 준다."고 주장한다. 예수님이 산에서 기도하실 때 구약의 모세와 엘리야가 등장한 것은 "십자가로 구약의 율법을 부수고 하나님 나라를 완성하는 것"이라고 설명한다. 성경적 의미에 전혀 맞지 않는 김성수의 상상의 해석이다.*

김성수는 요한계시록 21장에 나오는 새 예루살렘이 성소의 모양을 하고 있다는 점을 설명하면서, "지성소가 신약의 새 언약"이라고 주장한다. 새 예루살렘이 성소(지성소) 모양을 하고 있다는 점은 맞지만, 지성소가 신약의 새 언약이라는 주장은 성경 어디에도 근거하지 않는다. 이런 그의 강해는 미가와 이사야의 본문을 연결시켜서 흥미롭게 진행되지만, 사실상 산상수훈이 의미하는 내용과는 직접적인 관계가 전혀 없는 엉뚱한 이야기일 뿐이다.

김성수는 산상수훈 강해 1에서 히브리서 12장 18-24절의 말씀을

---

* 이처럼 만들어 낸 성경 해석을 우리는 우화적 해석이라고 하며, 영어로 알레고리적 해석(allegorical interpretation)이라고 말한다. 김성수는 거의 모든 설교에서 자신의 주장을 뒷받침하기 위해서 잘못된 알레고리적 성경 해석을 하고 있다.

바른 **해석** 바른 **신앙**

인용하여 다음과 같이 말한다.

> 그러니까 산상수훈의 이 산은 예수에 의해 성취된 새 언약의 산이
> 며, 어린 양 예수의 피로 뿌린 피로 말미암게 된 은혜의 산인 거예
> 요. 그래서 너희들은 이제 그곳에서 율법과 무관하게 하나님의 돌격
> 으로부터 해방이 된 자들이 된 거야. 이 이야기하는 거란 말입니다.
> 그러한 예수 그리스도의 피의 은혜가 선포되어지는 곳이 산상수훈의
> 산이란 말이에요. 시내산, 그 율법의 산은 모세도 못 들어가던 산이
> 에요. 여기 나오잖아요. 모세도 두려워했다. 그런데 하나님의 은혜
> 가 부어져서 많은 이방인까지도 들어갈 수 있는 새로운 산이 섰단 말
> 이에요.
>
> 그게 산상수훈이란 말입니다. 그 입구에 뭐가 서 있다고요? 예수의
> 십자가가 서 있는 거예요. 그런데 그러한 산상수훈을 지금도 우리가
> 지켜야 할 도덕이나 윤리나 행동강령으로 해석을 하면 어떻게 되는
> 거예요? 완전히 거꾸로, 구약으로 돌아가자는 거죠. 그런데 여러분
> 이 존경하는 그분들이 그렇게 해석을 했다니까요. 그리고 그게 옳다
> 고 그래요. 이 설교가 나가면 또 아마 난리들 칠 거예요. 그건 성경
> 의 전체의 맥을 부정하는 꼴이 되는 겁니다.

김성수는 교회에서는 산상수훈을 도덕과 윤리의 행동강령으로
만들어서 구약으로 돌아가게 하는 것이라고 정통 교회를 비난한다.
이런 가르침은 성경 전체의 맥을 부정하는 것이라고 주장한다. 기존
교회의 가르침을 부정하면서 자신의 가르침만 진리라고 말하는 것
이다.

물론 김성수가 소개한 히브리서 12장 18-24절에는 '두려운 시내

산 장면과 새 언약의 중보자이신 예수'에 대해 소개하고 있다. 그러나 히브리서 12장 18-29절은 연결되어 있기에, 반드시 문맥 안에서 이해해야만 한다. 히브리서 12장 18-24절의 시내산 장면은 25절 "너희가 삼가 말씀하신 이를 거역하지 말라."는 말씀과 29절 "우리 하나님은 소멸하는 불이심이라."는 말씀과 직접적인 관계가 있다. 한마디로 히브리서 기자가 시내산에 '하나님이 임했던 두려운 장면'을 묘사한 것은 '하나님의 은혜를 거스려 거역(불순종) 하지 말라.'는 경고의 교훈을 주기 위한 것이다.

그런데 김성수는 이 문맥에서 가장 중요한 구절인 "너희가 삼가 말씀하신 이를 거역하지 말라."는 설명하지 않고 시내산을 배경으로 '하나님은 소멸하는 불'에만 장황하게 설명한다. '구약의 산이 신약의 산에 의해서 박살난다'는 자신의 주장을 뒷받침하고자 히브리서 말씀의 일부분만 제멋대로 잘라서 인용하는 것이다. 산상수훈에서 산은 실제적인 장소다. 산이라는 단어 뒤에 어떠한 심오한 의미가 들어 있는 것이 아니다. 김성수는 여기에 '율법의 산', '새 언약의 산', '축복의 산' 등으로 재정의해서 성경 본문의 의미와 상관 없는 새로운 의미를 추가하였다.

김성수는 복에 대해서 다음과 같이 설명하면서 기복신앙을 비판한다.

> 그러니까 구약의 복의 개념과 신약의 복의 개념은 완전히 달라요. 구약의 복은 실제로 그런 거였어요. 왜냐하면 복의 실체이신 예수가 오기 전이기 때문에 인간들이 가장 좋은 거라고 여기는 것으로 복을 설명했단 말입니다. 그러나 복의 실체가 온 이후에 신약 어디에 복 받은 자는 이렇게 부자로 살 거고 자식들 많이 낳을 거고 땅이 많이

생길 거고 이런 얘기가 어디에 있어요? 오히려 돈을 사랑하는 것이
일만 악의 근본이다. 이렇게 초를 치잖아요. 그런데 그게 복이라잖
아요.

　복의 개념이 구약과 신약에서 대립되는 것이 아님을 필자는 앞에
서 자세히 설명했다. 구약성경에 현세적인 복이 나오지만, 동시에
하나님을 믿고 의지하고 신뢰하는 영적인 삶이 복이라고 한다. 다
만 구약에서 말하는 복은 현세적인 내용이 강조되고, 신약에서 말하
는 복은 내세적인 복이 강조되고 있는 것에 차이가 있다. 구약의 복
은 장차 누릴 신약의 복을 보여 주는 일종의 암시, 그림자와도 같다.
김성수는 "그리스도인들에게 현세의 복이란 없다."는 전제를 가지
고 끊임없이 기복신앙을 때려 잡아야 한다는 극단적인 내용의 설교
를 하고 있다. 그러다 보니 이 세상에서 믿음으로 기도하면서 노력
과 수고의 결과 성취한 모든 부와 성공 등을 자기 의로 규정하고 그
것을 죄로 규정하고 있다.

　물론 김성수 말대로 신자가 인생의 실패를 경험할 때, 자신의 무
능과 죄를 발견하는 이들도 있다. 그러나 신자가 실패하는 대부분의
경우, 자신의 연약함과 실수, 지혜와 능력의 부족 외에도 사회경제
와 정치의 구조적인 문제 등 다양한 요인이 있다. 이런 삶의 실제적
인 문제를 모두 무시하고 '자기 부인'과 '영생'이라는 한 가지 주제로
성경을 풀어 내려는 것은 바람직하지 못한 태도다.

　더욱 심각한 문제는 산상수훈 강해 1에 나오는 구원에 대한 설명
이다.

　　이 나의 가치를 챙기려고 하는 시도를 얼른 버리고 쪽팔리더라도 주

는 걸 그냥 먹는 거예요. 그걸 구원이라고 한단 말입니다. 그때 어 이거 내가 내 존재를 별도로 구축하여 챙겨 가질려고 하면 이게 죽는 거구나 라고 했을 때 그때 생명나무 실과에 그 위대함이 나에게 자각이 되고 그들에게 생명나무 실과가 뚫고 들어가는 거예요. 구약을 부수고 들어가는 거란 말입니다. 생명나무가. 그래서 요한계시록에 생명나무만 있는 거예요(산상수훈 강해 1).

김성수는 "나의 가치를 챙기려고 하는 시도를 버리고 쪽팔리더라도 주는 걸 그냥 먹는 것이 구원"이라고 말하면서, 그럴 때에 "생명나무 실과(예수=영생)가 들어간다."고 말한다. 참으로 납득할 수 없는 황당한 설명이다. 어떻게 나의 가치를 챙기려는 시도를 포기하는 것을 구원이라고 말할 수 있는가? 성경이 말하는 구원은 예수 그리스도를 믿음으로 말미암아 죄와 사망으로부터 건짐을 받는 것이다. 죄와 사망의 세력에서 해방되는 것이다. 구원은 하나님의 형상으로 완전한 회복, 즉 '전인적인 구원'을 말한다. 그런데 자기 가치(자존심) 챙기기를 포기하는 것이 구원이라는 주장은 명백히 이단적인 가르침이다.

인간은 하나님의 형상으로 지음 받았기에 비록 죄로 인하여 타락했어도 여전히 하나님의 형상이 남아 있는 귀한 존재다. 인간은 하나님의 형상으로 창조된 피조물이라는 자존감을 가지고 살아가야 하며, 하나님의 자녀인 신자는 더욱 그러하다. 김성수는 불신자를 선택받지 못한 '뱀의 자식들, 저주의 자식들, 가치 없는 존재들'이라고 규정한다. 이러한 극단적인 인간관은 예수를 믿는 신자를 향하여 '자기 가치 챙기는 것을 포기하는 것이 구원'이라고 가르치는 데까지 나아간다. 성경의 일부분만을 강조하면서, 이렇게 인간의 존재 가치

바른 **해석** 바른 **신앙**

를 전면 부정하는 것은 기독교의 진리와 성경의 전체적인 이해와는 정반대의 가르침이다.

그럼에도 김성수는 자신의 가르침만이 유일한 복음인 것처럼 주장한다. 산상수훈 강해 18(마 5:27-32)에서 "성경은 인간의 언어로 이해할 수 없다.…성경은 이해할 수 없도록 기록되었다.…성경은 하늘의 묵시이며 히브리어 알파벳 하나하나에도 복음이 들어 있다.… 이런 사실을 아는 것과 모르는 것은 천국과 지옥의 차이"라고 주장한다. "성경은 표피적으로 보면 안 되며, 말씀은 그 어느 것을 뒤져도 예수밖에 없다."고 단언한다. 김성수의 주장에 의하면 성경은 아무나 이해할 수 없는 암호와 신비로 가득 차 있다. 이런 식으로 김성수는 설교를 통해서 자신만 그런 묵시의 성경을 제대로 풀어서 가르친다는 암시를 끊임없이 주고 있다. 김성수는 산상수훈 강해에서 본문과 전혀 상관없는 수많은 성경 구절을 끌어와서 모형이다, 상징한다는 식의 알레고리적(우화적) 해석으로 자신의 오류를 정당화시켰다.

김성수는 설교 때마다 기존 교회를 비판해 왔다. 산상수훈 강해에서도 본문 내용과 전혀 관련 없는 "헤롯이 예수님을 죽이려 한 일화"를 가지고 애굽에서 내 아들을 불렀다는 호세아의 예언과 연결해서 "애굽은 바로 교회 안에 그러한 율법주의, 유대주의의 모형으로 등장했던 거지, 애굽이 쳐 죽일 놈들이 아니다."라고 선언한다. 김성수는 앞에서 애굽은 세상을 상징한다고 반복해서 주장했다. 그런데 이러한 주장과 모순되는 말을 한다. 애굽이 교회 안의 율법주의 모형이라고 하는 것이다. 이렇게 김성수는 성경을 이용하여 교회를 비판했다.

우리는 예수님의 산상수훈이 어떻게 시작해서 어떻게 끝나는지 바로 이해할 필요가 있다. 마태가 기록한 예수님의 산상수훈은 "심령이 가난한 자는 복이 있나니(마 5:3)"라는 복에 대한 설교로 시작해서, "내 말을 듣고 그대로 행하는 자는 반석 위에 집을 지은 자와 같고, 듣고도 행하지 않으면 모래 위에 집을 지은 자와 같다(마 7:24-27)."는 말씀으로 끝난다. 마찬가지로 누가복음을 보면, 예수님은 "너희 가난한 자는 복이 있나니(눅 6:20)"라는 복에 대한 설교로 시작해서, "내 말을 듣고 행하는 자는 반석 위에 집을 지은 자요, 듣고도 행하지 않으면 모래 위에 집을 지은 자와 같다(눅 6:47-49)."는 교훈으로 설교를 마친다. 이처럼 예수님의 산상수훈은 '행하라'는 결단의 촉구로 끝나는 산 위에서 행하신 설교의 말씀이다. 그러나 김성수는 이러한 예수님의 가르침을 부정하고 자신이 만들어 낸 '새로운 구원의 지식'을 전파하고 있다.

2. 기타 비유 강해 비평

앞 장에서 김성수의 비유 강해 1(씨 뿌리는 자의 비유) 설교 전문을 소개하고 구체적으로 비평하였다. 그 한 편만 보아도 성경 이해와 해석에 있어서 심각한 문제가 있음을 알 수 있을 것이다. 독자의 충분한 이해를 위해 그의 비유 강해를 더 다루도록 하겠다.

비유 강해 4(하나님의 불륜 그리고 거기서 잉태된 불의한 성도, 눅 16:1-18)를 보면 누가복음 15장 비유부터 불의한 청지기 비유를 포함한 그 뒤에 나오는 비유까지 내용상 연결된 하나의 복음(죄-십자가-구원-영생)을 가르친다고 설명한다. 그러나 이것은 문맥을 바르게 파악한 성경 읽기가 아니다.

누가복음 15장에 나오는 '잃은 양의 비유'와 '잃은 드라크마의 비유', '탕자의 비유'는 크게 두 가지 공통점을 가지고 있다. 첫째는 잃었다가 다시 찾았다는 점이고, 둘째는 예수님이 자신을 비난한 바리새인들과 서기관들을 향하여 하신 비유라는 사실이다(눅 15:1-2). 청지기의 비유(눅 16:1-18)는 예수님이 바리새인들과 서기관들에게 하신 말씀이 아니라 제자들에게 말씀하신 것이다(16:1). 이렇게 16장 1-13절은 15장과 근본적으로 다른 내용이고, 16장 14-18절에 나오는 바리새인의 비웃음과도 직접적인 관계가 없다.

그럼에도 김성수는 본문에서 '불의한 청지기'라는 한 어구에만 주목하여 자신이 의도하는 방향으로 설명을 이끈다. 성경이 말하는 '의'와 '불의'가 무슨 의미인지 장황하게 설명한다. "성경에 등장하는 의는 관계를 맺고 있는 존재 사이에서 그 관계가 요구하는 것들이 성실히 수행되는 상태를 가리킨다."고 설명한다. 이런 설명은 본문의 의미와 전혀 상관이 없다.

김성수에 의하면, "본문의 불의한 청지기는 하나님과 인간 사이의 올바른 관계에서 벗어난 자로 이해하는 것이 타당하다.…성경 전체에서 지혜는 예수님을 가리키는 은유적 표현…생명나무, 곧 예수 그리스도를 가리킨다."고 해석한다.* 성경 전체에서 "지혜는 예수님을 가리키는 은유적 표현이고, 생명나무가 예수 그리스도를 가리킨다."는 주장은 김성수가 단어의 의미를 전부 상징적 의미로 바꾸어서 만들어 낸 엉터리 해석이다. 또한 예수님은 "청지기가 일을 지혜 있게 하였으므로 칭찬하였으니 이 세대의 아들들이 자기 시대에 있

---

* 선한 청지기가 예수님을 가리킨다고 하는 잘못된 해석은 널리 퍼져 있다(김근태, "지혜롭다 칭찬 받는 '불의한' 청지기의 항변", 「미주 기독일보」, Jul 28. 2017.). 이런 해석의 심각한 문제는 성경의 우화적 해석에 있으며, 신자가 실천해야 할 지혜로운 삶의 행위 혹은 거룩한 삶에 대한 명령을 간과하거나 왜곡하는 것이다.

어서는 빛의 아들들보다 더 지혜로움이니라(16:8)."고 분명하게 말씀했다. '지혜'라는 단어가 예수님을 가리키지 않는다는 것은 문맥의 흐름을 조금만 세심하게 살펴보면 어렵지 않게 이해할 수 있다. 예수님이 불의한 청지기의 비유에서 직접 말씀하신 내용을 보라.

> 내가 너희에게 말하노니 불의의 재물로 친구를 사귀라 그리하면 그 재물이 없어질 때에 그들이 너희를 영주할 처소로 영접하리라 지극히 작은 것에 충성된 자는 큰 것에도 충성되고 지극히 작은 것에 불의한 자는 큰 것에도 불의하니라(눅 16:9-10).

이렇게 예수님이 말씀하신 비유의 핵심은 제자들에게 선한 청지기적 삶을 살라는 가르침을 불의한 청지기의 비유로 말씀하신 것이다. 영원한 나라를 바라보며 살아가는 제자들의 삶은 세상 사람들보다 지혜롭고, 관대하고, 신실해야 함을 역설적으로 교훈한 것이다. 김성수와 같이 극단적인 십자가주의자들은 이런 가르침은 세상 윤리와 처세술에 불과한 것으로 치부하고, 그 뒤에 진짜 십자가 복음이 감추어져 있다는 생각을 떨쳐 버리지 못한다. 새로운 영적인 교훈을 만들어 내기 위해서 '상징, 대표, 모형' 등의 성경 해석 방식을 이용해서 엉뚱한 알레고리적 해석을 하게 되는 것이다.

비유 강해 12(두껍아 두껍아 헌 집 줄게 새 집 다오, 눅 20:9-19)를 살펴보자. 그는 이 본문을 강해하면서, "악한 포도원 농부의 비유가 구원받은 성도는 하나님이 기뻐하시는 열매를 내어 놓기 위해 착하게 살고, 섬기며 사랑하는 삶을 살자."는 교훈으로 이해한다고 말한다. "오늘날 기독교가 바로 이 부분을 오해하고 있다."고 단언한다.

바른 **해석** 바른 **신앙**

김성수의 말대로 이 본문을 그렇게 강해하는 목회자들이 몇이나 될까? 한국 교회 설교자들이 모두 이 비유를 오해하고 잘못 가르치고 있다는 인상을 청중에게 심어 주면서, 자신의 가르침은 한국 교회의 가르침과 근본적으로 다르고 특별하다는 암시를 준다. 그러면서 김성수는 다음과 같이 주장한다.

> 이 비유 앞에는 참 성전으로 오신 예수님이 예루살렘 입성 후 율법을 상징하는 성전에 들어가셔서 무언가를 가르치시는 내용이 나옵니다. 바로 옛 성전의 한계, 무용함 즉 구원은 율법의 행위나 혈통으로가 아닌 하나님의 은혜만을 의지해야 한다는 십자가 복음을 가르치십니다.

여기서 '성전이 율법을 상징한다'는 말은 무슨 말인가? 이것은 성경 어디에도 근거가 없고, 상식적으로 앞뒤가 맞지 않는 주장이다. 율법과 성전은 근본적으로 다른 것이기 때문이다. 하나님은 이스라엘 백성에게 율법과 성막(성전)을 주셨다. 율법은 이스라엘 백성에게 하나님의 뜻을 가르치고 그 뜻에 순종하여 살도록 주신 것이며, 성막은 이스라엘 백성이 하나님을 예배하고 하나님과 교제하기 위하여 주어진 것이다. 율법과 성전이 죄를 깨닫게 하고, 하나님의 은혜를 구하고 찾게 하는 역할도 있다. 그렇다고 성전이 율법을 상징한다고 주장하는 것은 터무니 없다.

김성수는 자신만의 독특한 해석을 만들어 내기 위해서 필요하면 적당히 상징한다느니, 예표한다느니, 모형이라는 식으로 설명했다. 성전을 '상징'으로 말하려면, '하나님의 임재를 상징한다'고 말하는 것이 가장 타당하다. 하나님의 임재 개념은 일관성 있게 구약과 신약 전체의 지지를 받고 있기 때문이다. 그러나 이런 성경의 근거없이 아무 단어에나 상징한다며 자신의 주장을 뒷받침하는 데 성경을 이용해서는 안 된다.

그는 "포도원과 포도나무는 이스라엘 족속, 즉 집단적으로 창세 전에 구원받은 교회를 가리킨다."고 주장한다. 김성수는 구약의 이스라엘이 교회를 상징한다고 하지만 사실 구약성경을 극단적으로 단순화시키고 일반화시켜서 본문을 잘못 해석하고 있다. 이스라엘 백성 가운데는 하나님을 믿지 않고 우상을 섬겼던 악한 자도 있고, 고난 중에서 신실하게 하나님을 믿고 예배했던 경건한 자도 있었다. 그렇게 다양한 이스라엘 백성을 모두 한데 묶어서 구약의 이스라엘이 교회를 상징한다고 말하는 것은 성경 이해와 해석의 기본 원리마저 모르는 주장이다.

출애굽기 19장과 같이 일부 특정한 본문에서는 김성수가 말하는 '이스라엘=교회'라는 공식이 성립될 수 있다. 하지만 구약성경가운데 나오는 '이스라엘'은 이렇게 단순하게 설명될 수 없다. 사도 바울은 '이스라엘 중의 이스라엘', 이스라엘 가운데서도 '하나님의 은혜로 선택받아 남은 경건한 자들'이 교회에 해당된다고 로마서 9-11장을 통해서 가르치고 있다. 구약의 '경건한 믿음의 유대인들(남은자)'이 신약의 교회를 가리킨다고 말하는 것이 타당하다.

그런데 김성수는 이 비유 강해를 본문의 의미와 상관없이 교회에 대한 비판에 초점을 맞추었다. 유대 종교지도자들(서기관들과 대제사장들, 20:19)은 곧 '나'를 가리킨다는 엉뚱한 방향으로 나아갔다. 생각해 보라. 유대 종교 지도자들은 예수를 믿지 않았기에 예수를 잡아 죽이려고 했던 사람들이다. 그들은 예수를 믿지 않는 불신자이며, 우리는 예수를 믿는 신자인데 어떻게 그들이 바로 신자인 나를 가리킨다는 주장을 할 수 있단 말인가? 김성수는 그들이 비유를 알아들었다는 것을 근거로 이것은 비유를 듣는 선택받은 나(우리)를 가리킨다는 억지스러운 주장을 한다. 근본적으로 잘못된 적용을 하고 있다.

김성수는 "우리는 구원받은 이후에도 악한 포도원 농부들처럼 여전히 '나'라는 세상적 권세만을 위해 살아가고 있고, 바로 그런 자들의 운명이 본문에 기록되어 있다(눅 20:15-16)."고 주장한다. "'교회가 예수라는 주춧돌을 죽여서 교회의 담장 밖으로 던져 버리고, 저마다 자아의 건축을 하는 자신들만의 집을 짓고 있다."고 비난한다. 그 결과 "하나님은 그런 집들을 철저히 파괴할 것"이라고 고린도전서 3장 10-15절을 인용하여 설교한다. 이것은 고린도전서 3장을 잘못 해석하였을 뿐 아니라 성경 전체를 잘못 가르치는 것이다. "성경이 오직 예수 믿고 천국 가는 것만 가르친다."는 그의 주장과 "교회는 예수 믿고 천국 가는 영생 이외의 그 어떤 선행과 착한 일 혹은 사회봉사와 구제 등도 하나님이 원치 않는 일이며 자기 의를 쌓은 일에 불과하다."는 주장은 그의 극단적인 사상을 잘 보여 주고 있다.

"자아 성취의 건축물이 깨어지는 과정을 성경이 말하는 고난"이라는 말은 또 얼마나 그럴 듯한가? 김성수는 언제나 이렇게 진리를 전한다면서 자신의 사상을 갖다붙여서 새로운 의미를 만들어 냈다.

사도 베드로는 다음과 같이 말했다.

> 죄가 있어 매를 맞고 참으면 무슨 칭찬이 있으리요 그러나 선을 행함으로 고난을 받고 참으면 이는 하나님 앞에 아름다우니라(벧전 2:20).

죄가 있어 매를 맞고 참는 것도 고난이다. 그것은 하나님 앞에서 인정받을 수 없고 칭찬받을 수 없는 고난이다. 당연히 받아야 할 죄의 대가이기 때문이다. 그러나 "선을 행한 일 때문에 고난을 받으면 하나님이 보시기에 아름다운 일"이라고 사도 베드로는 말씀하고 있다. 베드로는 이 점을 다시 반복해서 강조했다.

> 선을 행함으로 고난 받는 것이 하나님의 뜻일진대 악을 행함으로 고난 받는 것보다 나으니라(벧전 3:17).

김성수는 교회가 착한 일을 하는 것을 철저히 자기 의를 세우는 죄라고 규정한다. 비유 강해 결론에 가서는 "하나님의 은혜와 십자가를 배우면 그 속에서만 진짜 열매가 맺혀질 수 있다."고 주장한다. 이 비유가 그렇게 말하고 있는가? 김성수는 본문 의미와 전혀 관계없이 "십자가를 배우면 열매는 맺는다."는 그럴 듯한 말로 이 비유 강해를 마치고 있다. 그러나 본문은 착한 일을 하라, 하지 마라는 내용이 아니다. 그럼에도 이런 방향으로 설교를 끌고 간 것은 기존 교회의 가르침은 다 틀렸다는 주장을 뒷받침하기 위한 것이라고 여겨진다.

예수님은 이 포도원 농부의 비유를 말씀하신 후에 구약을 인용하면서 "건축자들의 버린 돌이 모퉁이의 머릿돌이 되었다."고 말씀하셨다.

> 이 돌 위에 떨어지는 자는 깨어질 것이고 이 돌이 사람 위에 떨어지면 가루가 되어 흩어질 것이라(눅 20:17-18 cf. 시 118:22-23; 사 8:16, 28:16).*

---

* 같은 사건을 기록한 마태복음 23장 43절을 보면, 예수님께서 시편을 인용하신 후에

바른 **해석** 바른 **신앙**

이것은 예수 그리스도를 믿는 자에게는 흔들리지 않는 구원의 반석이 되지만, 믿지 않는 자들에게는 걸려 넘어지는 돌이 되고, 그 돌이 머리 위에 떨어져서 가루로 만들어 버리는 심판의 돌이 될 것이라는 예언적 경고다(cf. 단 2:45; 벧전 2:4-5).** 이 말씀은 이스라엘 민족, 특별히 유대 종교 지도자들을 향하여 하신 말씀이다. 예수님은 악한 포도원 농부의 비유를 통해서 예수님을 끝내 믿지 않은 유대인에 대한 심판, 즉 예루살렘의 심판을 구체적으로 예고하고 있다(눅 13:31-35, 19:44). 그리고 예언대로 예루살렘 성은 예수님이 십자가에 못박힌 지 약 40년 후(주후 70년)에 로마의 통치에 반발하여 대항하다가 디도(Titus) 장군이 이끄는 로마 군대에 의하여 돌 위에 돌 하나 남지 않고 완전히 파괴되었다.

이렇게 악한 포도원 농부들이 진멸 당할 것이라는 비유는 실제로 예루살렘이 진멸 당하는 역사적 예언의 성취와 함께, 누구든지 "예수님을 믿으면 구원이요, 믿지 않으면 영원한 멸망이 있을 것이라."는 경고다.

마지막으로 비유 강해 22를 살펴보자(천국은 사은품이 아닙니다, 눅 12:13-21). 그는 성경이 말하는 탐욕을 아주 그럴 듯하게 가르쳤다.

> 성경은 바로 그러한 현실과 이상 사이의 그 괴리를 채우려 하는 모든
> 시도를 가리켜 에피뒤미아, 탐심, 탐욕이라고 합니다.

다음과 같이 말씀하신 내용이 추가로 나온다.
"그러므로 내가 너희에게 이르노니 하나님의 나라를 너희는 빼앗기고 그 나라의 열매 맺는 백성이 받으리라(마 21:43)."

** 사도 베드로는 예수님을 구원의 산돌(living stone)로 표현했다(벧전 2:4-5).

3부 김성수 설교 비평

성경은 인간이 가진 모든 종류의 욕망(에피뒤미아, ἐπιθυμία)을 탐심 혹은 탐욕이라고 말하지 않는다. 이것은 김성수가 자신만의 독특한 설명으로 헬라어 '에피뒤미아'을 정의한 것이다.

성경에서 말하는 욕망은 선한 욕망의 의미가 될 수도 있고 나쁜 욕망(탐심이나 탐욕)이 될 수도 있다. 구약(70인역)에 나오는 "네가 언제나 마음에 원하는 만큼 고기를 먹을 수 있으리니(신 12:20)"라는 말씀에서 '원하다'와 "이 유월절 먹기를 원하고 원하였노라(눅 22:15)."의 '원하다'는 같은 단어다. 먹고 싶은 자연스러운 욕망과 하나님의 뜻을 이루기 위한 선한 욕망을 표현한 말이다(cf. 빌 1:23; 살전 2:17). 신약성경에서 욕망은 때때로 부정적인 의미로 사용되었다. 그래서 에피뒤미아는 영어 성경에서 긍정적 의미로 사용될 때는 desire(바람, 원함)라고 번역했고, 부정적 의미로 사용할 때는 lust(욕망)를 사용했다.

그렇다고 김성수가 설명대로 '욕망'이 '현실과 이상 사이의 괴리를 채우려 하는 모든 시도'를 가리키는 것은 아니다. 단어의 의미는 문맥의 흐름에 따라 결정된다(골 3:5). 그럼에도 김성수는 '에피뒤미아'를 에베소서 2장 3절과 연결시키면서, "하나님을 알지 못하는 인간들의 모든 행사가 다 탐심…다 우상숭배"라고 자신의 가르친다.

더욱 놀라운 사실은 '영생'의 의미조차 마음대로 가르치고 있다는 점이다.

> 내 마음을 예수에게로 자꾸 빼앗기는 그걸 영생을 산다라고 그래요. 그래서 여러분이 이 세상에서 영생을 사는 건 여러분이 마음을 두고 있는 그 세상 가치들로부터 마음을 자꾸 거두어들이게 되는, 그러니까 털리는 인생, 하나님께 털리고 비워지는 인생, 이게 영생이에요.

바른 **해석** 바른 **신앙**

성경 어디에 '영생'이 이런 의미라고 가르치고 있는가? 이렇게 기독교 신앙의 가장 기초가 되는 '영생'조차 김성수는 자신이 하고 싶은 말로 가르치고 있다. "털리는 인생…비워지는 인생"의 경험도 신앙의 성숙과 관계되며, 신자의 영생과 관계된 것이 아니다.

> 진짜 성화는 하나님 앞에서 모든 소유 즉 너를 버리는 거! 완전히 그 앞에서 납작 엎드려 부인당하는 거! 그게 진짜 성화….

김성수는 성경이 말하는 '성화'와 기독교 신학이 말하는 '성화'의 의미를 바꾸어서 모두 '자기 부정'을 의미한다고 이야기한다. 성경과 신학을 제대로 모르는 신자는 이런 김성수의 설명을 듣고 그가 성화를 부정하지 않는다고 주장하지만 이는 오해다. 성경은 '거룩함(holiness)'을 자기 부정이라고 정의하고 있지 않으며, 신학에서도 '성화(sanctification)'를 자기 부정이라고 말하지 않는다. 자기 부정은 거룩함의 과정, 즉 성화의 한 부분이며, 그것도 지극히 수동적인 한 부분에 속한 것이다. 성경은 더 적극적으로 어떻게 거룩한 행실을 나타내야 하는지를 말씀하고 있다. 성화의 목표는 그리스도의 성품과 인격, 삶을 본받는 온전한 믿음의 분량에 이르는 것이지 자기 부정이 목표가 아니다(엡 4:13). 김성수는 성경이 말하고 정통 기독교가 말하는 이런 적극적인 거룩함의 행위(성화의 삶)를 부인하고 오직 자기 부정만을 강조한다. 이런 사실은 그의 설명에 잘 나타나 있다.

> 주님께서 바리새인들에게 왜 맞아 죽었습니까? 그들의 그 착한 삶 성화의 삶을 부인해 버렸잖아요. 독사의 새끼라고 이 위선자들아 그랬잖아요. 진짜 너희들은 하나님이 기뻐하는 착한 삶 사는 거 아니

야. 그러니까 그 성화를 지키기 위해 복음을 전한 이를 때려 죽이는 거예요.

김성수는 예수님께서 바리새인들에게 맞아 죽었다는 자극적인 표현을 사용하면서, 예수님이 '그 착한 삶, 성화의 삶'을 부정했다고 말한다. 성경이 말하고 정통 기독교 신학이 가르쳐 온 '성화'를 단지 '착한 삶'이라고 완전히 왜곡시켜 버렸다. 성경에 대한 약간의 상식만 있어도 바리새인들과 사두개인들은 예수를 믿지 않았던 유대 종교지도자들이었으며, 그들의 행위가 '착하다'고 기록되지 않았음을 알 것이다. 오히려 예수님은 그들이 겉과 속이 다른 위선자들이라고 반복해서 책망하셨다.

성화(Sanctification)는 예수 믿고 성령으로 거듭난 신자가 성령의 도우심과 인도하심을 따라 살면서 하나님의 거룩한 성품을 닮아 가며 성령의 열매 맺는 삶을 말한다. 성화의 목표는 예수 그리스도의 완전함에 이르는 것이다. 물론 이 세상에서 신자가 예수님처럼 완전해질 수는 없지만, 이러한 목표를 향해서 나아가는 것이 성화다.

김성수는 예수를 믿지 않는 불신자, 유대 종교지도자들에게 기독교 성화를 적용해서 이런 성화를 예수님이 부정했다고 주장한다. 예수 믿는 자와 믿지 않는 자를 구분하지 않고, 성화라는 단어만 끌어와서 엉뚱하게 적용하고 있다. 그러면서 오직 '자기 부정'을 성화라고 거짓 주장을 한다.

그는 설교에서 부자 청년 이야기를 자주 인용했다. 이 비유 강해에서도 마찬가지로 인용했다. 일부분을 소개하겠다.

예수가 말씀하시는 부자의 개념이 뭐예요? 돈이 많은 사람이 부자

바른 **해석** 바른 **신앙**

아닙니다. 하나님이 말씀하시는 부자는 내 안에 나라는 우상을 풍성하게 갖고 있는 자! 그리고 미래에 되고 싶은 나! 그 나에 대한 가능성을 여전히 붙들고 있으면서 그리로 매진하며 가는 그걸 성취하기 위해 가는 모든 자가 다 부자예요, 부자. 근데 하나님은 그들을 마음이 가난한 자로 만들어 내시는 거예요. 이 세상에 태어나는 모든 인간이 다 부자예요. 그래서 그 누구도 천국에 못 들어가요. 왜? 부자가 하나님 나라에 들어가는 건 낙타가 바늘귀로 통과하는 것보다 더 어렵다고 했으니까 못 들어간다는 뜻이거든요.

김성수는 예수님이 말씀하시는 부자의 개념을 나름대로 정의하고 있다. "돈이 많은 사람이 아니고 내 안에 나라는 우상을 풍성하게 갖고 있는 자, 그래서 나에 대한 가능성을 붙들고 그걸 성취하기 위해 가는 모든 자"가 부자라고 정의한다. 부자라는 단어에 그런 의미가 있는가? 이런 의미는 사전에도, 성경에도 없다. 김성수는 세상에 태어난 모든 사람이 부자라고 말한다. 앞에서 말했지만 단어는 단어일뿐 부자라는 단어에 이런 특별한 의미가 있는 것이 아니다.

김성수는 '하늘의 보물=예수=밭에 감추인 보화'라고 연결해서 설명한다. 보물을 하늘에 쌓는다는 것은 "예수님만이 존재의 근거이고 나의 생명이라는 것을 조금씩 이해하는 그 상태"라고 설명한다. 이 말은 곧 예수를 쌓는다는 의미라고 한다. 성경적 근거나 상식적으로도 '하늘에 보화를 쌓는다'는 말이 '하늘에 예수를 쌓는다'는 의미가 될 수 없다. 그런데도 마태복음 19장 27절, 즉 '베드로가 모든 것을 버리고 주를 따랐다'는 구절까지 왜곡해서 "나(예수)를 믿는 것이 하늘에 보물을 쌓는 것"이라는 자신의 주장을 반복한다.*

계속 그의 비유 강해를 들어보면 '탐심의 인간'이 야곱이라고 소개하면서, "야곱의 환도뼈를 쳤지만 야곱은 죽지 않고 그 자리에서 예수가 죽은 것"이라는 참으로 이상한 해석을 한다. 얍복강과 가나안 입성의 이야기를 과장해서 한 편의 새로운 복음 소설을 만들었다. 이런 극단적인 가르침에 빠진 신자는 성경의 모든 내용을 예수로 보아야 한다는 생각을 갖게 된다. 이러한 김성수의 가르침은 비정상적이고 비이성적인 생각을 갖게 만든다.

3. 로마서 강해 비평

로마서 강해는 『진리로 여는 로마서』라는 두 권의 책으로 2012년 8월에 출간되었다. 그것도 로마서 강해 102(9장 앞부분)를 마지막으로 강해를 끝냈다. 필자는 그 이유를 두 가지로 추정한다. 첫째, 로마서 9-11장이 로마서 전체의 내용 가운데 가장 난해한 부분이기 때문이다. 이런 내용을 김성수가 늘상 강조하려는 똑같은 패턴, '죄-십자가-영생'이라는 틀에 끼워 넣기에는 결코 쉽지 않았을 것이다.

둘째, 로마서 9-11장에 이어 로마서 12-16장은 '행하라'는 실천적인 내용의 말씀이 기록되어 있다. 성경은 '행하라'고 주어진 말씀이 아니라고 공개적으로 주장했던 그가 명백하게 '행하라'는 실천적

---

* 창세기 강해 23(왕, 제사장, 선지자, 창 4:16-26)에서 하늘에 보화를 쌓는다는 의미를 "성도가 이 땅에서 하늘의 보물로 다듬어져 가는 것"이라고 가르쳤다. 김성수는 이렇게 임기응변식으로 성경을 해석한 결과, 같은 본문을 인용하면서도 다르게 해석하는 모순을 종종 보여 주었다.

바른 **해석** 바른 **신앙**

가르침이 들어 있는 로마서 12-16장을 정면으로 돌파하기란 사실상 불가능하였을 것이다.

김성수의 방대한 로마서 강해를 여기서 다 언급할 수 없다. 다만 두 편의 로마서 강해만 면밀히 살펴보아도 앞에서 이미 드러난 동일한 오류가 반복되고 있음을 어렵지 않게 발견할 수 있을 것이다. 로마서 강해 79(롬 8:1-3)와 88(롬 8:15-18), 이와 관계된 기타 강해를 함께 살펴보려고 한다.

로마서 강해 79(롬 8:1-3)를 먼저 보겠다. 그는 지금까지 해 온 원어풀이에 대해서 의구심을 갖는 사람들을 의식하면서 "원어사전에도 없는 의미를 자신이 어마어마한 많은 책을 읽고 공부해서 가르친다."고 자랑하는 말로 시작한다. 그러면서 정죄에 대해 다음과 같이 설명한다.

> 정죄, 카타크리마라는 개념 속에서의 죄는 실수나 잘못, 그런 개념이기보다 어떤 일을 성취하기 위한 수단과 방법의 개념이 더 강한 거지요? 이 호 코스모스의 세상 속에서의 어떤 행위나 현상을 근거로 하여 너 죄 있어가 아니라 어떤 걸 성취하기 위해 카타크리마, 그거 죄야, 너 죄 해, 죄인 해라고 하는 게 카타크리마니까. 이건 실수나 잘못의 개념보다는 어떤 일을 성취하기 위한 방법이나 수단의 개념이 더 강한 거란 말이에요. 카타크리마의 개념 속에서의 죄는 그죠? 그러니까 그걸 깨달으면, '아- 그렇구나! 그러면 그게 원래 나를 죽일 수 없었던 거네. 나를 어떤 선으로 이끌고 가기 위함이었네.'라고 깨달으면 용서인 거고, 그냥 거기에 머물면 그게 죄예요. 우리를 죽이는 죄, 멸망하게 하는 죄. 여기서 아들이라는 단어를 주의 깊게 보

셔야 해요. 그 아들에게 '카타크리노' 하셨다는데, 그 아들이라는 단어 안에는 단순히 예수 그리스도만 들어가 있는 게 아니라 하나님의 백성, 즉 하나님의 모든 장자들이 다 들어가 있는 거예요.

원래 죄와는 아무 상관없는 하나님의 장자들이, 아들이 죄 있는 세상에 내려와서 죄가 되어 죽음으로 말미암아, 죄 있는 세상이라니까 좀비들만 전부 사는 그런 게 아니라 진리를 담아 그릇으로 준 모형으로서의 세상, 그것이 그냥 껍데기로만 인식되어 있을 때 그걸 죄라 그래요. 진짜 진의를 못 보고 엉뚱한 것으로 이해하게 될 때 그것을 죄라고 한단 말입니다.

김성수는 카타크리마(정죄)가 "어떤 일을 성취하기 위한 수단과 방법의 개념"이라면서 "나를 어떤 선으로 이끌고 가기 위함이었네라고 깨달으면 용서인 거고, 그냥 거기에 머물면 그게 죄"라고 설명한다. 성경 그 어디에도 없는 김성수가 지어낸 엉뚱한 설명이다. "진리를 담아 그릇으로 준 모형으로서의 세상, 그것이 그냥 껍데기로만 인식되어 있을 때 그걸 죄"라며 성경이 말하는 죄의 정의도 바꾸어 버렸다. 자신의 설명에 의혹을 품는 이들을 의식하면서 자신의 원어 설명은 사전에도 없고, 그 어디에도 없는 자신의 깨달음의 지식이라고 변호한다.

이런 엉뚱한 해석은 로마서 강해 83(율법을 먹고 의를 낳는 사람들, 롬 8:3-4)에서도 계속된다. 이 본문을 강해할 때 문맥을 완전히 무시하고 바울이 기록한 말씀을 중간중간 마음대로 가져다 설명하고 있다. 그 결과 로마서 8장 1-4절은 완전히 엉뚱한 해설로 가득 차 있다. 한 가지 예를 들어보자.

바른 **해석** 바른 **신앙**

지금 읽으신 그 4절 뒷부분을 헬라어 원어로 보면 '율법이 의로 완전하게 되었다. 완성되었다.' 이런 말이에요. '디카이오마'라는 단어를 개역성경은 '율법의 요구' 이렇게 번역을 했는데, 그 번역보다는 오히려 율법의 의(디카이오마)로 완전, 완성되었다로 해석하는 게 더 이해가 쉽죠. 예수님께서 "율법을 폐하러 온 게 아니야. 완성하러 왔다." 하셨을 때, 그 완성이에요. 율법을 예수님이 완성하면 그게 뭐가 된다? '의'가 된다는 그런 말이거든요. 그 이야기를 그냥 여기다 옮겨 놓은 거예요.

김성수가 말한 대로 여기서 말하는 율법의 요구는 '율법의 의'라고도 번역할 수 있다. 이 부분은 그런대로 넘어갈 수 있는 설명이다. 하지만 '율법의 의'는 율법이 우리에게 요구하는 의를 말하는 것이다. 율법이 우리에게 요구하는 의는 곧 율법이 우리에게 요구하는 의로운 행위를 말한다. 그래서 바울은 8장 4절에서 이렇게 말한다.

> 육신을 따르지 않고 그 영을 따라 행하는 우리에게 율법의 요구가 이루어지게 하려 하심이니라(롬 8:4).

육신을 따라 살지 않고 성령을 따라 살면, 율법이 우리에게 요구하는 의로운 행위를 이룬다(완성한다, 완전하게 한다)는 말이다.

그런데 김성수는 한 문장의 일부분만 잘라 내어 엉뚱한 설명을 한다. "오늘은 그 의미가 어떤 것인지에 관해서 집중적으로 설명한다."면서, 본문의 내용을 교묘하게 왜곡하여 황당한 이야기로 설교 시간 대부분을 채웠다. 이 강해에 나타난 엉뚱한 해석을 하나 더 소개하겠다.

아무리 어마어마한 학식을 갖고 성경을 공부한다고 해도 그게 인간에게 집중이 되거나 나에게로 집중이 되면 그게 바로 타로 점으로 머물러 버리는 까발라 같은 이단이 되는 거예요. 근데 오늘날 원어 연구를 한다고 하는 사람들의 그 학습 내용이 대부분 그 까발라들의 그것에서 흘러나왔어요.

김성수는 다른 신학자들과 목회자들의 원어 이해가 이단적이라고 하면서, 자신의 원어풀이가 가장 믿을만 하다고 말한다. 김성수와 같이 단어에 어떤 심오한 의미가 숨어 있다고 착각해서는 안 된다. 하나의 단어에 여러 뜻을 내포하는 '다의어(히브리어, 헬라어, 영어 등)'는 반드시 문맥 안에서 그 단어의 분명한 의미를 알 수 있다.

김성수는 로마서 8장 1-3절 강해에서 헬라어 '파라쿠오', '휘파코스', '피스티스' 등의 단어를 계속 언급하면서 사전에도, 성경에도 없는 새로운 의미가 마치 성경이 말하는 진리인 것처럼 설명하고 있다. 그는 "피스티스라는 단어 자체가 '하나님은 신실하시다, 하나님은 믿음이시다'라는 말"이라고 설명한다. 그러나 '피스티스(πίστις)'는 그런 의미가 아니다. 성경에 나오는 '피스티스'는 문맥에 따라 하나님의 신실함이 될 수도 있고, 다른 사람의 신실함이 될 수도 있다. 이렇게 단어는 문맥 안에서 그 의미가 분명하게 드러나는 것이다.

로마서 강해 79에서 김성수는 로마서 1장 19절과 히브리서 11장 39-40절을 인용한다. 이 성경구절은 설교하고자 펴 놓은 설교 본문(롬 8:1-3)과 아무 관계가 없다. 그런데 이 구절로 성경 해석을 계속한다. 히브리서 11장에서 히브리서 기자가 믿음의 선진들을 설명한 것은 "그렇게 살라는 것이 아니라 하나님이 그런 쪼다들을 어떻게 믿음으로 만드셨는가를 보여 준다."고 말한다.

김성수의 말을 인정해 줄 수 있다고 가정해 보자. 그렇게 보여 주신 이유와 목적은 무엇인가? 히브리서 기자는 바로 12장에서 자세히 설명하고 있다. "믿음의 주요 온전하게 하시는 이인 예수를 바라보자(히 12:2)."고 말하며, "모든 사람과 더불어 화평함과 거룩함을 따르라(히 12:14)."고 이런 믿음의 선진들을 11장 전체에 걸쳐서 소개한 것이다. 김성수는 이렇게 '행하라'는 성경 말씀을 전부 바꾸어서 '내가 복음(김성수 복음)'을 만들어 버렸다.

김성수는 히브리서 강해 61(히 11:33-40)에서도 잘 드러난다. 그는 이 강해에서 믿음을 재정의한다.

> 예수라는 길을 따라 흘러가는데 거기에 있는 방해물을 하나님의 뜻으로 순종하는 능력, 힘, 이걸 믿음이라고 해요. 믿음을 갖고 그걸 제거하는 게 아니라 하나님이 나에게 허락하신 거라면 그 어떤 것도 선입니다를 인정하는 힘이 믿음입니다. 그래서 그러한 자들은 이 욕망의 바다, 아담들의 이 욕망을 막 쏟아 내서 바다를, 저주의 바다를, 이룬 곳이 세상이잖아요? 여기에서 그들은 믿음이 그 길로 끌고 가는 과정 속에서 이들을 자꾸 부인시키고 부정시키고 해체해 나가기 때문에 이 욕망의 바다와 다른 세계관과 가치관을 조금씩 갖게 되는 거고 그들이 세상이 감당치 못한다고 하는 거예요.

그의 설명은 히브리서 기자가 말하는 믿음과 다르고 성경 전체가 말하는 믿음과 다르다. 김성수는 믿음을 끊임없이 자기 부인에 맞추어 설명한다. 그것은 믿음의 한 속성일 뿐이다. 믿음은 때때로 자기 부인이라는 수동적인 형태로 나타날 수도 있지만, 피 흘리기까지 악과 싸우고 세상을 이기는 능동적인 믿음의 행위를 포함한다(히 12:4).

이것이 히브리서 기자가 11장에서 믿음의 선진들을 이야기한 이유이고 목적이다.

김성수가 로마서 강해 중간에 히브리서 11장과 선한 사마리아인의 비유를 언급한다.

> 선한 사마리아인의 비유가 뭐였어요? 제가 비유 때 설명해 드렸지
> 요. 율법과 예수 그리스도의 이야기예요. 율법사가 나오지요? 율법
> 을 연구하고 가르치는 이예요. 율법 대장, 율법사가 와서 묻습니다.
> 내가 알기론, 율법이 알기로는 영생은 율법을 통하여 뭔가를 열심히
> 해야 얻는 것이라고 배웠다. 무엇을 해야 영생을 얻어? 이렇게 물었
> 어요, 율법이 예수님에게. 은혜에게 묻는 거예요, 율법이.

'율법사'가 '율법'을 상징한다고 해석하여 '율법사'는 '율법'이라고 만들었다. 그러나 성경 어디에서도 율법사가 율법을 상징한다고 하지 않는다. 율법사가 곧 율법이라는 도식은 논리에도 맞지 않다. 김성수가 율법이 은혜와 반대되는 개념이라는 자기 주장을 합리화시키기 위한 설명일 뿐이다. 율법사는 율법을 가르치는 사람일 뿐 거기에 상징적인 의미가 있는 것도 아니고 더욱이 율법사는 율법이 결코 아니다. 김성수는 이런 설명으로 의도적으로 '십자가—예수'라는 결론으로 이끄는 것이다.*

로마서 강해 79(8:1-3) 결론에 가면 다음과 같은 말로 설교를 마무

---

* 김성수는 여기서 호세아 6장 9절과 요한복음 10장 1절을 인용한다. 그러면서 선한 사마리아인의 비유에 나오는 강도가 바로 율법주의 바리새인, 제사장 등, 이런 사람이라고 설명한다. 사실 호세아 6장이나 요한복음 10장은 선한 사마리아인 비유와 아무런 관계가 없다. 김성수 특유의 '상징적 해석'의 논리에 빠져들지 말고, 성경 이해와 해석의 기본으로 돌아가서 성경 본문의 바른 의미를 냉철하게 구분하고 분별해야 한다.

리한다.

예수님이 그대로 보여 주는 거예요. 강도 맞는 거예요. 율법에게 죽
어 가지고, 다나토스의 죽음이 그 죽음이라니까요. 거반 죽어. 거반
죽어야 그 사마리아인이 보이는 거예요. 율법이 죽어야, 율법이 살
아 있으면, 자기가 개 취급하던 사마리아인이 다가왔을 때 절대 못
만지게 합니다. 근데 내가 그 율법에 의해 맞아 죽어 트라우마가 생
기면 움직일 수가 없어요. 그때 은혜가 그를 만질 수 있다니까요.
…중략…
그래야 여러분이 자유를 얻을 수 있다니까요. 그게 아무것도 아니어
야. 예수님이 그러잖아요. 가서 너도 이같이 해라. 너도 죽을 거야
이런 뜻이에요. 먼저 그 사랑을 받아. 그 사랑을 알아라. 그러면 너
도 그렇게 될 거야. 그러면 좌로나 우로나 치우치지 않을 수 있어요.
그걸 알았는데 정죄가 나에게 뭘 할 수 있냐구요. 그래서 바울이 그
러는 거예요. 그러므로 우리에게는 결코 정죄되지 않는다, 그러는
거예요. 심판의 정죄. 없어지는 거예요, 이제. 아예 없어지는 거예
요. 왜? 그게 뭔지를 알았기 때문에, 그걸 복음이라고 그래요. 여러
분, 기쁘세요 그게? 복된 소식인데? 그게 기쁘셔야 돼요. 그게 예수
믿는 겁니다.

결론은 '사마리아인이 율법에 맞아 죽었다'는 것이다. 바울은 우
리에게 결코 정죄가 없다고 말하고, 그것이 복음이라고 설명한다.
김성수의 말대로라면, 강도는 곧 율법이다. 그리고 율법은 곧 제사
장이고 바리새인이다. 이런 주장은 해석상 앞뒤가 맞지 않다. 더 근
본적인 문제는 이 선한 사마리아인의 비유를 말씀하신 후에 "가서

너도 이와 같이 하라(눅 10:37).”고 명령하신 예수님의 말씀을 완전히 무시하는 데 있다.

김성수는 하나님의 행함에 의해서 구원받는 것이 바로 야고보서에서 가르치는 ‘행함 있는 믿음’이라고 그 의미를 왜곡해서 설명한다. 성경은 ’지키라’ 혹은 ‘행하라’고 주어진 말씀이 아니라고 한다.* “성경은 단지 예수의 십자가를 깨달아 알라”고 주셨다고 주장한다. 이것은 초대교회 이단이었던 영지주의적 가르침과 다르지 않다. 교회 안에 침투한 영지주의자들은 자신만이 가지고 있는 진리인 영생에 이르는 지식에 대한 가르침 받고 그 진리를 깨달아서 구원에 이를 수 있다고 말했다.

김성수는 로마서 8장 1-3절 본문을 펴 놓고 ‘정죄(카타크리마)’라는 단어로 자신이 원하는 결론을 만들었다. 물론 강해 내용 중간중간에는 그럴 듯한 설명도 있고, 맞는 해석도 있다. 그러나 대부분은 본문의 의미를 왜곡한 극단적이고 황당한 설명이 혼합되어 있다. 분별력이 없는 일부 신자는 지금도 그의 가르침을 모두 진리로 받아들이고 있다.

로마서 강해 88(크로노스의 고난이 카이로스에서의 영광이다, 롬 8:15-18)을 살펴보도록 하겠다. 김성수는 로마서 강해 88에서 여자가 아이를 낳기까지의 과정을 흥미롭게 성경과 접목해서 이야기한다. 그러면서 ‘이 세상의 모든 것이 하늘의 모형이고 예수를 가리키는 모형’이라고 주장한다. 이것은 신비주의자와 같은 극단적인 주장이다. 그

---

* 요한복음 강해 89(영생은)에서도 “성경은 예수의 필연성을 가르치시기 위해 우리에게 주어진 것이지 거기에 적힌 것대로 살아 내어서 구원에 이르라고 주신 것이 아니라.”고 강조한다. 이 주장을 뒷받침하기 위해 다시 ‘선한 사마리아인의 비유’를 들어 설명한다.

바른 **해석** 바른 **신앙**

는 이런 주장을 위해 성경을 교묘하게 왜곡해서 뒷받침한다. 그 일부분을 소개하면 다음과 같다.

어머니가 복중에 생명의 씨를 받아서 잉태를 하게 되죠? 그건 다 하나님의 자손, 그 '제라'가 어떻게 아들로 탄생되는가를 설명해 주기 위해 하나님이 모형으로 주신 거예요. 하나님은 얼마든지 그런 과정 거치지 않고 만들어서 뿌릴 수 있다니까요.

…중략…

그리고는 열 달 동안 그 생명의 씨에 의해 그 어머니의 인생이 장악되고 조종되게 되어 있어요. 열이라는 것은 항상 십계명, 율법을 상징하는 숫자입니다. 그래서 아래의 호 코스모스의 세상은 열이에요. 열. 옛 성전, 율법, 아래 세상. 이건 다 같은 거란 말이에요.

…중략…

그러나 자아라는 육신을 여전히 갖고 있는 그 어미는 이내 또 고통과 어려움 속으로 다시 빠져들어요. 그러면 또 남편만 달달 볶아요. 그러면서 크로노스의 열이 채워지는 거예요. 그리고는 아이를 낳는 출산의 시간이 다가옵니다. 크로노스의 열이 아들로 출산되는 거예요. 열이, 이 아래의 세상이, 율법이 아들로 출산이 되기 위해서 열둘이 필요했죠? 그래서 열두 사도, 열두 지파가 있는 거죠. 그렇게 그들이 열두 아들이 되면 비로소 하나님의 말씀을, 그 말씀을 내 마음으로 받고 전하게 되죠? 그때 그거를 칠이라 그래요.

그래서 그 다음에 일곱 집사가 뽑히는 거예요. 그러니까 일곱 집사의 섬김은 그들이 뭐 구제와 긍휼의 어떤 삶을 담당한다고 하는 게 다 말씀을 전해서 구제하고 하는 거예요. 그래서 오늘날 존 칼빈이 정해 놓은 집사 장로 이 서열은 성경적인 게 아니에요, 사실은. 하나님의 아들이 되어 그들이 하나님의 말씀을 정말 뿌리는 이들이 됐을 때 그들을 집사라 그래요.

…중략…

그 크로노스의 열 달이라는 시간이 사실은 이 카이로스의 기쁨을 그 시간 속에서 나타내 준 모형의 시간들임을 알게 되는 거죠. 열 달 동안 고통스럽고 힘들고 어렵게 그 시간을 보내잖아요. 그러나 그 시간은 바로 이 카이로스의 이 완결, 이 기쁨, 이 환희, 이 행복을 위한 시간이었다라는 거죠. 그러니까 그 크로노스의 시간은 바로 이 카이로스의 이 시간을 역사 속에서 나타내어 보여 주는 시간이다라는 걸 알게 되는 거예요. 그렇게 열 달 동안에 그 크로노스의 시간은 출산이라는 그 카이로스의 완성을 위한 거예요.

…중략…

그런데 이 땅에서 그 현실 천국과 연결이 되지 못하면 그 진짜 천국은 절대 못 가는 거예요. 그래서 이 땅에서 천국을 살아야 된다라고 말하는 거예요. 이 땅에서 그냥 행복하기만 하고 편안하기만 하고 기쁘기만 하고 이런 삶을 살라는 게 아니에요. '천국을 살라'는 건, 아, 이게 그거지!라고 하는 고 순간, 이게 카이로스란 말이에요. 그게 '천국을 사는' 거란 말이에요.

김성수는 어머니가 복중에 생명의 씨를 받아서 잉태하게 되는 것은 하나님의 자손이 어떻게 아들로 탄생되는가를 설명해 주기 위해서 하나님이 모형으로 주신 것이라고 설명한다. 이런 설명은 성경 어디에도 근거가 없다. 단지 김성수가 구약성경 이야기를 예수를 가리키는 모형이라고 설명하는 것과 같이 모든 것을 모형이라고 주장하는 독특한 사고방식에서 나온 설명이다.

김성수는 "임신한 여자가 열 달 동안 생명의 씨에 의해 그 어머니의 인생이 장악되고 조종된다."면서, "열이라는 것은 항상 십계명, 율법을 상징하는 숫자"라고 말한다. "그래서 세상(호 코스모스)이 열 (10)"이고, "옛 성전, 율법, 아래 세상, 이건 다 같은 말"이라고 주장한다. 성경에 10이 항상 십계명 율법을 상징하는 숫자라는 말이 어디에 있는가? '숫자 10=옛 성전=율법=세상'이라는 주장은 성경적인 근거가 전혀 없으며, 상식과 논리에도 맞지 않은 어이없는 주장일 뿐이다. 마찬가지로 칠이라는 숫자와 사도행전에 나오는 일곱 집사의 임명 내용을 연결해서 해석하는 것도 성경적인 근거가 전혀없는 소설같은 이야기다.

김성수는 "일곱 집사의 섬김(구제와 긍휼)이 말씀을 전해서 구제하는 것"이라는 말한다. 이것은 일곱 집사의 선출에 대해서 기록하고 있는 성경 본문을 완전히 왜곡한 설명이다. 사도행전 6장 1-6절은 이 점을 분명히 밝히고 있다.

> 그때에 제자가 더 많아졌는데 헬라파 유대인들이 자기의 과부들이 매일의 구제에 빠지므로 히브리파 사람을 원망하니 열두 사도가 모든 제자를 불러 이르되 우리가 하나님의 말씀을 제쳐 놓고 접대를 일삼는 것이 마땅하지 아니하니 형제들아 너희 가운데서 성령과 지혜가 충만하여 칭찬 받는 사람 일곱을 택하라 우리가 이 일을 그들에게 맡기고 우리는 오로지 기도하는 일과 말씀 사역에 힘쓰리라 하니 온 무리가 이 말을 기뻐하여 믿음과 성령이 충만한 사람 스데반과 또 빌립과 브로고로와 니가노르와 디몬과 바메나와 유대교에 입교했던 안디옥 사람 니골라를 택하여 사도들 앞에 세우니 사도들이 기도하고 그들에게 안수하니라(행 6:1-6).

위 본문을 보면 교회가 어려운 사람들을 돕는 구제의 행위에 있어서 문제가 생겼다. 그것은 헬라파 유대인에 속한 과부들이 히브리파 유대인들에게 공정하지 못한 대우를 받는다는 불만과 원성이 원인이었다. 따라서 사도들은 구제 문제로 인하여 복음 전파에 쏟아야 할 시간이 줄어들게 되자 이런 어려움을 해결하기 위해서 일곱 명의 평신도 지도자를 세웠다. 이들이 교회의 행정과 구제를 위해서 세워진 일꾼이라는 점에서 오늘날 집사 제도의 기원으로 삼고 있다. 이렇게 성경 본문은 실제적인 구제를 말하고 있음에도 김성수는 이런 교회의 구제 행위를 의도적으로 무시하면서 본문의 의미를 왜곡하고 있는 것이다(행 6:1-6).

개혁주의를 외치던 김성수가 어느 순간부터 자신의 뛰어남을 드러내고자 개혁주의를 비판하기 시작한다. 이 강해에서도 그러한 모습을 보게 된다. 자신의 궤변을 합리화시키고자 종교개혁자 존 칼빈이 정해 놓은 '집사, 장로' 제도는 성경적인 것이 아니라고 주장한다. 김성수는 왜 성경적이지 않은 장로교단의 목사로 스스로 남아 있으면서 개혁주의 장로교단을 비판할까? 자기 모순이며 비판의 수위를 넘어서 자신의 얼굴에 침을 뱉고 있는 것이다.

또 다른 왜곡된 가르침은 "아, 이게 그거지라고 깨닫는 그 순간이 '카이로스'이고 그게 '천국을 사는' 것"이라고 주장하는 것이다. 깨달음의 순간이 천국을 사는 것이라고 말하면서 복음을 배우고 깨닫는 것이 기독교 신앙의 전부인 것처럼 강조한다. 이것은 '깨달음의 지식'을 강조하던 초대교회 영지주의의 가르침과 유사하다.

우리는 사도 바울이 천국을 사는 것에 대해 다음과 같이 말한다.

하나님의 나라는 먹는 것과 마시는 것이 아니요 오직 성령 안에 있는

바른 **해석** 바른 **신앙**

의와 평강과 희락이라(롬 14:17).

천국을 사는 생활, 즉 이 땅에서 하나님 나라는 성령으로 말미암아 우리 마음 가운데 '의와 평강과 희락'이 임하게 되는 것이다.* 여기서 '의'란 예수 그리스도를 믿음으로 말미암아 얻게 된 하나님의 의를 기본으로 하여 하나님의 자녀다운 의로운 삶을 포함한다. 이 점에 있어서 하나님께 의롭다고 인정받는 것과 하나님의 말씀을 따라서 의로운 삶을 살아가는 것은 분리될 수 없다. 또한 평강은 예수 그리스도로 인하여 하나님과 원수되었던 우리가 하나님과 더불어 평화를 누리게 되는 것을 기본으로 하여 성령 안에서 누리는 영적 평안이다(cf. 롬 5:1). 희락(영적인 기쁨)은 성령의 충만함을 통하여 누리게 되며(갈 5:22-23), 이러한 기쁨은 로마서 5장 2-4절의 말씀과 같이 장차 도래할 하나님 나라를 소망하며 환난 중에도 누릴 수 있는 기쁨이다(『원문 중심의 이야기 로마서』, 383). 신자가 성령 안에서 의와 평강과 희락을 누리는 상태가 이 땅에서는 하나님 나라를 누리는 것이다. 이것은 깨달음이 아니라 성령의 충만함을 통하여 누리는 체험이다. 이런 체험적 복음을 간과하고 오직 배움과 깨달음의 복음만 강조하는 김성수의 가르침은 기독교의 복음이라고 보기 어렵다.

김성수는 이 설교의 후반부에서 '자녀이면 또한 후사요 하나님의 상속자'라는 로마서 8장 17절 본문을 '여자의 씨=생명의 씨를 받는 자=자녀'라는 방식으로 설명하면서 자신이 의도하는 방향으로 이야

---

*　여기서 말하는 '하나님 나라'는 헬라어 '바실레이아(βασιλεία)'인데, '하나님이 다스리는 나라(the kingdom of God)', 즉 하나님의 통치를 의미하는 말이다. 하나님 나라는 예수 그리스도와 함께 이 세상에 이미 임했고(눅 11:20), 믿는 자들을 통하여 성령의 내주하심으로 이 땅에서 확장되어 가고 있다(마 13장). 그리고 장차 천국에 가서 완전한 하나님 나라(통치)를 누리게 될 것이다(『원문 중심의 이야기 로마서』, 383).

기를 발전시켜 나간다. 그리고 "여자가 해산하게 되면 그때가 이르 렀으므로 근심하나 아이를 낳으면 세상에 사람 난 기쁨을 인하여 그 고통을 다시 기억지 아니하느니라(요 16:21)."고 하신 예수님의 말씀 을 인용하여 연결한다.

하지만 김성수는 예수님의 의도와 진정한 의미가 22절에 나오는 "지금은 너희가 근심하나 내가 다시 너희를 보리니 너희 마음이 기 쁠 것이요 너희 기쁨을 너희 기쁨을 빼앗을 자가 없으리라(요 16:22)." 는 말씀에 있다는 점을 무시하고 넘어간다. 요한복음 16장 21절은 22절과 연결해서 보지 않으면 진정한 의미를 알 수 없다. 그는 자신 의 주장을 위해 성경 본문의 한 부분만 인용하고 있다.

'창세기 3장에 나오는 여인의 해산하는 고통' 이야기와 바울이 디 모데서에서 '여자는 조용히 배우라'라는 이야기를 연결해서 임산부 의 여인에 대한 이야기를 계속한다. 김성수는 창세기 3장에서 아담 과 하와가 선악과 뒤에 숨었다는 이야기를 '율법 뒤에 숨었다'는 의 미로 바꾸고, '수치를 가리고자 치마를 입은 것(창 3:7)'을 "율법의 행 위로 치마해 입고 나타난 사건"으로 설명한다. 이런 설명은 성경 본 문에 대한 바른 해석이 아니라 심각한 왜곡이다. 이것은 김성수가 늘상 말하던 '율법=행위=자기 의= 죄'라는 고정관념을 가지고 성경 여기저기를 상징적 의미라고 끼워맞추는 주장에 불과하다.

김성수는 다시 히브리서의 제사 이야기를 인용하면서, '너희들이 그리스도로 옷 입었다'고 한 사도 바울의 말을 "너희들의 행위 옷이 나 무화과나무 잎사귀 옷이 아니라 내가 준비한 그 제물의 옷, 즉 그 리스도라는 옷, 그거면 된다."는 말씀이라고 왜곡하여 설명한다.

사도 바울이 그리스도로 옷 입었다고 것은 김성수가 설명한 것처 럼 "내가 준비한 예수라는 제물이면 된다."는 의미가 전혀 아니다.

바울은 성도의 거룩한 행위와 관계해서 옷을 말한 것이다. 바울은 이렇게 말했다.

> 밤이 깊고 낮이 가까웠으니 그러므로 우리가 어둠의 일을 벗고 빛의 갑옷을 입자 낮에와 같이 단정히 행하고 방탕하거나 술 취하지 말며 음란하거나 호색하지 말며 다투거나 시기하지 말고 오직 주 예수 그리스도로 옷 입고 정욕을 위하여 육신의 일을 도모하지 말라 (롬 13:13-14)
>
> 그러므로 너희는 하나님이 택하사 거룩하고 사랑 받는 자처럼 긍휼과 자비와 겸손과 온유와 오래 참음을 옷 입고(골 3:12).

요한계시록에서도 은유적(상징적) 의미로 '옷'을 말하고 있다.

> 그에게 빛나고 깨끗한 세마포 옷을 입도록 허락하셨으니 이 세마포 옷은 성도들의 옳은 행실이로다 하더라(계 19:8).

신약성경에서는 옷을 '세례를 받은 자(갈 3:27)' 또는 '예수 그리스도로 말미암아 새 사람이 된 구원받은 신자의 실존에 합당한 변화된 삶의 행위'를 비유적으로 표현하기도 한다. 에베소서 6장에서 "하나님의 전신갑주(갑옷)를 입으라."는 말씀도 이와 관계 있다.

이제 김성수가 장황하게 설명하는 '크로노스(χρόνος)'와 '카이로스(καιρός)'에 대해서 살펴보자. '크로노스'와 '카이로스'라는 두 단어가 심오한 의미를 내포하고 있는 것처럼 설교의 시작부터 끝까지 이 단어의 설명으로 시간을 채웠다. '크로노스'와 '카이로스'는 신약성경에서 자주 사용되는 단어지만 그 의미를 바로 알지 못하고 잘못 인용되는 대표적인 단어 가운데 하나에 해당된다.

일반적으로 크로노스는 주로 연대기적 시간을 가리키고, 카이로스는 어떤 특정한 시간을 의미한다. 크로노스는 과거부터 미래로 흐르는 객관적(역사적) 시간을 나타낸다면, 카이로스는 어떤 순간, 주관적인 시간을 나타낸다. 그러나 단어 자체가 어떤 뜻별한 의미를 담고 있거나 심오한 복음적 의미를 가지고 있지 않다. 김성수는 '크로노스'가 항상 '하나님의 계시가 드러나는 묵시의 시간'이기에, '신자에게 특별히 의미 있는 시간'이라고 설명하고 있다. 하지만 이런 구별 자체가 성경적으로 잘못되었다.

이 점을 요한복음 강해에 나타난 구체적인 예를 들어서 소개하겠다. 예수님과 그의 동생들이 초막절 절기를 지키려고 예루살렘에 올라갈 일에 대하여 대화를 나누는 내용이 나오는 요한복음 7장 1-10절을 보면, 예수님께서 "내 때(카이로스)는 아직 이르지 아니하였고 너희 때(카이로스)는 늘 준비되어 있다."고 말씀했다(요 7:6). 여기에 사용된 단어는 둘 다 '카이로스'이지만, 둘 다 특별한 하나님의 섭리나 예수님의 구속을 말하는 것이 아니다.* 다시 말해서 예수님이 "내 때가 이르지 않았다"는 말씀은 예수님이 예루살렘으로 가서 복음을 전할 그때가 아직 아니다는 의미다.** 예수님이 말씀하신 "너희 때"는 예수의 동생들이 초막절에 올라갈 시기를 말하고 그 시기는 너희

---

* 이 말씀은 전도서 말씀대로 유대인들이 "모든 일이 하나님이 정하신 때가 있다."는 그들의 익숙한 표현방식을 사용한 것으로 보는 것이 바람직하다(Kostenberger, *John*, 230).

** 이 사실은 요한복음 7장 8절에 나오는 "내 때가 아직 차지 못하였으니 이 명절에 아직 올라가지 아니하노라."고 한 예수님의 말씀에 더 구체적으로 나타난다. 예수님이 말씀하신 '나의 때(my time)'는 문맥을 볼 때 '명절에 올라가는 시기와 관계된 때'임을 알 수 있다. 그리고 예수님은 동생들이 예루살렘에 올라간 후에 홀로 은밀히 올라가셨다(요 7:10).

바른 **해석** 바른 **신앙**

가 마음먹기에 따라 언제나 가능하다는 말이다.

크로노스는 주로 연대기적 시간이고 카이로스는 특정한 시간을 의미할 때가 많이 있지만, 항상 그렇게 구별해서 사용되는 것은 아니다. 그런데 김성수는 '크로노스'가 항상 하나님의 계시가 드러나는 묵시의 시간이라고 잘못된 단어의 이해로 장황하게 설교한 것이다.

김성수는 성경의 히브리어나 헬라어 단어 하나를 심오한 의미로 둔갑시킨 후에 성경의 수많은 구절과 연결해서 엉뚱한 의미를 만들었다. 그럼에도 그것은 꽤나 흥미롭고 설득력이 있어서, 성경을 잘 알지 못하는 신자들은 김성수의 설교를 서로 추천하는 것이다.

설교 전문 비평에서 김성수의 창세기 강해를 살펴보았다. 창세기 강해와 요한복음 강해는 밀접한 관련이 있다. 그것은 창세기 1장과 요한복음 1장의 유사점에서 비롯된 것이기도 하다. 독자에 따라서는 필자의 창세기 설교 전문 비평이 김성수의 창세기 강해를 평가하는 데 충분하지 않다고 여길지도 모른다. 따라서 창세기 강해와 함께 요한복음 강해를 비교하며 비평하고자 한다.

4. 창세기 강해 비평

김성수에 의하면 창세기에는 많은 내용이 있지만, 창세기 강해의 중심은 "예수 그리스도를 통한 하나님의 구원"이라고 말한다(창세기 강해 1, 태초에 하나님이 천지를 창조하시니라).

김성수는 2년 반 동안 요한계시록을 먼저 공부하고, 창세기를 배우는 것이 이치에 맞다고 말하면서, 성경의 묵시를 이해하려면 시간을 벗어나서 이해하라고 주장한다. 필자는 김성수가 요한계시록의 상징적 해석 방식을 창세기에 그대로 적용한 것이 잘못된 해석의 근본적인 원인 가운데 하나라고 생각한다.

하나님의 구원 역사는 창세기에서 요한계시록으로 흘러가는 구속 역사 속에서 예수 그리스도의 오심과 다시 오심의 종말론적 구속의 완성을 보여 주는 것이다. 김성수는 이러한 하나님의 말씀이 전개되는 계시의 시간적, 역사적 해석을 무시하고 "창세기부터 요한계시록까지 영원 속에 존재하는 묵시로 보아야 한다.…이런 묵시적 차원에서 혼돈과 공허와 흑암뿐인 죄인을 포함한 이 세상을 하나님이 어떻게 회복하실 것인가를 보여 준다."고 말한다. 천지 창조를 처음 3일과 두 번째 3일로 구분하고, 이것이 예수님이 3일 만에 부활한 사건과 연결시킨다. 사실 성경을 제대로 이해했다면, 성경해석학이나 성경신학 책 몇 권만이라도 제대로 읽고 이해했다면, 이런 엉터리 해석은 하지 않았을 것이다.

그의 설교를 조금 더 살펴보자. 창세기 1장 1절과 2장 4절에 대해서 설명하면서, 에레츠(땅), 솨마임(하늘들), 엘로힘(하나님), 바라(창조하다) 등의 단어가 똑같이 나온다는 점을 지적한다. 김성수는 이것이 히브리 문학 기법 중의 하나인 수미일치법(inclusio)으로써, 샌드위치처럼 싸고 있다고 설명한다. 그러면서 김성수는 이런 문학 기법을 이해하는 것이 대단히 중요하다는 듯이 거듭 강조한다. 하지만 수미일치법(수미쌍관법)은 처음과 끝이 반복되는 구조를 갖는 문학 기법이다.* 쉽게 말해서 한 편의 시를 읽어 보면 처음과 끝에 같은 구절을 반복하여 중심을 감싸는 표현 방식이다.

---

* 수미일치법이란 처음(수, 首)과 끝(미, 尾)이 서로 관계가 있다고 하는 문학 기법으로 '수미상관법', '수미상응' 혹은 '수미쌍관'이라고도 한다.

그런데 창세기 1장 1절과 2장 4절은 시작과 끝(수미상관법)이 아니다. 창세기 1장 1절은 "태초에 하나님이 천지를 창조하시니라."고 시작하고, 2장 4절은 "이것이 천지가 창조될 때에 하늘과 땅의 내력이니"라면서 창조 이야기를 다시 하고 있다. 창세기 1장 1절-2장 3절에서 창조 이야기가 끝나고, 2장 4-25절에 다시 창조 이야기가 나온다.

이런 이중적 문학구조 때문에 문서설을 주장하는 학자들은 '같은 기사가 반복해서 나오는 것을 볼 때 창세기의 저자가 한 사람이 아님을 보여 준다.'고 말한다. 하지만 이런 반복은 창세기 저자가 천지 창조의 대략적인 이야기를 순서적으로 먼저 기록하고 나서, 다시 인간 창조를 자세하게 설명하고자 사용한 방식이라는 점을 이미 앞에서 설명하였다. 김성수는 창세기 1-2장의 기본구조도 바르게 파악하지 못하고, 자신이 몇십 권의 신학서적을 읽고 누구보다 성경을 깊이 있게 연구한 특별한 사람인 것처럼 자기 자랑을 했다. 신자에게 자신의 가르침은 절대적인 진리라는 암시를 주는 것이다.

김성수의 창세기 1장 강해에는 '진화론 비판'과 같이 번뜩이는 설명도 있다. 그의 설교 중간중간에는 타당한 성경 해석과 설명도 섞여 있다. 그의 설교를 한 번 들으면 쉽게 빨려드는 매력이 있다. 창세기 강해 1에서 창세기 시작과 요한계시록 마지막을 비교하는 설명을 처음 접하는 청중은 '김성수가 성경 전체를 꿰뚫고 있다'는 생각을 할 수 있다. 그러나 김성수는 자신이 책을 통해서 배운 지식과 자신의 편견적인 생각을 혼합하여 성경 본문이 말하는 의미에서 멀리 나아가곤 한다. 그것은 근본적으로 성경 이해와 해석 그리고 성경신학 기초가 탄탄하지 못한 상태에서 독특하고도 무리한 해석을 하면서 생긴 오류라고 여겨진다.

창세기 강해 3(빛이 있으라, 창 1:1-3)을 살펴보자. 김성수는 창세기 1장 3절의 "하나님께서 가라사대"라는 표현 가운데, '가라사대, 아마르'라는 단어에는 중요한 의미가 담겨 있다고 설명한다. '가라사대 (아마르)'라는 단어를 히브리서 11장 3절과 연결히야 "하나님께서 말씀으로 이 세상을 창조하셨다."는 점을 말한다. 히브리서 11장 3절에서 "믿음으로 모든 세계가 하나님의 말씀으로 지어졌다."고 기록하고 있기 때문이다.

그가 늘 강조하던 "성경은 모두 예수와 영생에 대하여 말하고 있다."는 설명으로 나아간다. 김성수는 천지가 말씀으로 창조되었다는 점을 확신시킨 후에, 그 말씀이 곧 예수 그리스도라고 주장하는 것이다. 여기에 요한복음 1장 1절을 예로 든다. "태초에 말씀은 하나님과 함께 계셨고" 그 말씀이 예수 그리스도라고 하는 요한복음 1장 1절을 연결시킨 것이다.

창세기에서 하나님이 선언하신 '말씀'과 요한복음에서 말한 '말씀'은 같지 않다. 요한복음에서 "말씀이 하나님과 함께 계셨다(요 1:1-2)", "말씀이 육신이 되셨다(요 1:14)"는 내용은 어떤 신적 존재인 로고스(λόγος)를 가리키는 것이지 하나님이 천지 창조에서 선언하신 '말씀'이 아니다. '말씀(the Word)'으로 번역한 단어는 헬라어로 '로고스'이며, '말씀, 연설, 설명(account), 이성(reason)' 등 여러 의미가 있다. 특히 우리는 요한복음 1장에 나오는 말씀과 관련해서 로고스가 '말씀', '이성'이라는 두 가지의 뜻을 가지고 있음을 기억할 필요가 있다. 왜 요한은 예수 그리스도를 '로고스'라고 표현했을까? 이 당시의 유대인과 이방인(헬라인) 모두에게 '예수님이 하나님이시다'라는 사실을 말하기에 가장 적절한 표현이 바로 '로고스'였기 때문이다. 로고스는 오직 유일신을 믿었던 유대인에게 천지를 창조하신 하나님(하

바른 **해석** 바른 **신앙**

나님의 말씀)으로 거부감 없이 받아들여질 수 있었다.* 철학을 신봉하고 다양한 신을 믿었던 헬라인에게 '로고스'가 우주의 질서를 주관하는 '신적인 이성'으로 거부감 없이 받아들여질 수 있었다.** 예수님이 신적 존재임을 선언하는 것이지, 단지 말씀이 하나님이다는 점을 강조한 것이 아니다. 이처럼 사도 요한은 '로고스'라는 단어가 예수 그리스도가 하나님의 아들이시고 동시에 하나님이심을 전하는 데 가장 적절한 단어라는 사실을 알고 사용한 것이다.

김성수는 골로새서 1장 15-16절과 히브리서 1장 2절과 10절 말씀으로 자신의 주장을 정당화시키면서 다음과 같은 결론을 내린다.

> 이제 하나님의 말씀이 세상을 창조하셨다는 말이 무슨 뜻인지 그리고 그 말씀이 예수 그리스도라는 것이 무슨 뜻인지, 따라서 천지를 창조하신 분은 예수 그리스도라는 말이 무슨 뜻인지 이해가 되셨지요? 이것이 바로 '가라사대, 아마르'가 담고 있는 내용인 것입니다. 그렇게 해서 창세기의 첫 번째 날 창조된 것이 뭡니까? 빛이지요? 혼돈과 공허와 흑암뿐인 천지 창조 위에 질서가 잡히기 시작하는 것

---

* 　유대인은 '말씀'을 하나님 창조 사역의 매개체요, 하나님의 뜻을 현실로 만드는 존재로 이해했다(창 1:3, 6, 9, 11, 14, 20, 24, 26, 29; 사 55:11; 시 33:6, 107:20, 145:15; 잠언 8:12-23). 그러나 요한복음에서 사도 요한은 이런 의미를 그대로 사용한 것이 아니라 이런 유대인적 사고를 고려해서, '예수님이 하나님이시다'라는 사실을 조심스럽고 지혜롭게 헬라어 단어 '로고스(말씀 또는 이성)'를 사용해서 소개한 것이다.

** 　헬라인은 '로고스'는 이성이라는 의미에 아주 익숙하다. 주전 6세기 경에 살았던 헤라클리투스(Heraclitus) 철학자는 "만물의 변화에도 질서와 일정한 법칙이 있다."고 믿었고, 그 질서를 부여하는 '신적인 이성' 혹은 '우주적 이성'이 있다고 믿었다. 또한 신과 교통할 수 있는 것도 로고스 때문이라고 믿었다. 그렇다고 일부 학자들이 주장하듯 사도 요한이 헬라 사상과 이원론적 사상(빛과 어두움)을 그대로 수용해서 이런 표현을 사용하고 있다고 오해해서는 안 된다. 사도 요한은 문화적인 옷을 입고 시대적 통찰력을 가지고 복음을 전한 것이다.

입니다. 그런데 그 빛은 태양 빛이 아닌 어떤 다른 빛입니다. 그 빛이 무엇인지를 알기 위해서는 신약에서부터 출발해야 합니다.

신약에서 하나님께서 혼돈과 공허와 흑암뿐인 죄인들을 질서와 풍요와 빛으로 이끄시기 위해 첫 번째로 하신 일이 무엇입니까? 하나님의 말씀의 실행자이신 예수님을 이 땅에 보내신 것이지요. 요한복음의 첫째 날에 누가 왔습니까? 빛이 오셨다라고 하지요? 그 요한복음 1장 2장의 일곱 날에 관한 내용은 창세기의 일곱 날과 정확하게 일치하는 것이라고 설명드렸잖아요.

창세기의 말씀(아마르)과 요한복음의 말씀(로고스)은 의미가 다르다. 마찬가지로 창세기 1장의 '빛'과 요한복음 1장의 '빛'은 명백하게 그 의미가 다르다. 요한복음 1장에 나오는 '말씀'과 '빛'이라는 단어는 명백하게 예수를 가리키는 상징적 표현이고, 창세기 1장에 나오는 '말씀'과 '빛'이라는 단어는 사실적인 표현이다. 같은 단어지만 사실적인 표현을 할 때와 요한복음과 같이 상징적으로 사용될 때의 의미는 다르다. 이러한 언어의 기본적인 사용과 이성적 논리를 무시하고 신비스러운 해석을 추구한 것이 중세 기독교의 잘못된 사중적 해석(신비적 해석)이었다. 초대 교부 오리겐이나 중세 초기의 교부였던 성 어거스틴 등이 이런 알레고리적(신비주의적) 해석을 했다고 해서 그러한 해석을 따라가선 안 된다. 성경 해석의 역사에서 우리가 배워야 할 중요한 교훈이다. 그런데 김성수는 창세기에 기록된 역사적이고 사실적인 의미는 무시하고 이상한 영적인 해석이나 신비주의적 해석으로 성경을 가르치는 심각한 왜곡을 계속하였다.

히브리서 강해 40(히 11:1-4)에서 창세기 3장의 내용을 해석한 내용을 소개하면 다음과 같다.

바른 해석 바른 **신앙**

하나님께서 뭐라 그러냐면 아담과 하와에게 너는 니 근본된 토지를 갈아라라고 농사를 명령해 주세요. 근데 그게 뭐냐면, 농사지어서 잘 먹고 잘 살아라가 아니라 근본된 토지가 뭐예요. 니가 나온 흙이란 거예요. 그 흙을 농사를 지으면서 거기에서 가시와 엉겅퀴라는 소산이 날텐데 땀이 흐르고 가시와 엉겅퀴라는 소산이 날 텐데 '그게 진짜 가치이겠느냐'를 보라는 거예요.

그런데 왜 흙인 니가 내 앞에서 가치를 주장하느냐. 이게 근본된 토지를 갈아라 거든요. 그리고는 농사의 이야기가 나오는 거예요, 바로. 그러고는 가인이 이제 농사를 짓는데 어떻게 농사를 짓냐면 하나님은 근본된 토지를 갈면서 너희들의 처음 자리를 확인하라고 농사를 명령했더니 이 가인이라는 존재가 근본된 토지에서 나온 걸 갖고 '하나님 먹어요.' 이러고 주는 거예요. 먹으라고, 가치 있는 거니까 먹으라고. 그걸 어떻게 압니까? '줬는데 왜 안 먹어?' 화를 낸단 말이죠. 내가 애써서 이 땅에서 뭔가를 만들어 냈어요. 만들어 내서 하나님을 드렸더니 하나님이 안 먹어, 안 받으세요. 그러니까 이 가인이 화가 났어요. 하나님이 찾아와서 그러죠. '너 왜 화내니?' 그래요. 하나님이 오셔서 '너 왜 화내니?' 가인이 '아니 왜 내 제사는 안 받습니까?' 그 안에는 수많은 이야기가 이 행간에 들어가 있는 거예요.

그는 여기서 "왜 흙인 니가 내 앞에서 가치를 주장하느냐. 이게 근본된 토지를 갈아라."는 의미라고 주장한다. 그가 늘 강조하는 인간은 아무것도 아니다는 그의 사고방식을 여기서도 보여 준다. "가인이 땅에서 난 소산(가치없는 것)을 드리니까 하나님이 화를 내면서 안 먹었다."고 설명한다. 땅에서 난 것이 가치 없는 것이고 그래서 하나님이 받지 않으셨다면, 왜 땅에서 난 소제물(곡식 제물)을 하나님께 바치라고 명령했겠는가? 레위기의 제사 제도를 보면 하나님이 소제를 바치라고 명령하신 것을 분명하게 기록하고 있다(레 2:1-16).

김성수는 성경이 가르치는 의미와 전혀 맞지 않은 자신의 생각을 바른 성경 해석인 것처럼 가르쳤다. 히브리서 11장 1-4절의 '믿음'에 대한 해석을 가인과 아벨 이야기로 연결하며 설교를 마무리한다.

> 믿음이 뭐예요? 가인에게 맞아 죽는 거. 그래서 악! 소리 내면서 빨리 꿈꼈으면 좋겠다. 하나님 나라로 빨리 올라가야 되는데 그러니까 믿음의 증거, 여러분 속에서 믿음의 증거가 나타나려면 반드시 그 예물의 삶이 나타나야 되고 그 예물의 삶은 가인에게 맞아 죽는 거예요. 기도하겠습니다.

가인에게 맞아 죽는 것이 믿음이라고 말하면서, 믿음의 증거는 하나님께 드려지는 예물의 삶이라고 말한다. 김성수가 히브리서 11장의 원래 문맥은 무시하고, 엉뚱하게 흐름을 끊어서, 믿음을 정의한 것이다. 히브리서 기자는 "믿음은 바라는 것들의 실상이고 보지 못하는 것들의 증거"라고 선언하면서, 구약 시대에 믿음으로 살았던 인물을 보면 알 수 있다고 말한다(히 11:1-3). 히브리서 11장 4절에 나오는 가인과 아벨 이야기는 이제 시작되는 여러 인물 가운데 불과하다. '맞아 죽는 것이 믿음'이라고 말하는 것은 히브리서 기자가 말하려는 믿음의 정의와 전혀 다르다. 히브리서는 믿음에 대하여 어떻게 말하고 있는가? 믿음으로 노아는 방주를 지었고(히 11:7), "그들은 믿음으로 나라들을 이기기도 하며 의를 행하기도 하며…(히 11:33)"라고 말하고 있다.

바른 **해석** 바른 **신앙**

그런데 김성수는 문맥적 의미를 벗어나 히브리서 11장 1-4절만 따로 떼어서 "믿음은 맞아 죽는 것이고 그것이 예물의 삶…현실의 고통으로 으악 소리를 내면서 하나님 나라로 빨리 가고 싶어하는 것이 믿음"이라고 말하고 있다. 이처럼 김성수의 구원관과 믿음관은 죄 많고 고통 많은 이 세상을 떠나서 천국 가는 것이다. 이것은 김성수의 바르지 못한 영성과 현실 도피적인 염세주의적 인생관과 깊은 관계가 있어 보인다. 그러나 성경이 말하는 믿음은 하나님에 대한 전적인 신뢰이다. 고통으로 인하여 하나님 나라에 빨리 가고 싶은 현실 도피적인 생각이 아니다. 믿음은 '자기 부정'이라는 소극적인 측면이 있지만 동시에 하나님의 뜻을 행하는 적극적인 측면을 포함한다. 현실의 고통을 벗어나고 싶어서 빨리 천국 가고 싶은 현실 도피적인 생각보다는 그 현실을 믿음으로 이겨 내고, 하나님께 영광을 돌리는 적극적인 삶의 태도를 가지는 것이 믿음이다.

그럼에도 일부 신자는 여전히 김성수 같이 '성경은 오직 예수를 가리키는 복음'이라는 식으로 풀어야만 은혜를 받거나 직성이 풀리는 사람이 있다. 그들에게 있어서 김성수의 가르침은 대단히 매력적이다. 솔직히 말하면 그렇게 세뇌된 것이다. 실제로 김성수는 창세기 강해 102 설교에서 이것을 강조한다.

> 성경에서 구원 사역은 점진적이고 반복적으로 기록되어 있어서 성경 아무데나 푹 찔러서 끌어올려도, 전체가 쭉 같이 따라 끌려올라 오게 되어 있습니다(창세기 강해 102, 신자는 죽어서 말한다, 창 49:8-12).

김성수는 창세기 강해 23(왕, 제사장, 선지자, 창 4:16-26)에서 하늘에 보화를 쌓는다(마 6:19-20)는 의미가 "성도가 이 땅에서 하늘의 보물로 다듬어져 가는 것"이라고 해석한다. 그러나 비유 강해에서는 "예수님 만이 존재의 근거이고 나의 생명이라는 것을 조금씩 이해하는 그 상태를 하늘에 보물을 쌓는 것"이고 그 말이 곧 예수를 쌓는다는 의미라고 설명하고 있다(비유 강해 22, 눅 12:13-21). 이렇게 김성수는 자기 마음대로 갖다붙이기식 성경 해석을 하다 보니 종종 같은 본문을 설명하는 것도 설교마다 모순되게 나타나는 경우가 있다.

창세기 강해 103(반용부봉)에서는 성경에서 말하는 장자의 뜻은 "진짜 장자이신 예수 그리스도의 사역을 모형으로 담고 있는 이들"을 가리킨다고 설명한다. '장자'라는 단어는 문맥에 의해서 의미가 결정된다. 성경에 나오는 모든 장자가 김성수의 설명대로 예수 그리스도 사역의 모형이라고 생각하면서 읽어야 하는가? 이렇게 그는 신자들로 하여금 성경을 이해하는 데 혼랍스럽게 만든다. 이런 극단적인 상징적 해석과 왜곡된 성경 해석은 그의 설교 곳곳에서 아주 쉽게 발견된다. '본문의 사실적 의미'를 쉽게 간과하고, 부정하면서 성경을 해석하다 보니 일관성 없는 해석, 알레고리적 해석, 모순된 해석이 나타날 수밖에 없다.

5. 요한복음 강해 비평

김성수의 요한복음 강해 중 창세기를 인용한 부분을 살펴보고자 한다. 요한복음 강해 1(태초에, 요 1:1-5)에서 "빛은 예수를 가리키고 물은 저주를 가리킨다."고 설명한다. 천지창조를 보면 해와 달과 별들은 넷째 날에 창조되었기 때문에 첫째 날의 빛은 빛의 근원되신 하나님 또는 빛이신 예수님이라고 해석한다. 그러나 창세기 1장에 나오는 빛은 하나님이 천지 만물의 주인이심을 밝히 드러내는 사실적인 표현이다. 창세기에 기록된 사실적인 의미의 문장을 요한복음에서 사도 요한이 표현한 상징적인 표현과 혼동해서는 안 된다.* 그럴 경우 엉뚱한 의미를 마음대로 만들어 낼 수 있기 때문이다.

김성수는 창세기 1장 2절을 예레미야 4장 22-23절과 연결해서, "하나님께서 혼돈과 공허와 흑암 속에 창조를 시작하시는 창세기의 바로 그 장면은 성령을 보증으로 세우시고 말씀이신 예수 그리스도를 통해 혼돈과 공허와 흑암뿐인 죄인의 마음속에 들어오셔서 새 창조를 해 내시는 우리 하나님의 구속의 내용을 처음부터 힌트하고 있는 것"이라고 설명한다. 그런 힌트를 어떻게 찾아낼 수 있을까? 예레미야 4장 23-28절은 창세기 1장 2절의 혼돈과 공허와 흑암속에 나타난 천지창조와 전혀 관련이 없다. 김성수가 언급한 예레미야 4장 21-28절의 문맥은 다음과 같다.

> 내가 저 깃발을 보며 나팔 소리 듣기를 어느 때까지 할꼬 내 백성은 나를 알지 못하는 어리석은 자요 지각이 없는 미련한 자식이라 악을 행하기에는 지각이 있으나 선을 행하기에는 무지하도다 보라 내가 땅을 본즉 혼돈하고 공허하며 하늘에는 빛이 없으며 내가 산들을 본

---

* 요한복음에서 사도 요한은 예수님이 '빛'이라는 상징적인 표현을 반복해서 사용하고 있을 뿐만 아니라 예수님도 자신을 '빛'이라고 소개하였다(요 1:4-5, 7-9, 8:12, 9:5, 12:46). 요한복음에는 예수 그리스도는 빛으로, 죄와 죽음은 어두움으로 표현하는 부분이 많이 나온다. 이러한 상징적인 표현 문장과 사실적인 표현 문장을 구분하지 않고 성경에 나오는 '빛'이라는 단어는 영적으로 다 예수와 관련이 있고, '어두움'이란 단어는 영적으로 죄와 죽음을 가리키는 것과 관련이 있다는 식으로 이해하면 문제가 된다. 문장의 의미가 상징적(혹은 문학적)인 언어 표현인지 아니면 사실적인 언어 표현인지 그 문맥의 의미를 따라서 바로 파악하지 않으면 잘못된 해석에 쉽게 빠질 수 있으며, 잘못된 가르침에 쉽게 미혹될 수 있다.

즉 다 진동하며 작은 산들도 요동하며 내가 본즉 사람이 없으며 공중
의 새가 다 날아갔으며 보라 내가 본즉 좋은 땅이 황무지가 되었으며
그 모든 성읍이 여호와의 앞 그의 맹렬한 진노 앞에 무너졌으니 여호
와께서 이와 같이 말씀하시길 이 온 땅이 황폐할 것이나 내가 진멸하
지는 아니할 것이며 이로 말미암아 땅이 슬퍼할 것이며 위의 하늘이
어두울 것이라 내가 이미 말하였으며 작정하였고 후회하지 아니하였
은즉 또한 거기서 돌이키지 아니하리라 하셨음이로다(렘 4:21–28).

하나님을 떠난 이스라엘 백성에게 하나님의 심판(맹렬한 진노)이 임
하게 될 것을 문학적 언어로 표현한 것이다. 특별히 김성수가 언급
한 23절(땅이 혼돈하고 공허하며 하늘에 빛이 없으며)은 이스라엘 땅에 임할
하나님의 심판, 즉 큰 재앙의 심판이 마치 우주적 재앙이 임하는 것
처럼 표현한 문학적 표현이다. 이 점을 조금 더 구체적으로 설명하
면 다음과 같다. 예레미야 4장에서 예레미야 선지자는 하나님의 언
약 백성이 받을 심판에 대해서, 창세기 언어를 사용해서 문학적으로
표현하고 있다. 예레미야 4장 19–22절은 예루살렘이 침략당할 일
에 대한 개인적인 아픔과 고통을 표현하고 있고, 23–28절은 그것이
마치 온 세계(창조의 세계)가 무너지듯 두려운 하나님의 심판이라고
표현하고 으며, 29–31절은 이로 인한 사람들의 광란의 현장(예, 임산
부의 고통과 살인)을 문학적으로 표현하고 있다(Brueggemann, *Jeremiah*, 57).
이런 의미를 어떻게 '예수 그리스도를 통해서 혼돈과 공허와 흑암
뿐인 죄인의 마음속에 들어와서 새 창조를 하는 하나님의 구속 내용
을 힌트하는 것'이라고 말할 수 있는가? 김성수는 정말로 구약성경
을 한 번이라도 정독하였을까? 아니면 자신이 찾는 구절만 열심히
여기저기 찾고자 수없이 뒤적거렸을까? 김성수처럼 성경에서 같은

바른 **해석** 바른 **신앙**

단어나 같은 어구만 나오면 같은 의미로 보는 것은 성경 해석이 아니다. 단어는 문장을 보아야 하고 문장은 그 문장의 포함된 문맥을 보아야 한다. 그래야만 그 단어와 문장의 정확한 의미를 파악할 수 있다. 이것은 성경을 이해하는 데만 해당되는 것이 아니라 모든 글 읽기의 기본이다. 김성수 자신의 새로운 해석을 만들어 내기 위해서 4장 22절과 23절을 하나로 붙여서 설명한 것은 성경에 대한 근본적인 무지거나 혹은 의도적으로 문맥의 의미를 무시하고 자신의 주장을 합리화하기 위해서 꾸며 낸 거짓에 불과하다.

김성수는 자신의 해석을 정당화하기 위해서 "어거스틴이 창세기 1장 3절의 빛을 우리가 알고 있는 빛이 아니라 신적 은사와 능력을 상징하는 영적인 빛으로 보았다."고 어거스틴의 권위에 호소해서 인용하고 있다. 성 어거스틴은 비록 중세의 위대한 신학자로 알려진 것은 사실이지만 그의 성경 해석의 원리는 심각한 문제를 가지고 있음을 이미 "성경 해석의 역사" 부분에서 살펴보았다. 그런데 김성수는 자신의 해석을 지지해 주는 이런 어거스틴의 잘못된 성경 해석이 마치 바른 성경 해석이고 진리인 것처럼 따라가고 있다.

김성수는 창세기 궁창의 물을 출애굽기 홍해바다와 연결한 후에 고린도전서 10장 1-2절에 나오는 '홍해 건넘=세례'로 연결해서, "죄인이 궁창 위의 물과 궁창 아래의 물에 빠져서 모두 다 심판을 받아 죽고, 하나님의 택한 자들만 새 사람이 되어 올라오는 것을 세례"라고 설명한다. 궁창의 물에 대한 비평을 앞에서 했기에 다시 언급하지 않겠다. 천지 창조에 나오는 궁창의 물을 홍해바다와 연결하고 그것을 다시 세례로 연결하는 것 자체가 창세기 본문의 의미를 확대 과장하고 왜곡시킨 엉터리 성경 해석이다. '바다'는 '악'을 상징하고 '뭍'은 '하나님 나라'를 상징한다는 반복되는 설명도 마찬가지다.

사실 상징(Symbol)과 모형(Typology)은 성경 이해와 해석에 있어서 지나칠 수 없는 중요한 부분이다. 특별히 김성수의 성경 해석은 대부분 이런 상징과 모형 해석과 관계가 있다. 하지만 김성수의 해석은 성경적 상징과 모형과는 상당히 다르다. 상징적 해석과 모형론적 해석에 관하여 보다 실제적으로 이해할 수 있도록 요한복음 6장 강해 부분을 중점적으로 살펴보겠다.

요한복음 6장은 예수님의 오병이어의 기적과 함께 시작된다. 오병이어 기적은 사복음서에 모두 나온다(마 14:13-21; 막 6:30-44; 눅 9:10-17; 요 6:1-15). 특별히 요한은 오병이어 기적을 시작하면서 "큰 무리가 따르니 이는 병자들에게 행하시는 표적을 보았음이러라(요 6:2)."고 기록하고 있다. 예수님이 물고기 두 마리와 떡 다섯 개를 축사하시고 나누어 주자, 그곳에 모인 장정만 약 5천 명이 되는(여자와 어린아이까지 합치면 최소한 만 명이 넘는) 사람이 배부르게 먹고 열두 광주리가 남는 기적이 나타났다. 이 기적을 요한복음 저자는 예수 그리스도가 하나님의 아들이심을 증거하는 하나의 표적이라고 했다.

김성수는 누구보다 이 점을 강조하면서, 예수님이 행하신 기적들뿐만 아니라 성경에 나오는 모든 기적이 예수님을 보여 주려는 목적과 의도를 가지고 있다는 극단적인 주장을 한다. 이것이 김성수가 육신의 필요나 병고침을 위해서 하나님께 기도하는 모든 행위를 기복신앙으로 보는 하나의 근거이기도 하다. 그러나 복음서에 나타난 모든 기적도 단지 메시아를 알리는 의도와 목적으로 행해진 것이 아니다. 이런 사실은 떡 일곱 개와 생선 두 마리로 성인 남자들만 4천 명을 먹이신 다음과 같은 기록만 살펴보아도 알 수가 있다.

예수께서 제자들을 불러 이르시되 내가 무리를 불쌍히 여기노라 그

바른 **해석** 바른 **신앙**

들이 나와 함께 있은 지 이미 사흘이매 먹을 것이 없도다 길에서 기진할까 하여 굶겨 보내지 못하겠노라(마 15:32).

4천 명을 먹이신 기적을 기록한 마가복음 8장 2-3절을 보아도 똑같이 예수님이 기적을 행하신 이유가 많은 무리가 실제적으로 배고픔 가운데 있어서 불쌍히 여기시는 긍휼의 마음에서 비롯되었다는 점을 기록하고 있다. 이런 예수님의 순수한 동정의 마음과 조건 없는 사랑의 동기는 병자를 고치시고 배고픈 무리를 먹이신 일을 행셨고 동시에 이 기적은 그 자체가 예수님의 신적 능력을 드러내는 하나의 '표적(sign)'이다.

오병이어 기적에서 예수님이 성인 남자만 오천 명 가량 되는 많은 무리에게 떡으로 배불리게 하신 것은 단지 '내가 하나님의 아들이고 생명의 떡이다'라는 가르침을 위해서만 기적을 베푸신 것이 아니다. 예수님이 오천 명을 먹이신 광야에서 내가 '생명의 떡'이라고 가르치는 설교를 하지 않으셨고, 그 다음날에 바다 건너편에 가서 '생명의 떡' 설교를 했다는 사실에서도 드러난다. 오병이어 기적을 기록한 공관복음서는 요한복음에 기록된 '생명의 떡' 설교가 나오지 않는다. 예수님이 자신이 생명의 떡이라는 사실을 가르치기 위한 의도로 오병이어 기적을 행하셨다면, 공관복음 저자들이 그 사실을 깨닫지 못하고 기록하지 않았을까? 그 중요한 사실을 무시하고 기록하지 않았단 말인가?

예수님은 기적을 행하실 때마다 자신이 하나님의 아들이심을 드러내기 위한 목적으로만 하신 것이 아니다. 때로는 사랑의 동기에서 행하시기도 했다. 결과적으로는 하나님의 능력이 드러남으로 말미암아 예수가 하나님의 아들이심을 드러내는 증거가 되었다. 요한복음 기자는 예수님의 메시아 되심을 드러내는 이러한 표적을 공관복음서 기자들보다 더욱 강조하였다.

예수님은 진리를 선포하실 때, 알아듣기 쉽게 항상 주위 환경의 실물이나 그들의 삶과 밀접히 관련해서 말씀하셨다. 마찬가지로 요한복음 6장도 오병이어 기적을 행하셨기 때문에 그 사건과 자연스럽게 연결해서 내가 생명의 떡이라고 교훈하신 것이다. 이것을 거꾸로 하여 '예수님은 자신이 생명의 떡이라는 점을 가르치기 위한 목적으로 오병이어 기적을 행하셨다'고 주장하는 것은 논리적으로 옳지 않다. 예수님이 그런 의도를 갖고 계셨다고 추측할 수 있지만, 그 이전에 배고픈 무리를 위해서 자연스럽게 행하신 기적이다.

그럼에도 김성수는 "성경에 등장하는 모든 이적들은 모두 예수 그리스도가 누구이시며 그분이 하실 일이 무엇인가를 보여 주는 것"이라고 주장한다(요한복음 강해 10, 가나 혼인잔치 중에서). 이런 오해와 극단적인 생각으로 인해서 김성수는 성경 이해와 해석에 있어서 두 가지 큰 오류를 범해 왔다. 첫째, 육신적 필요를 구하는 기도나 병고침의 은혜를 구하는 기도는 모두 우상숭배적인 기복신앙으로 비판한 것이다. 그러나 예수님이 가르치신 기도의 일용할 양식을 구하는 기도나 야고보서의 병든 자를 위한 기도의 성경구절이라도 제대로 해석했다면 그런 극단적인 비판으로 쉽게 나아가지는 않았을 것이다.*

둘째, '성경의 모든 기적이 전부 예수를 보여 준다'고 오해한 결과

---

* 야고보서는 이 점을 다음과 같이 분명하게 밝히고 있다.
"너희 중에 병든 자가 있느냐 그는 교회의 장로들을 청할 것이요 그들은 주의 이름으로 기름을 바르며 그를 위하여 기도할지니라 믿음의 기도는 병든 자를 구원하리니 주께서 그를 일으키시리라 혹시 죄를 범하였을지라도 사하심을 받으리라(약 5:14-1)."
그런데 김성수는 병고침을 위하여 기도하는 것 자체를 잘못된 신앙으로 치부하고 그런 잘못된 기복신앙적 가르침을 바로 잡아야 한다고 목소리를 높였다.

성경 본문을 지나치게 극단적으로 '상징, 모형과 대표'라는 방식을 사용해 왔다. 예를 들어, 김성수는 가나 혼인잔치의 내용에서 "비어 있는 돌항아리는 예수 그리스도로 결론지어지지 않는 형식주의에 빠져 버린 생명력 없는 유대교를 상징하는 것"이라고 가르친다. 물론 이런 해석은 김성수 혼자만의 해석이 아니다. 일부 교회 설교자들도 종종 사용하는 전통적인 알레고리 해석 가운데 하나다. 가나 혼인잔치에 등장한 여섯 개의 돌항아리와 관련된 다른 알레고리 해석을 소개하면 다음과 같다.

> ① 숫자 6이 사탄의 숫자이기 때문에 여섯 항아리 물을 포도주로 바꾼 것은 마귀의 권세를 무너뜨리고 새로운 시대가 시작됐다는 것을 보여 준다.
> ② 7은 완전 수이고 6은 불완전한 숫자이기 때문에, 이것은 불완전한 유대교 율법이 예수님이 오심으로 말미암아 완성되었다는 것을 보여 준다.
> ③ 여섯 개의 돌 항아리 안에 있는 물은 유대교라는 물인데 그것을 기독교의 영생의 물로 바꾸었다.
> ④ 유대인의 손을 씻기 위해서 준비된 여섯 개의 돌항리가 비어 있다는 점에서 낡고 고갈된 유대교를 보여 주는 것이다.
> ⑤ 돌항아리 여섯이 유대인의 정결 예식을 할 때 사용하는 것이라는 점을 생각해 보면 유대인의 불완전한 율법을 예수님의 피로 완성했다는 의미다.

이런 알레고리적 해석은 신자에게 주는 영적 교훈이 있기에 쉽게 진리로 받아들여지곤 한다. 하지만 해석자가 추측에 의해서 만들어

내는 것이 진리는 아니다. 진리는 어디까지나 하나님의 말씀인 성경이 분명하게 밝히고 있어야 한다. 그런데 김성수는 성경 본문이 분명하게 밝히고 있는 내용을 무시하면서까지 자신의 추측과 상상으로 만들어 낸 수많은 알레고리적 성경풀이로 본문의 의미를 뒤집어서 진리인 것처럼 가르쳤다.

김성수는 성만찬에 대한 성경구절(눅 22:20)을 여기에 끌어와서, "예수 그리스도가 마지막 일곱 번째 포도주 항아리가 되셔서 그 잔치를 완성하시는 것"이라고 설명한다(요한복음 강해 10, 가나 혼인잔치). 그런 의미가 어디에 있는가? 이런 극단적인 알레고리 해석은 성경 본문의 의미를 완전히 뒤죽박죽 만들어서 신자가 성경은 '김성수 외에는 아무도 제대로 풀 수 없다'고 생각하게 만든다. 이렇게 성경의 사실적인 이야기 속에 등장하는 어떤 숫자나 사물 혹은 단어 하나에 구체적인 상징적 의미를 부여하는 것은 결코 바람직한 해석이 아니다. 복음서에 나오는 기적 속에 '십자가, 보혈, 영생'이 상징적으로 들어 있다고 확신하면서 본문에 없는 의미를 만들어 내는 해석을 해서는 안 된다.

그런데 김성수는 가나 혼인잔치 표적에서 포도주는 예수님의 보혈을 상징한다고 하고, 3일째 되는 날의 숫자 3은 삼 일만에 부활하실 예수님을 상징하며, 38년 된 병자의 표적에 나오는 양의 문은 '예수님의 희생을 상징한다'는 해석을 해 왔다.

김성수는 요한복음 강해 19(38년 된 병자의 치유를 통해서 본 행위와 은혜, 요 5:1-18)에서 다음과 같이 설명한다.

> 예수 그리스도의 십자가의 희생을 상징하는 제사용 양들이 들어오는 양문 곁에, 다른 말로 은혜의 문 곁에 '은혜의 집'이라는 이름의 연못

이 있습니다. 그러한 공간적 배경은 구원은 바로 그렇게 예수 그리스도의 희생으로, 그분의 은혜로만 주어진다는 것을 상징적으로 담고 있는 배경인 것입니다.

요한복음 강해에서 "38년 된 병자를 비롯해서 소경, 절뚝발이, 혈기 마른 자들은 모두 이 세상의 율법과 행위를 의지하는 아담의 후손들"이라고 설명한다. 38년 병자를 비롯한 다양한 병자들이 이 세상의 율법과 행위를 의지하는 사람이라는 근거가 성경 어디에 있는가? 여기에 더해서 그는 또 이렇게 설명한다.

> '네가 낫고자 하느냐?'(요 5:6) 당연히 낫고 싶겠지요. 38년을 누워 있던 사람이 낫고 싶지 않을 리 없지요. 그리고 낫기 위해서 베데스다 못 가에 나와 있는 것 아닙니까? 그런데 주님은 뭐 하러 그런 질문을 하셨을까요? 바로 교회에게 38년 된 불가능한 병자도 여전히 하나님의 은혜가 아닌 이 세상의 행위로 구원을 얻으려는 아담적 사고 속에 들어 있다는 것을 보여 주시려 그렇게 질문을 하신 것입니다.

그는 "38년 된 병자도 행위로 구원을 얻으려는 아담적 사고가 있다는 것을 오늘날의 교회에게 알게 해 주려고 그 병자에게 낫기를 원하느냐는 질문했다."고 한다. 그 근거가 성경 66권 안에 있는가? 김성수가 늘 강조하는 인간의 모든 생각과 행위는 다 율법적이고 악하다는 사상을 성경을 이용해서 전하고 있는 것이다. 이렇게 상상에 상상을 더해서 말도 안 되는 강해를 계속하지만 그의 가르침이 진리라고 확신하는 사람들은 도무지 이런 사실을 분별하지 못한다. 성경 이해와 해석에 관한 기본 원리를 잘 모르기 때문이다.

요한복음 강해 20(요 5:17-30)에 가면, 김성수는 38년 된 병자의 이야기를 또 이렇게 정리하고 있다.

> 38년 된 병자의 이야기를 통해 하나님의 구원은 인간 측에서의 어떠한 행위나 노력도 근거가 될 수 없는 것이라는 것을 공부했습니다. 38년 된 병자는 은혜의 집인 베데스다에서 구원의 본체이신 예수 그리스도를 만났을 때조차도 '주님 나를 구원해 주세요'라고 한 것이 아니라 그 주님께 연못에 들어갈 수 있도록 도와달라는 요구를 했습니다. … 나도 힘이 있는데 왜 거저 받아야 하냐는 것이지요. 그게 바로 죄입니다. 구원은 오직 하나님의 은혜로만 주어집니다.

38년 병자의 기적의 이야기에 이런 의미가 있는가? 이 해석은 본문의 의미와 직접적인 관련이 없다. 다만 '베데스다'라는 단어와 '양의 문'이라는 표현을 통해서 만들어 낸 하나의 추측일 뿐이다.

김성수와 같이 '베데스다'라는 이 단어의 의미가 '자비의 집'이라고 설명을 하는 설교자들이 종종 있지만, 이 단어의 고대 헬라어 사본이 정확하지 않아서 사실상 이 단어의 정확한 뜻을 찾기 어렵다. 그래서 성경 학자들은 그 의미를 여러 가지로 추측해 왔다. 종교개혁자 존 칼빈은 '베데스다'라는 뜻이 물이 '흘러나오는 장소'를 의미한다고 이해했고, 또 다른 학자들도 '베데스다'라는 의미가 '올리브의 집' 혹은 '어부의 집'이라고 주장했다(Morris, *The Gospel According to John*. p.266-267). 그리고 '두 연못의 집(house of the two springs)' 또는 '자비의 집(house of mercy)'이라고 주장하는 학자들도 있었다(Kostenberger, *John*, 178). '양문 곁에 베데스다 못'이라고 기록하고 있지만, 헬라어 사본에는 '문'이라는 단어가 없고 '양의'라는 형용사 단어만 있어서,

바른 **해석** 바른 **신앙**

뜻이 통하도록 '문'이라는 단어나 '시장'이라는 단어를 첨가했다. 그래서 한국어 성경과 NIV 성경은 '양문 가까이'라고 번역했지만, KJV 성경은 "near the sheep market", 즉 '양 시장 가까이'라고 번역을 했다. '양을 사고 파는 시장 가까이에 있는 베데스다 연못'이라고 번역한 것이다. 그 외에도 헬라어 원문 그대로 '양 연못' 또는 '그 양의 연못(τῇ προβατικῇ κολυμβήθρα)'이라고 주장할 수도 있다. 이렇게 불명확한 단어의 의미나 숫자를 가지고, '양의 문은 예수의 보혈을 상징하고 38년된 병자의 38년은 광야 40년을 상징한다'는 식의 알레고리적 의미를 만들어 내고 있는 것이다.

이런 불명확한 추측을 진리로 인정할 수 있겠는가? 하나님의 말씀을 진리로 받아들이려면 적어도 분명한 성경적 사실에 근거해야 한다. 해석의 기본 원리마저 무시한 김성수와 같은 부류의 십자가 복음주의자들은 성경의 저자가 사실적인 내용 뒤에 어떤 신비하고 은혜로운 십자가 복음의 의미를 감추어 두었다고 믿고 그럴듯한 의미를 스스로 만들어 낸다.

38년 병자의 이야기를 복잡하고 신비하게 해석하려고 해서는 안 된다. 38년 병자는 순전히 예수님의 사랑과 은혜로 고침을 받았다. 이 병자는 자신을 고쳐 주신 분이 누구이신지 그리고 왜 그분이 자기의 병을 고쳐 주셨는지에 대한 깊은 깨달음도 없었다. 나중에 예수님께서 38년 된 병에서 치유받은 사람을 성전에서 만났을 때, "더 심한 것이 생기지 않게 다시는 죄를 범하지 말라(요 5:14)."는 말씀을 하시고 떠나가셨다. 여기서 그가 성전에 있었다는 말은 성전 제사를 지내는 유대교 성전에 있었다는 말일 뿐, 그가 예수를 믿어서 교회 신자가 되었다는 말이 아니다. 38년 된 병자 이야기는 안식일에 자리를 들고 가다가 정죄를 당했을 때, 예수라는 사람이 '돗자리를 들고 가라'고 시켰다는 이야기로 끝난다(요 5:10-15). 38년 병자를 고친 기적은 그 기적 자체가 예수님의 능력과 신성을 드러내는 하나의 표적일 뿐이다. 이 사건은 그 다음에 등장하는 예수님과 종교 지도자들의 대립을 보여 주는 이야기로 계속 이어지고 있다.

특별히 공관복음서(마태, 마가, 누가)가 대부분 사실적인 언어로 기록된 이야기인데 비해서, 요한복음은 많은 부분이 상징적인 언어로 기록되었다. 따라서 한 문장의 의미는 그 문장의 흐름, 즉 문맥의 의미를 따라서 사실적인 의미인지 아니면 상징적인 의미인지 잘 판단해서 해석해야 한다. 김성수는 문장의 사실적인 내용은 껍데기에 불과한 내용이라고 무시하고, 진짜 중요한 의미는 그 뒤에 상징적인 의미가 있다고 본문을 자주 왜곡했다.

요한복음 6장에 나오는 오병이어도 알레고리적으로 해석하면 각양각색의 의미를 만들어 낼 수 있다. 오천 명은 모세오경을 상징한다고 하거나, 열두 광주리는 이스라엘 열두 지파를 상징한다거나, 일곱 광주리의 7은 완전수니까 유대인과 이방인 전부를 상징한다는 다양한 주장이 얼마든지 있다.* 진리란 예수님의 가르침과 말씀 속에 드러난 사실적 의미를 근거로 하는 것이지, 추측과 가정에 의한 상징적 해석이나 영적 혹은 알레고리적 해석이 아니다.

그러므로 우리는 성경 본문에 대한 추측과 가정에 기반한 해석보다는 성경 본문 안에서 보여 주는 분명한 사실적인 의미에 주목해야 한다. 예수님이 빌립에게 '어디서 떡을 사서 이 사람들을 먹이겠느

---

* 김성수의 요한복음 강해 15(우물과 남편, 요 4:1-19)의 설교를 들어 보면, 그는 구약의 여러 성경구절을 인용한 후에 "구약의 율법체계를 상징하는 야곱의 우물"이라고 규정하고, 또 "세상의 힘을 상징하는 남편들"이라고 설명한다. 하지만 야곱의 우물이 구약의 율법체계를 상징한다거나 남편이 세상의 힘을 상징한다는 말은 본문의 의미와 직접적인 상관이 없는 지나친 추측이다.

바른 **해석** 바른 **신앙**

냐고 물으셨고, 예수님이 빌립에게 이렇게 물으신 것은 "빌립을 시험하고자(6절)"하신 질문이었다는 사실적인 내용이 중요하다. 예수님이 몰라서 빌립을 시험한 것이 아니라 "친히 어떻게 하실지를 아시고(6절)" 빌립과 다른 제자들을 테스트하신 하나의 교육이고 훈련이었다. 마찬가지로 하나님은 하늘의 만나와 메추라기를 통하여 이런 식으로 이스라엘 백성을 광야에서 훈련시키셨다(신 8:2).

이어서 나오는 물 위를 걸으신 예수님의 표적은 요한복음에 나오는 일곱 가지 표적 가운데 다섯 번째 표적에 해당되며(요 6:14-21), 이 표적은 마태복음과 마가복음에도 기록되어 있다(마 14:13-3; 막 6:45-52). 마태복음에서는 예수님이 기도하러 산으로 가셨다는 내용과 베드로가 물 위를 걷다가 물에 빠졌던 장면의 이야기가 나오지만, 마가복음에서는 베드로가 물 위를 걸었던 내용은 없다. 그 대신에 마가복음에서는 제자들이 오병이어의 기적을 경험하고 나서도 예수님이 하나님의 아들이심을 깨닫지 못하고 도리어 그 마음이 둔하여졌다는 내용으로 결론을 맺고 있다.

예수님이 바다 위에서 행하신 이 기적의 특징은 오병이어 기적과 같이 그 자체가 예수님의 신성을 드러내는 표적일 뿐만 아니라 제자들의 믿음을 훈련하고 교육하는 의도로 행하셨다는 데 중요한 의미가 있다. 상식적으로 생각해 보라. 예수님이 이 기적을 통하여 사람들에게 자신이 하나님의 아들이라고 보여 주기 위한 목적, 즉 하나의 사인으로 행하셨다면, 사람이 없는 한밤중에 그것도 제자들만 있는 바다 한 가운데서 물 위를 걷는 기적을 행하실 필요가 있겠는가? 예수님이 이렇게 하신 이유는 두 가지 이유 밖에 없다. 하나는 이 표적이 시간의 흐름과 상황에 의해서 자연스럽게 행하신 기적이고, 두 번째는 그러한 상황 가운데 제자들에게 예수님의 신성을 드러내고 그들의 믿음을 강화시켜 주는 교육적인 목적에서 행하신 표적이었다는 점이다.

마가복음 6장을 보면, 예수님이 물 위를 걸어서 배 위로 올라간 이 기적의 결론을 52절에서 이렇게 말씀하고 있다.

> 이는 그들이 떡 떼시던 일을 깨닫지 못하고 도리어 그 마음이 둔하여 졌음이러라(막 6:52).

제자들이 바다 건너편에서 오병이어 기적을 경험하고도 예수님이 하나님의 아들이심을 바로 깨닫지 못하고, 여전히 불신앙적 생각과 우둔한 마음에 갇혀 있었다고 지적하고 있다. 이렇게 주님의 관심이 제자들을 가르치고 그들의 믿음을 훈련하는 데 있었다는 사실을 복음서는 계속해서 보여 주고 있다.

이 점을 조금 더 구체적으로 살펴보자. 예수님이 기도하러 올라간 후에 제자들은 배를 타고 바다 건너편 가버나움으로 가는 중이었다. 그리고 제자들의 배가 바다 한가운데를 지날 때쯤 큰 바람이 불고 파도가 크게 일어났다. 마가복음 6장 18절을 보니, "큰 바람이 불어 파도가 일어나더라."고 기록하고 있고, 그 다음 19절을 보면, 제자들이 노를 저어 십여 리쯤(약 5.5km) 갔다고 기록하고 있다.*

배는 이미 육지에서 멀리 떠났는데 큰 바람이 배가 가는 반대 방향으로 불어와서, 제자들은 앞으로 전진하지 못하고 힘겹게 노를 젓느라 고난을 당하고 있었다. 그렇게 제자들이 밤 사경(새벽 3–6시)에

---

* 마태복음 14장 24절을 보면 "…바람이 거스르므로 물결로 말미암아 고난을 당하더라."고 기록하고 있고, 마가복음 6장 48절을 보면, "바람이 거스르므로 제자들이 힘겹게 노 젓는 것을 보시고…"라고 기록하고 있다.

바른 **해석** 바른 **신앙**

칠흑같은 어둠 속에서 역풍을 맞으며 고난을 당하고 있을 때, 주님께서는 그러한 제자들의 모습을 알고 계셨다.** 그리고 예수님이 물 위를 걸어서 나타나자 제자들은 예수님을 보고 유령이라고 착각하고 소리를 지르면서 무서워했다. 한밤중에 사람이 바다 위를 걸어온다는 것을 누가 상상이나 했겠는가? 광풍과 풍랑을 뚫고 어두운 새벽에 흰 옷을 날리며 물 위를 걸어오니 유령이라고 생각하고 놀라는 것은 당연한 일이다. 그래서 예수님은 "내니 두려워하지 말라(6:20)."고 말씀하셨다.***

특별히 마태복음 14장을 보면, 베드로가 물 위를 걸었던 내용이 나온다. 거기 보면, 베드로가 내니 두려워 하지 말라는 예수님의 음성을 듣고 만약 주님이시라면, 나도 물 위를 걷도록 오라고 해 달라고 요청했다. 그리고 예수님이 오라고 말씀하자, 예수님의 말씀을 믿고, 예수님을 바라보면서 물 위를 걸었다. 이 사건은 베드로가 물 위를 걸었다는 데 초점이 있는 것이 아니라 그의 믿음 없음과 그 결과 물에 빠진 실패에 초점이 맞추어져 있다. 마태복음 14장 30-31절을 보면, 바람과 풍랑을 보자마자 예수님의 말씀을 신뢰하지 못하고 물에 빠졌고, 예수님은 "믿음이 적은 자여 왜 의심하였느냐."고 책망하는 말씀으로 끝이 난다.

김성수는 요한복음 강해 23에서 풍랑을 만난 제자들의 상황을 다

** 바다에 익숙한 사도 요한이 십 리나 항해한 상황이라고 기록한 것을 보면 야간에 다시 돌아가기 어려운 지경에 있었음을 알 수 있다(요 6:19 cf. 밤 사경, 마 14:25).

*** 여기서 '나다(I am)'라는 말은 헬라어로 '에고 에이미(ἐγώ εἰμι)'이다. 이 말에 대해서 일부 신학자들은 출애굽기 3장 14절에서 하나님이 "나는 스스로 있는 자다."와 같은 의미로 예수님이 하신 말씀이라고 설명하기도 한다. 그러나 이 말은 "내가 예수다."라고 자신의 신분을 밝혀서 제자들에게 확인을 시켜 주는 의미로 이해하는 것이 문맥상 더 자연스럽고 타당하다.

음과 같이 해석하고 있다.

> 그건 저주의 바다, 풍랑의 바다에 빠지는 것입니다. 보세요. 예수 그
> 리스도의 힘을 이용해서 육신의 정욕과 이생의 자랑으로 물 위를 걷
> 던 베드로가 어떻게 됩니까? 바다에 빠집니다. 풍랑이 이는 바다, 심
> 판의 바다, 저주의 바다에 빠지는 것입니다(오병이어와 물 위를 걸으시는
> 예수 그리스도 I, 요 6:15-21).

성경에 나오는 바다가 모두 심판과 저주를 상징하지 않는다는 사
실은 앞에서 충분히 증명하였으니 언급하지 않겠다. 그런데 베드로
가 예수 그리스도의 힘을 이용해 육신의 정욕과 이생의 자랑으로 물
위를 걸었다는 게 말이 되는가? 예수님이 육신의 정욕과 이생의 자
랑으로 물 위를 걸었다고 베드로를 책망했는가? 아니면 믿음이 없
다고 책망했는가?

이 물 위를 걷는 사건은 예수님이 하나님의 아들이심을 보여 주
는 표적이요, 예수님께서 천지 만물을 다스리시는 하나님이심을 보
여 주신 표적이다(cf. 욥 9:8; 시 77:16). 마태복음 14장 33절을 보면, 배
안에 있는 제자들이 "진실로 하나님의 아들이로소이다."라고 기록
하고 있다. 마태복음 16장에 가면 베드로의 신앙고백이 나오는데,
그게 최초의 신앙고백이 아니다. 마태복음 14장을 보면, 이미 제자
들이 신앙고백을 하고 있는 장면을 보여 주고 있기 때문이다.

예수님이 물 위를 걸으신 이 사건의 최종 결론은 마태복음 14장
에 잘 나타나 있다. 베드로가 바다 위를 걷는 사건 이후에 예수님께
서 베드로와 함께 배에 오르자, 배에 있던 제자들이 예수님께 엎드
려 절하면서 "진실로 하나님의 아들이로소이다(마 14:33)." 하고 신앙

고백을 한다. 이 고백은 제자들이 오병이어 표적과 바다 위로 걸어 오신 예수님의 표적을 경험한 후에, 예수님에 대한 그들의 인식이 달라졌음을 잘 보여 주고 있다. 이처럼 복음서는 주님이 제자들을 가르치고 훈련시키고 있음을 여러 면에서 계속해서 보여 주고 있다.

김성수는 베드로가 물에 빠질 때 "나를 구해 달라(마 14:30)."고 부르짖으니 예수님이 즉시 손을 내밀어 구원해 준 사건은 하나님께서 이스라엘 백성을 홍해에서 즉시 구원해 주신 것과 같다는 모형론으로 설명했다. 또 예수님과 제자들이 배를 타고 건너편 땅에 도착한 것은 구약 시대에 이스라엘 백성이 가나안 땅에 들어간 것과 같이 천국의 모형이라고 해석하고 있다. 요한복음 강해 23을 좀 더 살펴보자.

> 요한복음에서 어떠한 의도를 가지고 제자들이 예수님을 배로 영접하자마자 즉시 그들이 가려던 땅에 이르렀다거나 영접 등의 상징적인 표현과 단어를 동원하고 있습니다.
>
> …중략…
>
> 요한은 이 다섯 번째 기적을 통해 주님은 우리에게 우리가 영원히 지내게 될 목적지인 영생의 나라를 주러 오신 분이지 우리의 자랑이나 세상의 떡을 주러 오신 분이 아니라는 것을 한 번 더 확인시켜 주고 있는 것입니다.
>
> …중략…
>
> '너희들의 힘으로는 절대 약속의 땅에 도달할 수 없으니 나를 의지하고 나를 믿어라, 오직 그 길만이 너희가 가려는 안식의 땅, 행복의 땅, 평화의 땅에 들어 갈 수 있는 유일한 길이다.'라는 것을 교회들에게 친히 알려 주고 계신 것입니다. 거기에 폭풍이라는 것이 사용되

는 것입니다.

　김성수는 예수님과 제자들이 건너간 바다는 저주와 심판을 상징한다면서, 제자들이 아무리 배를 저어도 바람과 파도 때문에 앞으로 나갈 수 없는 것이 곧 인간의 힘으로 천국에 못 들어간다는 구원과 영생을 하나의 모형으로 보여 준다고 설명한다.*
　하지만 이것은 잘못된 모형론적 해석이다. 사사기 강해 비평에서도 이미 밝혔지만, 가나안 땅을 천국의 모형으로 생각하는 것은 다음과 같은 전 과정을 하나의 모형으로 볼 때 가능한 것이다.

> 애굽의 속박(죄의 속박) ➡ 홍해바다를 지나감(세례 받음) ➡ 광야 40년
> (이 세상의 삶) ➡ 요단강 건넘(죽음을 건넘) ➡ 약속의 땅 가나안 입성(약
> 속의 천국 입성)

　이처럼 보편 타당성을 갖는 모형론적 해석도 여전히 논란의 소지가 있다. 왜냐하면 가나안 땅은 천국과는 완전히 다른 이스라엘 백성의 죄악이 계속되는 땅이요, 하나님의 심판이 있었던 땅이기 때문이다. 모형론은 참으로 신중하고 조심스럽게 해야 한다. 모형론적 해석은 성경의 진리로 받아들이기에 적절하지 않은 경우가 많기 때문이다.
　창세기에 나오는 요셉의 경우, 그가 은 20냥에 팔렸고, 애굽의 총

---

*　요한복음 강해 36에서도 김성수는 요한복음 6장에 나오는 풍랑이 이는 바다는 주님께서 지키시고 인도하심으로 새 하늘과 새 땅으로 건너가게 하신 일이고, 빛을 따라 홍해를 건너간 새 창조 사건이라고 더욱 발전시켜서 설명하고 있다(요한복음 강해 36, 생명의 빛 예수 그리스도 2).

리가 된 후에는 원수였던 형제들을 용서해 주고, 자신의 가족을 가뭄에서 구원해 주었다는 점에서 예수님과 유사하다고 생각한다. 그래서 전통적으로 창세기에 나오는 요셉은 '예수님을 보여 주는 모형'이라고 설명한다. 그러나 요셉은 출세하고 잘 살았고 예수는 십자가의 고통 가운데 죽임을 당하셨다는 점에서 보면 이런 모형이 일치하지 않고 오히려 모순되어 보인다. 또 이삭이 예수님의 모형이라고 말하지만 예수님은 죽었고 이삭은 죽지 않았다는 점에서 일치하지 않는다. 그보다는 이삭 대신에 죽임을 당한 숫양을 예수님의 모형으로 보는 것이 더 타당하다. 성경의 구속사적(Redemptive history) 흐름을 볼 때, 이삭 대신에 제물로 죽임을 당한 양이 예수님의 희생을 보여 주는 모형으로 볼 수 있다. 요한계시록에서 예수 그리스도는 반복해서 어린양으로 등장한다.

> 이삭 대신 죽은 양의 희생 ➡ 유월절 양의 희생 ➡ 성막 제사에 나타난 양의 희생 ➡ 세례 요한이 증거한 어린 양 ➡ 예수 그리스도
>
> (Greidanus, *Preaching Christ from the Old Testament*, 308)

김성수는 창세기 강해에서 이삭도 예수님의 모형이고 수풀에 준비된 양도 예수님의 모형이라고 말한다. 하지만 이렇게 둘 다 예수님의 모형이라고 주장하는 것 또한 모순이고 지나친 모형론적 해석이다.

그렇다면 모형론과 예표론은 무엇일까? 영어로 모형론은 '타이폴로지(typology)'라고 말하고, 예표론은 '프리피규레이션(prefiguration)'이라고 한다. 구약성경에 예수 그리스도를 미리 보여 주는 내용이 있다는 점과 예수 그리스도를 보여 주는 모형이 있다는 점을 설명하는

하나의 방식이다. 모형론은 구약성경에서 예수 그리스도와 닮은 모형, 즉 비슷한 타입을 찾는 것을 말한다. 모형론적 해석은 구원 역사의 연속성을 따라서 구약에 나오는 모형이 신약에서 성취되는 것을 살펴보는 해석이다.

예표론(prefiguration)은 모형론과 유사하게 구약의 어떤 인물이나 사건이 신약의 예수님 혹은 구원사적 사건을 미리 보여 준다고 이해하는 방식이다. 구약 제사제도에 나타난 희생제물이 예수님의 속죄를 예표하고(히 9:12, 10:12), 성전의 대제사장이 예수님을 미리 보여 주는 인물이라는 점에서 대제사장은 예수님을 예표한다고 말할 수 있다(히 9:11-12). 모형론(typology)과 예표론(prefiguration)은 '구속사적 상관 관계'를 전제로 구약성경의 내용 안에서 예수님의 모형과 예표를 발견하는 성경 해석의 원리다. 구약의 어떤 내용이나 사물이나 인물이 모형(또는 예표)이라면 이와 상관관계에 있는 신약의 어떤 내용이나 사물이나 인물은 그 원형(완성)이다. 따라서 김성수와 같이 신약성경의 내용을 가지고 어떤 모형이라고 말하는 것은 성경의 바른 이해와 모형론적 해석에 맞지 않다.

요한복음 6장에 나오는 '만나와 생명의 떡'에 대하여 생각해 보자. 예수님은 자신이 하늘에서 내려온 생명의 떡이라는 점을 광야의 만나와 비교하면서 반복해서 말씀하셨다(요 6:30-35). 두 번째 광야의 만나 이야기가 6장 48-50절에 등장한다. 첫 번째 광야의 만나 이야기는 무리(군중)의 질문에 대한 대답으로 예수님이 하신 말씀이지만, 두 번째 만나 이야기는 예수님 자신이 생명의 떡이라는 사실을 다시 한번 강조하기 위해서 광야의 만나와 비교해서 말씀하고 있다. 6장 58절을 보면, "이것은 하늘에서 내려온 떡이니 조상들이 먹고도 죽은 그것과 같지 아니하여 이 떡을 먹는 자는 영원히 살리라."고 예수님이 말씀하셨다.

예수님이 만나와 생명의 떡을 비교하면서 이렇게 반복해서 말씀하신 이유가 뭘까? 그것은 '너희 조상들이 40년간 하늘에서 내려온 만나를 먹게 한 모세의 표적과 내가 보여 줄 표적 가운데 어느 쪽이 더 크고 위대한 지 생각해 보라'는 것이다. 내가 생명의 떡이고 그러한 나를 믿고 영생을 얻는 것보다 더 크고 놀라운 기적이 없다는 말씀이다. 하나님은 이스라엘 백성에게 특별한 은혜를 베풀어 주셔서 광야에서 하늘의 만나를 내려 주셨다.*

만나에 대한 설명을 종합해 보면 다음과 같다. 만나는 깟이라는 식물의 씨앗 같고, 색깔은 희고, 맛은 꿀 섞은 과자 같고(출 16:31), 진주같이 생겼으며(민 11:7), 서리 같이 미세하고(출 16:14), 밤에 내렸으며(민 11:9), 태양 빛에 녹았고(출 16:21), 하루가 지나면 썩었다(출 16:19). 그리고 이 만나는 이스라엘 백성이 가나안 땅에 들어가 가나안 땅의 첫 소산을 먹은 다음날 그쳤다고 여호수아 5장에 기록하고 있다(수 5:12). 그 만나는 한 사람당 한 오멜(약 2리터)을 거두고 여섯째 날에는 안식일까지 이틀 분의 양식으로 두 오멜을 거두었다. 이런 만나는 요한복음 6장의 내용에 비추어 볼 때, 예수 그리스도를 예표한다고 이해할 수 있다.

그런데 김성수는 구약성경에 나오는 실제적인 사건이나 사실적인 내용 그 자체에 의미를 두지 않고, 지나치고 극단적인 예표와 모형으로 성경을 해석하고 있다. 이런 과정에서 성경의 사실적인 의미를 간과하거나 부정하는 해석을 계속하고 있다. 성경을 상징적인 의

---

* 만나는 히브리어로 만(מָן, 헬라어로 만나[μάννα])이라고 하는데 "이것이 무엇이냐?"라는 뜻이다. 그리고 광야에서 이스라엘 백성이 만나를 처음 보고 "이것이 무엇이냐?"고 서로 물었는데 그것이 이름이 된 것이다.

미나 영적인 의미로만 해석하게 되면 성경 본문의 의미를 심각하게 왜곡시키는 결과를 초래할 수밖에 없다. 광야의 만나가 예수님을 예표(혹은 상징)한다고 해서, 하나님께서 만나를 이스라엘 백성에게 주신 그 실제적인 사건과 그 사건에 따른 실제적인 교훈을 무시해 버리면 성경을 바르게 이해하는 데 심각한 문제가 생기게 된다.

어떤 사람은 만나가 깟씨(고수풀 씨앗) 같다고 해서, 그것이 인자 예수님을 상징하고, 만나가 하얗다는 것에 착안해서 예수님의 성결을 상징한다고 설명한다. 이슬이 마른 후에 내린 만나는 환난 시대를 의미하고, 해가 뜨거워지면 만나가 녹았다는 사실에서 심판 시대를 가리킨다고 해석한다. 만나를 맷돌에 갈고, 절구통에 찧고, 가마솥에 삶았다는 것은 예수께서 인류 대속을 위한 수난 과정을 보여 준다고 설명하기도 한다. 이것이 본문의 사실적인 내용보다 그 뒤에 있는 상징적 의미나 영적 의미에 더 관심을 두고 해석할 때 생기는 심각한 알레고리적 해석이다. 그런데 이런 내용이 성경 본문의 사실적인 내용보다 훨씬 더 흥미롭고, 감동적인 것처럼 보이기도 한다. 그런 이유 때문에 이런 잘못된 해석에 쉽게 빠져들고, 그런 유혹 때문에 일부 설교자들은 여전히 이런 알레고리적 해석을 사용하고 있는 것이다.

그렇다면 하나님이 이스라엘 백성에게 광야에서 만나를 주신 사건의 실제적인 의미가 뭘까? 신명기 8장 2-6절을 보면, 하나님께서 만나를 주신 의미를 모세가 이스라엘 백성에게 직접 말씀해 주고 있다. 만나는 이스라엘 백성을 훈련하시기 위해서 하나님께서 계획하신 일이다. 다시 말해서 400년간 하나님을 잊어버리고 살아 갔던 이스라엘 백성에게 다시 매일매일 살아 계신 하나님을 깨닫게 해 주는 하나님의 메시지다.

바른 해석 바른 신앙

그래서 사람이 떡으로만 사는 것이 아니라 하나님의 말씀을 신뢰하고 의지해서 살도록 하기 위한 훈련이고 시험이었다. 그런 이유에서 만나를 거두어들이는 방법도 하루치 먹을 양식만 거두게 했고, 안식일 전날에만 이틀치를 거두어 안식일에 오직 하나님을 예배하는 일에 전념하도록 하셨다. 이렇게 이스라엘 백성을 시험하시고 훈련하신 목적은 하나님의 말씀에 순종하고 그 명령을 지키는, 하나님을 경외하는 백성을 만들기 위한 것이었다.

요약하면 첫째, 만나는 하나님께서 이스라엘 백성에게 광야의 양식으로 주신 너무나 중요한 실제적인 음식이었다. 그것은 이스라엘 백성이 비록 불순종과 불신앙에 빠질 때에도 하나님께서 택하신 백성에게 변함없이 은혜와 사랑을 베푸신다는 실제적인 증거이기도 했다.

둘째, 40년간 내려주신 만나는 하나님 말씀을 믿고 순종하고 하나님을 경외하는 삶을 살도록 훈련하고 교훈하기 위한 것이었다. 택한 백성이 가나안 땅에 들어 가기 전에 하나님의 거룩한 백성이라는 분명한 정체성을 심어 주기 위한 영적 훈련의 과정이었다.

셋째, 이 만나는 요한복음 6장에 비추어 볼 때, 생명의 떡이신 예수 그리스도를 예표한다. 그러나 앞에서 열거한 실제적인 의미를 가볍게 취급하고, 예수님을 가리키는 예표적 의미만 강조하면 만나에 대한 성경적인 의미는 근본적으로 오해되고 왜곡될 수밖에 없는 것이다.

더 나아가서 떡(food)은 인간의 생명과 직결된 것이기에 일반적으로 생명을 상징하는 의미로 알려져 있다.* 마찬가지로 예수님을 믿

---

* 유대인들은 '토라'라고 부르는 모세오경, 즉 모세 율법을 그들의 음식, 빵이라고 불렀

는 것은 영혼의 생명과 직결되는 문제이기에 예수님은 자신을 '떡 (bread)'으로 비유하신 것이다. 동시에 구약에 나오는 광야의 만나, 즉 떡(bread)은 예수님을 예표한다. 마찬가지로 광야에서 불뱀에 물려서 죽어 가던 이스라엘 백성에게 누구든지 놋뱀을 쳐다보기만 하면 산 다고 언약을 세웠고 그 언약을 믿고 쳐다본 사람은 누구든지 기적적 으로 살았던 사건이 민수기에 나온다(민 21:8–9). 그래서 예수님은 요 한복음 3장 14절에서 모세가 광야에서 놋뱀을 들어 올린 것 같이 인 자도 올려질 것이라고 말씀했다. 광야의 놋뱀은 예수님을 미리 보여 주는 하나의 예표라고 말하는 것이다.

그런데 예수님이 "하나님의 떡(6:33)"이라고 언급한 말씀을 가지고 구약성경의 성막 안에 있는 진설병*이라고 해석한 이들도 있고, 고 운 가루로 제사를 드렸던 소제**라고 해석하는 이들도 있다. 성막의 제사가 예수 그리스도를 보여 주는 예표라는 사실은 히브리서를 보 면 잘 알 수 있지만, 그렇다고 해서 성막이나 제사 제도에 관계된 내 용 하나하나가 예수님의 고난, 죽음, 부활 등을 보여 준다는 설명은 지나친 알레고리적 해석이다. 이런 알레고리적 해석을 탁월하게 사 용했던 대표적인 단체가 윗트니스 리 계열의 지방 교회이고 서머나

다(cf. Kostenberger, *John*, 2004, 209), 유대인들은 그만큼 하나님의 말씀을 중요하게 여 겼다.

* 성소에는 늘 12개의 떡(bread, 빵)을 진설해 놓았는데 이것을 진설병이라고 부른다 (출 25:30; 레 24:5–6; 민 4:7; 대상 9:32).

** 레위기에 나오는 다섯 가지 제사 중에 레위기 2장에 나오는 두 번째 제사인 소제를 드리는 방법은 세 가지였다.
① 첫 이삭을 고운 가루로 빻아 기름을 섞어 유향과 함께 불사르는 것 ② 고운 가루와 기 름을 섞어 전처럼 구워서 조각을 내서 드리는 것 ③ 고운 가루와 기름을 섞어 솥에 넣어 삶아서 드리는 것. 이때 소금은 치되 누룩이나 꿀을 넣어서는 안 되고 소제를 드리고 남은 것은 제사장에게 돌렸다.

바른 해석 바른 신앙

교회의 김성수이다.

요한복음 강해 26(하늘의 생명을 주시는 떡 예수 그리스도, 요 6:31-40)을 보면 이렇게 설명하고 있다.

> 구약에 그려진 생명의 떡이신 예수 그리스도는 누룩과 꿀, 다시 말해 세상의 죄와 세상의 달콤함이 빠진 온전한 하늘의 것으로 그리고 기름과 유향이 부어짐으로 성령이 부어진 향기로운 제물로 그리고 소금이 부어짐으로 부패와는 전혀 상관없는 하나님이 기뻐하시는 온전한 제물로 그려지고 있는 것이며, 바로 그 예수 그리스도라는 생명의 떡이 하나님께 열납이 되고, 그 온전한 제물인 생명의 떡이 하나님의 백성에게도 동일하게 주어져 그들도 점도 없고 흠도 없는 소금이 쳐진 제물이 되어 하나님께 열납이 되어질 것이라는 그 하나님의 언약이 소금이 쳐진 소제물인 생명의 떡 속에 담겨 있는 메시지인 것입니다.

예수님이 '생명의 떡'이라고 유대인들에게 말씀했을 때, 누가 이렇게 복잡하고 심오한 의미가 그 안에 있다고 이해를 했겠는가? 유대인들이 구약의 소제를 드릴 때 누가 생명의 떡 예수를 예표한다고 생각하며 드렸겠는가? 예표론은 어디까지나 그리스도인들이 성경을 이해하고 해석하는 하나의 관점이다. 요한복음 6장의 '생명의 떡' 이야기는 예수를 믿지 않는 유대인들에게 예수님이 복음을 전하시는 말씀 가운데 나오는 내용이다. 김성수는 이런 대상을 바꾸어서 예수 믿는 신자에게 예수님이 말씀하신 것처럼 엉뚱하게 해석해서 본문의 바른 의미를 더 모호하게 만들어 버렸다. 성경 본문을 해석할 때, 예수님이 불신자(유대인들 혹은 종교 지도자들)에게 하신 말씀과 예수님을 따르는 신자(교회)에게 하신 말씀은 분명히 다르다. 그런데 김성수는 그런 구분을 하지 않는다. 알레고리적 해석을 하면 그런 구분의 필요성을 자연스럽게 무시할 수 있기 때문이다.

성경에도 어느 정도 알레고리적 요소가 있다. 사도 바울은 이스라엘 백성이 구름과 바다에서 세례를 받았고, 반석에서 나온 물을 마셨는데 그 반석이 그리스도를 의미한다고 말했다(고전 10:1-5). 갈라디아서 4장 21-31절에서 사도 바울은 하갈의 아들과 사라의 아들을 비유적으로 해석하고 있다. 이런 바울의 해석 때문에 성경 해석에 있어서 알레고리적 해석이 하나의 해석 방식이라는 생각이 생겨나기도 했다. 그러나 이 점에 있어서 두 가지를 숙지하지 않으면 오해와 문제가 발생할 수 있다.

첫째, 사도 바울이 구약의 내용을 인용하는 방식은 알레고리(Allegory)보다는 모형론, 즉 타이폴로지(Typology)에 더 가깝다. 알레고리는 아무 본문의 내용이나 해석자 마음대로 상징적 의미와 영적 의미로 해석하는 방식을 말하지만 모형론(Typology)은 구약의 역사적 사건이 신약에 와서 완성되었다는 하나의 구속사적 상관관계의 원칙을 가지고 해석하기 때문이다.

둘째, 사도 바울이 이런 방식(Typoloy 혹은 Allegory)으로 해석했다고 해서, 우리도 마음대로 그런 해석 방식을 사용해서 새로운 의미를 만들어 낼 수 있다고 생각하면 곤란하다. 우리가 성경 저자와 같은 권위를 가지고 새로운 해석을 만든다면, 성경은 앞으로도 계속 만들어져야 할 것이다. 우리의 신앙은 이미 완성된 말씀을 받아들이고 이해하는 것이지 새로운 해석을 만들어 가는 것이 아님을 기억해야 한다.

김성수는 문맥읽기를 의도적으로 자주 왜곡한다. 서로 연결된 하나의 문맥을 중간에 끊어서 본문의 의미를 엉뚱한 방향으로 끌고 가거나, 서로 다른 문맥의 의미를 하나로 연결해서 엉뚱한 해석을 만들어 낸다. 요한복음 강해 15(우물과 남편, 요 4:1-19)에 나오는 짧은 예를 하나 더 소개하면 다음과 같다.

> 가나의 혼인잔치 표적을 오해하는 인물로 처음 등장하는 사람이 니고데모입니다. 그리고 두 번째 사람이 사마리아 여인인 것입니다. 니고데모는 혼인잔치의 완성은 절대 인간의 노력과 자격과 열심을 통해 이루어질 수 없음을 보여 주는 표본의 사람이었습니다.

이 부분만 보면 김성수의 해석과 설명에 어떤 문제가 있는지 발견하기 쉽지 않다. 요한복음의 문맥을 따라서 찬찬히 읽어 가면, 김성수가 의도적으로 서로 다른 문맥의 의미를 마치 하나로 연결되어 있는 것처럼 설명하고 있음을 발견할 수 있다. 가나 혼인잔치와 예수님을 밤중에 찾아온 니고데모 이야기가 흐름상 관계가 있는가? 전혀 없다. 혼인잔치의 완성이 인간의 노력과 자격과 열심으로 이루어질 수 없음을 보여 주는 표본의 사람이 니고데모라고 해석하는 김성수의 주장은 의도적으로 서로 다른 두 사건을 하나로 연결해서 갖다붙인 억지 주장이다.

김성수는 "혼인잔치의 완성은 포도주가 되신 예수의 피로 말미암은 구원의 완성을 의미한다."고 했다. 그러나 가나 혼인잔치 문맥을 아무리 살펴보아도 그런 해석은 불가능하다. 이렇게 김성수의 설교에 쉽게 미혹되는 대부분의 신자들 심지어 일부 교회 지도자들은 성경 전체의 흐름을 제대로 파악하지 못하고 있거나 성경의 문맥읽기를 제대로 하지 못한 경우가 적지 않다.

김성수는 요한복음 강해 24에서 다음과 같이 말한다.

> 우리 주님께서 싸우시는 대상은 사탄도 아니고 마귀도 아니고 귀신
> 도 아닙니다. 우리 주님의 싸움 대상은 바로 우리의 죄입니다. 사탄
> 과 마귀와 귀신은 하나님의 은혜를 떠난 자들의 속성과 상태를 상징
> 적으로 담고 있는 존재들이지 결코 하나님의 전쟁 대상이 아닌 것입
> 니다. 사탄과 마귀들은 하나님의 피조물입니다. 그들은 하나님의 입
> 김 한 번으로 다 소멸되어지는 존재에 불과합니다. 그런데 왜 그들
> 을 이렇게 놔두시지요? 왜 그들을 존재케 하셔서 당신의 백성이 그
> 들에게 고통을 당하게 놔두십니까? 우리의 믿음을 성숙시키시기 위
> 해서입니다.

김성수에 의하면, 마귀는 실제로 존재하지 않으며 다만 은혜를
떠난 자들의 속성에 불과한 '상징적인 존재'라고 가르치고 있다. 이
것은 명백하게 성경에서 가르치는 진리와 다르다. 주님께서 40일 금
식기도를 하시고 마귀에게 시험받으셨고, 마귀와 싸워서 물리신 사
건을 누가 부인할 수 있는가? 또 바울은 "마귀의 간계를 능히 대적
하기 위하여 하나님의 전신 갑주를 입으라(엡 6:11)."고 말씀했고, 야
고보는 "마귀를 대적하라 그리하면 너희를 피하리라(약 4:7)."고 기록
하고 있다. 성경의 수많은 구절이 마귀와 귀신(악한 영)의 존재가 실
재임을 가르친다. 그런데 김성수는 마귀가 실제로 존재하지 않은 죄
의 속성을 가리키는 상징적인 존재에 불과한 것처럼 간주하고 있다.

개혁주의 성경해석학의 기본 원리는 '성경이 가는 데까지만 가
고 성경이 멈추는 데서 멈추는 것'이다. 김성수와 같이 대부분의 알
레고리적 해석이나 이단의 해석은 성경이 멈추는 데서 멈추지 않고

자신의 추측과 상상의 나래를 펴서 새로운 의미의 해석으로 나아간 결과로 생겨난 것이다. 개혁주의 성경해석학의 또 다른 기본 원리는 '한 문장에는 하나의 명료한 뜻이 있다'는 것이다. 물론 한 문장의 의미 뒤에 어떤 암시를 주는 의미나 상징적인 의미가 있을 수도 있다. 하지만 그것은 어디까지나 부차적(2차적인 의미)이라는 점을 잊으면 안 된다. 그러므로 성경 본문의 내용은 한 문장이나 문맥 안에서 저자가 말하고자 하는 한 가지 분명한 의미를 이해하는 것이 중요하다. 예언서와 같이 그렇지 않은 경우가 있기는 하지만 그런 경우가 다른 일반적인 성경 해석의 원리와 똑같이 적용될 수는 없다.

6. 사마리아인의 비유 비평

"선한 사마리아인의 비유(눅 10:25-37)"는 비유 강해 10(가서 너도 이와 같이 하라)과 로마서 강해 79(카다크리마 정죄)와 요한복음 강해 89(영생은, 요 17:2-3)에서도 나온다. 그 외에도 종종 선한 사마리아인의 비유를 인용하곤 하지만 이 세 편의 설교에서는 선한 사마리아인의 비유가 설교의 중심을 이루고 있다. 그만큼 김성수는 선한 사마리아인의 비유에 관심을 가지고, 이 본문의 독특한 해석에 확신이 있었음을 알 수 있다. 그렇다면 이런 그의 설교를 요약해 가면서 그가 이해하고 해석한 '선한 사마리아인의 비유'에 대해서 살펴보자.

약 1시간 분량에 해당되는 '선한 사마리안의 비유' 설교를 들어 보면, "성경에 나오는 이 비유가 선한 이웃이 되자는 교훈이 아니라 오히려 너는 선한 이웃이 될 수 없다."는 이야기라고 단언하면서 설교를 시작한다(비유 강해 10, 가서 너도 이와 같이 하라). 그러면서 다른 목사들이 모두 완전히 엉터리로 이 비유를 해석해 왔다고 오히려 다른 목사들을 비난한다. 더욱 납득하기 어려운 사실은 이 선한 사마리인의 비유 본문의 내용에 대한 충실한 해석보다는 창세기의 아브라함 이야기와 기타 성경 이야기로 약 45분 이상을 말한다.

이렇게 설교의 대부분의 시간을 차지하는 동안 약 30-40분에 걸쳐서 아브라함 이야기에 기생 라합과 신약의 야고보서가 같은 이야기를 하고 있다고 주장한다. 아브라함이 이삭을 바친 것과 라합이 이스라엘 정탐꾼을 숨겨준 것은 그들이 한 것이 아니라 하나님이 한 것이라고 주장하면서 믿음의 실제적인 행위를 부정하는 말이 설교의 요지다. 이것이 야고보서의 내용이라고 주장하면서, 야고보서 안에 예수님의 산상수훈이 다 들어 있다고 설명한다. 그러면서 "아브라함과 라합은 행함이 없었고, 착한 일을 한 게 없다.'고 결론을 내리고, '그게 야고보서의 내용'이라고 주장한다. 다른 설교자들이 '행하라'고 전하는 가르침은 다 율법적인 설교라고 정죄하고 비난해 왔던 김성수에게는 너무나 당연한 결론이다.

그의 주장에 의하면, 인간은 아무것도 아니고 ,아무것도 할 수 없고, 또 무엇인가를 해서도 안 되는 존재일 뿐이다. 그것은 '자기 의'를 쌓는 일에 불과하기 때문이다. 그러나 성경에서 하나님의 백성에게 '행하라'고 하신 명백한 말씀이 신구약성경 전체에 걸쳐서 얼마나 많은가? 우리의 의지적 결단과 행동을 촉구하는 성경구절을 모두 다 '하나님이 하셨다'고 말하는 것은 성경 본문의 의미를 근본적으로 왜곡하는 것이다.

인간의 구원 문제에 있어서 우리는 '하나님이 하셨다'고 말할 수밖에 없다. 하지만 인간이 살아가면서 책임져야 할 많은 실제적인 삶의 행위나 신앙의 행위를 다 '하나님이 하셨다'고 말하도록 성경은 가르치지 않는다. 하나님은 인간이 스스로 결단하고 행하고 그에 따른 결과나 대가와 책임도 스스로 받도록 자유의지를 부여하셨기 때문이다. 그럼에도 김성수는 그러한 행함과 관계된 성경구절이 나오면 무시하거나 혹은 그 뜻을 교묘하게 바꾸어 자신의 극단적인 하나님 주권사상(하이퍼 칼비즘)을 합리화시키곤 한다.

김성수의 선한 사마리아인의 비유 설교 전체 내용을 꼼꼼히 비평하려면, 이삭과 라합의 이야기, 거기에 산상수훈과 야고보서 전체를 다루어야 할 필요가 있다. 그러나 이렇게 비평하려면 또다시 방대한 내용 설명이 필요하기에 이 부분은 넘어가도록 하겠다. 이 부분에서 김성수는 말도 안 되는 억지 해석을 하고 나서, "이걸 아는 목사가 없어요. … 지금까지 성경을 헛보신 거예요."라고 청중 앞에서 또다시 자기 자랑을 늘어놓는다.

김성수는 부활절은 '자기가 죽는 것'이라고 주장하면서, 복 받으려고 부활절 헌금은 하느냐고 기복신앙을 비판한다. 이렇게 그는 자신이 설교하려고 펴 놓은 성경 본문과 아무런 관계가 없는 여러 성경구절을 끌어와서 흥미롭게 엮어서 설교했다. 그리고 한국 교회 모든 목사가 다 똑같은 엉터리 목사라는 식으로 무시하거나 비난하고 있다. 그의 설교를 반복해서 듣고 세뇌된 신자는 김성수만큼 성경을 올바르게 전하는 자가 없다는 깊은 착각에 빠질 수밖에 없다. 그렇게 바른 이해와 판단력을 잃어버린 신자는 김성수의 새롭고 흥미로운 해석에 심취되어 그의 말에 귀를 귀울이며 믿고 따라갈 뿐이다.

김성수는 설교의 중심이 되는 본문 내용의 충실한 해석과는 상관이 없는 다른 성경 구절과 자신만의 독특한 설명으로 설교시간 대부분을 채운다. 그렇게 시간을 채우고 나서, 그 주 수요예배 때 이 선한 사마리아인의 비유를 한 번 했기 때문에 더 이상 할 필요가 없다고 하면서 선한 사마리아인의 비유 설교를 마무리했다. 그렇다면 왜 그토록 비장하게 이 본문을 제대로 아는 목사들이 없다고 호언 장담 하면서 본문과 아무런 관계없는 엉뚱한 성경구절로 설교 시간을 거 의 다 채우는가? 자신이 하고 싶은 이야기를 성경에 마음껏 끌어온 다음에 그것이 바른 성경 해석인 양 설교를 마친 것이다. 이와 같은 예가 로마서 강해 79에도 잘 나타난다(카타크리마 정죄).

오래전, 필자는 김성수 설교에 깊이 심취한 한 성도와 김성수의 선한 사마리아인(눅 10:25-28) 설교에 대하여 토론하면서 그 문제점 을 간략하게 설명한 적이 있었다. 그 내용 가운데 독자에게 참고가 될만한 부분을 정리하여 소개하겠다.

① 어떤 율법사가 예수님께 나와 "선생님이여 내가 어떻게 하여 야 영생을 얻으리이까?"로 시작하는 성경 본문을 보면 예수를 시험 하고자 한 질문이다. 여기에 심오한 의미가 담겨 있는 것처럼 율법 의 저주와 관계된 여러 성경 구절을 끌어들이는 것은 지나친 확대 해석이다. 여기서부터 본문의 성경 해석은 서서히 잘못된 방향으로 빠지고 있다.

② 레위인은 바리새인과 서기관을 상징한다는 주장은 완전히 잘 못된 해석이다. 사실적 인물(제사장, 레위인 등)은 그대로 이해하고 의 미를 파악해야지, 그 위에 자신의 추측으로 상징적인 해석을 만들어 서 해석하면 안 된다. 자꾸 상징적 의미만 찾지 말고 사실과 상징적 인 의미를 잘 구분해야 한다.

③ 멸시와 조롱을 받는 사마리아인이 예수님의 모습이라는 말은 성경 어디에 근거하고 있는가? 요한복음 8장 48절에서 유대인이 예 수님을 '사마리아인이요 귀신들렸다'고 표현한 부분이 나온다. 그것 을 가지고 사마리아인은 예수님을 상징한다고 해석하면 안 된다. 그

렇게 연결하려면 예수님이 귀신들렸다는 의미가 되어야 한다.

④ 포도주는 예수님의 피이고, 기름은 성령, 주막은 교회, 두 데
나리온은 은혜와 진리라는 해석은 극단적인 알레고리적 해석이다.
그런 식이라면 두 데나리온을 '율법과 은혜', '신약과 구약', '모세와
예수'라고 얼마든지 만들어서 해석할 수 있다. 이렇게 하면 성경은
수없이 잘못된 의미로 해석되고 만다.

⑤ 예수님은 누가 너의 진정한 이웃이냐고 물었는데 그것을 가지
고, 예수님이 이웃이라고 대입해서 해석하는 것은 말도 안 되는 해
석이다. 이것은 이단이 자기 방식대로 성경을 대입하는 방식과 다를
바 없는 해석이다.

⑥ 예수님이 지금 율법사를 강도만난 자에 비유한다는 근거가 어
디 있는가? 차라리 율법사를 사마리아인이나 제사장(제사장=율법)이
라고 얼마든지 바꾸어서 주장해도 마찬가지가 아닌가? 이것은 객관
적인 기준이 없는 해석이고, 절대적인 진리가 될 수 없는 해석이다.
이렇게 선한 사마리아인의 이야기를 알레고리적으로 해석하면 해석
자에 따라 수십 가지 뜻이 나올 수 있다.

부록 2

성경 해석의 실제(선한 사마리아인의 비유와 롬 8:1-4 해석)

보통 신자는 김성수의 설교를 들으면 그의 성경 해석과 가르침에 있어서 어디까지가 잘못된 것이고, 어디까지가 옳은 것인지 쉽게 분별하지 못한다. 독자들이 같은 본문의 다른 해석을 비교해 볼 수 있도록 필자의 선한 사마리아인의 비유와 로마서 8장 1-4절의 성경 강해를 소개하겠다. 독자에게 성경 이해와 해석에 관한 실제적인 도움이 될 수 있기를 기대한다.

1. 선한 사마리아인 비유 해석

어떤 율법교사가 일어나 예수를 시험하여 이르되 선생님 내가 무엇을 하여야 영생을 얻으리이까 예수께서 이르시되 율법에 무엇이라 기록되었으며 네가 어떻게 읽느냐 대답하여 이르되 네 마음을 다하며 목숨을 다하며 힘을 다하며 뜻을 다하여 주 너의 하나님을 사랑하고 또한 네 이웃을 네 자신 같이 사랑하라 하였나이다 예수께서 이르시되 네 대답이 옳도다 이를 행하라 그러면 살리라 하시니 그 사람이 자기를 옳게 보이려고 예수께 여쭈오되 그러면 내 이웃이 누구니이까 예수께서 대답하여 이르시되 어떤 사람이 예루살렘에서 여리고로 내려가다가 강도를 만나매 강도들이 그 옷을 벗

기고 때려 거의 죽은 것을 버리고 갔더라 마침 한 제사장이 그 길
로 내려가다가 그를 보고 피하여 지나가고 또 이와 같이 한 레위
인도 그곳에 이르러 그를 보고 피하여 지나가되 어떤 사마리아 사
람은 여행하는 중 거기 이르러 그를 보고 불쌍히 여겨 가까이 가
서 기름과 포도주를 그 상처에 붓고 싸매고 자기 짐승에 태워 주막
으로 데리고 가서 돌보아 주니라 그 이튿날 그가 주막 주인에게 데
나리온 둘을 내어 주며 이르되 이 사람을 돌보아 주라 비용이 더
들면 내가 돌아올 때에 갚으리라 하였으니 네 생각에는 이 세 사
람 중에 누가 강도 만난 자의 이웃이 되겠느냐 이르되 자비를 베푼
자니이다 예수께서 이르시되 가서 너도 이와 같이 하라 하시니라
(눅 10:25-37).

선한 사마리아인이 예수님을 가리킨다는 주장은 소수 신학자들
에 의해서 과거부터 지금까지 꾸준히 주장되어 왔다. 『중동의 눈으
로 본 예수』의 저자로 알려진 신학자 베일리(Bailey)는 사마리아인을
예수로 해석하는 주장을 견지한다(Bailey, *Through Peasant Eyes*, 55-56). 대
부분의 신학자들은 이런 해석을 인정하지 않는다.* 이 본문은 우리
가 전통적으로 이해하고 있고 대부분의 신학자들은 동의하고 있는
바와 같이 '이웃 사랑'을 주제로 이해하는 것이 바람직하다. 물론 신
자의 이웃 사랑은 단순한 윤리 도덕적 사랑이 아닌 하나님의 사랑과
분리될 수 없는 신자의 믿음에 근거한 사랑을 의미하는 것이다. 이

* 이런 사례를 소개하자면 다음과 같다.
김득중, 『복음서의 비유들』, 242-243; Hultgren, Arland J., *The Parables of Jesus*, 93-103.
cf. 최갑종, 『예수님의 비유 연구』, 1996, 75. 최갑종의 경우, 이 비유의 주제가 이웃 사랑
이라는 점을 밝히면서, 부차적으로 사마리아인을 예수님으로 볼 수 있는 가능성, 즉 알레
고리적 해석의 가능성을 완전히 배제하지는 않음을 그의 각주에서 밝히고 있다.

비유를 더 구체적으로 살펴보자.

누가복음 10장 25-28절, 한 율법사가 예수님을 시험하기 위하여 찾아왔다. "선생님이여 내가 어떻게 하여야 영생을 얻으리이까?" 하고 질문했다. 예수님은 "율법에 어떻게 기록되어 있으며 네가 어떻게 이해하느냐?"고 물었다. 율법사는 "네 마음을 다하며 네 목숨을 다하며 힘을 다하며 뜻을 다하여 주 너의 하나님을 사랑하고 네 이웃을 네 몸과 같이 사랑하라고 율법에 기록되어 있습니다."라고 대답했다. 그 말을 듣고 예수님은 "네 대답이 옳다. 그대로 행해라. 그러면 살리라."고 대답했다. 율법에 기록된 대로 행하면 네가 영생을 얻을 것이라는 말은 이해하기 쉽지 않다. 우리는 예수님을 믿으면 영생을 얻는다고 알고 있고, 또 그렇게 믿고 있기 때문이다.

예수님은 율법사에게 '네가 알고 있는 율법의 내용대로 하나님 사랑과 이웃 사랑을 실천하면 영생을 얻는다'고 말씀했을까? 김성수와 같이 율법이 복음과 반대되는 개념으로만 이해하는 사람들은 이 말씀을 선뜻 받아들이지 못한다(cf. 롬 2:13; 갈 3:10, 13). 그래서 '네가 율법을 결코 지킬 수 없다'는 의미라고 주장하면서, 예수님이 하신 말씀을 반대로 해석한다. 그렇게 해석해도 되는 것일까? 율법사는 하나님을 사랑하고 이웃을 사랑하는 두 가지 계명을 준수하는 것이 영생을 얻을 수 있는 길이라고 신명기와 레위기에 기록된 구약성경(신 6:5; 레 19:18)을 근거로 예수님께 대답했다.* 예수님도 "네 대답이 옳다."고 인정하셨고, "이를 행하라 그러면 살리라."고 말씀했다.

그렇다면 영생을 얻는 것은 믿음으로 가능한 것이 아니라 율법을

---

*   마가복음 12장에는 한 서기관이 예수님께 와서 구약의 모든 계명 중에 첫째가 무엇이냐고 묻는 질문에 '하나님 사랑과 이웃 사랑'이라고 신명기와 레위기의 말씀을 근거로 제시한다(막 12:28-31).

잘 지켜야만 가능하다는 말인가? 그런 의미는 분명히 아님을 전체적인 내용이 보여 준다. 여기서 우리는 먼저 율법과 복음이 근본적으로 반대되는 것이 아님을 이해하고, 믿음의 행위가 율법과 반대되는 것이 아님을 인식해야 한다. 가톨릭의 주장과 같이 '구원받기 위해서 믿음도 필요하지만 그 위에 우리의 행위의 공로가 더해져야 구원받는다'는 말은 더욱 아니다. 신약성경에서 주로 언급하고 있는 선한 행위는 하나님과의 관계성 안에서 말하는 선이고, 하나님과의 관계란 곧 믿음과 신뢰의 행위와 관계가 있다.

성경이 말하는 선은 믿음에 근거한 행위를 말하는 것이며, 믿음의 열매로 나타나는 행위를 말하는 것이다. 구체적으로 말하면 하나님 사랑과 이웃 사랑이 율법의 핵심이고, 그것을 성령의 은혜와 도우심으로 행하는 것이 믿음이고(롬 8:3-4), 곧 율법의 완성을 위한 길이다(롬 13:8). 율법은 십계명에 기록된 것처럼 하나님의 거룩한 법이고(롬 7:12), 그 율법을 지킬 수 있도록 우리에게 성령을 주신 것이다(롬 8:4). 율법과 복음이 대립적인 관계가 아니라면 성령의 은혜와 인도하심을 따르는 신자가 율법을 지키는 것이 불가능한 일이 아니다(롬 8:3-8). 김성수와 같이 믿음과 행함을 대립적인 관계로 이해하면 성경 이해와 해석에 있어서 근본적인 문제가 발생할 수 있다.

우리가 기억해야 할 기본적인 사실이 있다. 그것은 이 율법사가 정말 영생을 얻는 길을 알고 싶어서 예수님께 찾아온 것이 아니라는 점이다. 율법사는 자신이 누구보다도 율법을 잘 지키고 있다고 스스로 자부하면서, 예수님을 시험하기 위한 목적으로 "어떻게 영생을 얻느냐?"고 예수님께 질문했다. "네가 알고 있는 율법대로 하나님 사랑과 이웃 사랑을 행하면 살리라."고 하신 예수님의 말씀은 네가 하나님 사랑과 이웃 사랑을 정말로 실천하고 있다면, 그것은 네가 율법을 잘 지키고 있다는 증거이고 동시에 그것이 네가 하나님을 제대로 믿고 있다는 믿음의 증거이기 때문에, 그 길이 곧 영생의 길이라고 말한 것이다. 예수님은 이 율법사의 마음과 행위를 아시고 그렇게 말씀하신 것이다.

그렇지만 율법사는 율법을 다 지킬 수 있다는 자신감을 보여 주면서, "내 이웃이 누구냐?"고 다시 예수님께 질문을 던진다. 예수님은 진정한 이웃의 의미를 가르쳐 주기 위해서 선한 사마리아인의 비유를 등장시킨다. 예수님은 이 율법사에게 '진정한 이웃'이 누구인지를 바로 깨닫게 해 주기 위해서 이 비유를 등장시킨 것이지 진정한 영생의 길을 가르쳐 주고자 말씀하신 것이 아니다. 김성수의 주장대로리면, 그 비유에 나온 사마리아인이 예수님이라는 수수께끼같은 이야기를 이 율법사가 어떻게 이해할 수 있겠는가? 이것이 상식적으로 가능한 이야기인가? 성경 어디에 사마리아인은 예수를 상징한다고 가르친 적이 있는가? 이것은 지나친 상상과 추측에 근거한 자의적인 해석일 뿐이다.

김성수는 예수님이 이 말씀을 하신 1차적 대상을 전혀 고려하지 않고 오늘날의 신자들에게 예수님을 발견하라고 주신 말씀으로 해석하는 어리석음을 범했다.

이것은 본문의 해석(interpretation)이 아니라 본문의 개인적인 적용(application)에서나 가능한 이야기일 뿐이다. 우리가 성경을 읽고 그 내용을 이해하고자 할 때 예수님이 하신 말씀을 듣고 이해해야 할 1차적인 대상은 예수님 당시의 유대인이라는 점을 잊어서는 안 된다. 2차적으로는 기록된 이 말씀을 이해하고 받아들인 대상은 1세기의 기독교 공동체였다. 따라서 예수님의 말씀을 듣고 있었던 청중(1차적인 대상)과 누가가 기록한 이 내용을 듣고 이해했던 1세기의 초대교

바른 **해석** 바른 **신앙**

회(2차적인 대상)의 입장에서 먼저 고려한 후에 지금의 우리 현실에 적용해야 하는 것이다.

김성수는 이런 '해석'과 '적용'의 기본적인 개념마저 구분하지 못하고 성경 본문을 무조건적으로 지금의 교회, 지금의 나에게 주시는 말씀으로 이해하고 해석하는 오류를 범했다. 따라서 우리는 예수님의 말씀을 들었던 1차 대상이었던 율법사와 그곳에 모여 있는 유대인 청중의 입장에서 성경 본문을 이해하고자 노력해야 한다. 그렇게 보게 될 때, 예수님과 율법사의 대화 속에 심리적인 대결이 깔려있다는 점을 어렵지 않게 생각해 볼 수 있다. 이 점은 누가복음 10장 29절에서 "그 사람이 자기를 옳게 보이려고" 내 이웃이 누구냐고 물었다는 사실에 잘 나타나 있다. 예수님은 '너의 마음의 동기와 행동이 정말 하나님을 사랑하고 이웃을 사랑하고 있는지 돌아보라.'는 도전과 함께 그가 진정으로 사랑해야 할 네 이웃이 누구인지를 깨닫게 해 주고자 선한 사마리아인의 비유를 말씀하신 것이다.

예루살렘을 떠나 여리고로 가다가 강도를 만난 것은 하나님의 말씀을 불순종하여 세상으로 내려가다가 마귀의 손에 잡혀 거의 죽게 된 인생을 말한다고 해석하는 사람들이 종종 있다. 예루살렘은 교회를 상징하고 여리고는 세상을 상징한다는 식으로 해석하는 것이다. 상징적인 해석을 집어 넣는 것은 그럴 듯해 보이지만 사실 예수님은 그런 의미로 이야기하고 있는 것이 아니다. 실제로 예루살렘에서 여리고까지 가는 길은 경사가 심하고 골짜기가 많아 상인을 노리는 강도의 출몰이 잦았다. 이런 사실 뒤에 특별한 영적인 의미가 있을 것이라고 착각을 해서는 안 된다. 비유는 비유일 뿐이다.

예수님의 비유를 보면, 제사장은 강도 만나 피 흘리는 사람을 외면하고 지나가 버렸다. 예수님이 보여 주고자 한 것은 이 제사장이 근본적으로 율법에 기록된 이웃 사랑의 계명을 정면으로 어긋나는 행위를 한 것을 지적한 것이다. 제사장이 시체와 같은 부정한 것을 멀리해야 하는 정결 의무를 지켜야 할 의무가 있었지만(레 21장), 이 강도 만난 자는 실제로 죽은 자가 아니었다. 성전에서 일하는 레위인 역시 강도 만난 이웃을 외면했다. 예수님은 비유를 통해서 '종교 지도자들과 종교적인 사람들을 향해서 누구보다 율법을 잘 알고 또 잘 지키는 사람이라고 자부하는 너희들이 사실은 율법에 기록된 이웃 사랑의 계명을 지키지 못하고 있다.'는 사실을 보여 주신 것이다. 율법을 잘 지키고 있다고 자부하면서 예수님을 시험하고 있는 율법사의 의중을 아시고 그의 정곡을 찌르는 말씀을 하신 것이다.

유대인들이 멸시하면서 상종하기조차 꺼려했던 한 사마리아인이 지나가다가 강도 만난 자를 도와주었다는 이야기는 예수님의 비유를 듣고 있던 유대인 청중에게는 충격적일 수밖에 없다. 유대인이 경멸하고 무시하던 사마리아 사람이 죽어 가는 이 유대인을 불쌍히 여기고, 가까이 가서 기름과 포도주를 그 상처에 붓고 싸매어 응급조치를 해 주었기 때문이다. 이 사마리아인은 자기 짐승에 태워서 주막으로 데리고 가서 여관 주인에게 두 데나리온의 비용을 주면서까지 간호를 부탁했다.

김성수와 같이 알레고리적으로 해석하는 사람들은 선한 사마리아인이 '예수님'이고 기름과 포도주는 '성령과 피를 의미한다'는 식으로 해석한다. 성경에 포도주라는 단어가 나오면 모두 예수님의 피라고 해석해야 하는가? 또 성경에서 기름이라는 단어가 나오면 다 성령을 의미한다고 해석해야만 할까? 또한 두 개의 데나리온이 은혜와 진리를 상징한다고 말한다. 주막은 '교회'를 의미하고, 이 강도 만난 자는 '우리 자신'인데 그런 우리가 은혜로 불쌍히 여김을 받고

바른 **해석** 바른 **신앙**

영원한 생명을 선물로 받았다는 것을 의미한다고 해석하는 것이 김성수의 설교다.

이런 설명은 아주 복음적이고 감동적인 이야기로 들리지만, 사실 성경 어디에도 없는 상상과 추측에 불과하다. 우리는 두 데나리온을 '율법과 은혜'라고 얼마든지 해석할 수도 있고, '구약과 신약'이라고 할 수도 있다. 이렇게 상징적 해석이라는 방식으로 본문의 의미를 바꾸어서 자기 마음대로 해석하는 것이 알레고리적 해석이다. 이것은 "2부 성경 해석의 역사와 신학"에서도 충분히 다루었다.

선한 사마리아인의 비유는 이런 다양한 형태의 알레고리적 해석으로 이해할 본문이 아니다. 이 비유는 예수님이 분명하게 '이와 같이 하라'고 말씀하신 모범으로 들려준 비유이기 때문이다. 예수님이 주시는 교훈의 초점은 사마리아인이 자신의 시간과 물질을 투자해 가면서까지 곤경에 처한 사람 그것도 자신과 적대적인 관계에 있던 유대인을 도왔다는 것이다. 예수님은 이 비유를 말씀하신 후에 그 율법사에게 누가 강도만난 자의 이웃이 되겠느냐고 율법사에게 질문하시고, "가서 너도 이와 같이 하라."고 말씀하셨다(37절).

예수님은 친족과 자기 민족을 중심으로 이웃의 범위를 생각했던 율법사와 그곳에 모인 청중에게 충격적이고 도전적인 말씀을 하신 것이다. 이 율법사와의 심리적인 대결을 생각해 보면, 그의 자만심에 큰 부끄러움을 느끼게 하신 것을 알 수 있다. 이 비유를 통하여 예수님은 자신을 시험하러 온 율법사가 율법을 가르치기만 할 뿐, 하나님의 사랑에 근거한 이웃 사랑을 전혀 실천하고 있지 않다는 점을 드러내신 것이다. '네가 멸시하는 사마리아인이 너보다 더 의롭다'는 도전적이고 충격적인 메시지를 주신 것이다.

김성수는 이 비유을 통해서 '율법이 은혜를 죽였다'고 설명하고 있고, 율법과 은혜를 항상 적대적인 관계로 이해하고 있다. 이것은 율법에 대한 근본적인 오해다. 실제로 예수님은 바리새인들과 사두개인들이 율법을 지키지 않았다는 점을 반복해서 책망했을 뿐, 율법을 잘 지켰다고 책망한 적은 없다. 반면에 사도 바울은 갈라디아서와 로마서를 통하여 율법을 통하여 구원에 이를 수 있다고 믿는 유대인들 혹은 유대교에서 개종한 기독교 신자를 향하여 '율법이 구원을 얻게 해 주는 그 어떤 역할도 할 수 없다'는 사실을 다양하게 표현하고 있을 뿐이다. 바울은 율법은 거룩하고 선하며 또한 성령으로 말미암아 율법을 이룰 수 있다고 로마서에서 말씀하고 있다.

한 걸음 더 나아가서, 사마리아인의 비유 이야기는 '네가 아무리 율법을 잘 지켰다고 큰 소리를 쳐도 그 율법의 기준에 온전히 다달아 구원에 이를 수 없다'는 것을 말한다고 할 수 있다. 그러나 이 비유의 초점은 '진정한 이웃이 누구인가'에 대한 것이며, 이를 위해서 예수님은 당시 유대인들의 뿌리깊은 이웃에 대한 고정관념을 깨뜨리고자 사마리아인을 주인공으로 등장시킨 것이다.

이 이야기를 기록한 누가는 '누가 너의 진정한 이웃인가?' 하는 메시지를 1세기의 기독교 공동체에 전달하고 있다. 다른 복음서의 내용과 같이 '제자도와 사랑의 실천'을 이야기하고 있다. 이 점은 누가복음이 하나님 나라의 백성에게 주는 메시지라는 점에서 설득력이 있다. 1세기의 교회 신자들과 마찬가지로 우리들 또한 하나님 사랑이 행함으로 드러나야 함을 기억해야 한다.

예수님의 비유는 암호를 풀도록 말씀하신 것이 아니다. 예수님의 비유는 당시 유대인들이 듣고 이해하기 쉽게 상황에 맞게, 가장 쉽고 효과적으로 설명하고자 주신 것이라는 점을 잊지 말아야 한다. 김성수는 이런 성경 해석의 기본 원리도 바로 인식하지 못하고 온갖 추측을 근거로 만들어 낸 자신의 알레고리적 해석을 강단에서 전파했다. 로마서 8장 1-3절 강해에서 선언한 말을 들어보라.

> 선한 사마리아인의 비유 어려워요? 예수 그리스도의 십자가와 피로 성경을 보면 어려울 거 하나도 없어요 이 시대의 교회는 제가 보기에는 전부 이단이에요. 성경을 다 거꾸로 보고 있어요. 예수님의 십자가로 안 봐요. 심지어 개혁주의도 성경을 거꾸로 봐요. 정신 바짝 차려야 돼요, 여러분. 광명한 천사의 모습으로 양의 옷을 입고 여러분을 미혹하는 이들이 분명히 있단 말입니다.

김성수는 전통적인 교회가 전부 성경을 거꾸로 보는 이단이라고 선언한다. 김성수는 자신의 설교를 듣는 신자에게 자신이 이단인지 아니면 모든 전통 교회가 이단인지를 선택하도록 도전하고 있다. 필자의 설교 비평을 읽고 객관적으로 판단할 수 있는 신자라면, 과연 전통적인 한국 교회가 이단인지 아니면 김성수와 그의 추종자들이 이단인지 스스로 판단할 수 있을 것이다. 어느 쪽이 진리를 미혹하고 있단 말인가? 그는 자신이 늘 비판하던 '자기 의'와 '영적 교만'에 스스로 빠져서 기존 교회와 교회 지도자들을 이단으로 몰아가면서 많은 신자를 미혹해 왔다. 이것은 성경에 대한 무지와 성경 해석에 대한 바른 원리를 제대로 배우지 못한 결과다. 한편으로는 한국 교회와 교회 지도자들의 책임이기도 하다. 김성수의 가르침은 우리 모두의 반면 교사가 될 수 있다.

2. 로마서 8장 1-4절 해석

> 그러므로 이제 그리스도 예수 안에 있는 자에게는 결코 정죄함이 없나니 이는 그리스도 예수 안에 있는 생명의 성령의 법이 죄와 사망의 법에서 너를 해방하였음이라 율법이 육신으로 말미암아 연약하여 할 수 없는 그것을 하나님은 하시나니 곧 죄로 말미암아 자기 아들을 죄 있는 육신의 모양으로 보내어 육신에 죄를 정하사 육신을 따르지 않고 그 영을 따라 행하는 우리에게 율법의 요구가 이루어지게 하려 하심이니라(롬 8:1-4).

본문의 구체적인 내용을 생각해 보기 전에, 먼저 두 가지를 이해할 필요가 있다.

첫째, 로마서 8장 1절을 시작하는 단어 '그러므로(therefor)'를 주목해야 한다. '그러므로'는 앞에 나오는 7장 6절과 7장 21-25절과 직접적인 관계가 있다. 바울은 '우리가 얽매였던 율법에서 벗어나서 영의 새로운 것으로 섬긴다'고 7장 6절에서 이미 말씀했다. 또 7장 21-25절에 나오는 '하나님의 법', '내 마음의 법' 그리고 '죄의 법'이라는 표현을 사용했다. 사도 바울은 죄의 법과 하나님의 법 사이에서 "오호라 나는 곤고한 사람이로다 이 사망의 몸에서 누가 나를 건져내랴(7:24)."고 탄식했다. 이 말은 사도 바울 자신이 죄에 대하여 갖는 자책감, 정죄 의식, 절망감의 표현으로 간주된다.* 하지만 그

---

* '나는 누구인가'에 대한 논쟁은 일반적 의미로 불신자로서 유대인(혹은 바울)이라는 견해와 예수 믿은 후의 바울 자신의 경험적 '나'라는 두 가지 해석으로 크게 나누어진다. 두 번째 견해도 예수를 믿은 바울의 초기의 체험적 고백, 바울이 제2의 성령을 받지 못해서 믿음이 연약한 상태의 고백, 믿음이 성숙한 상태에서 한 바울의 고백이라는 의견으로 나뉘기도 한다. 필자는 마지막 견해가 가장 본문의 의미에 적절하다고 본다. 보다 자세한

것은 잠시뿐, 바울은 절망 속에 갇혀 있지 않는다. 그리스도 예수 안에 있는 사람에게는 결코 정죄함이 없기 때문이다. 이것이 가능한 것은 그리스도 예수 안에 있는 생명의 성령의 법이 우리를 죄와 사망의 법에서 해방하였기 때문이다(롬 8:1-2). 따라서 '그러므로' 라는 접속사로 시작하는 로마서 8장은 앞에 나오는 7장의 결론이며, 넓게 보면 로마서 1-7장 전체의 결론에 해당된다고 볼 수 있다. 그러므로 바울이 논한 로마서 복음의 절정은 로마서 8장인 것이다.

둘째, 로마서 8장 1-4절은 한 문단을 이루고 있다. 1-2절은 하나의 문장이고, 3-4절 역시 하나의 문장이다. 사도 바울은 이렇게 두 개의 문장을 사용해서 '그리스도 안에서 누리는 정죄함으로부터의 자유'와 '성령 안에서 율법의 요구를 이루는 신자의 삶'을 이야기하고 있다.

김성수는 이 본문을 어떻게 해석했는가? 4절을 빼고 8장 1-3절을 설교 본문으로 삼았다. 생각해 보라. 문장이 끝나기도 전에 중간에 잘라 내면 어떻게 그 문장의 의미를 바로 전달할 수 있겠는가? 8장 3-4절이 한 문장인데도 '성령을 따라 살면 율법의 요구를 이룬다'고 한 말씀은 고의로 간과한 것이다. 로마서 강해 83(율법을 먹고 의를 낳는 사람들, 롬 8:3-4)에서 3-4절을 따로 강해하고 있다. 하지만 그 내용은 8장 1-4절의 문맥의 흐름을 따른 충실한 강해가 아니라 단지 자신이 말하고자 하는 것으로 설교 내용의 대부분을 차지하고 있다. 이 점은 본문의 해석을 다루면서 조금 더 언급하도록 하겠다.

이제 8장 1-4절을 살펴보자. 바울은 예수 그리스도를 믿는 자들

설명은 『원문 중심의 이야기 로마서』를 참고하기 바란다(154-159).

은 하나님께서 우리를 의롭다고 선언하셨기 때문에 더 이상 정죄가 없음을 본문 1절에서 말하고 있다. 요한복음 8장에서 간음하다가 현장에서 붙잡혀 온 여인의 이야기는 이 점을 이해하는 데 도움을 준다. 예수님은 이 여인을 보고 말씀하셨다.

> …여자여 너를 고발하던 그들이 어디 있느냐 너를 정죄한 자가 없느냐…나도 너를 정죄하지 아니하노니 가서 다시는 죄를 범하지 말라 하시니라(요 8:10-11).

이처럼 율법은 죄의 대가를 반드시 치러야 한다고 정죄하지만 하나님은 예수 그리스도를 그 심판의 자리에 내어 주셨다. 그러므로 예수 그리스도 안에 있는 자에게는 결코 정죄함이 없다. 예수 그리스도 안에 있는 성령의 법이 죄와 사망의 법에서 우리를 해방시켰기 때문이다.

여기서 "죄와 사망의 법(8:2)"은 율법을 의미한다. 사도 바울은 로마서 7장에서 '율법이 거룩하고 선한 것(7:12)'이라고 말했다. 그러나 여기서는 율법을 '죄와 사망의 법'이라고 표현한 것은 율법의 또 다른 특성, 인간이 구원받는 측면에서 율법을 말씀하는 것이다. 율법은 의로움의 기준이 무엇인가를 알려 주고, 생명의 길을 알려 주는 선하고 거룩한 것이지만, 율법이 우리를 죄에서 구원하지는 못한다. 그 율법이 오히려 우리의 죄를 정죄하고, 그 결과 사망에 이르게 하는 역할을 할 뿐이다. 바울은 율법이 인간을 구원할 수 없다는 측면에서 '죄와 사망의 법'이라고 표현했다.*

---

* '죄와 사망의 법'이 무엇인가에 대해서는 크게 세 가지 다른 견해가 있다.

바른 **해석** 바른 **신앙**

그런데 이런 율법, 즉 죄와 사망의 법에서 우리를 해방시켜 준 것이 생명의 성령의 법이다. 여기서 "생명의 성령의 법(the law of the Spirit)"이란 '생명을 주시는 성령'을 의미한다. 즉 생명을 주시는 성령의 법이 율법의 포로가 되어 율법의 정죄 아래 있는 우리를 해방시켜 준 것이다. 이런 방식으로 바울은 율법(죄와 사망의 법)과 성령(생명의 법)을 대조하면서, 생명의 성령의 법이 죄와 사망의 법에서 우리를 해방하였다고 선언하고 있다. 그러면서 바울은 본문 3-4절에서 다음과 같이 말씀하고 있다.

> 율법이 육신으로 말미암아 연약하여 할 수 없는 그것을 하나님은 하시나니 곧 죄로 말미암아 자기 아들을 죄 있는 육신의 모양으로 보내어 육신에 죄를 정하사 육신을 따르지 않고 그 영을 따라 행하는 우리에게 율법의 요구가 이루어지게 하려 하심이니라(롬 8:3-4).

헬라어 원문을 보면 8장 3절의 말씀은 '왜냐하면(갈)'이라는 접속사로 시작한다. "육신에 죄를 정하사"에서 '정하사'라는 말은 '정죄하다(condemn)'는 의미다. 예수 그리스도께서 우리를 대신하여 죄가 있다고 정죄받았는데, 그 이유는 우리가 성령을 따라 살아가는 삶을 통하여 율법의 요구를 이룰 수 있도록 하기 위함이라고 말씀하고 있다. 하나님께서는 예수 그리스도를 통해서 우리로 하여금 모든 정죄

① 하나님의 율법(특별히 도덕법)을 의미하는데 그 가운데서도 십계명을 가리킨다. ② 율법이 진짜 죄와 사망의 법이 될 수는 없기 때문에 비유적인 의미로 우리의 육신, 옛 사람을 의미한다.
③ '죄와 사망의 법'은 죄책감이다.
하지만 이런 세 가지 견해는 모두 본문의 의미에 적절하지 않다(Hultgren, *Romans*, 297; 『원문 중심의 이야기 로마서』, 163).

에서 벗어나게 하셨고, 죄의 권세에서 해방시켜 주셨다. 지금도 우리가 죄를 이기고 거룩한 삶을 살아 가도록 성령께서 우리와 함께 하시면서 우리를 도우신다. 그래서 우리가 성령을 따라 행하면 율법의 요구가 이루어진다고 바울은 말씀하고 있다.

김성수는 8장 3-4절 강해의 결론에서 다음과 같이 말한다.

> 오늘 본문 4절에 '그 율법의 요구를 이루었다'라는 것을 원어대로 직역을 하면 '율법의 의로 완성이 되었다'라는 말이라 그랬어요. 그 완성이라는 단어는 '내가 율법을 폐하러 온 게 아니라 완성하러 왔다'라고 말씀하셨던 주님의 말씀에 사용된 거라고 했습니다.

김성수는 4절의 한 문장에서 핵심이 되는 '성령을 따라 살아가는 삶', 즉 '행함의 삶'에 대한 것은 빼고, '하나님의 의를 예수님이 완성했다'는 설명으로 본문의 의미를 바꾼다. 김성수는 '행함'에 대한 성경구절이 나오면 이렇게 엉뚱한 설명으로 자신의 해석의 정당성을 입증시킨다. 그 기술이 참으로 교묘하다. 바울은 성령을 따라 행하면 율법을 이룰 수 있다고 가르치고 있는데, 이 말씀을 숨기고 왜곡시켜서, 예수님이 의를 완성했다는 의미로 바꾸어서 설명하고 있다.

다시 본문 강해로 돌아와서 생각해 보자. 8장 4절(하반절)에서 '율법의 요구가 이루어진다'는 것은 구체적으로 무슨 말인가? 로마서 13장 8-10절을 보면 '남을 사랑하는 자는 율법을 다 이루었다'고 하고 '사랑은 율법의 완성'이라고 말씀하고 있다. 갈라디아서 5장 14절에서는 온 율법은 네 이웃 사랑하기를 네 자신 같이 하라 하신 한 말씀에서 이루어졌다고 말씀한다. 율법은 하나님의 법이며, 그 율법이 요구하는 것은 사랑이다. 예수님도 온 마음을 다하고 온 힘을 다해서 하나님을 사랑하고 그와 같이 네 이웃을 사랑하는 것이 율법과 선지자들의 가르침이라고 말씀하셨다. 그것은 우리의 힘이나 우리의 육신으로는 불가능한 일이다. 바울은 본문 3-4절에서 우리의 육신으로 연약하여 할 수 없는 그것을 하나님은 하신다고 말씀하고 있다. 우리가 육신을 따르지 않고 성령을 따라 행할 때 가능해진다는 것이다. 구원받은 신자가 성령의 은혜를 통해서 이루어 가는 성화의 삶이다. 그러므로 우리가 죄 가운데 거하면서 육신이 연약하여 할 수 없다고 핑계할 수 없다.

김성수는 신자가 거룩해지는 적극적인 '성화(sanctification)'는 부정하면서, '우리는 죄 짓는 것 외에 아무것도 할 수 없는 존재'임을 자주 강조한다. 로마서 강해 93(라만차의 기사들이여 그대들이 승리자다, 롬 8:29-30)을 보자. 여기서 '성령을 따라 살아가는 신자의 삶이 율법의 완성을 향하여 나아간다'는 정통 기독교의 성화를 부정하고, 예수님의 의로운 행위마저도 다음과 같이 왜곡한다.

> 맏아들의 그 형상(에이콘)을 본받는다는 것은 그분이 살다간 그 진리의 삶의 내용을 좇아가게 된다는 것입니다. 죽는다는 것입니다. 예수님처럼 착하게 살다 가는 것은 본받는 것이 아닙니다. 예수님이 뭐 그리 착하게 사셨나요? 그렇게 버릇이 없는 분이 어디에 있어요? 나이 많은 양반들한테 막 독사 새끼라고 그러고, 남의 장사하는 곳 다 때려 부수고 그것이 착한 것입니까? 여러분은 너무 그렇게 미화하고 싶어하는 것 같아요. 그냥 영웅을 하나 만들어서 그 사람에게 나를 투영시켜 대리만족을 하려는 것 같아요. 천만의 말씀입니다. 예수님은 본받는 분이 아니에요. 그것은 신 신학의 아버지인 슈바이처 신학입니다. …말씀의 완성은 율법의 파괴입니다.

로마서 8장 28절 "하나님이 미리 아신 자들로 또한 그 아들의 형상을 본받게 하기 위하여 미리 정하셨으니" 구절을 설명하면서 '에이콘'이라는 하나의 헬라어 단어로 본문의 의미를 왜곡시켰다. '그리스도의 마음을 본받는 착한 행위가 아무 의미가 없다'는 그의 주장을 정당화시키려고, 예수님의 거룩한 분노마저도 망나니같은 행동이었다고 주장한다. 이렇게 로마서 8장 3-4절과 28절 강해 일부분만 보아도, 김성수는 본문의 의미를 철저히 왜곡해서 성화를 부정하는 가르침을 펼치고 있는 것을 쉽게 발견할 수 있다.

하나님께서는 우리가 성령을 의지하여 승리할 수 있도록 은혜의 길을 마련해 놓으셨다. 그러한 은혜를 활용하기 위하여 우리의 의지를 사용해야 한다. 성령의 도우심과 성령의 은혜를 구하면서 죄와 싸우며 거룩함을 향해서 나아가는 삶은 결코 불가능한 성화의 삶이 아니다. 그리스도 안에서 성령의 은혜를 의지한 노력은 율법적인 노력이 아니다. 이런 삶을 살아갈 때, 신자는 사탄에게 정죄 당하는 믿음의 실패를 경험하지 않게 될 것이며, 성령의 도우심과 인도하심을 따라 살아갈 때 신자는 지속적인 성화의 삶으로 나아가게 될 것이다. 로마서 8장에서는 성령의 본질적 특성에 대하여 여러 표현을 사용하고 있다. '생명의 성령(8:2)'은 곧 '생명을 주시는 영(8:11)'을 말한다. 또한 8장 9절과 14절을 보면 성령을 '하나님의 영', '그리스도의 영'이라고 말하고 있고, 8장 15절에서는 '양자의 영(the Spirit of adoption)'이라고 표현하고 있다. 바울은 죄의 종된 상태와 하나님의 아들이 된 상태를 대조하면서, 죄인이 하나님의 아들이 되게 하시는 성령의 역할을 '양자의 영'이라고 표현하고 있다(8:15 cf. 갈 4:6). 이렇게 우리가 양자의 영을 받았다는 사실을 우리 안에 계신 성령이 증언하신다고 바울은 말한다(8:16). 양자의 영을 받은 우리가 성령의 인도를 따라 살아가면 자신의 정욕과 죄의 행실을 죽이는 삶을 살아가고 율법의 요구를 이루는 성화적 삶이 가능하다(롬 8:12-14).

하나님께서는 '그의 신기한 능력'으로 우리의 생명과 경건 생활에 필요한 모든 것을 주셨다(벧후 1:3). 베드로가 말한 신기한 능력은 '신적인 능력(divine power)'이라는 뜻이다(θείας δυνάμεως). 이 말씀은 '그의 신적인 능력으로', '성령의 능력으로' 우리의 생명과 경건 생활에 필요한 모든 것을 주셨다는 의미로 이해할 수 있다. 신자들이 육신이 연약해서 죄 가운데 살아갈 수밖에 없다고 변명하거나, 인간은 죄 짓는 일 밖에 할 수 없다고 고백하면서 모든 책임을 하나님께 전가하거나 원망할 수 없다. 하나님께서는 신앙생활에 있어서 영적 승리를 위한 영적 능력을 성령을 통하여 공급해 주시기 때문이다(『원문 중심의 이야기 로마서』, 167-170).

김성수는 로마서 전체를 강해하지 않았다. 로마서 절반에 해당하는 로마서 9장으로 강해를 끝냈다. 2013년 3월 3일, 로마서 강해 102(표적이냐 실체냐, 롬 9:4-5) 설교를 마친 3일 후(2013년 3월 6일) 자살로 생애를 마쳤다. 더 이상 강해를 하지 않은 이유와 의도는 무엇이었을까? 무슨 사정이 있어서 9장에서 끝냈을까?

필자는 두 가지 이유가 있었을 것으로 생각한다. 첫째, 로마서 9-11장의 해석이 결코 쉽지 않기 때문이다. 로마서 강해를 하는 설교자들이 종종 로마서 9-11장은 가볍게 지나치거나 아예 다루지 않고 넘어가는 경우를 보게 된다. 김성수가 로마서 9-11장의 내용을 바르게 이해하기도 쉽지 않거니와 그가 주장하는 단순한 십자가 복음을 주제로 설명하기란 더욱 쉽지 않았을 것이다. 사실상 불가능하다고 해도 과언이 아니다.

둘째, 12-16장에 가면, 하나님의 말씀을 행하라는 실천적인 명령이 대부분을 차지하기 때문이다. 성경의 이런 실천적인 명령은 전부 복음이 아닌 윤리, 도덕에 불과한 수준으로 치부하는 김성수가 구체적이고 자세한 실천 명령을 전부 십자가 복음으로 왜곡시키기란 불가능했기 때문이라고 추정한다.

사도 바울은 젊은 목회자 디모데에게 다음과 같이 말씀했다.

> 또 어려서부터 성경을 알았나니 성경은 능히 너로 하여금 그리스도 예수 안에 있는 믿음으로 말미암아 구원에 이르는 지혜가 있게 하느니라 모든 성경은 하나님의 감동으로 된 것으로 교훈과 책망과 바르게 함과 의로 교육하기에 유익하니 이는 하나님의 사람으로 온전하게 하며 모든 선한 일을 행할 능력을 갖추게 하려 함이라(딤후 3:15).

성경의 바른 이해와 해석을 위한 기본 지침을 이보다 더 명확하게 설명해 주는 말씀이 어디 있는가? 바울은 여기에서 성경의 기록 목적에 대하여 분명하게 두 가지로 말하고 있다.

첫째, 성경이 예수 그리스도를 소개하고 알게 함으로 구원에 이르게 하는 하나님의 지혜의 책이라는 것이다. 김성수가 말하듯이 성경은 예수 믿고 천국 가도록 안내해 주는 책이다. 그러나 모든 내용이 여기에만 초점을 두고 있지는 않다.

둘째, 성경이 기록된 목적은 예수를 믿고 구원받은 하나님의 사람이 하나님의 뜻을 따라 살아가고, 하나님의 성품을 닮아 가는 성화의 삶을 살게 하고, 하나님이 보시기에 선한 모든 일을 행하도록 하기 위함이다. 김성수는 이런 성경의 근본 목적을 망각하고 철저하게 신자의 행함을 자기 의를 추구하는 교만과 죄의 행위로 정죄해 버리고 말았다. 그의 성경 해석과 가르침은 근본적으로, 의도적으로

바른 해석 바른 **신앙**

왜곡될 수밖에 없었던 것이다. 성경의 한 면은 구원의 길을 보여 주고, 다른 한 면은 구원받은 하나님의 백성의 행할 일을 가르쳐 준다.

김성수의 설교와 관련된 마지막 여담을 나누면서 설교 비평을 마치고자 한다. 김성수가 2012년에 한국에서 꽤 알려진 한 교회에서 하는 설교를 동영상으로 보았던 적이 있다. 그 교회의 명예를 생각해서 교회명을 직접 언급하지는 않겠지만, 김성수의 가르침에 또 한 번 놀라지 않을 수 없었다. 그 집회는 김성수가 평소에 하던 설교를 요약한 것이라고 볼 수 있는 집회였다. 예수님이 말씀하신 누가복음 24장 27절의 말씀을 근거로 '모든 성경이 나에 대하여 기록한 것'이라는 점을 반복해서 강조하였다. 성경의 '통일성'과 '다양성'이라는 양면성을 깨닫지 못하고 성경의 모든 내용이 예수만 말하고 있다고 주장하고 가르친 것이다.

김성수가 '신구약성경 66권은 오직 예수를 말한다'는 그의 주장을 정당화시키는 효과적인 방법 중 하나는 성경 원어의 오용과 남용이었다. 성경 원어인 히브리어와 헬라어는 영어와 같이 한 단어에 여러 의미가 있기 때문에, 자신이 선호하는 한 가지 의미를 의도적으로 선택해서 새로운 해석을 만들어 내기 쉽다. 그 교회의 집회에서 김성수가 사용했던 원어의 오용과 남용의 실제적인 예를 소개하면 다음과 같다.

첫째, 헬라어와 히브리어 알파벳과 단어의 오용이다. 성경의 맨 처음에 나오는 창세기의 첫째 단어가 '베레쉬트'요, 이 글자 안에 성경 전체가 다 들어 있다는 황당한 설명을 한다. 하나님(엘로힘)은 남성 복수이기에, 문법의 주어가 될 수 없고 따라서 실제로 주어는 없다고 말한다. 그리고 타우로 끝나기에 그게 성전에서 완성된다는 의미라고 한다. 헬라어 '호 코스모스(세상)'라는 단어에도 온갖 의미를 부여해서 설명하기도 했다. 이런 이야기는 성경 어디에도 없으며 성경 본문의 의미나 기독교 신앙에 아무런 관계가 없는 이야기다. 말도 안 되는 설교는 김성수가 '파자 풀이'라는 명목으로 지어낸 상상에 불과하며, 성경을 바로 이해하는 데 대단히 위험한 걸림돌이다.

둘째, 김성수가 자주 사용하는 단어 가운데 하나는 '후손' 혹은 '씨(제라)'라는 단어다. 이 집회에서도 김성수는 세상(호 코스모스)라는 단어 속에서 꽃을 이야기하고, 그 꽃을 '샤론의 꽃(예수님)'으로 연결하는 소설같은 이야기를 하였다. 예수님이 열매가 없는 무화과(꽃)를 저주하신 이유는 씨가 없었기 때문에 저주했다고 하는 엉뚱한 설명을 하였다. 그러면서 씨가 곧 열매(씨=열매)라는 논리적으로 전혀 앞뒤가 맞지 않는 황당하기 이를 데 없는 말을 쏟아 내었다. 그 설교를 듣고 있던 교회의 중직자들과 신자들은 어떤 생각으로 끝까지 있었는지 필자는 심히 궁금하다.

셋째, 그는 '바울이 삼층 천에 올라갔다 와서 거기서 완성된 자신을 보고 왔기 때문에 어떤 어려움과 비천에도 처할 수 있는 비결을 배우게 되었다'고 빌립보서 4장의 말씀을 설명했다. 바울은 감옥에서 빌립보 교회에게 편지를 쓰면서 "내게 능력 주시는 자 안에서 모든 것을 할 수 있고, 어떠한 형편에 처하든지 자족할 수 있는 일체의 비결을 배웠다(빌 4:12-13)."고 말씀했다. 이 말씀은 그리스도 안에 있는 삶을 강조한 것이며, 삼층 천을 본 신비적 체험과는 아무런 관련이 없다. 또 일층 천은 옛 성전이고, 이층 천은 예수님의 몸된 성전이고, 삼층 천은 진리의 영이신 '성령의 전'이라고 해석하고, 예수님이 말씀하신 "사흘 만에 살아나리라."는 말씀을 세 번째 것으로 살아나리라는 것이라는 의미로 해석했다. 그래서 첫째 것은 옛 성전, 둘째 것은 예수의 몸 성전, 셋째 것은 진리의 성령이 거하는 그

바른 **해석** 바른 **신앙**

리스도인 성전이라고 설명했다. 김성수의 설명은 성경 해석의 기본 원리를 완전히 벗어난 것이며, 상식과 논리에도 맞지 않는 황당한 이야기일 뿐이다.

넷째, 김성수는 다음과 같은 말도 안 되는 이상한 설명을 했다.

> 아담이란 말 자체가 하나님의 고결하신 말씀입니다. 하나님을 그 안에 담은 자, 이걸 아담이라고 한다니까요.

이 설명 역시 성경적인 근거가 전혀 없으며, 상식과 논리에도 맞지 않는 황당한 이야기다. 김성수는 영적 교만과 함께 자신만의 독특한 성경의 단어 풀이에 스스로 미혹되어서 그것이 성경의 진리인 양 대담하게 전하고 있었다. 그뿐인가? 히브리어 '아바'는 내가 너희 안으로 하나님의 처소가 되게 하기 위하여 간다는 의미라고 설명하면서, 그것은 곧 말씀으로 하나님의 성전이 된다는 뜻이라고 했다. 그래서 "하나님의 집 '알레벳'이 되면, 그렇게 써 놓고 아버지(아바)라고 읽어요."라고 결론을 내렸다.

설교에서 늘상 사용하는 '선한 사마리아인의 비유'도 이 집회에서 다시 한번 인용했다. 김성수의 황당한 이야기를 집회 마지막 날까지 어떻게 계속할 수 있도록 허락했는지 필자는 심히 궁금할 뿐이다. 김성수를 추종하는 서머나교회의 교인들은 지금도 한국 교회를 대표하는 교회 중 하나인 이 교회가 김성수의 집회를 허락해 준 것을 빌미로, 마치 한국 교회가 인정하는 영적 지도자인 양 은근히 선전하는 데 사용하고 있다.

김성수는 성경의 모든 내용을 끊임없이 구원과 영생에 관한 의미로 해석하면서 그것을 깨달아 가는 것이 영생을 얻는 길이고, 신앙생활의 목적으로 가르치고 강조했다. 이 점은 지금도 김성수의 길을 따르는 십자가 복음주의자의 공통된 문제 가운데 하나다. 십자가 복음주의자와 김성수가 성경 전체가 복음에 대해서만 기록한 책이고, 성경 어디를 펴도 십자가 복음이 들어 있다고 하는 신념은 근본적으로 성경 전체를 바르게 읽고 이해하지 못한 데서 기인한 것이다.

그는 한국 교회에 대한 뿌리깊은 부정적인 의식과 비판의식을 가지고 있었다. 이런 부정적인 의식과 비판의식은 성경적 기복신앙에 대한 오해와도 관계가 깊다. 그 결과 이 세상의 복에 대한 성경적 가르침을 전면 부정하고 오직 '죄—십자가—영생'만을 추구하는 것이 그리스도인의 삶의 전부이며 유일한 목적으로 강조했다. 영생은 우리의 신앙생활의 목적이 아니라 우리의 힘으로 결코 얻을 수 없는 하나님의 은혜의 선물이다. 그리스도의 삶의 목적은 하나님의 아름다운 덕을 선전하면서(벧전 2:9), 하나님의 선하심을 드러내고 하나님 나라의 전파를 위한 적극적인 믿음의 삶을 살아가는 것이다.

그리스도인들은 이 세상에서 하나님이 허락하신 복을 감사하고 기쁘게 누리면서 하나님께 영광을 돌리는 빛과 소금의 삶을 살아가야 한다. 현세적인 복을 누리는 삶을 전혀 살아가지 못한다고 할지라도 주어진 현실에 자족하며 감사와 기쁨으로 살아가는 것이 사도 바울과 같이 성숙한 그리스도인의 삶임을 잊어서는 안될 것이다.*

---

* 바울은 "나는 어떠한 형편에 처하든지 자족할 수 있는 일체의 비결을 배웠다."고 말씀하면서(빌 4:12), 내게 능력 주시는 자 안에서 내가 모든 것을 할 수 있다고 고백하였다(빌 4:13). 즉 바울은 자신이 원하는 것은 무엇이든지 하나님의 능력으로 얻을 수 있다고 말한 것이 아니라 "하나님이 내게 원하시고 그것이 하나님의 뜻이라면 내게 능력 주시는 자 안에서 모두 할 수 있다."고 고백한 것이다.

바른 해석 바른 신앙

　필자는 성경의 바른 이해와 해석에 관한 제언과 함께 성경 해석의 역사적 흐름을 간략히 소개하였다. 특별히 한국 교회의 한 흐름을 형성하고 있는 '기복신앙과 십자가 복음주의'라는 주제 안에서 십자가 복음주의를 대표하는 김성수의 설교를 심도 있게 분석했다. 김성수의 가르침에는 너무나 심각한 성경 해석의 오류가 있음에도, 청중은 그것을 쉽게 분별하지 못하는 것 같다. 김성수는 원어를 이용한 잘못된 단어풀이를 가지고 '상징과 모형'이라는 방식으로 이야기를 이끌어 가면서 청중을 설득한다. 결국에는 모든 성경이 '예수를 의미한다'는 극단적인 가르침을 심어 주었다. 그는 죄에 대한 성경적 개념, 구원에 대한 성경적 개념, 성화에 대한 성경적 개념 등 기독교의 핵심이 되는 대부분의 진리를 완전히 왜곡시켜 가르쳐 왔다.

　그럼에도 긍정적으로 평가하자면, 그의 설교 안에는 종종 깊이 공감할 만한 좋은 설명과 해석도 있다. 때로는 감동적으로 창작한 복음적인 이야기도 있다. 그 결과 그의 잘못된 가르침을 분별하지 못한 기존의 신자가 그의 설교에 빠져들면 추종자가 되게 하는 힘이 있다. 하지만 거짓 진리를 분별하고 걸러낼 능력이 없는 신자는 그의 가르침에 깊이 빠져 들어갈수록 기존 교회와 교회 지도자에 대한 극단적인 비판의식과 교만으로 물드는 것을 보게 된다. 결국 성경의 바른 이해와 바른 교회관 그리고 기독교적 세계관에 대한 바른 이해에서 멀어져서 점점 더 극단적인 생각과 올바르지 못한 신앙의 길로 가게 되는 것이다. 십자가 복음이라는 자신들만의 독특한 신앙적 색깔을 고집하면서 여전히 김성수의 가르침을 전파하고 있는 모습을 보게 된다.

지금까지 김성수의 설교를 자세히 비평한 내용을 읽어 본 독자라면, 대한예수교장로회 합신교단이 제100회 총회에서(2015년) "김성수(서울 서머나교회)의 강론을 읽거나 추종하는 일을 일체 금지한다."고 결의한 내용이 어떤 의미를 가지고 있는지 판단이 설 것으로 생각한다. 필자는 합신 교단에서 발표한 내용에 공감하며 그 내용을 부록 3에서 소개하고자 한다.

김성수의 가르침은 지금도 인터넷 동영상 설교와 책을 통하여 누룩처럼 우리 주위에 은밀히 퍼지고 있다. 김성수의 극단적인 가르침과 이런 사상적 흐름을 따라가는 십자가 복음주의자들이 우리 주위에 많이 있다. 독자는 이런 가르침과 사상이 명백하게 잘못된 신앙의 길임을 인식하고 경계하고 분별해 낼 수 있기를 바란다. 뿐만 아니라 이 책을 통하여 독자들이 보다 실제적인 성경 이해와 해석에 관한 통찰력을 얻기를 기대한다.

바른 **해석** 바른 **신앙**

부록 3

대한예수교장로회 합신교단의 제100회 총회(2015년) 결의문

1. 선택에 대한 운명적인 오해

김성수: 하나님의 백성이라면 이 땅에서 행함의 유무가 천국 입성에 영향을 미칠 수 있습니까? 아닙니다. 하나님의 계획 속에 이미 결정되어 역사 속으로 내려온 이들이 성도이고 그들만 천국에 갈 수 있습니다. 양과 염소는 이미 창세전에 갈라져 있습니다. 창세전에 이미 완료의 상태에 들어가 있는 성도는 이 땅에 죄인으로 보내져 자신의 불가능함을 폭로 당하게 됩니다. 알곡과 가라지도 하나님의 무조건적인 선택입니다. 인간의 행위는 하나님이 결정에 어떤 영향도 미칠 수가 없습니다(비유 강해 14, 마 25:31-46, 구역교재).

김성수: 하나님이 여러분을 역사 속에 보내서 죄의 종으로 만들었다. 하나님이 이스라엘을 애굽에 보내서 어린 양의 피로 구원해내신 것처럼 무력한 자로 폭로해 내신다. 어린 양의 피로만 구원해 내신다. 하나님이 시나리오를 다 쓰신다. 누가 간음한 자로 만들었는가? 하나님이시다. 누가 진짜 신랑인 것을 가르쳐 주시려고 하나님이 이스라엘을 애굽화하셨다. … 새 사람은 내가 노력해서 되는 게 아니라 입는다고 말씀한다. 먼저 새 사람이 되겠다고 하니 문제다. 죄인됨이 폭로된다. 하나님이 볼 때는 죽은 자다. 강시다. 네가 죽은 자인 것을 알라. 내가 치장한다. 그런데 왜 니가 강시에 치장하느냐? 간

음하다 잡혀온 여인과 군중 앞에서 결국 간음한 그 여자만 신랑이신 예수 그리스도 앞에 남았었다. 최초의 간음 현장은 에덴동산이었다 (2012, 산상수훈 강해 16).

1-1 비판

김성수는 구원을 창세 전에 삼위 하나님의 선택 경륜 안에서 폐쇄적으로 완료된 것으로 오해한다. 그러나 돌트 신경(1.1-4)은 창세기 1-3장의 순서에 따라 구원의 실행은 영원 전 삼위 하나님의 선택 경륜에서 시작하지 않고 시간 속에서 일어난 타락으로 시작한다. 영원 전 삼위 하나님의 선택 경륜에서 결정된 구원의 대상이 누구인지 먼저 계시하지 않고, 성자를 보내어 택자의 구원을 획득하게 하시고 이 구원을 택자에게 수여하기 위해서 은혜의 방편, 즉 복음 설교를 듣게 하셔서, 성령께서 택자들에게 참되고 살아 있는 믿음을 일으켜 구주를 영접하게 하심으로 드러내신다. 이와 같이 영원 안에서의 선택은 은혜의 방편인 말씀과 성례를 통해서 성령께서 교회 안에서 구원의 서정을 펼치시며 역사 속에서 하나님의 섭리로 나타난다. 구원의 결정은 선택에 의해서 이루어지는 것이라 할지라도, 그것의 실행은 신자의 신앙의 행위를 통해 이루어지는 것이 하나님의 교훈적 의지다. 하나님께서는 그의 주권적 작정에 의해 선택한 자들로 하여금 그러한 신앙의 행위가 가능하도록 은혜를 베푸시는 것이다. 따라서 선택은 하나님의 약속과 은혜 언약 안에서만 실행이 된다(창 15, 17장). 또한 그 확신은 예수 그리스도를 믿는 참된 믿음, 하나님에 대한 어린 아이와 같은 경외심, 자신들의 죄에 대한 슬픔, 의에 주리고 목마름과 같은 선택의 열매들을 자신에게서 살핌으로 얻게 된다(돌트신경 첫째 교리 12항).

2. 하나님을 죄의 원인자로 만들고 있다

김성수의 주장에 의하면 정죄 심판의 원인이 사람의 죄에 있지 않고, 하나님의 의지가 된다. 그러나 하나님은 죄의 원인이 아니라 심판자이시며, 정죄 심판의 원인은 인간의 죄에 있다(돌트신경 Ⅱ. 6.). 성경은 교훈하기를 "이와 같이 모든 사람이 죄를 지었으므로 사망이 모든 사람에게 이르렀느니라(롬 5:12)."로 말씀한다.

그는 이해하기를, 언약에 대한 우리의 반응과는 상관이 없이, 여호와께서 이미 이루신 성도가 이 땅에 온 것으로 여기고 있다. 그러나 우리는 주님의 강림이 아직 완전하게 임하지 않았으며, 오히려 우리에게 신앙을 요구하는 약속으로 보며, 성령께서 신앙을 불러일으키시는 것으로 믿지만, 그는 창세전에 이미 완료된 구원을 주장함으로 우리의 믿음이나 삶이 설 자리가 없어지고 만다.

그의 논리에 의하면 더 이상 인간은 책임 있는 당사자가 아니므로 은혜 언약의 특징이 훼손되며 은혜 언약은 아무 의미가 없게 된다. 벌코프는 선택보다 언약을 중요시했다. 벌코프는 선택이 마지막에 오는 것이었다.

> 선택은 하나님의 행위에 있어서 첫 번째 말이지만, 신자가 고백할 때는 마지막 말입니다. 그것이 자유의 권리는 제한하는 지평선을 나타내 주며, 언약의 영역을 가능하게 합니다.

돌트회의에서 핵심 이슈 중 하나는 선택의 작정을 어떻게 서술할 것인가라는 문제였다. 돌트신경은 첫째 교리에서 하나님 앞에서 정죄 받아야 할 이유(제1항), 하나님의 사랑 가운데 아들을 보내심(제2항), 복음 설교자를 보내심(제3항), 그리스도를 믿음으로 영생을 얻음(제4항), 불신앙의 원인은 사람에게 있으며 믿음으로 말미암은 구원은 하나님의 은혜의 선물임(제5항), 어떤 사람에게 믿음의 선물을 주시며 어떤 이에게는 주시지 않는 것은 하나님의 영원한 작정에서 나옴(제6항) 그리고 나서 제7항에서야 제한된 수의 사람들을 오직 은혜로 선택하심이 나온다. 결국 선택은 가장 먼저 말하여 지는 것이 아니라 송영으로 표현되었던 것이다.

선택은 하나님의 기뻐하신 은밀한 뜻으로서 창조 이전의 오묘한 일에 속해 있으며, 언약은 시간 속에 드러난 일로서 언약 백성에게 속해 있다(신 29:29). 선택이 역사 안에서 일어나는 모든 것을 앞서게 하고 지배하도록 하면, 언약의 특징을 잃어버리게 되며, 하나님 앞에서 책임 있는 당사자로서 회개와 믿음의 순종이 설 자리를 상실하게 되어, 거룩한 언약을 무의미하게 만든다.

3. 언약 이해의 오류

3-1 옛 언약과 새 언약의 분리

김성수: 아무튼 그러한 새 언약이 주어졌다는 것은 옛 언약의 파기를 의미하는 것이다. 옛 언약이 뭡니까? '하나님의 율법을 지키라, 안 지키면 죽는다'입니다. 그런데 그 옛 언약의 대상자였던 이스라엘이

그 옛 언약 앞에서 완전히 실패자로 드러나 버리지요? 옛 언약이 이스라엘의 무력함과 불가능함에 의해 파기가 되어 버린 것입니다. 그 자리에 새 언약이 주어지는 것입니다. 그러니까 옛 언약은 법과 몸의 분리 상태는 항상 실패할 수밖에 없음을 보여 주기 위해 '너희 인간들은 옛 언약에 의해서는 죽을 수밖에 없으므로 내가 새 언약을 미리 준비해 두었다'는 것을 가르쳐 주기 위해 한시적으로 주어졌던 것입니다. 즉 '율법을 지키라'는 옛 언약은 새 언약이 이미 준비되어 있다는 것을 알리는 사전 광고에 불과한 것입니다(로마서 강해 1, 129).

3-2 비판

김성수는 옛 언약과 새 언약을 분리시키고 있다. 그는 이스라엘의 무력함과 불가능함에 의해 옛 언약이 파기되었으며, 그 자리에 새 언약이 주어졌다고 한다. 이는 보완적이고 연속적인 한 언약을 대립이나 대조로서 분리시킨다. 옛 언약이나 새 언약의 중보자는 공히 예수 그리스도시다. 단지 실체되신 그리스도께서 오시므로 옛 언약의 의식법과 정결법과 같은 그림자로서 성경이 무의미하게 되었으며 경륜상 차이가 있을 뿐, 중보자 되신 예수 그리스도를 통해 죄사함과 구원받는 면에서 본질상 동일하다. 율법은 두 언약 안에서 죄를 폭로하고 그리스도를 향하게 하는 기능을 가지고 있을 뿐 아니라 구원의 은혜에 감사하는 규범 역할도 한다. 이는 옛 언약 교회와 새 언약 교회는 두 교회가 아니라 성부의 선택과 성자의 구속과 성령의 성화의 은혜를 입은 한 교회이기 때문이다.

3-3 옛 언약에 대한 오해

> **김성수:** 옛 언약이 뭡니까? 하나님의 율법을 지키라, 안 지키면 죽는 다입니다(로마서 강해 1,129쪽). 이스라엘 족속은 집단적으로 창세전에 구원받은 교회다(비유 강해 12).

3-4 비판

이 말의 의미는 이스라엘과 지금의 교회가 구원 방식에 있어서 차이가 있다는 것이다. 달리 표현하면 구약의 교회와 신약의 교회가 한 교회가 아니라는 의미다. 그러나 성경의 어느 곳에서도 율법을 지키면 구원을 주신다고 말씀하지 않는다. 율법은 이스라엘이 애굽에서 건져냄을 받은 뒤에 언약을 체결할 때인 시내산에서 받았다.

3-5 율법과 복음의 관계에 대한 오해

> **김성수:** 성도는 죽은 자, 불순종의 상태로 이 땅에 보냈는데 산 자인 척한다. 산 자인 척하는 것이 죽음이며 사람들은 산 자인 척하는 행위를 성화라 부른다. 새 사람은 내가 노력해서 되는 게 아니라 입는 다고 말씀한다. 먼저 새 사람이 되겠다고 하니 문제다. 죄인 됨이 폭로된다. 하나님이 볼 때는 죽은 자다. 강시다. 네가 죽은 자인 것을 알라, 내가 치장한다. 그런데 왜 니가 강시에 치장하느냐? 간음하다 잡혀 온 여인과 군중 앞에서 결국 간음한 그 여자만 신랑이신 예수 그리스도 앞에 남아 있었다. 최초의 간음현장은 에덴동산이었다(산상 수훈 강해 16).

바른 **해석** 바른 **신앙**

3-6 비판

김성수는 인간이 율법을 행하는 것이 바로 교만이고 그것이 인간이 하나님 되려는 것이라는 주장을 끊임없이 한다. 그는 그리스도 안에서 도덕적인 율법은 이제 하나님과 교제하는 삶을 위한 우호적인 안내자인 것을 부인하고 있다. 복음으로부터 분리되어 그리스도 밖에 있는 율법은 나의 원수이고 나를 정죄한다. 반면에 믿음으로 그와 연합하여 복음과 함께 그리고 그리스도 안에 있는 경우 율법은 더 이상 나의 원수가 아니라 나의 친구이다. 율법은 결과적으로 그분을 기쁘시게 하는 것에 속하며, 핵심에 있어서 도덕적인 율법은 이제 하나님과 교제하는 삶을 위한 우호적인 안내자인 것이다. 그러나 신앙은 "인의된 사람 안에서만이 아니며 … 죽은 신앙이 아니라 사랑으로 역사하는 믿음이다(웨스트민스터 신앙고백서 11장 2절)."

4. 창세기 3장에 대한 그릇된 해석

김성수: 선악과 사건은 하나님께서 인간들에게 하나님의 전능하심과 인간의 나약함을 확연하게 구별해 줌으로 해서 하나님의 안식은 인간과 힘으로 절대 가질 수 없는 것이며 오직 하나님의 은혜로만 주어질 수 있는 것이라는 걸 납득시키기 위한 하나님의 시험이었다. 하나님과 피조물은 완전히 다르다는 것을 하나님의 형상으로 지어진 인격적이며 도덕적인 존재에서 가르치시고 싶으신 것이다. … 그래서 선악과는 인간이 자신의 힘으로 지켜낼 수 없는 하나님의 계명이었다(창세기 강해 1, 162).

김성수: 선악과나무와 생명나무는 둘 다 좋은 나무다. 그런데 티끌에 불과한 인간은 도저히 그 선악과나무의 시험을 통과할 수 없다. 하나님께서 인간이 그 선악과나무의 열매를 안 따 먹을 수도 있다는 기대를 가지시고 선악과의 명령을 내리신 것이 아니다. 그 선악과나무를 통해 너희 인간이 얼마나 연약한 티끌인지를 만천하에 폭로하시겠다는 것이다. … 하나님께 자발적인 항복과 순종을 할 수 있는 자로 설복시키기 위해 선악과나무와 생명나무라는 소품을 에덴에 심어 놓으신 것이다(창세기 강해 1, 198).

김성수: 선악과는 하나님이 왜 만들어 놓으셨을까? 그것도 제일 잘 보이는 동산 중앙에? 그것은 그것을 따 먹으라! 그리고 내 은혜 받아 산 자가 되라는 이유에서다. 하나님은 그렇게 불순종한 아담과 하와를 반드시 죽이셔야 했다. 왜? 언약을 하셨기 때문이다. 정녕 죽으리라! 죽고 죽으리라라는 반복이다. 이것이 나중에 야베스에서 복의 복으로 확 뒤집어진다.

4-1 비판

김성수는 작정적 의지와 교훈적 의지의 혼란스러운 적용을 한다. 선악을 알게 하는 나무의 과실을 따 먹지 말라는 금지 명령은 교훈적 의지다. 하나님께서는 인간이 이 명령에 순종하는 것을 보기를 기뻐하시는 의지다. 아담은 이런 교훈적 의지에 순종할 수 있는 순전한 상태로 지음을 받았다. 그는 죄를 짓지 않을 수 있는 상태의 자유를 가진 존재로 지음을 받은 것이다. 그렇기 때문에 아담은 이 시험에 통과할 수가 없는 존재이거나, 애초부터 순종을 기대하지 않으시고 금지명령을 내리셨다고 말하는 것은 잘못된 판단이다.

하나님의 작정적 의지에 따라서 아담은 불순종하고 심판을 받으며 오직 하나님의 은혜로만 살게 된다. 그러나 이런 하나님의 작정적 의지를 들어, 애초부터 아담은 순종할 수 있는 자유로운 선택의 능력이 없었다고 말하면 잘못이다. 아담은 순전한 상태로 지음을 받았으며, 그러한 상태에서 자신이 원하는 바를 실행할 수 있는 자유 선택의 능력을 가지고 있었다. 김성수는 하나님의 작정적 의지와 교훈적 의지를 혼동하며, 그 결과 운명론적 이해를 전개하며 그것을 은혜론으로 왜곡하고 있다.

5. 심각하게 잘못된 알레고리 해석

김성수: 창조 셋째 날이 담고 있는 구속사 안에서의 영적 메시지를 살펴보면, 성경에서 물과 바다가 대조되어 나올 때 항상 물은 하나님 나라를 상징하고 바다는 죄악된 세상을 상징한다. 그래서 창세기 다섯째 날 만들어진 바다 속의 생물 중에 타닌이라는 것이 등장한다. 창세기 1장 21절의 그 큰 물고기, 타닌이라는 단어는 용, 뱀, 바다 괴물이라는 뜻이다. 그래서 성경이 구원과 하나님 나라의 완성을 바다가 물러가고 뭍이 드러나는 것으로 묘사를 하기도 한다(창세기 강해 1, 84). 생육하고 번성하라는 것은 반드시 너와 결혼할 것이고 예수를 낳을 것이라는 의미라고 한다(비유 강해 11).

김성수: 창세기를 잘 보면 하나님께서 처음부터 산 자와 죽은 자를 가르고 계신 것을 볼 수 있다. 그래서 성경은 아벨이나 에녹 같은 산 자들, 다른 말로 하나님의 라인인 인물들의 나이는 정확하게 기록을 하고 있지만 가인의 후손들의 나이는 기록을 하고 있지 않다. 그 말

은 하나님께서는 선택 밖에 사람들은 모두 죽은 자로 취급하셨다는 의미다. 하나님은 바로 산 자들에게만 성경을 주신 것이다(창세기 강해 1, 21).

5-1 비판

김성수는 심각히 잘못된 알레고리 해석의 오류를 보이고 있다.

6. 율법 폐기주의를 주장한다

김성수: 우리는 창세전에 이미 완료된 다른 상태를 가지고 이 땅에 왔다(비유 강해 14).

성경은 순종치 않음에 가뒀다고 하는데 순종할 수 있다고 하는 것은 전부가 가짜다(산상수훈 강해 16).

생각해 보세요. 행함이 없는 믿음은 죽은 믿음이라는 것을 잘못 이해를 하게 되면, 인간의 행함에 의해 믿음의 진위가 결정이 되는 이상한 믿음이 되는 것입니다. 하나님께서 믿음을 주셨는데 인간이 행함으로 그 믿음을 확증해 내지 못하면 그 믿음이 죽은 믿음이 되는 것이라면, 하나님이 주시는 믿음이라는 제품에 인간의 행함이 결정적 역할을 하게 되는 이상한 결과가 나오게 되는 것입니다. 아닙니다. 믿음은 하나님이 마련하신 하나님의 선물입니다. 그래서 그 믿음은 인간 측에서의 어떤 불순물도 가해서는 안 됩니다. 따라서 야고보서에서의 행함이 없는 믿음은 죽은 믿음이라는 말씀은 십자가 은혜라는 하나님의 행함에 의해, 자신의 옛사람의 심장에 칼을 꽂는 자기 부인의 행함으로 이어지지 않는, 인간 측의 노력과 공로가 가입된 불순물 묻은 믿음과 가짜 믿음이라는 말인 것입니다. 다시 한 번 말씀드리지만 행함이 없는 믿음이 죽은 믿음이라는 말씀은 착한 일을 많이 하지 않는 믿음은 가짜 믿음이라는 말이 아니라 오히려 인간 측에서의 착한 일이나, 선한 행위에 상관없이 예수 그리스도의 십자가의 행함에 의해, 구원에 있어서 인간 측에서의 모든 행함을 부정하는 그런 행함으로 이어지지 않는 믿음은 가짜라는 완전히 반대의 이야기인 것입니다(예수님의 비유, 242-243).

6-1 비판

신자의 선행은 그리스도의 은혜의 믿음을 부인하거나 모순된 것이 아니다. 선행이 믿음의 증거가 된다는 말을 오해하여, 마치 선행이 믿음의 진위를 결정하는 근거이며 따라서 인간이 믿음을 결정한다는 식으로 해석하는 것은 믿음과 행함의 관계에 대한 완전한 오류이며 또한 왜곡이다. 올바른 개혁신학은 신자의 믿음은 그 자체가 성령 하나님의 선물이며, 이런 선물을 주신 성령 하나님께서 또한 거룩한 성화의 일을 행하시므로 선행의 열매를 맺게 되는 것임을 가르친다. 따라서 행함이 없는 믿음은 죽은 믿음이라는 것은 믿음을 주시는 성령 하나님께서 또한 반드시 성화의 사역을 행하실 것이므로 행함이라는 열매로 믿음의 진실성을 드러낸다는 것을 교훈한다. 따라서 "사람이 행함으로 의롭다 하심을 받고 믿음으로만은 아니니라(약 2:24)."는 말씀은 사람이 믿음으로 의롭다함을 받은 자임을 행함으로 드러내게 된다는 원리를 교훈하는 말씀이다.

이런 까닭에 하이델베르크 요리문답은 신자가 선행을 하여야 할 필요를 다음과 같이 교훈한다(하이델베르크 요리문답 114문의 답).

> 당신은 이 모든 계명을 완전하게 지킬 수 있습니까? 지킬 수 없습니
> 다(하이델베르크 요리문답 제5문).
> 만일 아무도 이 생애에서 십계명을 완전히 지킬 수 없다면, 왜 하나
> 님께서 십계명을 그렇게 엄격하게 선포하셨습니까? … 그리스도 안
> 에 있는 죄의 용서와 의를 더욱 간절히 추구하게 하기 위해서이며 …
> 성령의 은혜를 얻기 위해 하나님께 기도하면서 하나님의 형상을 따
> 라 점점 더 새롭게 되기 위한 노력을 결코 멈추지 않도록 하기 위해
> 서입니다(하이델베르크 요리문답 115문답, 고전 9:24; 빌 3:12-14; 요일 3:1-3).

성령으로 거듭난 사람일지라도 계명을 완전히 순종할 수는 없지
만, 성령으로 거듭난 사람이 나는 전혀 순종할 수 없다고 말한다거
나, 새롭게 되기 위한 노력조차 포기하는 것은 아니다. 그리고 이런
노력이 믿음의 진위를 사람이 결정한다는 것을 결코 뜻하지 않는다.

7. 하나님의 주권과 인간의 책임에 대한 오해

> **김성수:** 하나님의 백성이라면 이 땅에서 행함의 유무가 천국 입성에
> 영향을 미칠 수 있습니까? 아닙니다. 인간의 행위는 하나님의 결정
> 에 어떤 영향도 미칠 수가 없습니다(비유 강해 14).

7-1 비판

이 말은 구원이란 하나님의 주권과 은혜로 얻게 된다는 면에서 틀린 말은 아니다. 그러나 그가 이런 논리를 펴는 마음 저변의 생각은 인간은 누구나 죽은 자요 강시라는 사상이 깔려 있다(그는 인간을 실제로 강시와 같다는 표현을 사용한다. 산상수훈 강해 16). 그는 하나님의 작정이라는 일방적인 방향만을 본다. 작정을 실현하시기 위하여 인간을 사용하시되 그들을 교훈적 의지에 따라 판단을 하시는 방향도 또한 있다는 사실을 외면하거나 왜곡한다. 앗수르는 하나님의 작정에 의하여 사용되었으나, 그들의 악행은 하나님의 교훈적 의지에 따라서 판단을 받고 공의의 심판을 받는 것임을 말하지 않는다.

이사야 10장 5-6절에서 하나님께서 당신의 고집 센 백성 이스라엘을 심판하기 위해서 앗수르로 보내셨다고 하는 말씀을 우리는 읽는다.

> 앗수르 사람은 화 있을진저 그는 내 진노의 막대기요 그 손의 몽둥이는 내 분노라 내가 그를 보내어 경건하지 아니한 나라를 치게 하며 내가 그에게 명령하여 나를 노하게 한 백성을 쳐서 탈취하며 노략하게 하며 또 그들을 길거리의 진흙 같이 짓밟게 하려 하거니와.

앗수르는 하나님의 진노의 막대기이고 타락한 이스라엘을 심판하기 위해서 보내진 하나님의 손의 몽둥이이였다. 하나님께서는 앗수르를 사용하셔서 하나님께서 행하시고자 하시는 일을 분명하게 성취하셨다. 그런데 하나님께서 정하신 일을 이룬 앗수르는 그 행한 일에 대해 심판을 받게 되었다.

그러므로 주께서 주의 일을 시온 산과 예루살렘에 다 행하신 후에 앗수르 왕의 완악한 마음의 열매와 높은 눈의 자랑을 벌하시리라(12절).

여기에 보면 앗수르는 예루살렘에 대해 행한 일에 있어서 전적으로 책임이 있다. 앗수르는 그 행위에 대해 용서를 구하거나 하나님께 불평할 수 없다. 하나님께서 먼저 앗수르를 도구로 사용하셨다. 하나님께서 이 도구를 사용하셨지만 앗수르가 완악하며 교만한 마음에 악을 행하였기 때문에 앗수르의 악한 행위는 악한 행위대로 심판하셨다.

우리는 주께서 당신의 주권에 대해 말씀하시면서 동시에 우리는 우리가 행하는 모든 것에 대한 책임이 있다고 하는 말씀을 믿음으로 받아들여야 한다.

8. 기성교회를 가짜 기독교로 규정하는 오류

김성수: 따라서 올바른 복음이 교회에 떨어지면 종교가 되어버린 가짜교회가 붕괴되고, 가짜 신자가 와해가 되며, 가짜 종교 행위들이 빛을 잃어, 밖에서 보면 교회가 더 어수선해지는 것 같고, 열심도 없어지는 것 같고, 지리멸렬해 가는 것처럼 보일 수 있는 것입니다. 인간들이 만들어 놓은 가짜 복음이 하나님의 복음에 의해 공격을 당하거든요. 그런데 그 복음은 살아서 운동력이 있고 골수와 관절과 영혼까지 쪼개는 힘이 있단 말입니다. 그래서 올바른 복음이 전해지면 교회 안에 전쟁이 일어나게 되는 것입니다. 그래서 인간이 조작해 놓은 가짜 기독교가 진짜 기독교를 이단으로 몰아부치게 되어 있습

바른 **해석** 바른 **신앙**

니다. 왜냐하면 종교가 되어버린 가짜 기독교가 기독교의 주류가 되어 있기 때문입니다. 그러니까 예수 믿으면서 기독교인들로부터 이단 소리 한 번 들어보지 못한 사람은 어쩌면 진짜 복음을 들어보지는 못할 사람일지도 모릅니다. 그렇다고 구원파나 신천지나 다락방 같은 그런 유의 이단소리를 들으라는 말이 아닙니다(로마서 강해 1, 122–123).

결론

① 이상에서 살펴 본 바와 같이 김성수의 강론 내용은 장로교회나 개혁교회의 전통적인 가르침에서 크게 벗어났다고 사료됩니다.

② 그의 적은 누룩이 많은 신자의 마음을 혼미하게 하여 그리스도의 영광의 광채가 비치지 못하게 하는 사탄적인 요소가 많아 보입니다.

③ 억지로 성경을 풀다가 스스로 멸망에 이른다는 말씀이 있습니다(벧후 3:16), 연약한 신자가 미혹에 이끌려 굳센 데서 떨어질까 심히 염려가 됩니다.

교단 산하의 모든 교회들과 성도들은, 김성수의 강론을 일체 읽거나 듣거나 추종하는 일이 없도록 하고, 김성수의 강론을 권하는 행위를 하는 자들을 엄히 꾸짖고 금하도록 치리할 것을 권면합니다.

김성수의 신학검증 보고서(예장합신) 끝

참고문헌(References)

신앙서적 및 신학서적(books)

김곤주, 『원문 중심의 이야기 로마서』, 세움북스, 2016.

김광식, 『현대의 신학사상』, 대한기독교서회, 2003.

김명룡, 『칼 바르트의 신학』, 이레서원, 2007.

김득중, 『복음서의 비유들』, 컨콜디아사, 1987.

김의환, 『성경적 축복관』, 성광문화사, 1990.

김상복, 「성경과 신학」, 한국복음주의신학회 논문집 제17권, 서울: 햇불, 1995.

김영재 『한국교회사』 서울:개혁주의신행협회, 1994.

곤잘레스, 후스토 L., 『초대교회사』, 서영일 역, 은성,1987.

_____, 『기독교 사상사 (I): 고대편』, 이형기·차종순 역, 한국 장로교출판사, 1988.

_____, 『기독교 사상사 (II): 중세편』, 이형기·차종순 역, 한국 장로교출판사, 1988.

_____, 『기독교 사상사 (III): 현대편』, 이형기·차종순 역, 한국 장로교출판사, 1988.

리차드 포스터, 『돈·섹스·권력』, 김영호 역, 두란노서원.

렌 위크, A.M, 『세계 기독교회사』, 오만규 역, 보이스사, 1779,

루이스 벌코프, 『성경해석학』, 윤종호·송종섭 역, 개혁주의신행협회, 1993.

류순하, 『성서의 이해』, 숭실대 출판부, 1997.

마이클슨, A. 버클리, 『성경해석학』, 김인환 역, 크리스천 다이제스트, 1995.

박용규, 『초대교회사: 교회사 총서 1』, 총신대학교출판부, 1993.

바른 **해석** 바른 **신앙**

박대선, 김찬국, 김정준 공역, 『구약성서개론』, 대한기독교서회, 1995.

버나드 램, 『성경해석학』, 생명의말씀사, 1993.

브루스 월트키, 『구약신학』, 김귀탁 역, 부흥과 개혁사, 2012.

베스터만, C., 『성서와 축복』, 장일선 역, 대한기독교 출판사, 1980.

벵트 헤그룬트, 『신학사』, 박희성 역, 성광문화사, 1993.

유동식, 『한국 종교와 기독교』, 서울:대한기독교서회, 1979.

윌리엄 클라인 외 공저, 『성경해석학 총론』, 생명의말씀사, 1997.

오르드, 데이비드 R. 쿠트, 로버트 B. 공저, 『새로운 눈으로 보는 성서』, 강
　　우식 역, 바오로딸, 1995.

윌리엄 클라인 외 공저, 『성경해석학 총론』, 생명의말씀사, 1997.

『웨스트민스터 신앙고백서』, 송정섭 역, 소망사, 1995.

지병구, 『샤머니즘과 한국 교회』, 새한기획출판부, 1996.

조용기, 『나의 교회성장 이야기』, 서울말씀사, 2005.

_____, "보혈의 신비", 『조용기 목사 설교전집』, 제10권, 서울말씀사,
　　1996.

전경연 외, 『신약성서신학』, 대한기독교서회, 1963.

존 칼빈, 『기독교 강요 3권』, 원광연 역, 크리스천다이제스트. 2015.

최갑종, 『예수님의 비유 연구』, 기독교문서선교회, 1996.

카슨, 더글라스 무, 레온 모리스 공저, 『신약개론』, 노진준 역, 은성출판사,
　　1994.

캐논, 윌리암 R., 『중세교회사』, *History of Christianity in the Middle Ages*, 서
　　영일 역, 기독교문서선교회, 1993.

헤리슨, 『신약개론, 정성구 역, 세종문화사, 1992.

Aune, David., *Revelation 17-22, WBC 52c*, Nashville: Thomas Nelson Pub-
　　lishers, 1998.

Bailey, Kenneth E., "Through Peasant Eyes" in *Poet & Peasant and Through
　　Peasant Eyes*, Combined edition, Grand Rapids: Wm. B. Eerdmans
　　Publishing Company 1976.

Barton. J. *Understanding Old Testament Ethics*, London: Westminster John
　　Knox Press, 2003.

Beale, Gregory K., *The Temple and the Church's Mission: A Biblical Theological of The Dwelling Place of God*, Downers Grove: InterVarsity Press, 2004.

Blomberg, Craig L., *Preaching the Parables*, Grands Rapids, Baker Academic 2004.

Bock, Darrell et al, "The Ending of Mark" in *A Response to the Essays in Perspectives on the Ending of Mark: 4 views*, Nashville, Broadman & Holman Publishers, 2008.

Cassuto, Umberto, *The Documentary Hypothesis and the composition of the Pentateuch Eight Lectures*, Jerusalem: Shalem Press, 2006.

Carson, D.A. *The Gospel According to John*, Grand Rapids: Eerdmanns Publishing, 1991.

Childs, Brevard S., *Introduction to the Old Testament as Scripture*, London: SCM Press, 1979.

Davis, Stephen T., *The debate about the Bible: Inerrancy versus Infallibility*, Philadelphia: The Westerminister Press, 1997.

deClaisse-Walford, Nancy & Jacobson, Rolf A & Tanner, Beth LaNeel., *The Book of Psalms: The New International Commentary on the Old Testament*, Grand Rapids: William B. Eerdmans Publishing Compnay, 2014.

Demarset, Bruce A., "Jerom" in *the History of Christianity*, Ed. Tim Dowley, England: Lion Hudson, 1877.

France, R.T, *The Gospel of Matthew: NICNT*, Grands Rapids, Eerdmans, 2007.

Goldsworthy, Graeme, *The Goldsworthy Trilogy*, Milton Keynes: Paternoster, 2012

Guthrie, D, *New Testament theology*, Illinois: IVP, 1981.

Greidanus, Sidney., *Preaching Christ from the Old Testament*, Grand Rapids: Eerdmans, 1999.

Harrison, R.K. *Introduction to the Old Testament*, Grand Rapid, Michigan:

바른 **해석** 바른 **신앙**

Eerdmans Publishing Company, 1969.

Hultgren, Arland J, *The Parables of Jesus*, Grand Rapids: Eerdmans, 2000.

_____, *Paul's Letter to the Romans*, Grands Rapids: Eerdmans Publishing Co, 2011.

Jacob, Edmond, *Theology of the Old Testament*. trans. Arthur W. Heathcote and Philip J. Allcock; London: Hodder & Stoughton, 1958.

Jeremias, Joachim., *Jerusalem in the Time of Jesus*, SCM Press Ltdm, 1969.

Jewett, Paul.K., 신정통주의(*Neo-Orthodoxy*) in 『Baker's 신학사전』, 신성종 역, 엠마오, 1986.

Klein, W.W & Blomberg, C.L. & Hubbard, Jr.U.L, *Introduction to Biblical interpretation*, Nashville:Thomas nelson publishers, 1993.

Köstenberger, Andreas J. *John. ECNT*. Grand Rapids: Baker Academic, 2004.

Lindt, A., "John Calvin" in *the History of Christianity*, Ed. Tim Dowley, England: Lion Hudson, 1877.

Mathewson, Dave., *A New Heaven and a New Earth: The meaning and function of the Old Testament in Revelation 21:1-22:5*, London: Sheffield Academic Press, 2003.

Morris, Leon,, *Luke; Tyndale New Testament Commentary*, Illinois: IVP Academic, 1988.

_____, *The Gospel According to John*, Eerdmans Publishing, Grand Rapids, 1995.

Osborne, G.R, *The hermeneutical spiral; A comprehensive introduction to biblical interpretation*, Downers Grove, Illinois: Intervarisity press, 1991.

Patterson, Paige., *Revelation: The New American Commentary*, Nashvill, Tennesse: B&H Publishing Group, 2012.

Reasoner, Mark., *Romans in Full circle: A History of Interpretation*, Westminster John Knox Press:Louisville.Kentucky, 2005.

Richard N and Soulen, R. Kendall, *Handbook of Biblical Criticism*, Louisville, Kentucky: Westminster John Knox Press, 2011.

Schreiner, Thomas R. *New Testament Theology; Magnifying God in Christ*, Baker Academic: Michigan, 2008,

Thiselton A, *New horizons in hermeneutics*, Zondervan: Grand Rapids, Michigan. 1992.

Wallace, Daniel. B. et al. *Perspectives on the Ending of Mark*, Broadman & Holman Publishers Nashville, Tennessee, 2008.

Watson, F & Hauser A. J., *Rhetorical Criticism of the Bible*, Brill, Leiden, 1994.

Wood, A. Skevington., *Luther's Principles of Biblical Interpretation*, London: The Tyndale Press, 1960.

Wong, Daniel K.K. "The Tree of Life in Revelation 2:7", *Biblotheca Sacra 155*, 1998.

Yamauchi , Edwin M., "The Gnostics" in *The History of Christianity*, Ed. Tim Dowley, England: Lion Hudson, 1877.

주석 및 논문(Commentary and Article)

김곤주, "한국 교회의 문제점에 관한 고찰 (기본신앙적 설교를 중심으로)", 안양대학교 신학대학원, 석사학위(M.Div.) 논문, 1999.

김곤주, "Rev. 22:1–5's New Heaven and Earth as eschatological fulfilment." A Thesis of MTh, Alphacrusis College, 2019.

김동수, "영산 축복론의 확장", 「영산신학저널」 Vol. 43, 2018.

김중은, "역사–비평적 방법의 종말 이후", 「성서마당」, 2008, 여름.

류장현, "번영신학에 대한 신학적 비판", 「신학논단」 61, 2010.

민경식, "신약성서 본문비평의 최근동향", 「성경원문연구」, 제11호, 2002.

박형용, "개혁주의 성경관", 「갱신과 부흥」 16호, 2015.

손석태, "칼빈의 성경 해석", 「칼빈과 개혁신학」, 1999.

이영미, "문학비평적 성서 해석과 번역:애가를 중심으로" 「성경원문연구」 제27호.

임형근, "목회적 관점에서 본 영산의 오중복음 이해", 「영산신학저널」 Vol.
    43, 2018.

우병훈, "루터의 만인 제사장직 교리의 의미와 현대적 의의", 「신학논단」 제
    87집.

전경연, "루터의 성서 해석", 「루터신학대학교 루터연구소」, Vol.10, No.
    1967.

장민수, "샤머니즘이 한국 교회에 끼친 영향." 장신대학원 석사논문. 1982.

정지련, "성서 해석학에 대한 신학적 반성", 「한국조직신학논총」 제31집,
    2014.

조지훈, "영산 설교의 내러티브성 연구", 「영산신학저널」 Vol. 44, 2018.

채승희, "Ⅳ. 초기 기독교의 성경 해석:교부들의 성경 해석 3", 「여름 성서마
    당」, 2009.

Beale, G.K. and Mcdonough, Sean. M. "Revelation" in *Commentary on the
    New Testament Use of the Old Testament*, 2007.

Beale, *the Book of Revelation*,. Grand Rapids: Eerdmans, 1999.

Bock, Darrel. *Luke 9:51-24:53:BECNT*, Grand Rapids, Baker Academic,
    1996.

Arnold, Bill T., *1&2 Samuel:The NIV Application Commentary*, Grand Rap-
    id: Zondervan, 2003

Ben Witherington III., *A Socio-Rhetorical Commentary on 1-2 Peter*, Illinois:
    IVP Academic, 2007.

Brueggemann, Walter., *A Commentary on Jeremiah*, Grand Rapids: Eerd-
    mans 1998.

Bruckner, James K, *Exodus; New International Biblical Commentary*, Massa-
    chusetts: Hendrickson Publishers Inc. 2008.

Brueggemann, Walter., *Commentary on Jeremiah: Exile and Homecoming*,
    William B Eerdmans: Grand Rapids, 1998.

Bush, L. Russ, "Understanding Biblical Inerrancy", *Southwestern Journal of
    Theology*, Volume 50/Number 1/Fall. 2007.

Klein, *Zechariah*, B&H Publishing Group, 2008.

Edwards, J. *The Gospel according to Mark*, APOLLOS, 2002.

Fee, Gordon D. *The First Epistle to the Corinthians*, NICNT, Grand Rapids: Eerdmans Publishing, 1987.

Gerhard von Rad, *Genesis: A Commentary*, SCM press, 1972.

Gilchrest, Eric J., "Revelation 21-22 in Light of Ancient Jewish and Greco-Roman Utopianism", A Dissertation of Ph.D., Baylor University, 2012.

Green, Joel B, *I Peter; The two horizons New Testament Commentary*, Grands Rapids: Eerdmans Publishing Co, 2007.

Garrett, Duane, "The Undead Hypothesis: Why the Documentary Hypothesis is the Frankenstein of Biblical Studies", *Southern Baptist Journal of Theology*, 2001.

Hamilton, Victor. P., *The book of Genesis: Chapters 1-17*, Grand Rapids, Michigan: William B. Eerdmans publishing company, 1990.

Harrington, W. J. *Revelation: Sacra Pagina*, Ed. D. J. Harrington, Collegeville, Minnesota: The Liturgical Press, 1993

Houwelingen, Rob van, "Paradise Motifs in the Book of Revelation", *Sárospataki Füzetek* 15.4. 2011.

James L. Resseguie, *The Revelation of John: A Narrative Commentary*, Grand Rapids: Baker Academic, 2009.

Meyers, Carol., *Exodus: The New Cambridge Bible Commentary*, Cambridge University Press, New York. 2005.

Morales, Michael., "The Tabernacle Pre-Figured Cosmic Mountain Ideology in Genesis and Exodus", A Dissertation of Ph. D., University of Bristol, Trinity College, 2011.

Mounce, R. H., *The book of Revelation: NICNT*, Grand Rapids: William B. Eerdmans, 1977.

Motyer, A, *The Message of Exodus; The Bible speaks today*, England :Inter-Varsity Press, 2005.

바른 **해석** 바른 **신앙**

Oswalt, J. N. *The book of Isaiah, Chapters 1-39, NICOT,* Michigan: Grand Rapids,1986

Osborne, G. R., *Revelation: Baker Exegetical Commentary on the New Testament,* Grand Rapids, Michigan: Baker Academic. 2002.

Peterson, David G, *The Acts of the Apostles,* Notingham, England: Apollos, 2009.

Puică, Ilie Melniciuc "Historical and biblical survey about water source of Jerusalem" *European Journal of Science and Theology:* March 2008.

Schnabel, Eckhard J., "John and the Future of the Nations", *Bulletin for Biblical Research* 12.2 2002.

Smith, G. V. *Isaiah 1-39, NA Commentary,* Nashville: B&H Publishing Group, 2007.

Smith, Ralphl L. *Micah-Malahi:WBC 32,* Grand Rapids: Zondervan, 1984.

Stein, Robert H, *Mark: BECNT,* Grands Rapids: Baker Academic, 2008.

Walton, John H, *Genesis: The NIV Application Commentary,* Grand Rapids: Zondervan, 2001.

Watson, Paul "the tree of life", *Restoration Quarterly 23,* 1980.

Web, Barry G, *The Book of Judges,* Grands Rapids: Eerdmans, 2012.

Wenham, Gordon J. *Genesis 1-15: Word Biblical Commentary,* Nelson Reference & Electronic. Word, Incorperated 1987.

Williams, David J, *Acts,* Grand Rapids, Michigan: BakerBooks, 1990.

A. Gelston, "The Royal Priesthood", *The Evangelical Quarterly 31.3,* 1959.

Hahne, "Heavenly Lessons in Worship from the Book of Revelation", 2009.

기타 자료(신문, 사전, 인터넷 등)

김준남, 미국 중부 뉴저지 서머나교회 게시판, 알토스(ἄρτος): 떡, 양식, 2015. 02. 28..

김근태 목사, 설교 제목: 지혜롭다 칭찬 받는 '불의한' 청지기의 항변, 「미주기독일보」, Jul 28, 2017.

김미진, 대전은총교회 부흥회 첫째 날, 유투브 게시일 2019. 5. 18..

https://www.youtube.com/watch?v=codASVCkxoI

김미진, NCMN 왕의 재정학교 홈페이지 메인 화면

http://www.ncmn.kr/school1/

David Rohl, https://www.nocutnews.co.kr/news/714109.

해피우먼, "창세기 에덴동산과 네 강의 생생한 흔적:〈스페셜〉위대한 승리

　　첨단과학의 고고학",

http://www.womansense.org/sub_read.html?uid=16643&section=sc7

Andrew, Stephen L., "Biblical Inerrancy", *CTS Journal 8*, January - March

　　(2002), 1-20.

김성수 설교 관련 자료(유투브 동영상 외)

창세기 강해 1(태초에 하나님이 천지를 창조하시니라, 창 1:1)

창세기 강해 3(빛이 있으라, 창 1:1-3)

창세기 강해 4(궁창, 궁창 위의 물, 궁창 아래의 물. 창 1:6-8)

창세기 강해 23(왕, 제사장, 선지자, 그 거룩한 삼위일체의 삶이여, 하나님의 형상으로 지어

　　진다는 것. 창 4:16-26)

창세기 강해 26(노아의 방주와 물 위를 걷는 자들, 창 6:1-10)

창세기 강해 28(거인 숭배 문화에 젖어 있는 저주 받을 교회 II. 창 6:1-8)

창세기 강해 49(은혜 언약과 쪼갠 고기 그리고 할례, 창 15:7-21)

창세기 강해 60(모리아 산의 여호와 이레를 통해서 본 하나님의 주권과 자유의지, 창 22:1-

　　19)

창세기 강해 61(모리아 산의 여호와 이레를 통해서 본 하나님의 주권과 자유의지 II, 창

　　22:1-19)

창세기 강해 62(하나님의 언약과 그 언약에 속한 자가 치러야할 대가, 창 22:20-23:20)

창세기 강해 63(이삭과 리브가의 결혼을 통해서 본 여호와의 전쟁, 창 24:1-67)

창세기 강해 76(왜 야곱인가? I, 창 28:1-9)

창세기 강해 102(상선약수[上善若水], 신자는 죽어서 말한다, 창 49:8-12)

창세기 강해 103(반용부봉, 창 50:20-21)

사사기 강해 1(사사기 개관, 하나님이 붙이시는 전쟁, 삿 1:1-10)

사사기 강해 12(포도주 틀에서 타작을 하는 큰 용사, 삿 6:1-18)

사사기 강해 17(지피지기면 백전백패, 삿 6:33-40)

사사기 강해 18(항아리 속에 든 횃불, 삿 7:9-25)

사사기 강해 28(미가, 레위인, 단 지파 그리고 나, 삿 17:1-13)

사사기 강해 29(왕이 없는 자들의 실체와 그들이 맺는 열매 그리고 예수, 삿 19:1-3, 27-
 30)

시가서 개론 1(설교음성 녹취, 출처: 네이버 카페 그예사랑)

산상수훈 강해 1(신약의 산이 구약의 산을 부수다)

산상수훈 강해 6(긍휼히 여기는 자 긍휼히 여김을 받는 자)

산상수훈 강해 18(옛 성전에 머물러 있는 기독교 그대가 간음한 여자이다, 마 5:27-32).

산상수훈 강해 40(그 양식에 배고픈 자, 세상에서 굶어 죽다, 마 6:11)

주기도문 강해 4(그런 기독교는 없습니다, 마 6:9-13)

비유 강해 1(씨 뿌리는 자의 비유, 마 13:1 -9)

비유 강해 3(기도를 가르치는 비유들, 눅 11:1-13)

비유 강해 4(하나님의 불륜 그리고 거기서 잉태된 불의한 성도, 눅 16:1-18)

비유 강해 10(가서 너도 이와 같이 하라, 눅 10:25-37).

비유 강해 12(두껍아 두껍아 헌 집 줄게 새 집 다오, 눅 20:9-19)

비유 강해 22(천국은 사은품이 아닙니다, 눅 12:13-21)

비유 강해 27(포장마차 안주 접시 위의 참새구이보다 못한 나, 눅 14:7-14)

요한복음 강해 1(태초에, 요 1:1-5)

요한복음 강해 10(가나 혼인잔치, 요 1:20-2:11)

요한복음 강해 13(하나님이 세상을 이처럼 사랑하사, 요 3:14-17)

요한복음 강해 15(우물과 남편, 요 4:1-19)

요한복음 강해 19(38년 된 병자의 치유를 통해서 본 행위와 은혜, 요 5:1-18)

요한복음 강해 20(하나님의 은혜와 성도가 해야 할 선한 일, 요 5:17-30)

요한복음 강해 23(오병이어와 물 위를 걸으시는 예수 그리스도 I, 요 6:15-21)

참고문헌(References)

요한복음 강해 24(오병이어와 물 위를 걸으시는 예수 그리스도 II, 요 6:15-21)

요한복음 강해 25(썩지 않는 양식과 하나님의 일, 요 6:22-31)

요한복음 강해 27(요한복음 6장을 통해서 본 개혁주의 오대 강령, 요 6:36-40)

요한복음 강해 36(생명의 빛 예수 그리스도 2, 요 8:12)

요한복음 강해 79(기도와 열매, 요 15:7, 16)

요한복음 강해 89(영생은, 요 17:2-3)

로마서 강해 73(사망이 선물이고 사망이 영생이다)

로마서 강해 74(짝, 롬 7:1-7)

로마서 강해 79(카다크리마[정죄], 롬 8:1-3)

로마서 강해 83(율법을 먹고 의를 낳는 사람들, 롬 8:3-4)

로마서 강해 84(육신의 생각으로 죽어야 영의 생각으로 산다, 롬 8:6-7)

로마서 강해 88(크로노스의 고난이 카이로스에서의 영광이다, 롬 8:15-18)

로마서 강해 93(라만차의 기사들이여 그대들이 승리자다, 롬 8:29-30)

로마서 강해 100(이삭 같은 자라야 하나님의 아들이다, 롬 9:1-9)

히브리서 강해 40(히 11:1-4)

히브리서 강해 61(히 11:33-40)

히브리서 강해 66(히 12:18-29)

요한계시록 강해 78(성도들의 옳은 행실, 요 19:7-8)

요한계시록 강해 79(가짜 신부, 요 19:7-10)

요한계시록 강해 91(너희는 나의 백성이 되고 나는 너의 하나님이 되리라, 계 21:1-8)

요한계시록 강해 93(이미 와 있는 새 하늘과 새 땅, 계 21:1-8)

요한계시록 강해 94(거룩한 성 새 예루살렘, 계 21:9-27)

동영상 설교는 유투브와 서머나교회 홈페이지에서 확인할 수 있다.